Chinese Frontier of Language and Literature

中文学术前沿

第八辑

《中文学术前沿》编辑委员会 编

ZHEJIANG UNIVERSITY PRESS
浙江大学出版社

《中文学术前沿》编辑委员会

目　录

大学中文教材与教改应该如何"拓疆"

——由一套"选本"引发的思考*

吴秀明

内容提要：大学专业化的中文教材尤其是研究型教材，为满足厚基础、宽口径、高素质和创新性中文人才培养的需要，也为了替其将来继续深造和可持续发展打下扎实的基础，有必要将诗学范畴拓疆到诗、史兼备的开阔领域，倡导一种立体多维的思维理念。反映在"选本"编选上，就是同时向"文学作品"与"文献史料"开放，充分发挥文献史料的功能价值。这不仅有助于学生读好、读懂与读深经典作品，同时也可借此强化他们的根源性学养，培养他们的研究意识和学术兴趣。

关键词：中文教材；思维"拓疆"；选本功能；史料价值

假如将迄今为止种类繁多的中国语言文学"选本"进行分类，我以为大体可分为非专业与专业两种类型。前者，主要针对非中文专业的学生而言，也包括社会上的一般语言文学爱好者，它侧重于作品的诗学价值；后者，则主要针对中文专业的学生而言，它除了诗学价值外，还要兼及史学价值。浙江大学中文系近期推出的这套涵盖文艺学、语言文字学、中国古代文学、中国现当代文学、比较文学与世界文学5个二级学科、总计12卷的《中国语言文学作品与史料选》系列教材就属于后者，它带有专业化特点和"拓疆"性质，其初衷是为他们提供诗、史兼备，并与现行的"通史"（语言史、文学史）教材相配套的一套"选本"，以满足厚基础、宽口径、高素质和创新性专业人才培养的需要。这也是中文核心主干课程的主要教材。按时下的类型划分，不妨称之为研究型教材。

众所周知，现有的中文专业学生使用的"选本"尽管在选择的标准、内容、形态、方式等方面各具特色，存在着不少差异，但在基本范式和总体思路上彼此却表现出某种惊人的同构性：那就是选文的对象和范围都锁定在文学作品上，它向我们呈现的几乎都是清一色的、当然也是美轮美奂的经典之作。所谓的"选本"，其实就是"文学作品选"，它也只向"文学作品"开放，其所内含的"诗学"指向是非常明确的。文学作品作为特定历史阶段文学创作的表征和载体，它凝聚了时代思想艺术的精华，对中文专业的学生来说其重要性自不待言，尤其是近些年因诸多原因导致的审美贫乏症，在往往只记住概念、名词而对作品整体美、内在美不知为何物的情况下，更是具有非同寻常的特殊意义。也因这个缘故，我对近些年来各高校一改旧观而普遍重视经典作品的教学理念表示理解和赞赏，并认为将来还有继续强化之必要。不过话又说回来，这仅仅是中文教育的一个方面而不是全部，它也不能包办和取代其他。实践表明，作为一个传统基础系科，中文教育的空间还是很大的，各个专业彼此间的办学目标、层次、规格也不尽相同。特别是一些学术积累比较深厚、师资力量比较雄厚、办学水平比较高的系科，更是已在这方面作出了不少探索，这也是当下中国乃至海外中文教育的客观历史和现实。而对研究型教学来说，到底如何在读好、读懂与读深经典作品的同

---

* 本文系《中国语言文学作品与史料选》系列教材"总序"，发表时略有修改；该教材从2012年起由浙江大学出版社陆续出版。

时强化学生的根源性学养,培育他们的良好的研究习惯与学风,为将来继续进行专业深造和可持续发展打下扎实的基础。一句话,到底如何拓宽学生的思维视野和知识结构,培养他们发现问题、提出问题的能力,这是当前中文教育亟须解决的一个问题,也是研究型教材的主旨所在。

我们编选的这套"选本",就试图在这方面进行探索。它看似好像只是在"作品"之外增加了一些"史料",但它却反映和体现了我们对教学、研究及人才培育理念上的一些新的思考。

一、强调客观呈现,注重历史还原

这里所说的呈现和还原,当然包括"选本"所选的文学作品在这方面的功能价值——文学作品尤其是现实主义文学作品,诚如经典作家所说的那样,它的"书记官"的功能价值,使它在反映历史和现实生活的毕肖酷似上往往达到连史家都叹服不已的程度;但主要还是指被我们特别引进的这些文献史料:如序跋、诗话、传记、碑文、笔记、书信等,现代以降的如社团、传媒、文件、讲话、批示、社论、纪要、评论等。这些形态各异的史料的编选,不仅有效地拓宽了原有"选本"的内涵和外延,使之在整体构成上产生了革命性的扩容,而且还以其物化的形式引领我们穿越时空隧道,返回到彼时彼地的那个时代的语境与场域,与"作品"形成了富有意味的对话关系。史料作为中国语言文学的载体,它原本就是属于历史的,在它身上积淀丰富的历史信息;而文献史料作为历史的重要组成部分(还有一种史料是实物史料),它凭借语言文字同时兼具能指与所指的双重功能,在还原和营造历史尤其是历史现场感方面还有自己独到的优势。因此它特别适用于文学作品的历史解读,历来备受重视,成为自古至今人们解读文学作品的重要参考和佐证。从某种意义上讲,作品与史料是一对孪生体,它们彼此具有难以切割的血缘联系。如果说作品是悬浮在空中的一种空灵的感性存在,那么史料就是紧紧扎根在大地之上的一种具体切实的物态存在。也正因此,史料的有无、多少以及真实与否,史料意识的自觉与否以及实践运用的程度如何,不仅直接关涉和影响着具体作品的解读,而且也反映乃至决定着整体中文教育的水平和质量。中文教育的睿智与睿智的中文教育,都十分注意作品与史料之间的内在关联,而不是将它们彼此孤立割裂。王国维在《古史新证》中提出的"二重证据法"[①],可以说是对此的精辟概括。他的《宋元戏曲考》以及陈寅恪的《元白诗笺证稿》、梁启超的《古书真伪及其年代》、胡适的《中国章回小说考证》、鲁迅的《中国小说史略》、郑振铎的《中国俗文学史》、俞平伯的《红楼梦研究》、阿英的《晚清小说史》、郭绍虞的《中国文学批评史》、姜亮夫的《楚辞通故》、夏承焘的《唐宋词人年谱》等作,都可以称得上是这方面的典范。在他们那里,史料经过发掘、勘误、订正、转化、处理,不仅具有"独立存在"的价值,而且成为还原历史、破译作品奥秘的一个重要的载体。许多长期以来的语言文学之"司芬克斯之谜",也因之得到了合理解释。

北大中文系温儒敏教授有感于"专业阅读"存在的经典作品与当代读者之间的"历史隔膜",在十多年前曾提出了一个很有意思的主张,叫"三步阅读法",其中第二步为"设身处地",就是借助和

[①] 王国维在 1925 年的讲义《古史新证》第一章"总论"中说:"吾辈生于今日,幸于纸上之材料外,更得地下之新材料。有此种材料,吾辈固得据以补正纸上之材料,亦得证明古书之某部分全为实录,即百家不雅驯之言亦不无表示一面之事实。此二重证据法,惟在今日始得为之。"(清华大学出版社 1994 年版,第 2 页)陈寅恪在《王静安先生遗书序》中对此作了发挥,他将王国维治学方法归纳为以下三个方面:"一曰取地下之遗物与纸上之遗文相释证","二曰取异族之故书与吾国之旧籍互相补正","三曰取外来之观念与固有之材料互相参证";"吾国他日文史考据之学范围纵广,途径纵多,恐亦无以远出三类之外"。(陈寅恪:《金明馆丛稿二编》,上海古籍出版社 1980 年版,第 219 页。)

调动文学史及文化史知识,再融会自己的想象,努力"回到作品产生和传播的历史现场"。① 我们之所以在"选本"中增加了史料,其实也就是借助于史料"设身处地"地"回到作品产生和传播的历史现场"。在这里,史料一方面可以很好地起到营造历史氛围的作用,这对因"历史隔膜"造成的各种主观随意或过度阐释无形之中形成一种防范和反弹;另一方面它也引导我们情不自禁地进入到特定的历史规定情境之中,以"了解之同情,……必神游冥想,与立说之古人,处同一境界,……始能批评其学说之是非得失,而无隔阂肤廓之论"②,从而对作品作出更加精准到位也更合乎情理的解读。当然,重视史料之于还原历史以及参证和解读作品的功能,绝非意味它可以取代对作品的艺术分析,用所谓的"史学价值"来代替"诗学价值",那同样是不可取的。在"作品与史料",或者说在"文学与史料"的关系问题上,我还是比较赞赏一位年轻学者的这样一种说法:"勇敢地跨出樊篱,而更丰富地回返自身"。③ 这可能更合适、更接近温儒敏所说的"专业阅读",也更符合中国语言文学的属性和趣味。

二、倡导研究意识,培养学术兴趣

这也是研究型教学的题中应有之义。它主要体现在选文以及选文的注解上,也体现在对史料的选择上。在这些地方,本"选本"努力倡导研究意识,体现研究理念:一方面用研究的眼光进行选与注,在选什么、怎样选的问题上体现史家的眼光,学者的思维和素养,使之超越庸常而具有一定的学术含量;另一方面调动和激发学生的学术兴趣,从选文、注解特别是从史料那里切入探寻问题,进行必要当然也是初步的学术训练。这里所谓的研究,就史料而言,主要有以下两个向度:(一)立足史料,以史料为基点向社会学、历史学、文献学、文化学、政治学、心理学辐射出去,广泛地涉及彼时彼地的"社会关系总和",从那里寻找质疑和问题的"点",在"拓疆"的反观中达到对研究对象的新的认知;当然也包括新发现或新引进的地下新史料、域外新史料,以此为基点研究问题,不仅可以开拓一个新的学术领域,而且还能进而演化为一个"时代学术之新潮流"(陈寅恪语)。20世纪上半叶中国四大文献史料甲骨文、敦煌遗书、居延竹简、大内档案发现对中国文学研究产生的重大影响,就充分证明了这一点。(二)通过史料与作品之间的关系,特别是它们彼此之间潜在的矛盾、抵牾和裂缝,从中思考、质疑和发现新的问题,形成问题意识。如南朝梁顾野王所撰《玉篇》中的"今上以为"一词条,以往的一些语言研究者往往将"今上"解读为当时的"梁武帝",认为这是顾野王在引用梁武帝的看法,借以说明当时对异体字的重视。而最近有学者在对《玉篇》残卷全面校勘和语词及书写分析的基础上,对此作出了全然不同的正确解读——原来此处的"今上以为"实际是"今亦以为"的讹误。④ 于是最终证否了抄本里唯一的"今上以为"与"梁武帝的看法"有关的猜想。大量事实表明,中国语言文学中的很多问题往往都源于史料,正是对这些本源性的史料的精心收集、整理和研究,特别是对这些史料与作品裂缝的敏锐发现、质疑和把握,人们才从习见的话题中翻出新意。这也可以说是迄今为止浙大中文系不少优秀学生学位论文或学年论文成功的主要原因之一吧。像2005届一位本科生的毕业论文《论明初诗僧姚广孝及其诗文》,就是在导师的指导下,在编写《姚广孝年谱》的基础上将其置于元末明初风云变幻的语境下进行考察,令人信服

① 温儒敏、赵祖谟主编:《中国现当代文学专题研究》,北京大学出版社 2002 年版,第 26—29 页。
② 陈寅恪:《冯友兰〈中国哲学史〉上册审查报告》,《金明馆丛稿二编》,上海古籍出版社 1980 年版,第 279 页。
③ 参见金理、杨庆祥、黄平:《以文学为志业——80 后学者三人谈》,《南方文坛》2012 年第 1 期。
④ 姚永铭:《可疑的"今上"——〈原本玉篇残卷〉校读札记一则》,《汉语与汉语教学研究》第 2 期,日本樱美林大学孔子学院,东京东方书店 2011 年版。

地作出了自己的结论。该文后以《诗僧姚广孝简论》为题刊发于《文学评论》2006 年第 5 期。这也从一个侧面证实研究意识培养的重要和必要。

当然,文学研究是很复杂的,它的如何进入和展开因人因对象而异,有不同的范式和路径,也有一个循序渐进的过程;作为一个"选本",它对学生研究意识的培养主要是引导,而不是刚性的指令,且在本科阶段不可操之过急,对学生提出不切实际的太高要求。但无论如何,强调研究意识的培养,强调对本源性史料尊重的实事求是的学风,强调必要的学术训练,对学生来讲不仅都十分必要,而且须臾不可或缺。可能是受西方文化和学术思想的影响,也与现行的体制有关,中文教育长期以来重"思想阐释"而轻"史料考据"。尤其是"三古"(即古代文学、古代汉语、古典文献)以外一些新兴或比较新兴学科以及相关课程,这个问题似乎显得更突出,也更严重。这就使中文教育尤其是某些作品的解读无形之中被空壳化了,它似乎变成了某种"思想"的简单符号或工具而失去了自身的主体性。这种"思想"在以前是政治学、社会学的,它也被强行纳入政治学、社会学视域中进行解读;现在则被纳入现代主义、后现代主义视域中进行解读,从观念、思维到概念、术语完全是西式的。一切都效法西方,以是否符合刚引进的西方某某主义为取舍标准,而很少顾及作品的"历史语境"和自身的实际情况,更没有很好地考虑与中国固有、迄今仍然富有价值的传统思维理念和研究方法的对接。这样的解读貌似时尚,实则是用虚蹈空洞的所谓"思想"(准确地说是"西方思想")代替具体而微的艺术分析。这样一种不及物的研究,它往往不可避免地对作品进行粗暴图解和肢解,显然是不可能真正发现美、洞察美的。为什么现在不少中文系学生对经典作品反应比较冷漠,感受不到其中妙处,先入为主地用某种所谓的"思想"去套作品不能不说是一个重要的原因。

需要指出,在时代整体学术风气的影响下,中文教育重"思想阐释"而轻"史料考据"的现象在最近一些年程度不同地有所改正。在文艺学、现当代文学、比较文学与世界文学那里,开始出现了由单一的"思想阐释"向"思想阐释"与"史料考据"的双向互融的方向发展。这是很可喜的,它标志着中国语言文学教学和研究出现了重大的"战略转移"。但这仅仅是开始,我们应该清醒地看到,由于西学在中国的强势存在,也由于学术浮躁风的盛行,上述现象还没从根本上得到改观。据说前几年有人在做"重返 80 年代"研究时去采访韩少功,曾把新时期的一次重要的文学自觉运动"寻根文学",说成是因为政治"压力之后的不得已而为之"的,弄得韩少功很郁闷很生气。[1] 这里之所以出现这样的误读,主要原因在于它不是从"事实"("史料")而是从"思想"出发进行。陈寅恪先生在 1936 年曾批评"今日中国,旧人有学无术;新人有术无学,识见很好而论断错误,即因所根据之材料不足"。[2] 陈氏所说的"学"指史料,"术"指方法。旧人只有材料而没有好的方法,失之僵滞,固然难有所为,但新人不依据材料简单套用外国理论进行研究也同样不可取。陈氏的批评需要引起我们的高度重视。

三、突出教学性质,明确教材定位

这一点在开头就已作了明确定位,并且在前面也多少有所涉及。落实到编选上,就是突出和强调中国语言文学历时演变的规律和特点,通过其发展流程的客观呈现,与"通史"教材的配套对接,形成彼此互动互补的关系。这不仅在作品选择上打破原有单一的"语言文学经典"取舍标准,而是采用"语言文学经典"与"语言文学史经典"双线兼容的编选原则。这样,一些当年曾产生重要

---

① 参见《文学批评的语境与伦理——第二届"今日批评家"论坛纪要》,《南方文坛》2012 年第 1 期。

② 引自卞僧慧:《陈寅恪先生年谱长编》,中华书局 2010 年版,第 367 页。

影响而思想艺术诸方面存在明显欠缺或不足的作品就被我们纳入了视野。如刘心武的《班主任》，以今天的眼光来看，它在艺术上当然不免粗糙，还明显打上那个时代的烙印；但从当代中国语言文学史的角度看，却是无法完全绕开的一个代表作。史料也同样如此，为体现历时演变的规律和特点，既注重与文学史的发展流程吻合，特别选取对于文学史发展起到关键作用的"经典史料"，也关注具有原创价值的新出土和域外新传入的"新史料"。如"古代文学卷"中的唐代文学骈文部分，就恰当地利用了大诗人王之涣墓志、韦应物墓志，与边塞诗人岑参密切相关的新疆吐鲁番出土的"马料账"，还有日本正仓院的《王勃诗序》中所收的《滕王阁序》等。这与以前同类教材中的"作品汇评"和"资料长编"式完全不同。现有的中文"选本"往往大同小异而内涵又比较紧仄，这在一定程度上影响了教师的教学，也不利于拓宽学生的知识结构。我们这样做，其意是想选择这样一种"文史互证"、"双线兼容"的新的范式，更好地反映中国语言文学丰富复杂的存在和发展，与"通史"教材对接；同时也为教师和学生进一步的阐释与发掘，留下足够的空间。

总之，在选什么、怎样选问题上，包括内容、体例、篇幅，也包括作品与史料以及彼此内在关系和逻辑关联等，都与"通史"教育乃至整个中文教育大系统联系起来予以通盘考虑，服从并服务于教学和人才培养的需要，按照教材编写规律和原则办事。也就是说，一方面要考虑"选本"自身的独立性、新颖性和完整性，努力构建适合专业教育需要的一种新的范式；另一方面又要考虑与"通史"教育相连接，成为"通史"很好的配套教材。也只有与"通史"联系起来进行综合考虑，"选本"所选的有关"作品与史料"才能被有效地激活，充分凸显其意义和价值。从中文教育和教材编写的角度看，"选本"与"通史"应该是相辅相成，它们分则各自成章，合则融合无间，是一个既独立又统一的有机的整体。

当然这是就总体而言，具体到各学科、各分卷情况也不完全相同。如语言文字学与文艺学，作品与史料往往就联结在一起，很难区分和切割。就说是文学吧，彼此的差异也颇大。如比较文学与世界文学，特别是古代文学，其作品与史料具有较强的经典性、恒定性；它们所选的作品，往往既是"文学经典"又是"文学史经典"，是两个"经典"的合一。而在现当代文学那里，作品与史料则表现出明显的非经典性（或泛经典性）、不稳定性，其所谓的"文学经典"与"文学史经典"经常是分离的，其中有相当一部分只能称之为"文学史经典"而很难说是"文学经典"。这里有学科方面的原因，也与它们彼此的生存和发展的社会文化语境有关。这无疑给我们编选带来了一定的难度。中国语言文学原本就是一个无限丰富复杂的浩瀚世界，为了尊重并还原呈现这种原生态，以满足研究型教学和人才培养之需，我们采取求同存异的原则，即在保持全书基本统一的前提下，尽量尊重各学科的特点和各分卷主编的个性。

浙大中文系从1920年之江大学国文系"源头"算起，迄今已有近百年历史。与海内外诸多兄弟院系一样，浙大中文系目前既面临良好的发展际遇，又遭遇前所未有的严峻挑战。在这样一个新的历史"拐点"上，如何在继承传统、教书育人的基础上，根据时代社会发展的需要，为国家培养具有较深厚基础和较强创造精神的中国语言文学方面的人才，这是时代赋予我们的光荣使命，也是我们应尽的职责。我们这次推出的这套由集体合作编写的"选本"，就是冀望在这方面有所作为。研究型教学和教材编写是近些年议论较多的话题，也是不少同行感兴趣而又众说纷纭的一个话题。作为一个传统老系，我们愿意在这方面进行探索，也很希望听到来自各方面的声音，以期将此项工作做得更好。

（作者单位：浙江大学中文系）

说"鸟"

黄树先

内容提要：近年来，我们依据斯瓦迪士的百词表整理汉语核心词，工作流程是先整理汉语材料，包括文献材料和现代方言，然后跟亲属语言比较，以期探讨汉语核心词的早期面貌，梳理其演变轨迹；在语义方面，我们引用类型学方法，进行跨语言语义比较，旨在总结语义演变的模式。本文照此整理汉语"鸟"。

关键词：核心词；比较词义；鸟；音义

"鸟"是汉语里最神秘的词，读音变化也很奇怪。人类自然语言，多拿鸟来代之男性生殖器，这一语义发展，对汉语"鸟"语义场产生很大影响。

一、"鸟"字的早期面貌

【鸟】＊tuɯɯwʔ// ＊ntuɯwˑ，《说文》："鸟，长尾禽总名。"

【雕】＊tuɯɯw// ＊ktiw，《说文》："雕，鷻也。"

"鸟"字，都了切，端母，现在读 n-。一般认为是避讳造成的。蒋礼鸿先生说，"鸟"，骂人的话，读入端纽，和《水浒传》里的"鸟人"、"鸟男女"的"鸟"相同[①]。其他学者多有讨论。避讳说是有根据的。现在很多语言，鸟指男性生殖器，参见拙著《比较词义探索》[②]。

包拟古却有不同的看法：藏语 mchil(＊m-thyil)"小鸟"。汉语"鸟"＊ntilˑ，ntiwˑ/tieuˑ，官话niao³。"鸟"的官话读音本来应是 tiao³，以 n-代替原来的 t-，有人解释是为了避免跟一个亵词同音。比较简单的解释是，藏缅语的鼻音前缀同化作词根声母，以后复辅音 nt-再简化作 n-。这个假设如果成立的话，那么官话的读音就是比较古老的，因为它所保存的鼻音前缀在其他方言中已经消失了[③]。包拟古的看法也值得重视。不过藏文的 mchil(＊m-thyil)对应汉语的"隹"为宜。

吴安其先生认为汉语"鸟"＊tug ＜ ＊k-lug。藏缅语底布拉语（Tipura）"鸟"tok，"鸡"tog。吐龙语（Thulung）"鸡"grōk-pu[④]。

"鸟"字可比较藏缅语：

普沃语和斯戈语 tho"鸟"，参见博多-加罗语 ＊daw（加罗语 do，迪马萨语 dau）[⑤]。

泰语 nok⁸＜ ＊nl/r-"鸟"，比较汉语"鸟"。"鸟"字声母从 t-变 n-，大约开始于元代。但侗台语、

① 蒋礼鸿：《敦煌变文字义通释》（增补定本），上海古籍出版社 1997 年版，第 308 页。
② 黄树先：《比较词义探索》，巴蜀书社 2012 年版。
③ 包拟古：《原始汉语与汉藏语》，潘悟云、冯蒸译，中华书局 1995 年版，第 166 页。
④ 吴安其：《汉藏语同源研究》，中央民族大学出版社 2002 年版，第 310 页。
⑤ 白保罗：《汉藏语言概论》，乐赛月、罗美珍译，中国社会科学院民族所 1984 年版，第 157 页。

苗语"鸟"字声母都是 n-，所以汉语上古音"鸟"字的声母是什么，还是一个疑问。不过汉语声母 * t- 和台语声母 * nl/r-、* hn-、* ŋ-、* r-是可以对应的①。单周尧《"鸟"字古音试论》对邢文提出不同的意见②。

二、"弌"系列

"弌"系列可能是一个庞大的系列，我们把"弌"系列分为三个小的系列。

1."弌"小系列

【弌】lɯg// * k-lɯ˙k，《大戴礼记·夏小正》："十二月，鸣弌。弌也者，禽也。""弌"也可以特指燕子。

【乿】* qriid，* qrid，《说文》："乙，玄鸟也。齐鲁谓之乙，取其鸣自呼。象形。乿，乙或从鸟。""乿"从"乙"* qrig 得声。

"弌"是鸟，动词是射鸟，字作"雊"，《说文》："雊，缴射飞鸟也。从隹，弌声。"字或径作"弌"，《玉篇》："雊，今作弌。"王力先生说，在缴射的意义上，"弌雊"实同一词。"雊"是后起的形声字③。"弌"字本义是鸟，词义发展模式同"鱼渔"。

【雉】* l'iʔ// * g-li˙，野鸡。郑张尚方先生说："雉"从"矢"* hliʔ 声，对应缅文 rac<rik，也应为 * rliʔ（比照标敏瑶语 gli⁴、浪速语 khjik，以及白保罗所举斯戈语、普沃语 khliʔ、加罗语 grik，也有可能为 * gl'iʔ）④。

"弌"系列是汉语一个古老的词，它可以跟藏缅语以下词进行比较：

藏缅语词根的声母 r 由普沃语和斯戈语的 γ 来表示：普沃语和斯戈语 tho-γiʔ"雉"（tho "鸟"），藏缅语 * s-rik～ * s-ryak⑤。

克钦语 u-ri< * rik"野鸡"（u"鸟"），缅语 rats"野鸡"，加罗语 grik"野鸡"，do-grik"黑野鸡"（do"鸟"），卢舍依语 va-hrit"黑野鸡"（va"鸟"），但是藏语是 sreg-pa，西部藏语是 s'rag-pa"野鸡"，列普查语是 khəryak fo"野鸡"（fo"鸟"）。藏缅语 * s-rik～ * s-ryak⑥。

克伦语-γiʔ> * -rik"雉"，代替藏缅语 * s-rik～ * s-ryak⑦。

汉语 d'iok/ d'iek"翟"（野鸡），也许还有 d'iˌər/ d'i"雉"，藏缅语 * s-rik～ * s-ryak⑧。

原始汉藏语 * (s-)re·k，上古/中古汉语[l]iok/d'iek，藏文 srek，列普查语 hryak，克钦语 riʔ，缅文 rats，卢舍依语 hrit，加罗语 rik⑨。

白保罗拿汉语的"翟"* l'eewG// * k-lewk 跟藏缅语进行比较，最好的比较应该包括"弌"字。汉语的同源异形词是"鸩"，元音有变化。

【鸩】* g·raag，《尔雅·释鸟》："鸩，乌䴗。"注："水鸟也，似鸩而短颈，腹翅紫白，背上绿色，江东呼为乌䴗。"据《纂文》（《太平御览》九二五卷引），"鸩"是一种野鸭。

---

① 邢公畹：《汉台语比较手册》，商务印书馆 1999 年版，第 154 页。
② 单周尧：《"鸟"字古音试论》，《中国语文》1992 年第 4 期。
③ 王力：《同源字典》，商务印书馆 1982 年版，第 258 页。
④ 郑张尚芳：《上古音系》，上海教育出版社 2003 年版，第 148 页。
⑤ 白保罗：《汉藏语言概论》，乐赛月、罗美珍译，中国社会科学院民族所 1984 年版，第 145 页。
⑥ 白保罗：《汉藏语言概论》，乐赛月、罗美珍译，中国社会科学院民族所 1984 年版，第 403 页。
⑦ 白保罗：《汉藏语言概论》，乐赛月、罗美珍译，中国社会科学院民族所 1984 年版，第 380 页。
⑧ 白保罗：《汉藏语言概论》，乐赛月、罗美珍译，中国社会科学院民族所 1984 年版，第 458 页。
⑨ 白保罗：《再论汉藏语》，乐赛月、罗美珍译，《汉藏语言概论》附录，中国社会科学院民族所 1984 年版，第 448 页。

【雒】﹡g·raag，《说文》："雒，鸹騏也。"即鸺鹠，一种小鸮。

【鹭】﹡raags，《说文》："鹭，白鹭也。"

"鸹"﹡k·raak 比较缅文 krak[4]"鸡"[①]。柯蔚南拿藏文 glag"鹰，鸷"跟汉语"雒"、"鹭"比较[②]。

"鸡"是常见家禽，所以可以作为鸟类的通名。比较亲属语言以下形式：

　　缅语 krak"野禽"，参见马鲁语 rɔ<﹡rak，拉祜语 ɣâʔ，还有卢舍依语 va-rak"鸭"，来自藏缅语﹡rak[③]。

2."鹱"小系列

【鸢】﹡ŋaa，《说文》："鸢，鸷鸟也。"段注："此今之鹞字。"通作"鹞"，《汉书·邹阳传》："鸷鸟累百，不如一鹗。"

【鷁】﹡ŋgleeg，《春秋》僖公十六年："六鷁退飞过宋都。"注："水鸟。"

【鹜】﹡mogs，《说文》："鹜，舒凫也。"雏雀，见《集韵·遇韵》。字或作"鳌"，《广雅·释鸟》："鳌，雏也。"亡遇切。

梁敏、张均如先生把侗台语"鸟"拟作﹡mrok[④]，可以跟汉语这个系列比较。

"鹱"小系列，可以跟下列亲属语言进行比较：

　　拉珈语"鸟"mlok[7] 属原形，侗语 mok[8]，武鸣壮语 rok[8]，泰语和水语则是 nok[8]，对应汉语的"鹜"mog，印尼语是 manuk[⑤]。

"鸟"，印尼语 manuk，对应原始侗台语﹡mlok。汉语同源词为"鹜"（从"矛"﹡mru 得声）muk<﹡mlok[⑥]。

"鹱"系列，还可以和藏缅语﹡m-ŋak 比较：

"鸟"，缅文 hŋak，阿昌语 mɔʔ[35]，原始藏缅语﹡m-ŋak[⑦]。

原始苗语﹡nuŋ[c]，布努语﹡naŋ[6]，巴哼语 taŋ[1] noŋ[6]，勉语 no[8]。原始苗瑶语﹡m-nok[⑧]。

3."鹫"小系列

【鹫】﹡ruɯGs，﹡gruɯ，﹡mgluɯw，﹡mruɯw<﹡mgr-，云雀，《尔雅·释鸟》："鹫，天鹨。"又："雉之暮子为鹫。"此谓小野鸡，也指小鸡，郭注："今呼少鸡为鹫。"还可指鸭卵，《集韵·尤韵》："鹫，鸷卵也。"这两个意思有密切的关联，参见拙著《比较词义探索》[⑨]。

【雊】﹡ruɯGs//﹡g-rɯɯks，《说文》："雊，鸟之大雏也。一曰雉之莫子为雊。""鹫"、"雊"应该是同一个字，"鸟"、"隹"偏旁可以互通。

从语音上看，"鹫"系列跟"鹱"系列可能有联系。

【鹤】﹡gloowG，《说文》："鹤，鸣九皋，声闻于天。"

①　黄树先：《汉缅语比较研究》，华中科技大学出版社 2003 年版，第 73 页。
②　包拟古：《原始汉语与汉藏语》，潘悟云、冯蒸译，中华书局 1995 年版，第 69 页。
③　白保罗：《汉藏语言概论》，乐赛月、罗美珍译，中国社会科学院民族所 1984 年版，第 301 页。
④　梁敏、张均如：《侗台语概论》，中国社会科学出版社 1996 年版。
⑤　郑张尚芳：《上古音系》，上海教育出版社 2003 年版，第 133 页。
⑥　潘悟云：《对华澳语系的若干支持材料》，《著名语言学家自选集·潘悟云卷》，安徽教育出版社 2002 年版，第 163 页。
⑦　吴安其：《汉藏语同源研究》，中央民族大学出版社 2002 年版，第 186 页。
⑧　吴安其：《汉藏语同源研究》，中央民族大学出版社 2002 年版，第 288 页。
⑨　黄树先：《比较词义探索》，巴蜀书社 2012 年版。

三、"鸡"系列

"鸡"系列可能跟上面这个大的系列有某种关联,具体情况有待进一步观察。

【鸡】＊kee,《说文》:"鸡,知时畜也。"籀文作"雞"。帕默尔曾说,如果一个农民说他的 birds lay well,我们不假思索就知道他的 birds 是指 fowls(鸡)。这种类型的变化是极其频繁的[1]。汉语"鸡"可对应亲属语言的鸟字。鸡是人们很早就驯化的家禽。在汉语里,一些野鸡的叫法,跟"鸡"相同。

【雉】《说文》:"雉,鸟也。"章移切。司马相如《上林赋》"过雉鹊",高步瀛义疏:"史、汉雉作雉。"

【鶺】＊kji,《说文》:"鶺,瞑鶺也。"段注:"《广韵》曰:小青雀也。按《广韵》盖谓即窃脂。"《玉篇》:"鶺,鸟彀未生毛。"指幼鸟。旨夷、脂利切。

【鷖】＊qii,《说文》:"鷖,凫属。"段注谓此字来自青黑色。待考。

汉语"鸡"对应亲属语言的下列字词:

"鸡"＊kee,缅甸语 kje³"鸟类的总称"。《说文》:"鸡,知时畜也。"[2]

"鸡",傣雅 kai⁵,西双版纳 kai⁵,德宏 kai⁵,泰语 kai⁵＜＊k-。比较汉语"鸡"[3]。

四、"鸠"系列

【鸠】鸠＊ku//＊kɯw,《说文》:"鸠,鹘鵃也。"

【舊】＊gʷɯs//＊gūs,《说文》:"舊,雎舊,舊留也。从萑,臼声。"

汉语"鸠"可以跟亲属语言比较:

克钦语 khru,缅语 khruɨ~khyuɨ,拉祜语 gu,加罗语 kru,卡米语 məkhru,安加米那加语 mekru"野鸽",卢舍依语 ṭhu-mi"鸽子",ṭhu-rou"野鸽"。藏缅语＊khruw[4]。

汉语 giug"舊"(鸲鵃),藏缅语＊gu,克钦语 u-khu(u 是"鸟"),缅语 khu(Tin 记的塔沃扬方言,1933 年),傈僳语 gu,拉克尔语 va-ku(va 是"鸟"),米基尔语 iŋhu＜iŋkhu"猫头鹰",唐吐语 wa"鸟",藏缅语＊wa[5]。

汉语 k i ôg"鸠",藏缅语＊kuw,米基尔语是 pəkü,缅语是 khui,梅特黑语是 khu-nu,卡米语是 iŋməkhu"鸽子"(缅语的 khrui 和卡米语的 məkhru"斑鸠"对应)[6]。

汉语"鸠"系列跟侗台语有如下联系:

汉语＊˪kjəgw"鸠":泰语 khau¹＜＊khr-"鸽子":藏文 ɦiaŋgu"鸽子"[7]。

"鸽子",傣雅 ka¹kje¹,西双版纳 ka¹kɛ¹,德宏 ka⁶ke¹,khau¹＜＊khr-。泰语 khau¹ 与汉语"鸠"有关,傣语都是象声词,但原始声母和声调与泰语相同。比较汉语"鸠"[8]。

① 帕默尔:《语言学概论》,李荣等译,商务印书馆 1983 年版,第 68 页。
② 黄树先:《汉缅语比较研究》,华中科技大学出版社 2003 年版。
③ 邢公畹:《汉台语比较手册》,商务印书馆 1999 年版,第 435 页。
④ 白保罗:《汉藏语言概论》,乐赛月、罗美珍译,中国社会科学院民族所 1984 年版,第 118 页。
⑤ 白保罗:《汉藏语言概论》,乐赛月、罗美珍译,中国社会科学院民族所 1984 年版,第 177 页。
⑥ 白保罗:《汉藏语言概论》,乐赛月、罗美珍译,中国社会科学院民族所 1984 年版,第 177 页。
⑦ 邢公畹:《汉台语舌根音声母字深层对应例证》,载《邢公畹语言学论文集》,商务印书馆 2000 年版,第 524 页。《汉台语比较手册》,商务印书馆 1999 年版,第 118、147 页。
⑧ 邢公畹:《汉台语比较手册》,商务印书馆 1999 年版,第 147 页。

泰语 khau[4] ＜ ＊ɣ-猫头鹰"，《手册》注云：西南及中部方言原始声母当为 ＊g-。比较汉语"枭"[①]。

五、"鳬"系列

【鳬】＊ba，《楚辞·卜居》："将氾氾若水中之鳬与波上下，媮以全吾躯乎？""鳬"字见于甲骨文，似用为地名[②]。王力先生认为，"鳬""鹜"同源[③]。潘悟云先生拿"鳬"对藏文 bja"鸟"[④]。

【鷭】＊baas，＊paa，《玉篇》："鷭，鷭鷞，鳩也。"《集韵·模韵》滂模切："鷭，鸟名，鹅也。"《集韵·模韵》："鷭，鸟膺前。"汉语"鷭""鷭鷞"＜＊b-luu＜＊b-la，和藏缅语 ＊bra 有关：

卢舍依语一般把意为动物的前缀 sa 加在表示动物意义的词上：sa-va"鱼"[⑤]。

唐吐语 wa"鸟"，藏缅语 ＊wa[⑥]。

藏语 bya"鸟，家禽"，缅语 pyâ（阿细语 do，保保波语 byo，尼语 dla-ma，傈僳语 byæ）"蜜蜂"。藏缅语 ＊bya[⑦]。

嘉绒语有 prye＜＊pra（在复合形式中也有 pra-）"鸡"，pra-khu"猫头鹰"，安加米那加语有 pera＜＊bra 或 ＊bra"鸡，鸟"。在此基础上必须承认有一个同源异形词 ＊bra。也有可能这是一个从澳泰语借来的老借词[⑧]。

卢舍依语 sa-va（库基语 ＊wa），米基尔语 vo，切邦语 wa，尼语、保保语 wa"鸟"。藏缅语 ＊wa。巴兴语有 ba"鸡，野禽"（也许借自藏语 bya"鸟，鸡"），而列普查语 fo"鸟"有不明确[⑨]。

白保罗认为藏缅语这个形式跟汉语"鹜"有关：

来自 ＊ʔbya 的 ＊ʔbi̯wo/mi̯u"鹜"，显然与藏缅语 ＊bya"鸟"＜原始汉藏语 ＊（a-）bya 同源[⑩]。

六、"鹅"系列

【鹅】＊ŋaal，《尔雅·释鸟》："舒雁，鹅。"

【鴈】＊ŋraans，《说文》："鴈，鹅也。"汉语文献中的"雁"、"鴈"是有区别的：《说文》："雁，鸟也。读若鴈。"是"雁"为鸿雁。段注："此与《鸟部》鴈别。鴈从鸟为鹅；雁从隹为鸿雁。""雝雝鸣鴈"，段玉裁《诗经小学》："是鸿雁当作雁，鴈鹜当作鴈。"鸿雁字经典多作"鴈"，《说文》："鴈，鹅也。"这只是文字上的分别，在语言里就是一个词。"鹅"、"雁"常以家养、野生别之，古籍实难分别。王国维说，"雁"从亦下隹，古人养雁常在臂亦间，故从此会意。且亦雁双声字，谓之亦声亦可[⑪]。

① 邢公畹：《汉台语比较手册》，商务印书馆 1999 年版，第 401 页。
② 裘锡圭：《释"鳬"》，《古文字论集》，中华书局 1992 年版，第 45 页。
③ 王力：《同源字典》，商务印书馆 1982 年版，第 202 页。
④ 潘悟云：《汉语历史音韵学》，上海教育出版社 2000 年版，第 190 页。
⑤ 白保罗：《汉藏语言概论》，乐赛月、罗美珍译，中国社会科学院民族所 1984 年版，第 113 页。
⑥ 白保罗：《汉藏语言概论》，乐赛月、罗美珍译，中国社会科学院民族所 1984 年版，第 146 页。
⑦ 白保罗：《再论汉藏语》，乐赛月、罗美珍译，《汉藏语言概论》附录，中国社会科学院民族所 1984 年版，第 177 页。
⑧ 白保罗：《汉藏语言概论》，乐赛月、罗美珍译，中国社会科学院民族所 1984 年版，第 151 页。
⑨ 白保罗：《汉藏语言概论》，乐赛月、罗美珍译，中国社会科学院民族所 1984 年版，第 99 页。
⑩ 白保罗：《再论汉藏语》，乐赛月、罗美珍译，《汉藏语言概论》附录，中国社会科学院民族所 1984 年版，第 468 页。
⑪ 王国维：《毛公鼎铭考释》，《王国维遗书》第 6 册，上海古籍书店 1983 年版。又见《史籀篇疏证》"鹰"字条。

【鴚】＊kaal，天鹅。《说文》："鴚，鴚鵝也。"王力先生说，"鹅（鶃鵞）"、"鴈雁"，歌元对转，同源①。

汉语"鹅""鴈"跟藏缅语可以比较，白保罗认为，原始藏缅语"鹅"的原始形式是＊ŋa，缅文的ŋàn＜＊ŋa，-n 是表示名词复数的后缀②。缅文 ief；ŋan³"天鹅；雁"。参见"鹅"＊ŋaal 字条。龚煌城先生有如下比较：古汉语 nga A"鹅"，ngran C"雁"；藏文 ngang"鹅"；缅文 ngan C"鹅"③。

"鹅"系列跟侗台语也有联系：

泰语 ha:n⁵＜＊h-，＊hŋ-"鹅"，李先生在 Sino-Tai 文中，参考水语 ŋa:n⁶，汉语"鹅"及藏语 ŋaŋ-pa"鹅"的说法，把这个字的原始台语声母拟为＊hŋ-。比较汉语"雁"④。

七、"雀"系列

【雀】＊ʔsewɢ//＊tseˉwk，《说文》："雀，依人小鸟也。从小佳。读与爵同。"文献中或写作"爵"。

【鵲】＊shaɢ//＊skhaˉk，《召南·鵲巢》："维鵲有巢，维鸠居之。"王力先生说，"鵲（誰）舄"同音，是同源字⑤。

"雀"字也避讳，李荣先生说，"雀"字《广韵》入声药韵即略切，本读精母，不送气；北京和一些方言读如清母，送气。这大概是避讳的缘故⑥。湖北一些地方，统用"雀"指鸟，单音节。男性生殖器官，尤其是小孩的，叫"雀"，重叠。

麻雀，这种"依人小鸟"，跟人的关系太密切了。人们很早就用这种小鸟指代鸟。文献有"燕雀"，借指小鸟。《世说新语·赏誉》："公孙度目邴原：所谓云中白鹤，非燕雀之网所能罗也。"张永言先生主编《世说新语辞典》谓："雀"，麻雀，泛指小鸟⑦。

"雀"可以跟侗台语比较：

"喜鹊"，傣雅 tɕa:k⁷，西双版纳 tsa:k⁷，德宏 tsa:k⁷＜＊tɕ-。"喜鹊"的全称傣雅是 nok⁸·kə tɕa:k⁷，西双版纳和德宏是·ka tsa:k⁷。原始声母按《手册》拟。比较汉语"鹊"。"喜鹊"侗语、水语称 qa¹tɕa:k⁷，qa¹ 义为"鸦"⑧。

邢公畹先生说，汉语"雀"泰语 ka-tɕa:k＜＊tɕ"麻雀"，"爵"对应泰语 tɕɔ:k＜＊tɕ"高脚酒杯"，这样就形成了深层对应⑨。这个说法，值得再斟酌。照传统的说法，汉语的爵，以其形似雀而得名。

八、"禽"系列

1.【禽】＊ɡruɯm，《尔雅·释鸟》："二足而羽谓之禽，四足而毛谓之兽。""禽"在甲骨文中用作动词，字后作"擒"。

---

① 王力：《同源字典》，商务印书馆 1982 年版，第 433 页。
② 白保罗：《汉藏语言概论》，乐赛月、罗美珍译，中国社会科学院民族所 1984 年版，第 284 页。
③ 龚煌城：《汉藏缅元音系统比较研究》，《史语所集刊》1980 年第 3 期。
④ 邢公畹：《汉台语比较手册》，商务印书馆 1999 年版，第 249—250 页。
⑤ 王力：《同源字典》，商务印书馆 1982 年版，第 289 页。
⑥ 李荣：《温岭方言的变音》，《语文论衡》，商务印书馆 1985 年版，第 63 页。
⑦ 张永言：《世说新语辞典》，四川人民出版社 1992 年版。
⑧ 邢公畹：《汉台语比较手册》，商务印书馆 1999 年版，第 352、407—408 页。
⑨ 邢公畹：《汉台语比较手册》，商务印书馆 1999 年版，第 407—408 页。邢公畹：《台语 tɕ-，s 组声母的字和汉语的深层对应》，《邢公畹语言学论文集》，商务印书馆 2000 年版，第 538 页。

【雅】* gram，《说文》："雅，鸟也。从佳，今声。《春秋传》有公子苦雅。"《通训定声》："疑即《尔雅》之鸂鶒。觜头曲如钩。苏俗曰水老雅是也。色黑，雅者黔也。"字或作"鴿"，《尔雅·释鸟》："鴿，騏老。"注："鴿鷜也，俗呼为痴鸟。"《玉篇》："鸟啄食。"疑"雅"与"禽"同。俞敏先生拿藏文 sgrim"寻，抓"跟汉语"禽"grim 对应①。

【鹰】* qɯŋ/qlɯŋ，《大雅·大明》："维师尚父，时维鹰扬。"笺："鹰，鸷鸟也。"

　　克钦语 laŋ"鹰类鸟"，gəlaŋ"鹰，鸢，隼"，laŋ-da～laŋ-daŋ"秃鹫"，缅语 làŋ-tá"秃鹫"，hrwe-làŋ-tá"鹰"(＝"金秃鹫")，làŋ-yun"隼类"，加罗语 do-reŋ"游隼，鸢"，博多语 dau-leŋ-a"鹰"，迪马萨语 dau-liŋ"鸢"，藏缅语 * laŋ②。

王辅世、毛宗武把原始苗瑶语的"老鹰"构拟成 * qlA:ŋ。

"鹰"在《说文》中是重文，此字正篆《说文·佳部》作"雝"："鸟也。从佳从人，瘖省声(此七字据段玉裁注本改)。鹰，籀文从鸟。"此字所从的声符，《说文》谓从瘖省声。"瘖"* qr ɯm，收闭口韵。比较一下南岛语阿眉斯语 liɬəp，耶眉语 takujab，卑南语 kajluŋ。卑南语也读后鼻音。通过和南岛语比较，可以透露出汉语"鹰"早期也可能收闭口韵③。

九、几个单个的字词

1.【佳】* tjul//* klju ̃l，《说文》："佳，鸟之短尾总名也。象形。"《说文》有"雏"："祝鸠也，从鸟，佳声。"《广韵》职追切，跟"佳"同音。《小雅·四牡》："翩翩者雏。"包拟古拿藏语 mchil(* m-thyil)"小鸟"对应汉语"鸟"* ntil④。郑张先生说，不如对应汉语的"佳"字⑤。

【鵻】* djols//* gljols，klj ̃ul，鹋子，《说文》："鵻，雌也。从佳，垂声。"是伪切。

2.【鹄】* guuk，《说文》："鹄，鸿鹄也，从鸟，告声。"藏文 skyegs"松鸡"。卢斯拿来跟汉语鸡对应，马提索夫说："古汉语，藏文的对应是极为精彩的，确实前所未有，令人惊叹！"⑥藏文 skyegs 对汉语"鹄"可能更好。

3.【鸰】* rel，《尔雅·释鸟》："鸰黄，楚雀也。"今之黄鹂。自或作"鹂"。此字可对侗台语"麻雀"，邕宁壮语 klai³，武鸣壮语、布依语 lai³，锦语、莫语 le³⑦。

4.【鹜】《礼记·曲礼》："庶人之挚匹。"郑玄注："说者以匹为鹜。"这个字《广雅·释鸟》作"鸥"，训作鸭。闻宥先生还讨论了缅甸境内的这个词的形式⑧。潘悟云先生也有讨论："鸭子"，印尼语 bébék，对应壮语、布依语的 pit⁷，傣语、拉珈语的 pet⁷。韵尾-k 是较早的形式，-k 在前高元音的同化下变作-t。"鸭"在汉语中的同源词为"匹"* phet< * phek。这种形式的同源词也出现在藏缅语里，如景颇语"鸭子"为 khai³³pjek⁵⁵，载瓦语为 pjet̠⁵⁵⑨。

①　俞敏：《汉藏同源字谱稿》，《俞敏语言学论文集》，商务印书馆 1999 年版，第 113 页。
②　白保罗：《汉藏语言概论》，乐赛月、罗美珍译，中国社会科学院民族所 1984 年版，第 333 页。
③　黄树先：《汉缅语比较研究》，华中科技大学出版社 2003 年版，第 175 页。
④　包拟古：《原始汉语与汉藏语》，潘悟云、冯蒸译，中华书局 1995 年版，第 166 页。
⑤　郑张尚芳：《上古音系》，上海教育出版社 2003 年版。
⑥　马提索夫：《从卢斯的对应词汇看原始汉藏语》，《民族语文研究情报资料集》1983 年第 11 辑。
⑦　梁敏、张均如：《侗台语概论》，中国社会科学出版社 1996 年版，第 365 页。
⑧　闻宥：《语源丛考》，《中华文史论丛》第 4 辑，上海古籍出版社 1980 年版。
⑨　潘悟云：《对华澳语系的若干支持材料》，《著名语言学家自选集·潘悟云卷》，安徽教育出版社 2002 年版，第 165—166 页。

5.【鸥】＊qoo，《后汉书·马融传》注："鸥，白鸥。"潘悟云先生拿汉语"鸥"对应藏文 ko"鸥，水鸭"①。

6.【鵙】，《说文》："鵙，乌鵙也。"博木切，古音＊poowɢ。加罗语 do-bak（do"鸟"），卢舍依语 ba·k"蝙蝠"。藏缅语＊ba·k②，可以比较。

7.【乌】＊qaa，《邶风·北风》："莫赤匪狐，莫黑匪乌。"这也是最常见的鸟，"乌"得名，可能跟其毛色有关。

"乌鸦"印尼语 gagak，但更多的南岛语中声母为 q-，原始形式可能为 qak。壮语 ka¹，布依语 ʔa¹，水语 qa¹，其中的ʔ-可能来自＊q-。汉语的同源词"乌"＊qa＞ʔa，藏缅语也几乎都是这种形式③。

"乌鸦"，傣雅 ka¹，西双版纳 ka¹，德宏 ka⁶，泰语 ka¹＜＊k-。比较汉语"乌"。汉语"鸦"字本写作"雅"，《说文·隹部》："雅，楚乌也。一名鸒，一名卑居，秦谓之雅。从隹牙声。"④"鸒"也属于这个系列。

【雅】＊ŋraaʔ，《说文》："雅，楚乌也。一名鸒，一名卑居，秦谓之雅。"王力先生也说，"乌""鸦"同源⑤。

8.【燕】＊qeens，《邶风·燕燕》："燕燕于飞，差池其羽。"邢公畹先生的比较：泰语 ʔɛːn⁵＜＊ʔ"燕子"，比较汉语"燕"⑥。

9.【雊】＊goon，《说文》："雊，鸥属。所鸣其民有祸。读若和。"潘悟云先生拿"雊"＊gon＞ɦ-对藏文 ɦol＜＊gol"猫头鹰"⑦。

【鸛】＊koons，水鸟，《说文》："小爵也。《诗》曰：鸛鸣于垤。"今本作"鹳"。

【鸢】＊gʷen// ＊lôn，《尔雅·释鸟》："鸢乌丑，其飞也翔。"郝懿行义疏："鸢即鸥，今之鹞鹰。"

（作者单位：首都师范大学文学院）

① 潘悟云：《汉语历史音韵学》，上海教育出版社 2000 年版，第 208 页。
② 白保罗：《汉藏语言概论》，乐赛月、罗美珍译，中国社会科学院民族所 1984 年版，第 325 页。
③ 潘悟云：《对华澳语系的若干支持材料》，《著名语言学家自选集·潘悟云卷》，安徽教育出版社 2002 年版，第 166 页。
④ 邢公畹：《汉台语比较手册》，商务印书馆 1999 年版，第 315 页。
⑤ 王力：《同源字典》，商务印书馆 1982 年版，第 121 页。
⑥ 邢公畹：《汉台语比较手册》，商务印书馆 1999 年版，第 271 页。
⑦ 潘悟云：《汉语历史音韵学》，上海教育出版社 2000 年版，第 231 页。

苏林、韦昭《汉书》"音义"考辨

万献初

内容提要：选取三国时代魏苏林和吴韦昭的"《汉书》音义"音注为材料，清理音注形式及其内容，排比数据及其分布，疏辨源流，比较异同，分析各自的音注特点，阐明其价值与贡献，尤其重视阐发音义关系，"因音辨义"与"以义正音"相结合，揭示隐含的语音特点及其发展规律。

关键词：汉书音义；苏林；韦昭；音注；反切

唐颜师古《汉书注》征引了二十三家《汉书》"音义"，其中三国时期有多家。如张揖（清河人，魏太和中为博士），颜师古《汉书》注引张揖 190 条，只有 3 条音注，无反切。张晏（三国魏中山人），师古《汉书注》引用张晏条目甚多，今辑得注项 741 条，其中音注 15 条，无反切。如淳（魏陈郡丞），今辑得注项 1010 条，音注 122 条，反切 14 条。项昭（三国魏人），《汉书注》引项昭 2 条，其中音注 1 条为反切。孟康（魏黄初中任散骑常侍、渤海太守等，封广陵亭侯），今辑得注项 845 条，音注 120 条，反切 12 条。

本文选择三国时期颇具代表性的苏林、韦昭二家《汉书》音义作音注分析。结合清人杨守敬和武汉大学古籍所师生的辑佚本，全面建立语料库，系统展示此三家的音注材料，细致地进行梳理、考辨，显示各自的音注特点及其在汉语语音史上的地位与价值。

一、苏林的《汉书》音注

苏林，史无正传，《三国志》刘劭、王肃、高堂隆三传及裴注引《魏略》言其事，《晋书·庾峻传》和颜师古《汉书叙例》亦有言及。苏林字孝友，陈留外黄人，生于东汉桓帝至灵帝之间，卒于魏正始初年，享年八十余。于魏文帝曹丕黄初（220—226）中为博士，因参与上表劝进曹丕称帝，一生官路通畅，位高爵显，历任五官将文学、给事中领秘书监、散骑常侍、永安卫尉、太中大夫并封安成亭侯。苏林的著述，《隋书·经籍志》著录有《孝经注》和《陈留耆旧传》，《汉书叙例》列他为《汉书》二十三注家之一，《方言》郭璞注、《后汉书》刘昭旧注、郦道元《水经注》征引苏林注《汉书》多条，《三国志·刘彭廖李刘魏杨传》"丰官至朱提太守"裴松之注："苏林《汉书音义》曰：朱音铢，提音如北方人名匕曰提也"，明言苏林著有《汉书音义》。清杨守敬辑苏林《汉书》注语只残存《叙例》"苏林"条和《五行志》中的 4 条，[1]武汉大学古籍所殷榕《苏林〈汉书音义〉辑佚》辑得 485 条。[2]

苏林是著名的古文经学家，裴松之《三国志·刘劭传》注引《魏略》称他"博学，多通古今字指，

---

① ［清］杨守敬：《汉书二十三家注钞》，《杨守敬集》第六册，湖北教育出版社、湖北人民出版社 1997 年版。

② 殷榕：《苏林〈汉书音义〉辑佚》，武汉大学硕士学位论文，2004 年。

凡诸书传文间危疑,林皆释之"。《三国志·高堂隆传》谓:"其科郎吏高才解经义者三十人,从光禄勋隆、散骑常侍林、博士静,分受四经三礼。"由于对古字音义多所留意,苏林注的特点偏重注音释字辨义,今见注文485条中就有音注148条,占30%,是诸家注语中音注比例最高的。音注类型有:某音某、某音某某(之某)、某某音某某、某读曰某和反切,很齐全。以厚实的经学和小学功底来注史书,当然会在语言文字的注音释义辨形上胜过他人。

[1]《汉书·高帝纪》"欲与俱去,毋特俱死",颜师古注:"文颖曰:特,独也,无为独与沛公死。苏林曰:特,但也。师古曰:苏说是也。但,空也,空死而无成名。"

[2]《汉书·武五子传》"毋作柴德";《史记·三王世家》"毋俳德",司马贞索隐:"无菲德。苏林云:菲,废也,本亦作俳,俳,败也。"

[3]《史记·孝文本纪》"朕既不能远德,故怅然念外人之有非",裴骃集解:"《汉书音义》曰:怅然犹介然也";司马贞索隐:"苏林云'怅,寝视不安之貌',盖近其意,余说皆疏。怅音下板反。"

[4]《汉书·张骞李广利传》"然骞凿空",颜师古注引苏林曰:"凿,开也。空,通也。骞始开通西域道也。"

[5]《汉书·霍光金日磾传》"便房、黄肠题凑各一具",颜师古注引苏林曰:"以柏木黄心致累棺外,故曰黄肠。木头皆内向,故曰题凑。"

[6]《汉书·李广苏建传》"威棱儋乎邻国",颜师古注引苏林曰:"陈留人语恐言儋之。"

例[1]是准确解释虚词。[2]利用同源通用字来准确释义。[3]、[4]对常用动词、形容词作语境中的确解。[5]利用事理来说明专有名词。[6]解释方言词。苏林音注也偏重语言内容:

[7]《汉书·高帝纪》"使卢绾、刘贾将卒二万人",颜师古注引苏林曰:"绾音以绳绾结物之绾。"

[8]《汉书·高帝纪》"且法以有功劳行田宅",颜师古注引苏林曰:"行音行酒之行,犹付与也。"

[9]《汉书·楚元王传》"多所平反罪人",颜师古注引苏林曰:"反音幡,幡罪人辞使从轻也。"

[10]《汉书·成帝纪》"先帝劭农",颜师古注引苏林曰:"劭音翘,精异之意也。"

[11]《汉书·礼乐志》"鸾路龙鳞,罔不肸饰",颜师古注引苏林曰:"肸音墍涂之墍。墍,饰也。"

[12]《汉书·礼乐志》"𥠎浮云,晻上驰",颜师古注引苏林曰:"𥠎音蹑,言天马上蹑浮云也。"

[13]《汉书·韩彭英卢吴传》"至使人有功,当封爵,刻印刓,忍不能予",颜师古注引苏林曰:"刓音刓角之刓,刓与抟同。手弄角讹,不忍授也。"

[14]《汉书·刑法志》"则廷平将招权而为乱首矣",颜师古注引苏林曰:"招音翘。翘,举也,犹卖弄也。"

[15]《汉书·天文志》"间可械剑",颜师古注引苏林曰:"械音函。函,容也,其间可容一剑也。"

[16]《汉书·天文志》"川塞溪垘",颜师古注引苏林曰:"垘音伏,伏流也。"

[17]《汉书·刑法志》"鳏鳏常恐天下之一合而共轧己也",颜师古注引苏林曰:"鳏音慎而无礼则葸之葸。鳏,惧貌也。"

[18]《汉书·贾谊传》"国制抢攘",颜师古注引苏林曰:"抢音济济跄跄,不安貌也。"

[19]《汉书·赵尹韩张两王传》"长安宿豪大猾东市贾萬、城西萬章、翦张禁、酒赵放",颜师古注引苏林曰:"萬音矩。"

[20]《汉书·董仲舒传》"民日削月朘",颜师古注引苏林曰:"朘音镌石。俗语谓缩朒为朘缩。"

例[7]、[8]"绾、行"各有名词、动词两用,本句读为动词义。[9]"反"有去、平两读,本句读平声表"纠正"义。[10]—[13]是破通假字读为本字。[14]—[16]是用同源通用字来释义。[17]、[18]是音变构成叠音词和联绵词。[19]是用注音来区分"萬—萬"形近字,又《扬雄传》"踢音试郎反"也是辨"踢—踢"形近字的。[20]为俗语词注音释义。

苏林音注还有:《汉书·高帝纪》芒音忙遽之忙,砀音唐、蕲音机、邯音酒酣之酣、歇音毒歇(《史记》司马贞索隐"苏林音如字")、曲音龋,遇音颙、鳏音鱼鳏之鳏、番音婆、郦音踧躇之躇(《史记》司马贞索隐"苏林如淳音掷")、蕡音蒯、柝音药、徇音巡、枞音枞木之枞、瓴读曰铃、缶音缻、洮音兆、下音下书之下、《高后纪》台音胞胎、《文帝纪》棫音域、假音休假,借音以物借人之借、《景帝纪》著音著帻之著、《武帝纪》蚡音羒鼠之羒、脽音谁、洼音窒曲之窒、浈音撑柱之撑、《昭帝纪》杉音移、畸音踦隻之踦、《元帝纪》阏氏音焉支、《哀帝纪》郚音鱼、瘘音萎枯之萎、《律历志》咢音愕、《礼乐志》眇音窈、宵音宵肤之宵,宨音宨下之宨、《刑法志》提音柢、《食货志》瘠音渍,反音幡、《史记·平准书》选音选择之选、《郊祀志》堮音胥、鬲音历、《天文志》棓音棓打之棓、能音台、跆音台、《五行志》招音翘、《唐开元占经》镮音镮、《地理志》鄦音盲、㹞音炙、朱音铢,提音时、舰音麑、《艺文志》俅音仇、《陈胜项籍传》招音翘、《张耳陈余传》泜音祗、《魏豹田儋韩王信传》偾音奋、《荆燕吴传》纵音从容之从、《季布栾布田叔传》邮鳌音输、陘音刑、《萧何曹参传》彎音人足孪躃之孪、鳌音胎、《张陈王周传》趣音趣舍、梧音悟、《樊郦滕灌傅靳周传》郸音多、《史记·郦生陆贾列传》蹶音厥、《郦陆朱刘叔孙传》辂音冻洛之洛、《史记·刘敬叔孙通列传》蕞音纂、《蒯伍江息夫传》窥音跬、寁音欤嚏之嚏、《万石卫直周张传》揄音投、《文三王传》格音阁、《屈原贾生列传》偭音面、《贾谊传》般音盘、魖音厥、侜音骂、请音絜清、《史记·屈原贾生列传》嬗音蝉、《爰盎晁错传》棓音栖、骀音马骤之骤、《张冯汲郑传》邦音圭、《贾邹枚路传》柢音蔕、劘音摩、《窦田灌韩传》逗音豆、《景十三王传》鄐音鱼、淖音泥淖、荃音诠、税音夺、析音斯、凯音倦凯之凯、讪音辄强之辄、泮音毕、宓音密、削音陟峻之陟、玢音分、坖音马坖叱之坖、玄音炫、懑音面、油音油麻之油、《史记·司马相如列传》坿音附、陼音渚、《文选·子虚赋》樽音郇都之郇、《文选·难蜀父老》澹音淡、《张汤传》簿音主簿之簿、《武五子传》广音旷、《严朱吾丘主父徐严终王贾传》淦音耿弇之弇、族音奏、《东方朔传》宴音贫宴之宴,薮音数钱之数、胞音胞胎之胞、《魏相丙吉传》霁音限齐之齐、《赵尹韩张两王传》舷音项、忺音妖、偛音朋、《盖诸葛刘郑孙毋将何传》贲音肥、《何武王嘉师丹传》炔音桂、《宋景文笔记·考古》鹑鴡音珍绢、《扬雄传》駃骚音匞我、弸音石堕井弸尔之弸,强音宏、吸音吸吸动摇之吸、猿音宾、著音债著之著、坏音陪、颉音提挈之挈、抵音纸、《文选·解嘲》番音潘、《酷吏传》邑音人相悒纳之悒、《匈奴传》氾音凡、撑音掌距之掌、《西南夷两粤朝鲜传》揭音羯、《西域传》浩音昊、番音盘、《史记·外戚世家》被音废、《叙传》拾音负拾之拾、《经典释文·周易音义》逐音迪。

苏林反切9条12个:《汉书·律历志》棓音布回反、《郊祀志》湫音将蓼反、《樊郦滕灌傅靳周传》郦音簿催反、《贾谊传》僋音人肩伛僋尔,音欺全反、《景十三王传》荼音食邪反、《司马相如传》摧音赪水反、娄音卒鄃反、峥音侪争反、嵤音户抨反、《赵充国辛庆忌传》媠音儿遮反、《扬雄传》踢音试郎反。

苏林音注也有一部分是为专有名称和难僻字注音的,但不是主体,如各家注音最勤的《地理志》他反倒只注4条音,而辨析变音别义异读和通假字的音注大大增多,为音义书因音辨义和以义正音的音注提供了范例,其音注的语言文字学成分很高,具有小学家敏锐的眼光和深厚的语言文字分析功力,因而具有深刻性和准确性。

二、韦昭的《汉书》音注

韦昭(204—276),三国时吴国云阳人,本名昭,字弘嗣,史书避司马昭讳改称韦曜。《三国志·韦曜传》谓"少好学,能属文",吴主孙皓昏庸,于吴凤凰二年(273)收年已七十的韦昭下狱,右国史华核等上表救之,谓"曜自少勤学,虽老不倦,探综坟典,温故知新,及意所经识古今文字,外吏之中少过曜者。……今曜在吴,亦汉之史迁也"。但孙皓越发恨怒而诛杀之,徙其家于零陵。韦昭历任从丞相掾、西安令、尚书郎、太子中庶子,孙亮时为太史令,孙休时为中书郎、博士祭酒,孙皓时封高陵亭侯,迁中书仆射,常领左国史。一生多居史职,刚正不阿而具良史风范,故刘知幾《史通·直书篇》赞云"韦昭仗正于吴朝,崔浩犯讳于魏国"。韦昭著述甚丰,《隋书·经籍志》、两唐书志著录有:《洞纪》、《吴书》、《国语注》、《汉书音义》、《辨释名》、《官职训》、《毛诗答杂问》、《孝经解赞》和《韦昭集》,还有散见文章多篇。

韦昭是著名的史家,也是成就卓著的经学和小学家,重视字词的注音、训释和探源,著《辨释名》、《官职训》和《毛诗答杂问》,可见其意趣。所著《国语注》流传至今,其中有很丰富的字词音义注释内容,语言文字学方面的造诣甚高,以致唐陆德明《经典释文》引韦昭音切达39处之多。《隋书·经籍志》、《旧唐书·经籍志》和《新唐书·艺文志》均著录韦昭《汉书音义》七卷,但宋及其后的目录学著作皆未见著录,李步嘉(1990)经考校认为:韦昭《汉书音义》于北宋中叶已大半散佚。所说可资参考。杨守敬辑得韦昭《汉书》注614条,李步嘉《韦昭〈汉书音义〉辑佚》在未见杨辑的情况下,广泛而细致地搜寻、辨析,辑得777条,杨辑均包含在内。[①] 777条中有音注142条,为数颇多,虽然多数还是为难僻的名物字注音,也有少数重复前人之注者,但韦昭小学功力厚实,析音、解词、辨形上比前人更多语言学上的自觉,因而就更为深入细致,其注释就更富语言学特色。

[1]《汉书·高帝纪》"沛公、项羽追北",颜师古注引韦昭曰:"古背字也,背去而走也。"

[2]《汉书·天文志》"襄侯王陵降",颜师古注引韦昭曰:"汉封王陵为安国侯,初起兵时在南阳。南阳有穰县,疑襄当为穰而无禾,字省耳。"

[3]《汉书·高帝纪》"都废丘",颜师古注引韦昭曰:"即周时犬丘,懿王所都,秦欲废之,更名废丘。"

[4]《汉书·食货志》"肉好皆有周郭",颜师古注引韦昭曰:"肉,钱形也;好,孔也。"

[5]《汉书·高帝纪》"今汉有天下太半",颜师古注引韦昭曰:"凡数三分有二为太半,有一分为少半。"

[6]《史记·屈原贾生列传》"变化而嬗",司马贞索隐引韦昭曰:"而,如也。如蝉之蜕化也。"

[7]《汉书·高后纪》"勃尚恐不胜,未敢诵言诛之";《史记·吕太后本纪》"未敢讼言诛之",裴骃集解:"韦昭曰:讼犹公也。"

[8]《汉书·武帝纪》"而挢虔吏因乘势以侵蒸庶邪",颜师古注引韦昭曰:"凡称诈为挢,强取为虔。《左传》曰:虔刘我边垂。"

[9]《文选·史述赞》"项氏畔换",李善注引韦昭曰:"畔换,跋扈也。"

---

① 李步嘉:《韦昭〈汉书音义〉辑佚》,武汉大学出版社1990年版。

[10]《史记·太史公自序》"不为物先,不为物后",裴骃集解引韦昭曰:"因物为制。"

例[1]、[2]通过分析古今字和省写字来准确释义。[3]分析得名缘由。[4]直训当时的名物词。[5]详细解说表当时制度的双音词。[6]解析抽象词(或虚词)。[7]明"诵、讼—公"之间的借用关系。[8]辨析近义词。[9]指明联绵词。[10]用文意训释来串讲句意以明词义。

[11]《汉书·扬雄传》"辒轳不绝",王先谦补注引萧该音义曰:"辒轳,韦昭音垒落。"

[12]《汉书·扬雄传》"乏无儋石之储",王先谦补注引官本:"韦昭曰:儋,音若担戴也。"

[13]《史记·南越列传》"即被佗书",裴骃集解引韦昭曰:"被之以书,音光被之被。"

[14]《汉书·地理志》"厥土黑坟",《经典释文·尚书音义》"坟"下引韦昭曰:"音勃愤反,起也。"

[15]《汉书·天文志》"句星信",颜师古注引韦昭曰:"信音申。"

[16]《史记·魏其武安侯列传》"武安者,貌侵",裴骃集解引韦昭曰:"侵音寝,短小也。"

[17]《汉书·郊祀志》"丘壻山之属",颜师古注:"苏林曰:壻音胥。韦昭曰:音苏汁反。韦说是也。"

[18]《汉书·魏豹田儋韩信传》"则齮龁首用事者坟墓矣",慧琳《一切经音义》"齮啮"下引韦昭曰:"齮音垦。"

[19]《汉书·叙传》"敻冥默而不周",王先谦补注引萧该音义曰:"韦昭曰:敻,远也,呼迥反。"

[20]《汉书·地理志》"著",颜师古注:"音竹庶反,又音直庶反。而韦昭误以为蓍龟之蓍字,乃音纪咨反,失之远矣。"

韦昭音注也多富于语言学特色。例[11]用直音注明联绵词。[12]用读若来说明"儋"的音义同"担"。[13]用"某音某某之某"来分析此句中的"被"不是寝衣义而是覆盖、施加义,除了少数引文献来限定词义的用例外,他很少用这种音注形式。[14]"坟"的名词坟墓义《广韵》符分切奉母文韵平声,动词隆起义《集韵》部本切並母混韵上声,韦昭"勃愤反"与《集韵》同,显示了"平—上"变调构词。[15]是上古常用的一对通假字。[16]"侵—寝"是平上声之别,属同源通用的借字。[17]"胥"《广韵》相居切心母鱼韵平声,"壻"《广韵》苏计切心母霁韵去声与韦昭同,韦昭注的可能是当时的通用读音,故颜师古称是。

韦昭一直生活在长江以南的吴国,是三国以前《汉书》注家中唯一的江南人,因此他的音注就有可能留下当时南方方音的痕迹。[18]"齮"义为咬嚼,《广韵》鱼倚切疑母纸韵上声,韦昭音"垦"康很切溪母很韵上声,北方音无此读,可能是江南方音所致,"齮—龈、啃"南方音义同。[19]"敻"《广韵》有许县切霰韵去声营求义和休正切劲韵去声遥远义两读,韦昭读呼迥反是迥韵上声,劲韵为合口三等而迥韵为合口四等,也可能是南方方音所至,今湖北南部咸宁话"穴敻"之"敻"还读上声。[①] [20]蓍草蓍龟之"蓍"《广韵》式脂切书母脂韵,记咨反是见母脂韵,可见韦昭不是将"著"形误认作"蓍",今湖北南部崇阳话还把做衣、著书等创造性劳动的"做、著"等词读同"制"音,则韦昭此读也有可能是三国吴时长江南岸的读音,等等。

韦昭 142 条音注中有反切 71 条,占一半,用量比前人多出很多,说明其时反切注音法在江南已经通用,韦昭用反切已经很纯熟了。除上引之外还有:《汉书·高帝纪》销音呼玄反、且音子闾反、《史记·高祖本纪》夏音更雅反、《史记·项羽本纪》鄱音蒲河反、《史记·王子侯者年表》瓡为诸縏反、鉼音蒲经反、《史记·高祖功臣侯者年表》祕音符篾反、《史记·建元以来侯者年表》路姑洛反、

① 参见万献初:《汉语构词论》,湖北人民出版社 2004 年版,第 268—272 页。

《汉书·古今人表》敼已震反、《经典释文·春秋左氏传音义》鄙音呼告反、《经典释文·尚书音义》蟆音薄迷反、《经典释文·春秋左氏音义》沁音思金反、泱音於康反、《汉书·地理志》般音逋垣反、揭音其逝反、《史记·淮阴侯列传》喋音徒协反、《史记·吴王濞列传》啗音徒览反、《史记·绛侯周勃传》菆音侧吏反、《史记·张丞相列传》壖音而缘反、《史记·刘敬叔孙通列传》蕞音兹会反、《史记·屈原贾生列传》惄音士介反、《汉书·郦陆朱刘叔孙传》揣音初委反、《史记·司马相如列传》呷音呼甲反、燅音汝萧反、颜音吾板反、隺音答略反、《文选·子虚赋》勺音丁削切,药音旅酌切、《文选·上林赋》沇音胡郎切、颔音许及切、《经典释文·春秋公羊音义》嵌音去瞻反、《汉书·武五子传》惊音裁宗反、《汉书补注·匡张孔马传》渗音持轸反、《汉书补注·王商史丹傅喜传》擿音持历反、《汉书补注·薛宣朱博传》疢音胥地反、祒音黍矫反、《汉书补注·扬雄传》嗟音祖猎反、浏音刘又反、馺音苏及反、揫音知己反、越音慈昭反、酾音疏佳反、渗音史禁反、薛音平狄反、秋音裁枭反、岋音拟及反、擸音据略反、悦音熙放反、《文选·羽猎赋》斳侧略切、《文选·解嘲并序》禁音欺禀切、颎音欺甚切、《经典释文·庄子音义》戄音乃回反、《史记·儒林传》培音扶尤反、《汉书补注·儒林传》适音诗历反、《史记·匈奴列传》铤音时年反、蹹音多蓝反、《史记·西南夷列传》僰音蒲北反、《史记·东越列传》闽音武巾反、《汉书补注·王莽传》蓁音疏禁反、《汉书补注·叙传》息音熹既反、圮音敷委反、枓音居骝反、脢音谋鬼反、菰音慈固反、煜音呼夹反,雪音于侠反、榍音女擢反、恨音吾恩反、《文选·西征赋》告音病移切。

其他音注还有:《史记·高祖本纪》告音告语之告、盱眙音吁夷、《史记·吕太后本纪》轵音纸、《史记·惠景间侯者年表》郎音贞、《汉书·古今人表》敱音瑰、梼音桃、《汉书·礼乐志》铫音繇、《汉书·郊祀志》亳音薄、《史记·天官书》培音剖、敦音顿、《汉书·天文志》槮音参差之参、悄音翳、《经典释文·尔雅音义》作诔音折樗、《经典释文·尚书音义》埠音试、琨音贯、砥音旨、《经典释文·春秋左氏音义》沾音拈、陬音诹、飒音凡、《经典释文·春秋公羊音义》篠音如频、岩音严、慧琳《一切经音义》卷 58 髻音蠡、《后汉书·郡国志》羌音西、《汉书·地理志》雩音虚、《史记·河渠书》斜音邪、《史记·韩信卢绾列传》黇音冀、《史记·梁孝王世家》犴音岸、《史记·卫将军骠骑列传》氏音支、《史记·司马相如列传》豻一音岸、湛音沈、《文选·头陀寺碑文》椑音裔、《文选·上林赋》持音惩、《经典释文·周礼音义》奉音拱、《文选·始出尚书省》荥音启、《汉书补注·翟方进传》告音疵、《汉书补注·扬雄传》汩音幂、偈音桀、滥音滉、喜音熙、峤音矫、踔音卓、掫音芰、《文选·长杨赋》眠音萌、荔音如梨、颔音蛤、穆音忧、《文选·解嘲并序》坻音若是理之是、《汉书补注·儒林传》拊音抔、《汉书补注·酷吏传》伎音泪、苴音鲻、《史记·匈奴列传》骑音颠、曼音瞒、苦音若靡盐之盐、《史记·西南夷两粤朝鲜列传》楪音叶、《史记·大宛列传》褟音昨、幕音漫、《史记·南越列传》隆虑音林闾二音、睽音辽、《汉书补注·王莽传》句音劬、辨音班、剽音芰、阕音旻、《经典释文·尔雅音义》躅音擢、《汉书补注·叙传》疤音肥、划音铲、《文选·幽通赋》昒音味又音勿、《文选·答宾戏》跑音庖、滥音槛、整音旌。

综合来看,今辑得苏林"《汉书》音义"注项 485 条,其中音注 148 条,占 30%,是二十三家音义注语中音注比例最高的。韦昭注项 777 条,音注 142 条,占 18%。

苏林音注中专名和难僻字注音不多,而辨析变音别义异读和通假字的音注占多数,为其后音义书因音辨义与以义正音提供了音注范式,其音注深刻、准确,具有很强的语言文字学成分。韦昭为难僻的名物字注音较苏林多,但从语言学本体上析音、解词、辨形的音注显得更为自觉,因而更富于语言学特色。

从注音术语类型上看,早期东汉服虔、应劭承用语境限定式的"某音某某之某"最多,中期的魏苏林、孟康等多用"某音某"的直音,后期的韦昭、郭璞等多用反切。北方注家苏林侧重普通词语的别义异读和通假字的辨音析义;南方注家韦昭则侧重探索语源以及方言俗字的注音辨义,各自侧重点不同,各有特色。

反切注音始于东汉末服虔、应劭的"《汉书》音义",两人今存反切21条,占音注总量的17％,当时还未成为第一注音手段。曹魏初的苏林音注148条,今存反切12条,也还未普遍施用。但到了孙吴韦昭,142条音注中竟存71个反切,已占半数,说明其时反切已经在随文音注中广泛使用,或许南方注家比北方注家更普遍而娴熟地使用反切注音。

就音注的基本语音性质来看,两家《汉书》音义的音注是以汉末读书音为主体的,也杂有古今、方俗和历时音变等因素,具有一定的泛时性和层累性特点。值得注意的是,韦昭一直生活在长江以南的吴国,他的音注留下当时南方方音的痕迹,更具语音史研究价值。

（作者单位:武汉大学古籍整理研究所;武汉大学汉语言文学典籍整理与研究中心）

重释"三省"的"三"*

杨 军 陈 挚

内容提要：《论语·学而》"吾日三省吾身"的"三"当如何理解，学术界看法有分歧。本文为此对《论语》类似句子中的"三"作了穷尽式的考察，同时参考先秦两汉其他文献的用例，讨论了"三"的两种古读区别，并证明了《学而》的"三省"就是"从三个方面反省"的意思。

关键词：三；数词；实数；虚数

《论语·学而》："吾日三省吾身：为人谋而不忠乎？与朋友交而不信乎？传不习乎？"邢昺《正义》曰："此章论曾子省身慎行之事。弟子曾参尝曰：'吾每日三自省察己身：为人谋事而得无不尽忠心乎？与朋友结交而得无诚信乎？凡所传授之事，得无素不讲习而妄传乎？'"是将"三省"的"三"解释为实数。由于古书中的"三"有解为多次的用法，杨伯峻先生参照《论语》的语法习惯，把这个"三"解释为多次。他说："'三省'的'三'表示多次的意思。古代在有动作性的动词上加数字，这数字一般表示动作的频率。而'三''九'等字，又一般表示次数的多，不要着实地去看待。说详汪中《述学·释三九》。这里所反省的是三件事，和'三省'的'三'只是巧合。如果这'三'字是指以下三件事而言，依《论语》的句法应该这样说：'吾日省者三。'和《宪问篇》的'君子道者三'一样。"①对于他的说法，学术界也有不同意见。如有人把"三省"的"三"读为"参（cān）"，解为"参验"。张儒先生说："'三'可能就是一个通假字。""'三'和'参'可以通用。""'三省'当读为'参省'，'参'和'省'同义连文。"张儒先生对旧说的怀疑，是他认为："每天反省三次，不多不少，是不是太死板？每天反省还不行，一定要多次反省，如此谨小慎微，还能做什么大事？"②而他之所以读"三"为"参"，当是受近人《荀子·劝学》注的影响。《劝学篇》："君子博学而日参省乎己，则知明而行无过矣。"梁启雄说："伯兄曰：省，有察验之义；谓博学则智识日明，常以所学切己参演省察，则行无过。启雄按：《庄子·天下》：'以参为验'，本书《解蔽》：'参稽治乱而通其度'，《韩子·显学》：'无参验而必之者愚也'，《难二》：'以刑名参之'，《扬权》、《主道》并云：'刑名参同'。归纳其意，参字实含'征验'的意思。"

这些说法初看起来似乎都有道理，但是究竟哪种解释正确？是否还有更为合理的解释？需要我们对论语以及先秦两汉时期的文献作进一步的研究。在文献里，而师儒相承，"三"字古有两读。

---

* 本文是国家社科基金重大项目《经典释文》文献与语言研究"（142DB97）的阶段成果之一，承挚友汪维辉教授、黄笑山教授、储泰松教授、何亚南教授、黎平博士等多所指教，谨表谢忱。又得友生沈红宇补充数例，一并致谢。文中若有问题，一律由作者本人负责。

① 杨伯峻：《论语译注》，中华书局 1980 年版。
② 张儒：《汉字通用声素研究》，山西古籍出版社 2002 年版。

陆德明《经典释文》于此云：“三，息暂反。又如字。”①其中“息暂反”一音，是把“三”读作去声（中古音 sAm'，今音 sàn）；“如字”则是把“三”读平声（中古音 ₍sAm，今音 sān）。《朱子语类》对这两种读法辨析说：“‘三’字平去二声虽有自然、使然之别，然自然者不可去声，而使然者亦不可平声。故‘三仕’、‘三已’与‘三黜’无以异，而三仕、已无音。‘三省’、‘三思’与‘三嗅’、‘三复’皆使然……”②照朱子的讲法，“三”读平声表示“自然”，读去声则表示“使然”。而“三省”的“三”是数词，平去二声并不区别词性，朱子所说的“自然”和“使然”意思不甚明确，我们不妨直接考察一下陆德明是怎么区别“三”这两种读法的。

1.《诗·小雅·采薇》：“一月三捷。”《笺》：“往则庶乎一月之中三有胜功，谓侵也、伐也、战也。”《释文》：“三，息暂反。又如字。”“三捷”的“三”读“息暂反”为实数，特指郑《笺》所谓“侵”、“伐”、“战”。若按“又如字”读，则可以把“三”理解为虚数。

2.《左传·庄公元年》：“齐人三鼓，刿曰：‘可矣。’”《释文》：“三，息暂反。又如字。”而下文有“夫战，勇气也。一鼓作气，再而衰，三而竭。”是“息暂反”是将此“三”理解为三次击鼓从而产生出“作”、“衰”、“竭”三种精神状态。

3.同上《僖公二十五年》：“晋侯三辞，从命。”《释文》：“三，息暂反。又如字。”按下文有“受策以出。出入三觐。”杜预注：“出入，犹去来也。从来至去，凡三见王。”故读“息暂反”是特指重耳三次出入觐见周王的行为。

4.同上《哀公十六年》：“君子之谋也，始、衷、终皆举之，然后入焉。”杜注云：“谋一事，则当虑此三变，然后入而行之，所谓君子三思。”《释文》：“三思，息暂反。又如字。”此读“息暂反”者，亦以“三思”的“三”指某一事件在“始”、“衷”、“终”三个特定的时段可能发生的情况，而“三变”则是这三个特定时段中可能出现的不同情况。

5.《尚书·酒诰》：“姑惟教之，有斯明享。”郑注：“以其渐染恶俗，故必三申法令。”《释文》：“三，息暂反。又如字。”也是将“三”理解为三次申明法令。故《正义》曰：“礼成于三，故必三申法令。”

6.《礼记·檀弓上》：“孔子问焉：‘尔来何迟也？’曰：‘防墓崩。’孔子不应。三。”郑注：“三言之，以孔子不闻。”《释文》：“三，息暂反。又如字。”此读去声，也是特指孔子门人误以为孔子没有听见而三次重复回答之事。

以上例子都是“首音”读去声“息暂反”，以“三”为实数，具有特指性。而《释文》“如字”在前者，“三”皆可理解为多次之类，不必实指三次等。例如：

7.《尚书·五子之歌》：“一人三失。”注：“过非一也。”《释文》：“三，如字。又息暂反。”按，“过非一也”，谓过失不止一次，不必一定是三次。

8.《左传·定公十年》：“齐高彊曰：‘三折肱知为良医。’”《释文》：“三，如字。又息暂反。”此处谓多次折肱，不必实指三次。

9.同上《襄公三十年》：“比及葬，三易衰。”《释文》：“三，如字。又息暂反。”按，杜注云：“言其嬉戏无度。”既云“无度”，则此读“如字”亦谓多次更换缞服，不必三次。

10.《礼记·杂记》：“如或遗之酒肉，则受之，必三辞。”《释文》：“必三，如字。又息暂反。”此读如字谓多次推辞，不必实指三次。

由上引材料看，“三”字《释文》读如字者，皆不必实为三次等，而读“息暂反”者，一定是实指三

① 陆德明：《经典释文》，中华书局 1983 年版。
② 《朱子语类》，中华书局 1986 年版。

次、三事等,且多为特指。由此可见,陆德明对"三省"的"三"读"息暂反"是作实数解的①。这种理解是否正确?

"三"是首先作为数词出现的,这是"三"的初始意义。从这个词的词义发展来看,它的基本用法是表实数,而由于这个表示实数的"三"常常被古人用来表示次数的多因此具有了"多"的意义;又因"三"是由数的叠加而成,数的叠加跟事物的参与有相似之处,所以又引申出了"参"的意义②。在古文献里,虽然可以见到"三"后两种意义的用法,但是"三"作为数词表示实数的用法更是屡见不鲜。例如《论语·公冶长》:"季文子三思而后行,子闻之曰:'再,斯可矣。'"句中"三"与"再"对举,显然应该是实数。另外,我们从《论语》中号可以见到下面这样一些例子:

11.《先进》:"南容三复白圭,孔子以其兄之子妻之。"注:"孔曰:'《诗》云:"白圭之玷,尚可磨也。斯言之玷,不可为也。"南容读《诗》至此,三反复之,是其心慎言也。'"

12.《乡党》:"子路共之,三嗅而作。"《疏》:"子路失指,以为夫子云'时哉'者,言是时物也,故取而共具之。孔子以非己本意,义不苟食,故但三嗅其气而起也。"

13.《公冶长》:"令尹子文三仕为令尹,无喜色;三已之,无愠色。"《疏》:"楚大夫令尹子文三被任用,仕为令尹之官,而无喜见于颜色;三被已退,无愠怼之色。"

14.《微子》:"柳下惠为士师,三黜。"注:"孔曰:'苟直道以事人,所至之国俱当复三黜。'"

这些例子里的"三"也都是用的本义。所以,我们不能因为古人有以"三"表示"多"用法而否认古人用"三"表示实数的事实。第11例"南容三复白圭"中"三复白圭"跟"三省吾身"的语法结构完全相同③,但古人并不把这句话说成"南容复白圭者三"。至于杨伯峻先生所说的"这里所反省的是三件事,和'三省'的'三'只是巧合。如果这'三'字是指以下三件事而言,依《论语》的句法应该这样说:'吾日省者三。'和《宪问篇》的'君子道者三'一样",这个结论是有问题的。在《论语》中,"君子道者三"这样的句法只有以下两例:

15.《宪问》:"君子道者三,我无能焉:仁者不忧,知者不惑,勇者不惧。"

16.《泰伯》:"君子所贵乎道者三:动容貌,斯远暴慢矣;正颜色,斯近信矣;除此器,斯远鄙倍矣。"

而以"三"作动词的状语,表示三种、三类、三方面等的例子至少还有以下数例:

17.《季氏》:"益者三友;损者三友:友直、友谅、友多闻,益矣。友便辟、友善柔、友便佞,损矣。"《疏》:"以人为友,损益于己,其类各三也。"("友"是动词,"三友"即"以三种人为友",意动用法。)

18.同上:"益者三乐,损者三乐:乐节礼乐,乐道人之善,乐多贤友,益矣;乐骄乐,乐佚游,乐宴乐,损矣。"《疏》:"此章言人心乐好损益之事,各有三种也。"④

这两例的"三"除了跟"三省"一样用"三"来修饰动词之外,也都在下文列举了"三种"、"三类"或"三方面"等具体的事物、行为或情状等,跟前面的"三"相呼应。因此,"N+三 V"的结构,跟"君子道者三"的句法形式在《论语》中是并存的。另外,还有"N+有+三 V"的结构,其中"三 V"名词化后充当"有"的宾语,其作用跟"N+三 V"式相同。

19.《季氏》:"侍于君子有三愆:言未及之而言谓之躁,言及之而不言谓之隐,未见颜色而言谓之瞽。"《疏》:"言卑侍于尊,有三种过失之事。"

① 这是证明了陆德明认为此处的"三"应该作实数解,同时他通过"又如字"说明还有其他人有另外一种看法。也就是说在陆德明时代对此"三"已经有了分歧。

② 从古字形上讲,三与参是不同的字。就数字义而言,他们是通用的关系。

③ "三复"之三和"三省"之三也有不一样,前个三虽是实数但表次数,后者表三个方面。

④ "乐"是动词,"三乐"即"乐于三事"。

20. 同上："君子有三戒：少时血气未定，戒之在色；及其壮也血气方刚，戒之在斗；及其老也血气既衰，戒之在得。"《疏》："此章言君子之人，自少及老，有三种戒慎之事也。"

21. 同上："君子有三畏：畏天命、畏大人、畏圣人之言。小人不知天命而不畏也，狎大人，侮圣人之言。"《疏》："言君子畏服，有三种之事也。"①

22. 《子路》："君子有三变：望之俨然，即之温也，听其言也厉。"《疏》："此章论君子之德也。望之、即之及听其言也。有此三者，变异常人之事也。"（"三变"在此不是三次变化，而应该是三种变化。）

另有一例为"N＋有＋N"，前述"N＋有＋三 V"可以认为是这种形式的一种变体。

23. 《阳货》："古者民有三疾，今也或是之亡也。古之狂也肆，今之狂也荡；古之矜也廉，今之矜也忿戾；古之愚也直，今之愚也诈而已矣。"

这些例子证明《论语》中表实数的"三"用在动词之前作状语并非仅有"三省"一个孤例。因此，杨伯峻先生"如果这'三'字是指以下三件事而言，依《论语》的句法应该这样说：'吾日省者三'，和《宪问篇》的'君子道者三'一样"的结论不正确。同时"这里所反省的是三件事，和'三省'的'三'只是巧合"的判断也是错误的。《论语》中不仅两种句法并存，而且"三省吾身"的句式并不少见。此外，"君子道者三"这类"N＋V 者＋三"是一种完整的句型，主语是"N＋V 者"，"三"是整个句子的谓语。而在其他文献里，"N＋V 者＋三"这种句子之后可以不再补充说明"三件事"等。如《战国策·赵策三》："于是平原君欲封鲁仲连。鲁仲连辞让者三，终不肯受。"再如《燕策一》："于是不能期年，千里之马至者三。"这两例正好跟杨伯峻先生的说法相反，在"辞让者三"和"千里之马至者三"下并不列举三件相关事件，且其中的"三"都表示频次而不是"三件事"，且句中的"三"可以理解为"多次"而不必是"三次"。重点在于三是可表 V 的三个方面。不在虚实。

在先秦两汉其他文献中"三"的实数用法也是大量的，下举数例说明。

24. 《左传·宣公元年》："三进及溜，而后视之。"注："三进三伏，公不省而又前也。"

25. 同上《哀公六年》："东郭书曰：'三战必死。'"注："三战：夷仪、五氏与今。"

26. 同上《僖公十五年》："实落材亡，不败何待？"注："晋侯车三坏。"《疏》："谓晋之车乘三度与秦战而败坏非谓晋侯亲乘之车也。……刘炫云：……言秦伯之车三经败坏乃至于韩，而晋始惧。"

27. 《礼记·檀弓上》："今一日而三斩板，而已封。"注："斩板，谓断其缩也。三断止之。"

28. 同上《乐记》："《清庙》之瑟，朱弦而疏越，壹倡而三叹，有遗音者矣。"注："三叹，三人从叹之耳。"（《大戴记·礼三本》作《清庙》之歌，一倡而三叹也。）

29. 《国语·晋语九》："既饱，献子问焉，曰：'……吾子一食之间而三叹，何也？'同辞对曰：'吾，小人也，贪。馈之始至，惧其不足，故叹；中食而自咎也，曰岂主人之食而有不足？是以再叹；主之既已食，愿以小人之腹为君子之心，属愿而已，是以三叹。'"

30. 同上《吴语》："越王乃令其中军衔枚潜涉，不鼓不噪以袭攻之，吴师大北。越之左军、右军乃遂涉而从之，又大败之于没，又郊败之。三战三北，乃至于吴。"

31. 《战国策·齐策二》："齐与鲁三战而鲁三胜，国已危，亡随其后。"

32. 同上《赵策四》："翟章从梁来，甚善赵王。赵王三延以相，翟章辞不受。"

33. 同上："秦三以虞卿为言而王不遂也，今燕一以庐陵君为言而王遂之，是轻强秦而重弱燕也。"

34. 《孟子·公孙丑下》："孟子之平陆，问其大夫曰：'子之持戟之士，一日而三失伍，则去之

---

① "畏"是动词，从"畏天命、畏大人、畏圣人之言"则"三畏"是名词化后做"有"的宾语。

否?'曰:'不待三。'"

　　35.《庄子·养生主》:"老聃死,秦失吊之,三号而出。"

　　36.同上《知北游》:"知谓无为谓曰:'予欲有问于若:何思何虑则知道?何处何服则安道?何从何道则得道?'三问而无为谓不答也。"①这个例子和三省在句法语义上完全一致,即是实数又是指类别数。

　　37.《荀子·大略》"君于大夫,三问其疾,三临其丧。于士一问一临。"

　　38.《韩非子·外储说右上》:"海上有贤者狂矞,太公望闻之往请焉。三却马于门而狂矞不报见也,太公望诛之。"

　　39.同上《喻老》:"赵襄主学御于王子期,俄而与子期逐,三易马而三后。"

　　40.同上《难一》:"有处士曰小稷臣,桓公三往而弗得见。……于是五往乃得见之。"

　　41.同上《难二》:"昔者文王侵孟、克莒、举酆,三举事而纣恶之。"

　　42.《墨子·鲁问》:"项子牛三侵鲁地也,而胜绰三从。"

　　43.同上《号令》:"长夜五循行,短夜三循行。"

　　44.《吕氏春秋·下贤》:"齐桓公见小稷臣,一日三至弗得见。"

　　45.同上《贵因》:"舜一徙成邑,再徙成都,三徙成国。"

　　46.《论衡·逢遇》:"商鞅三说秦孝公,前二说不听,后一说用者,前二帝王之论,后一霸者之议也。"(参《效力》:"故夫商鞅三说秦孝公,后说用者,前二难用,后一易行也。")

　　47.同上《谴告》:"康叔、伯禽失子弟道,见于周公,拜起骄悖,三见三笞。"(参《尚书大传》:"伯禽与康叔见周公,三见而三笞之。")

　　48.《淮南子·齐俗》:"乱世之法,高为量而罪不及,重为任而罚不胜,危为禁而诛不敢。民困于三责,则皆饰诈而诈上,犯邪而干免。"

　　49.《韩诗外传》卷六:"子路治蒲三年,孔子过之。入境而善之曰:'由!恭敬以信矣。'入邑曰:'善哉,由!忠信以宽矣。'至庭曰:'善哉,由!明察以断矣。'子贡执辔而问曰:'夫子未见由而三称善,可得闻乎?'孔子曰:'入其境,田畴草莱甚辟,此恭敬以信,故民尽力;入其邑,墉屋甚尊,树木甚茂,此忠信以宽,其民不偷;入其庭,甚闲,此明察以断,故民不扰也。'"

　　50.《春秋繁露·灭国》:"魏人侵成,郑人成及齐师围成。三被大兵,终灭。"

　　以上26例中,"三"皆为实数②,其中不乏与"吾日三省吾身吾身"相似的用例,如第29例的"吾子一食之间而三叹",同样特指下文所说的三个原因。因此"三"作实数在先秦两汉时期仍然是其基本用法。

　　下面讨论《荀子·劝学》中"君子博学而参省乎己"的"参"解释为"参验"是否正确。"三"在古代确有假借为"参"的用例,如《周礼·考工记·鞸人》"上三正"郑注云:"三,读当为参。"又《弓人》"量其力有三均"郑注云:"有三,读为又参。"反之也有"参"读为"三"的用例。《广韵》谈韵"参"字就

---

　　①　此"三问"不是三次问,而是问三事。

　　②　有几个例子中的"三"似乎作实数、虚数理解皆可,但古人礼制,常以重复三次某种行为表示完成。如《尚书·顾命》:"王三宿,三祭,三诧。"注:"礼成于三,故酌者实三爵于王。王三进爵,三祭酒,三奠爵。"又《泰誓下》:"王乃大巡六师,明示众士。"注:"师出以律,三申令之,重难之义。"《疏》云:"律,法也。行师以法,即誓敕赏劝是也。礼成于三,故为三篇之誓。三度申重号令,为重慎艰难之义也。《孙子兵法》'三令五申之',此誓三篇,亦为三令之事也。"再如《仪礼·士婚礼》"三饭,卒食"注:"同牢示亲,不主为食起,三饭而成礼也。"《疏》云:"《少牢》十一饭,《特牲》九饭而礼成,此独三饭,故云'同牢示亲,不主为食起,三饭而成礼也'。"又《仪礼·聘礼》"一人举爵"注:"三献礼成,更起酒也。"《疏》云:"大夫士家祭三献,《特牲》《少牢》礼是也。"《左传·昭公九年》"岂如弁髦,而因以敝之"注:"童子垂髦,必三加冠,成礼而弃其始冠。"又《白虎通义·考黜》:"礼成于三。……《尚书》曰:'三考黜陟。'"因此"礼成于三"的古制,这些"三"都只能作实数解。

有"苏甘反"(中古音ᵗsᴀm,今音 sān)一音。《论语·泰伯》"参分天下有其二"《释文》:"参,本又作三。"《左传·襄公二十七年》:"志以发言,言以出信,信以立志,参一定之。"杜注云:"志、言、信三者具而后身安存。"《疏》曰:"参即三也:言也,信也,志也。"而《荀子·劝学》有许多内容就是取自孔子的学说,如"古之学者为己,今之学者为人"就直接引用《论语·宪问》原文。而"君子博学而参省乎己"这句话里,"博学"取自《礼记·中庸》的"博学之,审问之,慎思之,明辨之,笃行之",而"参省乎己"就来自《学而》"三省吾身"。既然《劝学》的"参省"是引《学而》的"三省"而有异文,这个"参"就应当读为"三"而跟"三省"不当有不同的解释。也就是说,我们不仅没有理由把《学而》的"三省"读成"参省",反而是应该把《劝学》的"参省"读为"三省"。因此,杨倞在《劝学》"参省"下注云:"参,三也。"《大戴礼记·学而》:"君子博学如日参己焉,故知明则行无过。"王引之《经义述闻·大戴礼中·参己》说:"家大人曰:'日参己'当从《荀子》作'日参省乎己',参读为三。"①至于"每天反省三次,不多不少,是不是太死板?每天反省还不行,一定要多次反省,如此谨小慎微,还能做什么大事"之类的疑问,主要是因为句子中"三"之后没有后接量词而导致的。我们只要不把"三省"的"三"理解为三次或多次,而是把它理解为"三方面",于文意就畅达而无所轩轾了。

那么,古汉语语法中数词+动词在一般情况下数词表示频次的规则是否有例外呢?我们注意到以下例句,数词+动词时数次并不表示频次。

51.《左传·襄公九年》:"吾三分四军,以诸侯之锐以逆来者。"注:"分四军为三部。"正义:"贾逵以分四军为十二部,郑众以为分四军为三部。杜以为十二部则一部人少,不足以亢敌,故从郑说分四军为三部。晋各一动而楚三来,欲罢楚使不能也。"

52.《左传·昭公五年》:"及其舍也,四分公室,季氏择二,二子各一。"

53.同上:"公室四分,民食于他。"

54.《周礼·考工记》"内有九室,九嫔居之;外有九室,九卿朝焉。九分其国以为九分,九卿治之。"

55.《礼记·王制》:"其有中士下士者,数各居其上之三分。"注:"士之数,(大、次、小)国皆二十七人,各三分之。上九、中九、下九,以位相当。"《释文》:"三分,如字。"

56.《管子·轻重甲》:桓公曰:"请问用兵奈何?"管子对曰:"五战而至于兵。"桓公曰:"此若言何也?"管子曰:"请战衡、战准、战流、战权、战势,此所谓五战而至于兵者也。"

57.《管子·小匡》:管子对曰:"作内政而寓军令焉,为高子之里,为国子之里,为公里。三分齐国以为三军,择其贤民,使为里君。"

58.《史记·张仪列传》:"而张仪复说魏王曰:'魏地方不至千里,卒不过三十万。地四平,诸侯四通辐凑,无名山之限。'"

59.《赵世家》:"五国三分王之地。"《正义》:"秦、齐、韩、魏、燕三分赵之地。"

60.《项羽本纪》:"故立沛公为汉王,王巴、蜀、汉中,都南郑。而三分关中,王秦降将以距塞汉王。"

61.《高祖本纪》:"三分关中,立秦三将。章邯为雍王,都废丘;司马欣为塞王,都栎阳;董翳为翟王,都高奴。"

62.《五帝本纪》:"五服三就。"《集解》:"马融曰:五刑,墨、劓、刖、宫、大辟。三就,谓大罪陈诸原野,次罪于市朝,同族适甸师氏。既服五刑,当就三处。"

63.《郦生陆贾列传》:"夫陈留,天下之冲,四通五达之郊也。"

---

① 王引之:《经义述闻》,江苏古籍出版社 2000 年版。

64.《汉书·淮南衡山济北王传》:"十六年,上怜淮南王废法不轨,自使失国早夭,乃徙淮南王喜复王故城阳,而立厉王三字王淮南故地,三分之:阜陵侯安为淮南王,安阳侯勃为衡山王,阳周侯赐为庐江王。"

65.《后汉书·董卓传》:"天子东归后,长安城空四十余日,强者四散,羸者相食,二三年间,关中无复人迹。"(参考《晋书·卷四》:"是日,日光四散,赤如血。")

66.郑玄《诗谱序·邶墉卫谱》:"庶殷顽民,被纣化日久,未可以建诸侯。乃三分其地,置三监,使管叔、蔡叔、霍叔尹而教之。"

67.《盐铁论·通有》:"自京师东西南北,历山川,经郡国,诸殷富大都,无非街衢五通,商贾之所凑,万物之殖者。"

68.《晏子春秋·外篇第七》:"景公置酒于泰山之阳,酒酣,公四望其地,喟然叹,泣数行而下,曰:'寡人将去此堂堂国者而死乎!'左右佐哀而泣者三人,曰:'吾细人也,犹将难死,而况公乎! 弃是国也而死,其孰可为乎!'"

69.《新序·善谋》:"天下五合六聚而不敢相救。"

70.《列女传·齐钟离春》:"于是宣王喟然而叹曰:'痛乎无盐君之言! 乃今一闻。'于是拆渐台,罢女乐,退谄谀,去雕琢,选兵马,实府库,四辟公门,招进直言,延及侧陋。"

71.《春秋繁露·爵国》:"天子地方千里,为方百里者百。亦三分除其一,定得田方百里者六十六,与方十里者六十六,定率得千六百万口。九分之,各得百七十七万七千七百七十七口,为京口军九。"

也就是说,古汉语"数词+动词"的结构里,大多数情况下数词表示频次,但显然也有相当用例并不表示频次。因此,朱熹《论语集注》根据邢昺《疏》说:"曾子以此三者日省其身。"金履祥《论语集注考证》也说:"盖此三事乃及人之事,常情所易忽,故曾子于此事日省吾身,恐以为不切己而有所不尽也。"①都把"三"理解为下文说到的三个方面,在语法上有根据。因此《辞海》"三省"条把"三"解释为"三个方面"是颇为正确的。

小结:第一,《学而》"吾日三省吾身"的"三"是实数,特指下文所说的三个方面。第二,这种意义的"三"在《经典释文》等音义书中相承读去声"息暂反"。第三,"三省"是"三 V"②作谓语,但"三V"名词化后可作"有"的宾语。第四,"三 V+N"、"有+三 V"等句式跟"君子道者三"等"N+三"句式在先秦两汉时期并存,各自并没有明显的优势。第五,"N+三"的句式可以不再下文列举三件有关事件,其中的"三"不必都是实数。第六,"三省吾身"的"三"不能解作"参验",而《荀子·劝学》"参省乎己"的"参"当读为"三",意思与"三省吾身"的"三"相同。

(作者单位:安徽大学文学院)

---

① [元]金履祥:《论语集注考证》,《丛书集成初编》,上海商务印书馆 1937 年版。
② 类谓词性短语。

试论汉语语音史的历史方音研究

刘晓南

内容提要：分析语音史"一线制"架构形成原因，探讨并反思自有清以来数百年的"一线制"语音史存在的内部矛盾，分析清儒"古音说"、"古合韵说"和"通转说"各自的特点及存在的困难，通过现代语言学家对历史方音全方位考察的有效推进与古今类比的成功，确认语音史中历史方音研究的重要性和必要性，设想新的语音史框架需要包含两个层次：上位层是通语语音系，下位层是历史方音。

关键词：汉语语音史；历史方音；古今类比；合韵；通转；谐声关系

一、语音史的"一线制"及其原因

尽管汉语很早就有了全民共同语：雅言或通语，但其与生俱来的复杂方言毫无疑问地使整个汉语语音变得非常复杂，全方位的汉语语音史研究应当包括通语语音史和方音史两个部分，然而长期以来，人们把语音史混同于通语语音史，并不关注方音史的研究。

简单回顾一下汉语语音史研究的历程。"古声"一语大约最早见于东汉郑玄《毛诗笺》[①]。唐代开始出现对古诗中个别韵脚字的古音考求，随着对古诗中韵脚字的古音考查逐渐增多，宋代萌生了以古音、今音对举为标志的"古音观"，同时以"通转"为基础的古韵系探索也得以启动。明代从理论上完善了古音观并将宋人单字多音式的古音研究发展为古音有定的字群考论。稍后，离析唐韵以成古韵系，顾炎武开创了古音系的研究。清儒的古音系研究给语音史的构建打下了坚实的基础，而语音史的思想以及基本框架的形成已是清末民国初的事了。

从"古音"一语的出现一直到语音史框架的形成，虽然古音研究高潮迭起，但对"古音"性质，学者一直只关注其时间的维度。纵观语音史研究历程，自宋儒"今音、古音"的混沌两分，到清初毛奇龄、柴绍炳等人"三古"说，直到现代学者语音史的六期等等划分，基本都遵循了"以时代次之"[②]的原则。显然，是"时代次之"的原则促成了语音史"一线制"框架。纯时间线索建构的"一线制"语音史，长期以来几乎没有受到过怀疑，甚至可以看作是研究者的"下意识"预设。究其原因，至少有两个：一是早期古音研究的目的使然；二是汉字文献本身的非表音性与超方言性的影响使然。

---

① 参戴震《声韵考》卷三"古音"。

② 宋儒今、古两分，参刘晓南 2004、2006 年相关论著，"三古说"参柴绍炳《古韵通》(《续修四库全书》第 244 册)，"六期"的划分最早见于钱玄同《文字学音篇》(北京大学出版组 1918 年版)，"以时代次之"语见《四库全书总目》第 369 页下栏(中华书局 1965 年缩印本)。魏建功《古音系研究》(1935 年版)虽然已经论及通语与方言语音，揭示了历史方音的重要性，但所设定语音史的架构仍是时间维度的"六期"的修订版"七期"的划分。

(一)传统古音研究的目的

传统古音研究的目的有二:一是解释《诗经》、《楚辞》等上古文献中用韵;二是为先秦典籍的训释提供语音根据。前者盛于唐宋,后者大行于清代。

当宋儒运用各种手段说明《诗经》等古诗押韵并企图使这些作品诵读和谐之时,他们无意间将古音系统与字音分离开来了。为了说明具体韵段中某个韵脚的古音押韵,他们往往就字论字,根据包括方音口语在内的复杂单字异读,考求能使具体韵脚字与整个韵段谐协的所谓"古音",一个字已有的或可能有的异读,都属于查考古读的范围,适合不同押韵环境的"异读"往往被确认为所谓"古音"来支持古诗押韵,这就是"叶音"一语的要义。所以,宋儒的古音学不可能涉及区分古通语音与古方音的问题。

经过明代陈第的批判,清儒一改宋儒陈习,宋人的古音通转说和一字多叶的"叶音"说被摒弃,古音系再也不是所谓通转的杂凑,而是基于古诗用韵实际、合于音理的音类重组,即:所谓离析唐韵以成古韵,审其洪细弇侈以定韵系。以此形成的真正的古音韵部系统,清儒不但用来解释古诗的押韵,而且推广而至古文献整理与训释,形成了"以声音通训诂"的原则,极大地推动了清代训诂学。"训诂音声,相为表里"[1],训诂之旨在于声音的思想由此深入人心。

以声音通训诂,从理性的角度讲,是一个从语言的物质外壳进入精神内涵的语言阐释过程。确立"以声音通训诂"的阐释原则,必须面对全体古典文献,势必要求这个所谓"通训诂"的"声音"能够普遍适用于所属历史时代的全部文献语言的广泛领域,而囿于一域的方音难以满足这个需要。可见,在以古音通训诂的原则下,需要一个对所有文献普遍适用的声音条理,这就使得"古音"的时代因素得以强调或扩大。在强调普遍语音条理的时代共性的同时,其区域差异就易被忽视或忽略。这无疑构成了单一音系发生与生存的原推力。

(二)汉字文献语言的超方言性

如果说"通训诂"是时代单一音系的外在需求的话,那么研究材料的特殊性就是其内在原因。

古音研究的传统材料主要是用汉字记录的历史文献,姑名之曰"汉字文献"。汉字作为世界文字体系中使用历史最为悠久的书写系统,其最为显著的特征之一就是它的非表音性。古音学是考究汉语历史语音的学科,其研究的主要材料却具有"非表音性",这无疑是不利因素,对于现代学者来说甚至成为古音研究的一大障碍。看惯了拼音文字的西方学者感受尤深,如最早设想通过文献考究古音值的俄罗斯汉学家刚和泰在其《音译梵书与中国古音》一文中,就揭出汉字文献语料在古音研究上的两大难点:第一点就是记录汉语的汉字不是表音文字。当然,这里"不表音"的"音"指音值,主要是说不能直接从汉字形体中看到音值的表述。然而"不表音"并没有成为传统古音学的障碍。古音系研究主要有两大任务:考定古音类、拟测古音值。大概通过文献进行古音系研究,先要比较精准地考出文献中的古音类,加以归纳形成音系,再推证或构拟其音值。汉字文献弱于表音值,可一点也不影响表音类,甚至在音类表达上较之拼音文字更有优势。传统古音学已经证明,在考证音类归纳音系方面,汉字文献的"非表音性"丝毫没有妨碍古音系研究。

相反,汉字文献"非表音性"衍生出的"超方言性",却对古音研究有着重大的负面影响。所谓"超方言性",可以简述为:汉字具有超越或沟通方言语音差异的交际能力。一般地说,方言间差异

---

① 戴震语,见段玉裁《说文解字注》卷首戴震序。

最显著的差别往往就是语音。早在南北朝时，颜之推就说过"九州之人，言语不同"①，这句话完全可以理解为：同一词语，不同地区的人发音不同。然而，无论九州之人对这个词发音怎么不同，用汉字写下来是相同的。也就是说，汉字记录汉语时，具备将不同的声音形象转化为同一的视觉形象，以达到化不同为同一之效力。对汉字与汉语这种"字同音不同"特点最早、最简明的表述当推元代周德清，他说"韵共守自然之音，字能通天下之语"②。天下之大，口语音读各异，书以汉字则化为同一。汉字能有效地将"闻而难瞭"之音，转化成"见即知晓"之形，将语言的语音之异化为形体之同，从而沟通方音，故能通天下之语。

清初音韵学家柴绍炳进一步提出"同文之治，不囿方言"命题，他说："夫古者言虽殊域，书必同文，审音凭语言，作诗依文字。十五国风，唇吻岂能尽符，而咏歌未尝夐（迥）别，甚至瓯越侏偂离，蛮荆缺舌，聆其言说，绝远中州，而越语楚书，载彼歌谣，无间风雅，岂非同文之治，不囿方言哉！"③晚清安念祖也说："古无韵书而韵不讹，四海皆准，天下同文。"④所谓"天下同文"，即指汉字文献的书面语言具有通行全国的功能，因为它具有超方言性。

"超方言"对于华夏文化的创立与传播具有重大的意义。清末民国时期流行的"国语运动"提出废除汉字，要代之以拼音文字。其动机是好的，要通过简化语文学习，提高效率，普及文化，推进科学来实施所谓的教育救国。以1892年卢戆章发表"切音新字"为始，到1949年，经过了"切音字运动"、"注音字母运动"、"国语罗马字运动"和"拉丁化新文字运动"等过程。直到今天，文字改革运动一个多世纪过去了，汉字虽然经过简化与规范化的巨大改良，但汉字并未废除，除设立了精准的注音体系外，汉语的拼音文字也没有确立。为什么？原因是多方面的，但其中重要的一点就是如果废除汉字，必然要废掉汉字的超方言性，这必须以汉语没有方言差别为前提。然要在中国消灭汉语方言差别，谈何容易。文改运动一直就有废除汉字与改良汉字两派⑤。在这个问题上且看看毛泽东的老师徐特立是如何说的。

尽管毛泽东曾有过"走世界文字共同的拼音方向"⑥的思想，但他的老师、教育家徐特立早年则是不赞成废除汉字的（按，他晚年对这个问题不见有新的言论，可能是碍于毛的指示吧）。他说："我国文字，非如西洋各国以声音统一切文之字，故必字字读之方可，此由不知形声孳乳之义也。单体之文不过数百，单体既明，则谐声会意之偏旁可类推矣。三十六字母统一切字之声，二百六韵统一切字之韵，合双声叠韵以求训诂，纲举而目张矣，安见西文易而中文难乎？"⑦他在留法学习期间，1924年3月9日致信黎锦熙，说："弟于文字改革常留心于文法（按：此乃接受《马氏文通》的思想）一项，觉得中文在各国文字之上，弟虽不能通各国文字，而法德两国文章之构造也略知一斑，欲将所见发表，苦无时间。语言之统一，除中国外无第二国。比国（按，指比利时）只七百万人，有三种国语，即街道的名词也两个并写，政府的禁令也多用两种文字。法国进化颇早，而土语尚存若干种。弟留学将近五年，新知识全无，而复古之心最盛，归时再作长谈。"⑧徐老所说"语言之统一，除中国外无第二国"，应当就是指通过汉字的超方言性，使得全国不同方言有了共同的交际工具，与

　①　语出《颜氏家训音辞篇》，见王利器：《颜氏家训集解》，上海古籍出版社1980年版，第473页。
　②　见周德清：《中原音韵序》，中华书局1978年影印讷菴本《中原音韵》卷首。
　③　语见柴绍炳：《古韵通》，《续修四库全书》，第244册，第25页。
　④　语见安吉：《韵徵》附安念祖识语，《续修四库全书》，第245册，第197页。
　⑤　参杨润陆：《现代汉字学通论》第四章、第五章，长城出版社2000年版。
　⑥　参刘家丰：《论简化字》，运帆世纪出版社2007年版，第14页。
　⑦　语出徐特立：《国文教授之研究》，《徐特立文集》，湖南人民出版社1980年版，第1页。该文作于1914年。
　⑧　徐特立：《徐特立文集》，湖南人民出版社1980年版，第34页。

清儒所说"同文之治,不囿方言"实为异曲同工。

既然古音系是通过超方言的汉字文献归纳而来,那么它本身也应当是超方言的,这样推论完全合乎逻辑。可见,正是因为认定汉字文献"不囿方言",给古音研究提供了超越方音差异的理论依据,汉字文献的超方言性自然而然地被类化为全民交际的通用性,古音系研究忽略方音的前提才得以理所当然地确立。所以,在古音研究的实践中,无论传统音韵学还是现代音韵学,古音都被设定为忽略空间差异的单一时代音系,很少有人怀疑。

二、一线制语音史的内部矛盾

"一线制"的设想是美好的,但语音史研究的实际却不"配合"它。从顾炎武开始,旨在归纳单一音系的上古音研究,就一直存在着复杂语料与单一音系框架不能兼容的内部矛盾。可归为两条:一是从古音系研究的角度看,划分古音类无法形成贯彻到底的条例,正例之外总有一定数量的例外,使得音类的划分与归类难以统一,结果是上古音系至今都无法干净地划分部类。二是从文献解释的角度看,主要归纳《诗经》用韵和《说文》谐声得到的上古音系,虽能解释大量的先秦文献语音现象,却不能涵盖全部,无法如训诂家预期的那样具有全面精准的解释力。古音研究和应用中经常遇到的"不好处理"现象,无疑使单一性的时代音系陷入这种"内部矛盾"的困窘之中。主要表现在三方面。

(一)合韵:跨部通押

"合韵"这个术语有不同的定义或理解,本文取广义的用法,指"跨韵部的通押"。

作为诗歌押韵的根据或规范的韵部,大约最早由隋唐时代诞生的经典韵书所设立,但中国诗歌押韵的历史却远比韵书来得久远。在韵书诞生之前的漫漫年代里,华夏有诗歌以来,就有着严谨的押韵,有押韵,就一定有其用韵的依据——也就是潜在韵部的存在。后代学者正是根据这一点,才通过《诗经》等早期的诗歌用韵来系联韵脚,纂集韵部,归纳韵部系统。但是,从这些早期诗歌中归纳韵部系统,无论怎么操作,总有一些跨越韵部的通押现象存在,不时地扰乱或混淆韵部之间的疆界。

以周秦古音研究为例,清代第一个古音系:顾炎武的 10 韵部系统,这个语音学史上最早的韵系,其构架是如此之简单,给判断《诗经》群经的"合法押韵"提供了很大的回旋空间,极有利于消除韵部之间的牵混,即便如此,还是出现了"百中之一二"[①]的合韵,颇难处理。此后,无论江、段、戴、孔、江、王诸君子以至于现代学者,都无法避免合韵。岂但无法避免,在他们的后学匡补前贤、后出转精、韵部划分愈益精密的同时,"合韵"现象不是逐渐减少,反而愈益增多。段玉裁特设"古合韵"一例,其古音 17 部每部都有合韵,早已超过"百中之一二"的比率。后来江有诰分古韵为 21 部,他根据自己的韵系,进一步对合韵作了具体分类与统计。他说:"古有正韵,有通韵,有合韵。最近之部为通韵,隔一部为合韵。诗经用正韵者,十之九,用通韵者,百中之五六,用合韵者,百中之一二,计三百五篇,除周颂不论,其国风,大小雅,商鲁颂,共诗一千百十有二章,通韵六十见,合韵十余见,不得其韵数句而已。"[②]依他自己提供的数字,合韵率约为 6.2%。实际上,江氏《诗经韵读》中还有"借韵"一类,江氏实际是把"跨韵部通押"分为"通、合、借"三等。他以韵部排比的远近来确定

① 参顾炎武:《音学五书》之《音论》卷中。
② 语出江有诰:《音学十书》"古韵凡例",中华书局 1993 年影印本,第 22 页。

通、合、借:相邻两部通押为通韵,中隔一部为合韵,中隔两部或三部为借韵。无论"通、合、借"都属于本文"合韵"的范畴。细数江氏《诗经韵读》中提供的实例,实际数据是通韵 86 例、合韵 23 例、借韵 10 例,合计 119 例。实际的合韵率为 10.7%。这个比率已经够大了。王力上古音系 29 部,其《诗经韵读》(1980 年上海古籍出版社初版)分合韵为"通韵"(即对转式的通押)、"合韵"(即旁转式的通押)两类,王力诗韵谱中对每一个通、合韵的押韵方式和韵段都作了标注,统计其数据为:通韵 76 例、合韵 126 例,合计 202 例,比照江有诰提供的总数,合韵的比率竟可达到 18.2%,比例更大。

可以说,上古韵系的研究一开始就和"合韵"纠结在一起,如影随形,挥之不去,上古韵部之间的界限从来就没有完全划干净过。不但先秦如此,汉魏以下至唐宋金元,凡被研究过的诗歌用韵,从区区千余韵段的《诗经》用韵,到动辄数千上万的唐宋诗歌用韵,无论韵部系统如何划分,都存在类似于《诗经》合韵的一定比率的跨部通押。"正例"与"合韵"全都如此一般地纠结,跨部通押如此近乎一致地出现,作何解读,确实需要认真考虑。

(二)同声异类:谐声字的同声符不同部类

运用《说文》谐声研究上古音,唐宋学者已开先河,直到清儒段玉裁提出"凡同声必同部",谐声体系的古音学价值从理论上得以确认。因此拓展了上古音研究的材料,即除了通过谐声关系可以判定《诗经》群经中不入韵字的古音归部之外,还提供了研究上古声母的时代最古的系统材料。但是,通过谐声关系归纳韵部与声类,也有"同声异类"的不和谐。

从韵部的归纳来看,虽然大多数同声符字可以归入同一古韵部,但却有少部分形声字的归部却与声符分道扬镳。段氏《六书音均表》表三"古谐声偏旁分部互用说"云:"谐声偏旁分别部居,如前表所列矣。间有不合者……此类甚多,即合韵之理也。"[1]段氏把同声符形声字的归部不同现象看作与押韵"合韵"性质相同,确实,与他的"古合韵"现象一样,谐同一声符而不同部类者,也是十七部中每部都有,分布广泛,用段氏自己的话来说"此类甚多"。其实,声符与归部的参差,段氏的前辈早已指出,江永《古韵标准》平声第五部(元部)指出,元部与歌部甚至入声月部的声符经常互谐,他说:"如难傩音那,鄱番音婆,若干之干通于个,涴音乌卧切,而入声则怛笪妲皆从旦,頞从安,斡从倝,齃从閼,握从屋,齾从献,皆谐声之旁纽,而箭笴之笴从可声,乃音古旱切",又指出同一字存在归部不同的异读:"申伯番番之番音翻,已入诗韵。史记、汉书凡地名之番,注家或音潘、或音盘、或音婆"[2]。总之,"同声必同部"同样缺乏对语料的全覆盖。

至于谐声材料的古声纽研究,困难也没有丝毫减少。根据谐声关系研究古声母的归类,同声符不同声类现象甚至更为普遍而复杂,以至于又有"谐音原则"或"谐声条例"之提出,和"复声母"学说之发生[3],而这些学说至今仍有争议,有的甚至争议很大,突显出谐声系统中不同声类互谐之复杂异常。这一切都说明了企图运用"单一音系"解释谐声体系中同声符不同声类现象也同样困难重重。

(三)音近通假:不是同音的"同音别写"

通假,说白了就是"写别字"。这种现象在现代社会仍然普遍存在,笔者曾任教中小学语文课

---

①　《说文解字注》,上海古籍出版社 1981 年版,第 832 页。

②　两段引文均见《古韵标准》第 30 页。

③　谐声原则方面可参赵元任译《高本汉的谐声说》(初刊于《国学论丛》第 1 卷第 2 号,1927 年)、李方桂《上古音研究》(商务印书馆 1980 年版),复辅音可参赵秉璇、竺家宁编《古汉语复声母论文集》(北京语言文化大学出版社 1998 年版)。

程,对此感受颇深。在学生作文中,临文别写者往往都是同音字,如"阴谋诡计"误写成"阴谋鬼计"之类,一般不会有人写成"阴谋贵计"或"阴谋葵计"等等,说明两字读音不同而错写是很困难的,即算是读音略有不同的字之间写错也特别少见。也就是说,"音近"的别写其实是极不自然的。古今一理,从道理上说,现代人写别字是由于同音,古人写别字(通假)也应当是同音,如果做不到全部都是同音,至少也应当以同音通假为主,偶然出现一两个音近通假是可能的,但不应当很多,更不应当多于同音通假。可是,当我们采用单一"古音系"来考察文献中的通假现象时,却正好与之相反,几乎所有的文献通假都表现出音近通假占多数,同音通假反而是少数。

仍以上古音为例,王晖《古文字通假字典》(中华书局 2008 年版)是近年来汇集有关出土文献古音通假的最新的总结性成果。该书以王力上古音 31 韵部、32 声母系统为依据来判断出土古文献中的通假字,设立叠韵、对转、旁转、旁对转、通转、双声、旁纽、准双声、准旁纽、邻纽以及双声叠韵等 11 个古音通假条例来确立通假字之间的语音联系。若论通假字与本字之间是音近还是音同,书中却主要只提"音近通假",基本不提"音同通假"。作者在卷首"凡例八"解释道:"二字双声叠韵,有的是完全同音,有的则韵头不同。本书所谓双声叠韵的字,其中一部分完全同音,但我们很少用同音的说法。"[1]从这条凡例可知,作者认为"古音相同"的通假仅在"双声叠韵"的通假中占其一部分,即属于双声叠韵通假关系的字之间还有韵头相同(按,应当还有声调相同)才是同音通假,此外其他任何一组通假字都属于音近通假。试作一个简单的对比,古音通假的 11 个语音条例中仅有一个条例的部分字是同音关系,就算这个"部分"占了双声叠韵通假的一半,也只能占据总数"11"中"0.5"的份额,即:10.5 比 0.5,数据对比悬殊非常之大。古文字中同音通假数量之少,可以想见。大概是数量极少,且难于准确判断,王氏的字典才仅提音近通假,将音同通假略过。事实上,这种现象并不限于先秦文献或上古出土文献,在其他时代的文献中也常见。可以毫不夸张地说,古文献中"音近通假"大大多于"音同通假",是古籍研究中一直存在的普遍现象。

现在我们要问的是,为什么古籍之中本来应当是"同音别写"的通假,却大多数不同音了? 如果承认音近通假,那么,同为"写别字",现代人写同音的别字,为什么古人却基本上放着音同的不用、专挑读音不完全相同的字来别写? 如此超出常理,完全不与现代人的行为合拍,岂非咄咄怪事? 难道是古人"写别字"的方式与现代人迥然不同?

古音系与语料的内部矛盾主要有上述三种,此外还有异文、重文等现象,也与单一音系存在龃龉。如《汉书·地理志》有一个地名"计斤",据师古注,"计斤","即春秋传所谓介根也,语音有轻重"。"介根"见于《左传》襄公二十四年,晋杜预注却说是"今城阳黔陬县东北计基城"。从上引文献可知,同一个地名,不同时代写法不同,春秋时写作"介根",汉代写作"计斤",晋代作"计基",其间差异的原因,师古含含糊糊地说是"语有轻重"。宋儒林希逸《竹溪鬳斋十一稿续集》卷二十八"语轻重"条云:"汉地理志东莱有地名曰计斤。师古曰即左传所谓介根也。语音有轻重,故成二名。……地名既随声轻重而字亦异同,其他名字安知不随声而有异同者? 注解欲强通之,可乎"[2]林希逸指明这是"字随音异",抓到了要害,又进一步说"注解欲强通之,可乎",确实,同一地名三代三变其音? 无乃太快乎? 虽然从左氏到班固,隔几百年的时间,发生音变不无可能,但从东汉的班固到西晋的杜预,时代衔接,地名却照变不误,时为之乎? 地为之乎?

---

① 王晖:《古文字通假字典》,中华书局 2008 年版,第 18 页。
② 语见《影印文渊阁四库全书》,1185 册,第 836 页。

三、清儒的解说

我们一定不要忘记，上述合韵、谐声异部、音近通假三种不和谐现象，都是在"一线制"单一音系背景下的产物。也就是说，当我们运用时代音系来解说文献中的语音现象时，就可以看到音系与文献语音现象之间存在如是之龃龉与矛盾。这些矛盾首先在清儒的古音研究中得到突显，所以，清代的学者对此多有研究。从顾炎武开始，一直到民国初年，数百年来，许多学者努力寻求破解之方，分别从文献传抄、版本异同、语音原理、押韵规则、语音使用的主客观因素等各方面尝试作出解释，提出了一些学说和理论。重要的有三种。

（一）古方音说

面对客观存在的古韵跨部通押，顾炎武首次试图拿"古方音不同"来解释。《音学五书》《音论》卷中云："季立之论，其辨古音非叶，极为精当。然愚以古诗中间，有一二与正音不合者，如兴，蒸之属也。而《小戎》末章，与音为韵，《大明》七章与林心为韵。戎，东之属也，而《常棣》四章与务为韵，《常武》首章与祖父为韵。又如箕子《洪范》则以平与偏为韵，孔子系《易》于屯、于比、于恒，则以禽与窬中终容凶功为韵，于蒙、于泰则以实与顺巽愿乱为韵，此或出于方音之不同，今之读者，不得不改其本音而合之，虽谓之叶，亦可。然特百中之一二耳。"①所举《诗经》"与正音不合"的 4 例，其押韵方式包含上古韵部的"蒸—侵通押"、"东侵通押"等，都是典型的合韵。顾氏推想这些混押是由古方音不同造成的，并在《诗本音》之《秦风小戎》篇下、《唐韵正》卷七侵部等相应位置，也都明确而郑重地指明这些跨部通押韵段的方音属性，一再宣示，足见顾氏"古方音说"绝不是信口说来，而是经过认真考虑的。顾氏重视以方音说古音，在《唐韵正》中随处可见，如为了说明《广韵》入声烛韵"赎"字有"去声则音树"的古音，他作如下举证："赎神蜀反。陆云：徐仙民音树。沈存中云：《经典释文》如熊安生辈多用北音，陆德明多从吴音，郑康成齐人，多从东音。如赎音树，此北音也。至今河朔人谓赎为树。"②他引述沈括的话，用宋代和宋代以前的"北音"证"赎"古有去声一读。显然，为了证明古字古音，他努力从古籍中搜寻包括古方音在内的有利证据。可惜的是，对自己《诗经》韵谱中那几例"百中之一二"的所谓"古方音"，遍检《音学五书》都看不到他提出过什么具体证据。除《诗经》本文外，他做不到像证明"赎"有去声一读那样，提出"兴"等字在上古也有方音异读的其他文献证据。套用陈第的术语，他不能提供"旁证"，"本证"也证据力不足，无法给古方音"定位"，这是古方音说的一大瓶颈。

江永继承了顾炎武的古方音说，并确定其方法为"以今证古"。《古韵标准》卷一"东部"的总论说："案此部东冬钟三韵本分明，而方音唇吻稍转则音随而变，试以今证古，以近证远。如吾徽郡六邑有呼东韵似阳唐者，有呼东冬钟似真蒸侵者，皆水土风气使然。诗韵固已有之。"指出顾氏提出的那些特殊通押的诗，"其诗皆西周及秦豳，岂非关中有此音，诗偶借用之乎？"③看来江永已涉及给古方音"定位"的问题了。

江永之后，"以今证古"的古方音还有一些清代学者接受，如戴震、孔广森、姚文田，直至许桂林、张畊等。如张畊《古韵发明》序："古无韵书，韵即其时之方音。……顾氏有见于此，悉本广韵，

---

①　《音学五书》音论卷中，中华书局 1982 年版，第 37—38 页。
②　《唐韵正》卷十五，《音学五书》，第 428 页。
③　《古韵标准》，第 15 页。

以字偏旁别声音,古韵之疆界犁然。但六书之谐声、假借,诗之取韵,因方语差池,间有越畔者,韵书折中列国之音,不可强而齐之。故字有定限,又有流变,此江氏、戴氏皆从而加密也。"① 显而易见,张畊继承顾氏且扩大了范围,认定"谐声、假借、诗之取韵"都有因方言差池而形成的"越畔",一锅端地将古文献中最为常见的三大"跨部类通用"现象全部定性为古方音了,但仍未见其证据。

(二)古合韵说

清儒中不取方音说,力主"古合韵说"的是段玉裁,后有江有诰等人支持。

段氏"古合韵"是相对"古本音"而言的。他说:"凡与今韵(按,指《广韵》)异部者,古本音也。其于古本音有龃龉不合者,古合韵也。"② 段氏意思,如果《诗经》经常在一起通押的字不合乎《广韵》者则目为古音同部而定为古本音,古音同部者却又偶然外押别部,则定为古合韵。如"母"字《广韵》收于厚韵,《诗经》17 次皆押之部,故段氏在第一部(之部)后的"古本音"中收"母"字云:"母声在之部,今入厚",此与今韵异部者,古本音也。"母"字《诗经》中又有一次押鱼部,故在鱼部后的"古合韵"收之:"母,本音在第一部。诗《螮蝀》以韵雨,此古合韵也。"段氏古合韵专指不合古音系的特殊押韵。

段氏虽然明确了"古与古异部而合用之,是为合韵"③,但古合韵究竟是一种什么性质的语音现象,没有正面解释。要了解段氏古合韵的准确内涵,可以从他的一些论述来推知。在《六书音韵表》中,段氏对"古合韵"有两个论述。一是论定"古本音"与"古合韵"间的关系是"经"与"权"的关系,可名之曰"经权论";一是认定所谓"古合韵"的押韵方式及其数量多少与韵部的亲疏远近相关,可名之曰"亲疏论"。

关于"经权论"。"经权"之说,见于段氏致江有诰的信:"合韵之说,……谓之合韵而其分乃愈明,有权而经乃不废。合韵之名不得不立也。"④ 用今天的话来说,"权"是灵活性,"经"指原则性。"本音之谨严,如唐宋人守官韵",这是其"经","合韵之通变,如唐宋诗用通韵",这是其"权"。"不以本音蔑合韵,不以合韵惑本音,三代之音昭昭矣。"⑤ 把古韵文中大多数符合自己古韵十七部的押韵比作唐宋诗歌守官韵,而将古韵文的跨部通押与唐宋诗歌临时性通押作一类比,实际上就是以同样具有单一性的唐宋官韵在使用中的"经"与"权"来类比古韵系,从而给古韵使用中的灵活合韵(即所谓"权")提供合法的旁证。

关于"亲疏论"。亲疏论应当是在"经权论"基础上的进一步的推断、拓展。既然古合韵就像唐宋诗歌用韵的通用一样是偶然差误,那么为什么会出现这种偶然差误呢?段氏说:"古本音与今韵异,是无合韵之说乎?曰:有。声音之道,同源异派,弇侈互输,协灵通气,移转便捷。分为十七而无不合,不知有合韵,则或以为无韵。"⑥ 在段氏看来"同源异派,弇侈互输,协灵通气,移转便捷"大概就是造成合韵的内在原因。玩味这四句话,"同源异派"字面的意思是同一个来源的语音可以有不同的发展变化,言下之意是说语音之间的差异有同出一源而互相联络相关者;"弇侈互输"大概讲的是这些异同相关之语音乃具洪细弇侈等等差别;"协灵通气,移转便捷"可能就是说具有上述关系的语音之间由于内在精神相通,其外在的转移亦能便捷。这十六个字虽说得比较空灵,但大

---

① 《续修四库全书》,第 247 册,第 286 页。
② 见《六书音韵表》表四,《说文解字注》,第 834 页。
③ 语见《六书音韵表》吴省钦序,《说文解字注》,第 802 页。
④ 语见江有诰:《音学十书》卷首附段玉裁《答江晋三论韵》,中华书局 1993 年版,第 4 页。
⑤ 引文见《六书音均表》表四,《说文解字注》,第 834 页。
⑥ 《六书音均表》表三,"古合韵说",《说文解字注》,第 830 页。

概落实在合韵现象的语音异同关系上。在这些抽象晦涩的言辞之下,段氏想说的其实就是合韵是由于"语音相关的接近"造成的,简言之就是所谓"音近"。

"音近"是合韵的原因,段氏并没有像江永那样以等韵论古韵,更没有像今人那样做"古音构拟",他凭什么确定古韵部之间的音近关系? 细读段表,可以看出他有两个根据:

一是谐声相关者音近。他指出某些同声符不同部的谐声字所属韵部相邻近,如"裘"字属第一部字,所谐声符"求"在第二部;朝字在第二部,所谐声符"舟"在第三部等,这些邻部相谐,也是"合韵之理也"。他想据此说明,同一声符所谐字即使归部不同,但其音也是相近的。又指出声符不同的异体字也有这个特征,"凡一字异体者,即可徵合韵之条理。"这个"合韵"条理也是韵部相邻,如"芰荂"、"輗輗"这两组异体字一从支声兒声,在十六部,一从多声宜声,在十七部,互换声符的异体之间也是邻韵音近。

二是合韵者音近。《六书音均表》表三"古合韵次弟近远说"云:"合韵以十七部次弟分为六类求之,同类为近,异类为远。非同类而次弟相附为近,次弟相隔为远"。段氏根据韵部顺序的远近来说"合韵",他不厌其烦地排列可以音近合用的韵部:"第二部与第一部合用最近"、"第四部与第三部合用最近"等等[①]。看起来非常规则,实际上这个韵部的所谓"最近"在《诗经》里面根本看不见,看见的只能是谁跟谁合韵、合韵的多少等等。所谓"最近而合用",实际上来自合用而最近,正是因为有了较多的古合韵,才有可能断其"合用最近"并据以排其次第远近。如此看来,"古合韵"及其数量多少才是确定古音相近的依据。

根据"经权论"和"亲疏论",我们略为整理一下段氏的推理过程:首先,十七部之间出现不少跨韵部通押的合韵,它们是古人临时性的突破韵部疆界的通押。为什么某些韵部之间有通押或较多的通押而某些部之间没有或很少通押? 就是因为韵部之间音有亲疏远近,通押(或通谐)的韵部之间语音接近,通押越多其音越近,不通押(或通谐)的韵部之间语音相隔。所以,段氏"古合韵"性质完整的表述应当是"不同韵部之间音近临时通用"。

段氏是第一个提出"音近临时通用"来解释时代单一音系与文献语音之间复杂矛盾的人。他试图以"音近临时通用说"为利器,解决文献中诸多复杂的语音问题:"学者诚以是求之,可以观古音分合之理,可以求今韵转移不同之故,可以综古经传假借转注之用,可以通五方言语清浊之不齐。"[②]一口气连提 4 个"可以",其间有文献用字用语的不同,有古韵今韵的变化,还有南与北之地域差异,时间空间都不在同一个平面的语言现象,全都要凭一个"古合用"来通之,这样做恐怕是有点勉强的。

(三)通转说

以语音通转来解说跨韵通押,宋人开其先河,清代大兴。与宋儒确认"通转"主要为了合并礼韵、扩展古诗用韵空间不同,清儒的"通转"可以定义为:语音遵循一定的条理或规则发生某种改变与流动,其本质是寻求语音变化的合符音理的机制或条例,以解释特殊语音现象。清儒主张"通转说"的学者中著名的有江永、戴震、孔广森等,在他们的努力下,通转说探索并发展了语音结构及其变化的系统规则,成为传统音韵学体系中的基础理论之一。

江永精研《广韵》与等韵学,对《广韵》音类剖析入微。他认为《广韵》分韵 206 部,不是分得太细,而是还不够细,韵下还可再分开合洪细以及古韵类,就这样,他把《广韵》语音分析到声类、韵类

---

① 有关"谐声音近"、"合韵音近"诸引文均见《六书音均表》表三,《说文解字注》,第 831—832 页。
② 《六书音韵表》表三,《说文解字注》,第 829 页。

的层面。他细致考察《诗经》的合韵,根据古诗有入声韵与阴声韵、阳声韵之间的通押,联系韵书四声相承韵类的对应关系,提出古音"数韵同一入"说(或"异平同入")。他说"平上去入,声转也。一转为上,再转为去,三转为入……数韵同一入,犹之江汉共一流也。何嫌于二本乎",把阴、阳、入相配推进至古韵类,此实为阴阳对转说的滥觞。他确定以韵类为单位,阴声韵、阳声韵以入声韵为枢纽而通转相配:"数韵共一入,非强不类者而混合之也。必审其音呼,别其等第,察其字之音转,偏旁之声,古音之通,而后定其为此类之入。"①江氏这段话中的术语并非空灵虚说,从上下文可知,其"音呼"指开口合口,"等第"指洪细四等,"音转"指异读,"偏旁之声"指谐声相通,"古音之通"指古用韵之通押。完全从音类间的内在语音关系上来解说通押通谐,他的学生戴震据以立古韵系为九类 25 部,除"阿(歌)乌(鱼)垩(铎)"②外,每类均阴阳入相配。

孔广森则进一步在上古音中寻绎并贯通其条例。《诗声类》卷一云:"窃尝基于唐韵,阶于汉魏,跻于二雅三颂十五国之风,而绎之,而审之,而条分之,而类聚之。久而得之,有本韵,有通韵,有转韵。通韵聚为十二,取其收声之大同。本韵分为十八……各以阴阳相配,而可以对转。"③"收声"相同的名之曰"通韵",阴阳相配者为"转韵","通韵"十二,有通有不通,"转韵"则十八部两两相配,互为对转。经此演绎,条理更为通彻,音理更为清晰,可以说"通转"说至孔氏则成型。后来章太炎、黄侃、曾运乾等更加细化为对转、旁转、双声、旁纽等系列条例,又从发音部位、发音方法方面辨明通转音理,其说大备。通转说实质是指音值相关的不同音类之间根据一定的规则发生音类互相转变,是一种音变的理论。"通转说"并不是要否定古合韵或方音说,他们只是更为关注合韵等现象的音理机制,希望给"合韵"等特殊语音现象提供解释的理论或条例。

(四)清儒三说之关系及困难

为了解决跨部类通用的问题,清儒主要提出了"古方音说"、"古合韵说"和"通转说"三种学说。从立论动机和实际内容来看,"古方音说"与"古合韵说"注重解释原因,通转说重在音理探讨,前两者比较务实,后者相对务虚。由于旨在进行音理的探讨,所以,音转的理论非但不与古方音说、古合韵说相冲突,反而可为此二说提供理论支持。而"古方音说"与"古合韵说"二者却是相互排斥的,然各自解释"合韵"现象都有困难。

1. 古合韵说:来自数据的纠结。"古合韵说"的要点在于"音近"与"临时"。关于"音近",上文已经指出,段氏以合韵及合韵的数量多少为音近与否的主要依据。然而,十七部之间合韵的实际数据并没达成一个有序的等差数列,排序远近与合韵数据的大小实际上无法达到完美的对应。结果是段氏虽然一再强调"合用最近",我们仍然从段氏《六书音均表》表四《诗经韵分十七部表》所列合韵的实例中看到还有相当多"合用较远"或"很远"的例子,照十七部的排序,表四的合韵有的是相邻韵部合韵,有的隔一部有的隔两到三部,略作统计,数据如下:

相邻韵部合韵 44 例

隔一部合韵 28 例

隔两部合韵 10 例

隔三部以上合韵 34 例

上述数据显示非邻韵的也就是隔得较远或很远的合韵次数很多,甚至多于相邻合韵,尤其是

---

①　上两段引文见于江永《四声切韵表》(丛书集成初编本),商务印书馆 1936 年版,第 19—20 页。

②　据《声类表》卷首,《续修四库全书》,第 244 册,第 504—505 页。

③　孔广森:《诗声类》卷一,中华书局 1983 年版,第 1 页。

远隔三部以上的合韵居然达34例,数字相当大。从整体看,段氏所定的"合用最近"并不笃定,其实是远、近合韵的数量基本持平,说明合韵的数据与韵部次序远近其实关系不是太大。既然排序远近与合韵多少关联不密,那确定韵部的远、近对于"合韵"有何意义?这一点被江有诰批评为"义例"不严,他说:"表(按,指《六书音均表》之表四表五)中于顾氏无韵之处,悉以合韵当之,有最近合韵者,有隔远合韵者。有诰窃谓近者可合,而远者不可合也。何也? 著书义例,当严立界限,近者可合,以音相类也,远者亦谓之合,则茫无界限,失分别部居之本意矣。"[①]为了尽可能让合韵数据与韵部排序相协调,江氏撇开了段氏的"类"的区隔,完全依据合韵频度来定音的远近,重新排序。客观地说,江氏接受了段氏的原则,尝试了一种新的排序,较好地照顾到了部际合韵的数量,在音近排序的路上比段氏走得更远。然而,其韵谱义例虽然较严,但仍有一些远隔两部以上的通押存在。

至于音近合韵的第二个要点:"临时"。此即段氏所说的"权",亦即原则性之下的"灵活性"。一般情况下,对少数不符合原则的现象变通处置方可称为灵活性。所以,"从权"的临时处置对象一般都是没有普遍性的低频的偶然现象,在数量上一定是少量的。这样看来,"合韵"的状况也不容乐观。顾炎武说"百中之一二"就是想要突出"合韵"的少而偶然。"百中之一二"尚可讨论,何况后续作者无论段氏还是江氏还是现代学者,反而合韵的比率越来越高,直至达到百分之十几接近二十,大大超过顾氏的期待。可见,古韵系越是精密,所谓"临时"合韵出现的频率就越是增高,"灵活性"的界定也就越来越失去其意义。

强调邻韵"音近"合韵,又不得不确立不少"远"合韵,音近临时合韵说还是难逃自我矛盾,要用它来解说全部的跨部通用无论如何是有点勉强的。

2.古方音说:定位与类比的困扰。要说某种现象是古方音,就有必要提供它属于什么时代什么地区的方音的证据,也就是说要能给所谓方音作时空的定位,遗憾的是顾氏诗经韵谱中没有这方面的证据,江永也只能作"以今证古"的推论,其思维方式是类比推理,但是这个类比是有问题的。直接以现代口语有方言差异去"类推"古代文献语言中也有方言差异,虽有合理性,但类比对象是不对等的。我们知道,《诗经》群经是以汉字书写的古代文献语言作品,毕竟不是古代的口语本身,两者之间至少传播信息的媒介形式不同。形式和内容之间,虽然内容决定形式,但形式也会反过来影响内容,不同形式的事物若不作甄别以确认其内在的同一性,就直接拿来类比,方法上难免草率。用现代口语有方言差别类推古代,只能直接推出古代口语也有方言差别。相对《诗经》等古代文献而言,若要古今类比对象完全对等,就得以现代文献类比之。可是,如果真的换成现代文献去类比,情况也许会更糟。因为顾炎武生活时代的书面语言,尤其是诗歌语言,是文言的天下。文言文,这种标榜典雅的文体,显著的特征就是"我手不写我口",其用语不仅不要求口语白话,更排斥俚俗方言。面对如此状况,很自然就会产生"用这样的作品与《诗经》类比,怎么能推出后者包含方言差异的必然性来"的想法。反对者正是看到这一点,他们以《诗经》等文献本身表现出来"异域歌谣,无间风雅"的"天下同文"特性来诘难"古方音说"。以"同文说"反对顾氏"以今证古"的类比,无疑可以获得清代文献语言的支持,它揭示了顾炎武方音说不能服众的重要原因。其实,就是顾氏自己也由于证据不足而缺乏自信,"或出于方音"云云,一个"或"字表明他语颇犹疑。

汉语方音自古而然,这是毫无疑问的。方音方音,一方之音,历史方音不仅仅是古音,还是古代地区性的特殊语音,若要说古书中也有方音,就有必要拿出充分的证据来进行有力的论证,给历史方音定性、定位。可是,泛言方音易,历史定位难。顾氏及其支持者之所以颇受质疑,其深层的原因恐怕就在这里。

---

① 　语见江有诰:《寄段茂堂先生原书》,《音学十书》,第2页。

四、古今比证：古方音说定谳

清儒探讨"跨部通押"原因的两种学说，各有理据而均未尽善。两个学说在后续的研究中，后人的关注点有所不同，发展也就不同。

"古合韵说"的困难在于合韵比率稍大、音理不清。两难之中，前者是客观事实，无从改变；至于后者，音理是可以廓清的。为了解决"何为音近"的问题，古合韵说引入了"古通转"说的理论作为立论基础。随着"对转、旁转、正纽、旁纽"等音转条理的日益精密，当"合韵"等特殊语音现象的音理解释愈益清晰的时候，"古合韵说"一步步完成了理性化脱胎换骨的改造，终于摒弃了对合韵数据的依赖，达成了与"古通转说"的融合，超越自身，步入了理性的殿堂。同时，在古合韵说的原理逐渐完善的同时，其使用范围也被推广至古文献整理研究的其他方面，如破通假、通异文、辨谐声、求语源等。

相形之下，"古方音说"面临更大的困难，因为"古方音说"存在类比不对等、证据不充分使古方音无法定位的两大瑕疵。民国以来至今，学者们努力从这两个方面作出突破，一是扩大研究的时空范围，广泛发掘不同时代的各种语料来论证古方音，努力定位方音所属的时空；二是推动历史方音研究方法的更新，努力试验古今互证，进行类比，化不对等为对等，有效地消除了顾炎武以来的论据薄弱的诸多毛病，古方音说终成定谳。

（一）全方位推进：语音史历史方音研究的形成

在上古音研究的现代学者中，林语堂是扩大研究范围、广泛寻求古方音证据的突破者。为了证明上古文献中含有丰富的方音，他对上古文献的文字使用作出新的评估："上古用字不离方音，古书的方音成分也最多。"在他看来，先秦通假、异文包括合韵等等文献用语歧异，正是由各随方音用字不同造成，应当"在可能的范围内考订它的方言出处"①，所谓"方言出处"实际就是"方音定位"。跟顾炎武一样，他也努力从文献中寻求证据，即采用传统的考据法。与顾炎武只看重"合韵"本身证据不同，林氏更看重可以进行关联、类比、互证的一切相关文献语料。其操作程式：先对文献特异现象作抽象归纳，形成条例，再发掘同时代同区域各种文献的同类型语料，综合类比，来论证其古方音的性质并确认其所属方域。形成了"时代相同、区域关联"的论证方法，如《诗经》邶风的两段合韵：

《邶风北门》三章："敦"（文部）叶"遗摧"（脂部）

《邶风新台》一章："泚瀰"（脂部）叶"鲜"（元部）

两段合韵同出于邶风，属于春秋卫国范围。其特异表现：具有对应关系的阴声韵与阳声韵通押。林语堂广泛搜寻先秦经传及相关汉代注疏，发掘出 10 条同样具有阴阳通转特性的、出处地域与卫国重合或毗连的文献证据，进行综合类比，论证这种押韵表现了先秦时代燕齐鲁卫的方音，认为先秦时代燕齐鲁卫（今河北、山东、河南部分地区）方音中有部分抵颚鼻尾（－n）的字，失去了鼻尾，读为了阴声韵。遵循这种研究思路，他广泛地钩稽《诗经》、《春传》三传、三礼及相关注疏等文献语料中的各种特异语文现象，联系各自的出处区域，考察周秦时代的方音表现，撰写《陈宋淮楚

---

① 两句引文分别见《林语堂名著全集》第 19 卷，第 92、96 页。

歌寒对转考》①等系列论文。

综合来看,在方法上,林氏扩大了取证范围,为上古方音提供了更充分的证据,在顾炎武的基础上迈出了一步,但也存在可议之处。由于他仅确认"上古用字不离方音",因此引发两个弊端。一是研究范围仅限于上古,不利于语音史历史方音的全面考察。二是设想先秦文献特异语文现象出于方音有夸大之嫌。就是说,凡先秦文献中的用字、用语或用韵等等差异,他都先假设是"以手写口"保留口语差异造成的,再试图求证其古方音区域。文献学告诉我们,造成文献中用字用语歧异的原因相当复杂,方音口语差异仅是原因之一。所以,文献之特异现象只是提供了古方音的可能,"可能性"并非"必然性"。强调其必然性,先作假设,再广搜文献极力求证,取证尽量从宽,自然有个别论据难免牵强,故有夸大之嫌。这些都对林氏论文的说服力有所削弱。

林氏历史方音研究的局限很快就被突破。1929年,罗常培提出古方音研究的新的设想:"把中国旧来关于方言的材料,除去别有专书者以外,如《公羊传》,《周礼》,《淮南子》,《世说新语》,唐宋人笔记,五代和宋人的词,元明人的南北曲,禅宗和宋明儒的语录,宋元平话和近代白话小说,旁及史传文集中参用语体的篇章等;凡是有关方言的零金碎玉,都结集起来,作一番方言学史的研究。"②为了践行自己的构想,罗常培把目光投向了中古。他首次开发利用敦煌文献中汉藏译音语料,于1933年发表《唐五代西北方音》,若干年后与周祖谟合作,又推出《汉魏晋南北朝韵部演变研究》(第一分册)(1958年)。该书第六章、第七章专论汉魏方音,其中很大一部分就是两汉诗赋中的"跨韵部通押"的方音问题。这是现代语言学家首次运用先秦之后的韵语以及声训、古音注等语料,对中古方音的研究。

在此之后,由于近代语音学的兴起,历史方音进一步向近代拓展③,尤以宋代突出。处于近代前期的宋代,上接中古,下引现代。宋代文献中出现的许多方音现象,现代仍存遗迹,诗词文的特殊用韵尤为突出。最早研究宋辽金诗韵的是魏建功(1936年)、周祖谟(1942年)两位先生,系统的研究始于20世纪60年代鲁国尧先生的宋词用韵。改革开放以来,宋代用韵研究不断向纵深发展,研究对象从宋词扩展至宋诗、韵文等材料。在考察通语韵部系统的同时展开宋代方言的研究,中原、北京、山东、闽、赣、吴、四川、两湖地区诗人用韵考全面铺开,通过穷尽研究,出现了一批近代前期方音史的研究成果④。相应地,明清时代的方音研究也稳步跟进。发展至今,贯穿整个语音史的历史方音研究格局初具。

(二)古今类比:历史方音说定谳

当初,面对"天下同文""不囿方言"等重重诘难,林语堂之所以重提上古方音,是因为他对上古文献的言文关系有新的评估。他说:"语言不但有时间上的不同,而且有地理上空间上的不同,在文言未结晶标准语未成立时期,一切的稿本都含着方音性质。时代愈古,方音的成分愈多。"⑤所谓"文言未结晶",也就是说文言文未成型的时代。此时天下"标准语未成立",即无所谓"天下同文",

──────────

① 诸文均收于《语言学论丛》,编入《林语堂名著全集》第19卷。上文引述的诗经韵例论述,见其《燕齐鲁卫阳声转变考》一文。

② 语见国立中山大学语言历史学研究所周刊《方言专号》(1929年)《卷头语》,第1页。

③ 近代方音有文献研究和现代方言的比较研究两个领域,这里只讨论文献研究领域。

④ 已出版专著三部,即刘晓南《宋代闽音考》(岳麓书社1999年版)、《宋代四川语音研究》(北京大学出版社2012年版),丁治民《唐宋辽金北京地区韵部演变研究》(黄山书社2006年版),重要论文30余篇,刘晓南、张令吾等编成专集《宋辽金用韵研究》(香港文化教育出版社2003年版),集中反映宋代方音研究的成果。

⑤ 《林语堂名著全集》第19卷,第92页。

因此,"一切稿本都含有方音",时代越早,文献中方音就越多。林氏根据这一原则,确认上古文献就是口语实录。虽然从语体上确认了上古文献语言与口语的对等关系,但毕竟还是理论上的推断,并无其他旁证。

罗常培、周祖谟两位先生突破林氏的局限,扩展古方音的研究领域至中古的魏晋以至唐五代时,面对从书面上得来的古方音,时代或语体的隔膜犹然,罗常培不无遗憾地感叹:"我们如果要知道这一系方音演变的历程最好再拿它的直接后代音作一番比较。"①确实,中古以上时代邈远,与现代隔开了一个时间跨度巨大的近代。这种跨时代的历史区隔,使得大量被论定为古方音的中古文献特异现象无法得到现代方音的直接印证,毕竟从纸上得来,未得口语之实证,无法达到"拿它的直接后代音作一番比较"的理想境界。

历史方音究竟能否取得现代方音口语的印证?近代语音学的方音研究给出了肯定的答复。近代是现代的直接源头,现代语音无疑是它的活生生的"直接后代音"。迄今已有的近代方音研究诸成果无一不通过与同地区的现代方音进行比较,来确认文献中的方音现象,都或多或少取得了古今互证的积极效果。"拿它的直接后代音作一番比较"的理想,终于在以宋代为代表的近代方音研究中成为现实。

在近代方音研究中,"古今对比"的巨大成功,不但达到了罗常培所希望的"以直接后代音比较"的理想境地,更重要的是,它提供了可以与《诗经》等上古文献作"以今证古"类比的新的有力证据。顾江诸人"以今证古"的类比之所以被质疑,主要原因就是类比对象不对等,这是因为文献语言与口语之间是否具有同一性尚乏验证,当时学者对于《诗经》时代以后的同类型作品——文人诗歌中到底是否包含方音尚犹未知,仅凭古近体诗歌的用语典雅、排斥俚俗口语的要求,形成了诗歌用韵无方音的先入之见。林语堂也只能从言文不分的角度推定上古文献包含方音,并不以为脱离口语的盛行于中古以下的文言文也能包含方音。现在,宋代诗文用韵研究的成功,使顾炎武式的"以今证古"有了可能。

几十年的艰辛研究,宋诗文用韵的大量方言现象得到现代方言的确证,我们终于有了可以与《诗经》群经韵语进行类比的完全对等语料。因为与《诗经》群经一样,宋代诗文用韵语料同样是一种文献语料,它与《诗经》群经韵语是两种时代悬隔千年的古韵文,文体类型完全具有可比性。类比两种文献可以作出如下推理:既然宋诗文用韵中的特殊现象已经得到现代方音的印证,可以断定宋代韵文用韵中的特殊用韵大多属于方音歧异,那么,与之同类型的千余年前《诗经》群经中的特殊用韵现象也必定具有相同属性。我们再也不必像段氏那样,一概以含糊的音近从权合韵目之。从宋代诗词用韵中可以看见,在跨韵部通押的诗文中,真正的非方音差异的音近合韵是非常少的,其中有很大一部分正是某种方音的表现。不但合韵现象如此,音近通假、谐声异类以及其他文献语音歧异现象都应当作如是观。这就从理论上确认了一条原则:古文献语音歧异现象尽管不排除有音近临时混用的可能,但其直接原因更应当是由方音不同而造成的。随着近代文献中的历史方音现象愈来愈多地被确证,对文献语料中包含历史方音的认识也愈来愈清晰。这就是:古代文献无论雅俗,既然是汉语的载体,就不可能不对汉语普遍存在的方言有所表现。近代如此,中古、上古也不能例外。语音史上这个大的前提完全可以确立。其理论意义就是,古代文献只要涉及音类差异就有可能包含有方音的因素于其中,区别在于数量多少以及表现形式的不同而已。可以借用林语堂的"上古用字不离方音"的话,扩展修改为:凡古文献用字或含方音,所要做的当然就是"用适当的方法去考求他"。总之,推论不同时代古文献中都或多或少保存或记录了古方音,至

---

① 《唐五代西北方音》,第14页。

此已可定谳。

五、历史方音在语音史中的地位

从顾炎武开始猜想文献特殊语音现象"或"属于方音,到真正实现"以今证古",经历了几百年的反复研究,文献中的历史方音现象终于得到确认。时至于今,再也不能想当然地以"天下同文"来否认历史方音在文献中的存在,通过文献语言研究汉语的历史语音,必须面对复杂的方音,语音史必须要包括历史方音的内容。毫无疑问,"一线制"的语音史有必要作新的改造,新的语音史结构必然包含两个层次:上位层是通语音系,下位层是历史方音。

所谓上位层也可看作语音史的代表层面,是指在文献中所有的语音现象的共性成分,这个层面的语音属于代表语音,表现为某一时代全民通用的共同语音,即通语语音,它不但具有全民通用的共性,同时也提供了地域方音沟通的桥梁以及说明其变异的参照系。

所谓下位层,都是有别于通语层的方言特异语音,是文献语言中语音现象的个性成分、特异成分。它们在文献中面窄量少,仅在特定地区文献中出现,不能出现于汉语适用的所有区域,无法适用于广泛的语言使用空间,有时为了能通行于其他地域,甚至不得不借助通语来互相沟通,这也是古代训诂为什么强调"通方俗"的原因。相对通语语音而言,下位层非但不能代表某一时代的汉语历史语音,而且还对通语有着强烈的依赖,一方面不能脱离通语而单独存在,一方面必须通过通语的沟通而才扩大自己的交流范围,达到全民交际的目的。因此,处于语音史下位层的历史方音研究有"依附性"和"散点性"两大特点。

1. 依附性是指历史方音的独立性和系统性相对薄弱。其一,受汉字文献超方言性的制约,历史方音的独立性必然会被文献记录所削弱。由于汉字文献的超方言性,以及要求使用文言的文化传统双重影响,使得各有特色的方音总是被动地"改头换面"向通语靠拢,大多数方音被"磨损"、被"转化",除极少数特别现象外,残余的也就是一些隐而难显的遗迹,以某种形式的"特点"而存在,成为文献中的特异的、枝节的现象。其二,历史方音一旦需要跨越自己通行的区域,与其他区域方言进行交流,除了通过汉字文献的超方言性来实现其跨越自身的交际功能之外,唯一的途径就是必须依靠通语的中介来实现沟通。通语不但是不同方言之间联系的桥梁纽带,而且给不同方言区的人们提供了现实语音的正音规范。人们常常通过与通语比较来论定土语之俚俗或讹误。这种比较在语音史上的意义就是,它确认并提供了方音特征的参照系。任何一个时代,当它的通语音系得到确定的时候,就确立了评判方音差异的标准和描写方音特征的方式,即:当我们通过考察那些不符合通语音类归属的特异语音类别,判断并论证其为历史方音之后,对于这种方音现象的称谓,必然比照通语的异同来命名,采取跨通语音类"某与某通用"的方式来表述,如"某纽与某纽混注","某部与某部通押"等等。这种通混,只是以通语为背景,指明某方音在某些字的归类上面与通语有参差,正如孔广森所说:"所谓通者,非可全部混淆,间有数字借协而已。"①正是这些特殊的"借协",才鲜明地表现了异于通语的方言特征。所以,作历史方音的研究,很多时候并不像通语那样需要归纳其语音系统,而是需要概括文献中的特殊语材料,进而论定其方音属性。在语音史的音系与语音特征两项研究之间,通语是系统的,而受依附性的影响,历史方音不排斥音系的研究但不以建构其音系为终极目标,无论能否就某一特定地域的历史方音建构完备的音系,都有必要尽可能详尽地揭示其方音表现的所有特征。只有穷尽地归纳了特定时代与地区的方音特征,形成了

---

① 《诗声类》卷一,第 1 页。

某历史时代方音特征的组合,我们才可以说,找到并充分描写了这个时代方音的概貌。

　　2.散点性是指不同历史时代方音的"点"或"区"有很大的不确定性。现代方音分十大区,各区下有次方言片和方言点,自成系统。依附于文献的历史方音则无法做到"区、片、点"的系统展示,仅从文献中考求古代方音,只能根据文献本有的语料立"区"或"点",文献记录阙如则"区、点"难立,越是古老的方音对文献的依赖越大,其点的设立越加零散,此其一。其二,文献方音与现代方言不一定完全对应,其间的参差往往表现为,现代某一系方言之某片或点,历史上不一定是归属于同系,而历史上甲系的方言,可能经过几百上千的发展、演变,转成乙系的方言了,比如宋代以前的四川方言属于秦晋系方言,而现代四川话已属于西南官话。由于存在这种因为历史演变导致时代断层或错位的可能,在一个个具体区域方言的研究中,历史方言就很有可能不易贯通为一条古今相连的线,比如说四川方音史就至少要分为两段。"散点性"无疑极大地破坏或阻滞了历史方音的系统揭示,但这不应当成为否认它的理由,我们正是要通过这些残存于文献中的遗迹来发掘曾经有过的古代方言,以解释古代文献中的疑难和说明现代方言的来龙去脉。从这个意义来看,历史方音的学术地位与通语语音史同样重要。

(作者单位:复旦大学古籍研究所)

谈《旧杂譬喻经》在佛教汉语发展史上的定位[*]

（日）松江崇

内容提要：历代藏经都把两卷本《旧杂譬喻经》的译者拟定为三国吴康僧会。但是围绕此经的译者及其成书年代问题，已有学者认为并非康僧会所译。本文着眼于经中"偈"的押韵、宾语"何等"的词序和"谁"用于分裂句这两种语法现象，再次探讨这部译经在佛教汉语发展史上的定位问题，并由此推定此经的主要部分反映了魏晋时期前后（3、4 世纪）的汉语情况。这虽然和前人研究的结论大致相同，但是本文在方法论上进行了新的尝试。

关键词：旧杂譬喻经；偈；疑问代词

导　言

历代藏经都把两卷本《旧杂譬喻经》（大正藏 No. 206）的译者拟定为三国吴康僧会①。但是围绕此经的译者问题及其成书时代问题，遇笑容、曹广顺（1998）、陈洪（2004）等学者从语法学、文献学等角度进行分析，都认为此经非康僧会所译②。本文并不反对各位专家学者的看法，不管是否是康僧会所译，既然现存《旧杂譬喻经》中存在与梁代宝唱编《经律异相》（516）所引《旧杂譬喻经》相对应的部分，那它就应该基本保留着早期汉译佛典语言的面貌，在佛教汉语发展史或汉语史上也应具有较大的语料价值。本文着眼于经中"偈"的押韵、宾语"何等"的词序、"谁"用于分裂句等语法现象，重新探讨《旧杂譬喻经》在佛教汉语发展史上的定位问题，进而对如何定位早期佛教语言的这个问题，从方法论的角度提出一些粗浅的看法。

---

* 本文写作期间承蒙王云路教授、辛岛静志教授、姜黎黎先生等学者的指教，在此谨致谢忱。

① 关于《旧杂譬喻经》的译者问题，历代经录的记载中存在分歧，如《出三藏记集》未把此经列入康僧会的著作中，而《高僧传》则把其（《杂譬喻》）视为康僧会所译。

② 遇笑容、曹广顺：《也从语言上看〈六度集经〉与〈旧杂譬喻经〉的译者问题》，《古汉语研究》1998 年第 2 期；陈洪：《〈旧杂譬喻经〉研究》，《宗教研究》2004 年第 2 期。另有 Shyu（2008）着眼于词汇和语体色彩，认为《旧杂譬喻经》和《六度集经》应是不同翻译者的作品，且指出很可能《旧杂譬喻经》的译者参考了《六度集经》。此外，根据方一新、高列过（2012）的介绍，梁晓虹（1996）通过考察专有名词、一般用语的差异，认为该书不是康僧会所译。但遗憾的是，笔者尚未能看到梁先生的大作。Shyu, Ching-mei, *A Few Good Women*：*A study of the Liu du ji jing*（*A Scripture on the Collection of the Six Perfections*）*from literary*，*artistic*，*and gender perspectives*，A Dissertation Presented to the Faculty of the Graduate School of Cornell University，2008；方一新、高列过：《东汉疑伪佛经的语言学考辨研究》，人民出版社 2012 年版；梁晓虹：《从语言上判断〈旧杂譬喻经〉非康僧会所译》，《中国语文通讯》1996 年第 4 期。

一、文献考察

　　本文探讨的是《旧杂譬喻经》语言的定位问题,因此首先需要讨论现存文献语言的真实性。对此问题,最有效的方法是,将今本《旧杂譬喻经》和《经律异相》、《法苑珠林》等类书中所引用的部分进行比较①。林屋(1945)②、陈洪(2004)等探讨过《旧杂譬喻经》的译者问题,提到经中六条譬喻故事被《经律异相》所引用。本文在他们研究的基础上,再补充被唐代道世编《法苑珠林》(668)所引用的部分,今本《旧杂譬喻经》中的譬喻故事和类书中所引用的相关部分如表1③。

表 1

	今本《旧杂譬喻经》	《经律异相》所引《旧杂譬喻经》	《法苑珠林》所引《旧杂譬喻经》
1	第1则	无	"昔有人名萨薄……"(《杂譬喻经》)④53/481c—482a⑤
2	第8则(后半部分)	无	"昔有沙门昼夜诵经……"(《旧杂譬喻经》)53/466b
3	第10则 4/512c	无	"昔有国王出射猎还……"(《旧杂譬喻经》)53/626c
4	第11则(上卷) 4/512c	无	"昔有沙门行至他国……"(《旧杂譬喻经》)53/630a—b
5	第13则(上卷) 4/513a	无	"昔有四姓请佛饭"(《旧杂譬喻经》)53/954a
6	第16则(上卷) 4/513b—c	无	"昔有大姓家子端正"(《旧杂譬喻经》)53/848c—849a
7	第17则(上卷) 4/513c—514a	无	"昔有妇人生一女"(《旧杂譬喻经》)53/849a—b
8	第18则(上卷) 4/514a	无	"昔有国王护持女急"(《旧杂譬喻经》)53/849b
9	第19则(上卷) 4/514a—b	无	"昔有二人从师学道……"(《旧杂譬喻经》)53/633a—b
10	第20则(上卷) 4/514b	无	"昔有妇人,富有金银……"(《旧杂譬喻经》)53/690b—c
11	第22则(上卷) 4/514c	无	"昔有一国,五谷熟成……"(《旧杂譬喻经》)53/637b—c
12	第25则(上卷) 4/515a	无	"昔有四姓,藏妇不使人见……"(《旧杂譬喻经》)53/849b—c

---

　　① 本文采用的版本为高楠顺次郎他:《大正新修大藏经》(以下简称《大正藏》),大藏出版社1924—1934年版,此外还参考了日本国际佛教学大学所收藏的金刚寺写本《旧杂譬喻经》(画像版)。

　　② 林屋友次郎:《异译经类の研究》(东洋文库论丛第三十),东洋文库1945年版。

　　③ 《经律异相》中所引"恶少王绕塔散寇"的故事(《大正藏》第53册155页下段)的末尾处有"《出曜经》第十六卷,《旧杂譬喻》略同矣"的记载,但今本《旧杂譬喻经》中不存在此故事。

　　④ 表1中譬喻故事后面标出的《杂譬喻经》、《旧杂譬喻经》和《旧譬喻经》均为对应栏中所指的出现在《法苑珠林》或《经律异相》中的引文出处。

　　⑤ 表示该譬喻故事在《大藏经》中的位置,数字和字母依次为册数、页数和栏数,下同。

续表

	今本《旧杂譬喻经》	《经律异相》所引《旧杂譬喻经》	《法苑珠林》所引《旧杂譬喻经》
13	第31则(上卷)4/515c—516a	无	"昔舍卫城外有＊人妇[三本、宫本作"人妇"]……"(《旧杂譬喻经》)53/538c
14	第34则(上卷)4/516b	"鱼身得富缘"(《旧譬喻经》卷上)53—220a	无
15	第37则(下卷)4/516c—517a	"阿那律端正或谓美女欲意往向自成女人"(《旧譬喻经》)卷下53/67c	无
16	第38则(下卷)4/517a	无	"昔有比丘,于空闲树下……"(《旧杂譬喻经》)53/641b—c
17	第39则(下卷)4/517a	无	"昔有＊一鳖[三本、宫本作"鳖"]遭遇枯旱"(《旧杂譬喻经》)53/638c
18	第45则(下卷)4/518a—b	"猕猴等四兽与梵志结缘"(＊《旧譬喻经》卷下[三本、宫本作"旧杂譬喻"])53/251c	"昔有梵志,年百二十……"(《旧杂譬喻经》)53/607a—b
19	第48则(下卷)4/518b—c	无	"昔有五道人俱行逢雪"(《旧杂譬喻经》)53/523c—524a
20	第50则(下卷)4/518c	无	"昔有国王出游……"(《旧杂譬喻经》)53/423c
21	第51则(下卷)4/518c	"神识还摩娑故身之骨"(《旧杂譬喻经》卷下)53/229a	无
22	第54则(下卷)4/519a	无	"昔有六人为伴造罪"(《旧杂譬喻经》)53/797b—c
23	第57则(下卷·折罗汉譬喻抄)4/519c—520b	"拔抵婆罗门瞋失弟子生恶龙中为佛所降"(《旧杂譬喻经》卷下)53/217a—b	无
24	第61则(下卷·折罗汉譬喻抄)4/521c—522b	"忉利天将终七瑞现遇佛得生人中"(《折伏罗汉经》)53/9a—b	(1)"昔释迦佛往到第二忉利天上……"(《旧杂譬喻经》)53/924b—c (2)"昔忉利天宫有一天……"(《折伏罗汉经》)53/303a—b

　　为了确认今本《旧杂譬喻经》中的譬喻故事和类书中所引部分之间在语言上的一致程度,下面以表1中序号18的开头部分为例,具体的对应情况如下:

　　(1)《旧杂譬喻经》第45则(4/518a—b)①

　　　昔有梵志年百＊二十[金刚寺本作"廿"],少小不妻娶,无＊淫[三本作"婬"]泆之情,处深山无人之处,以茅为庐,蓬蒿为席,以水＊果[金刚寺本作"菓"]蓏为食＊饭[三本、金刚寺本作

----

　　① 引用例中"＊"表示其后面的字存在版本上的差异,并在[]中注明具体的异同情况。有关版本上的差异信息依据《大正藏》的脚注以及金刚寺写本(画像版)。"宋本"、"元本"、"明本"、"宫本"、"圣语藏本"分别指:思溪藏本、普宁藏本、嘉兴藏本、日本宫内省图书寮本、日本正仓院圣语藏本。"三本"是宋本、元本和明本的统称。

"饮"],不积财宝。国王娉之不往,意静处无为,于山中数千余岁,日与禽兽相娱乐,有四兽:一名狐,二 * 名[三本作"者"]猕猴,三者獭,四者兔。此四兽日于道人所听经说戒,如是积久。食诸 * 果[金刚寺本作"菓"]蓏皆悉讫尽。……

(2)《经律异相》(53/251c):"猕猴等四兽与梵志结缘一"

昔有梵志年百二十,少不 * 娶妻[宫本作"妻娶"],无有 * 淫[三本、宫本作"婬"]泆。静处深山,以茅为庐。蓬蒿为 * 席[三本、宫本作"蓆"],以水果 * 蓏[三本、宫本作"蓏"] * 充[宫本无此字]为食,不积财宝。王娉不往,端然无为,数千余岁与禽兽相娱。有四种兽:一名狐。二者猕猴。三者獭。四者兔。此四 * 兽[宫本作"禽"]于道人所听经说戒。如是积久。食诸果 * 蓏[三本、宫本作"蓏"]皆悉讫尽。……

(3)《法苑珠林》(53/607a—b):

又旧杂譬喻经云:昔有梵志年百二十,少小不 * 娶妻[三本、宫本作"妻娶"],无婬泆之情。处在深山无人之处。以茅为庐,蓬 * 蒿[三本作"蒿",宫本作"高"]为席,以水果为食,不积财宝。国王聘之不往赴,意静处无为,于山 * 数年[三本、宫本作"薮"]与禽兽相娱,绝于人路。山有四兽:一名狐,二名猕猴,三名獭,四名兔。此之四兽日于道人所听经说戒。如是积久,食诸果蓏皆悉讫尽。……

通过表 1 中今本、《经律异相》及《法苑珠林》的对比研究,我们得知:(1)《法苑珠林》所引 20 条和今本基本上一致,一致的部分达到今本的三分之一左右,所以可以推定今本基本上保留着最晚到七世纪(668)以前的状态;(2)《经律异相》所引部分也和今本大部分一致,尽管相一致的部分仅为今本的十分之一且文字一致的程度不如《法苑珠林》的情况,但是我们仍然可以推测今本的大部分仍保留着六世纪(516)以前的状态。

在此需要补充说明的是:今本第 55 则之前有一句"折伏罗汉譬喻抄七首"(4/519a)。表 1 中序号 23 和序号 24 所叙述的故事都包含在"折伏罗汉譬喻抄七首"里面。关于此问题,值得注意的是:一是序号 24 的《经律异相》引用部分的出典标记是"折伏罗汉经",而序号 23 的出典标记是"旧杂譬喻经";二是如果把序号 24 中的今本相应的部分、《经律异相》引用的部分、《法苑珠林》引用的(1)(出自《旧杂譬喻经》)和(2)(出自《折伏罗汉经》)进行比较的话,我们可以看出:《法苑珠林》引用的(1)部分和今本更为相近,而《法苑珠林》引用的(2)部分和《经律异相》更为相近;三是《法苑珠林》引用的(1)比(2)更详细(文字多)。综合上述这些现象,本文认为:今本第 54 则到第 61 则是在《经律异相》成书的梁代以前根据某种文献(可能是《折伏罗汉经》)抄写而来的,《法苑珠林》的引用部分可能不是来源于《折伏罗汉经》本身,而是来源于《经律异相》所引用的部分。但是这个问题比较复杂,还需要进一步的研究。

从汉语史或佛教语言史的角度来看,今本中有关"折伏罗汉譬喻抄七首"的部分(第 55 则和第 61 则)不能排除属于不同历时层次的可能性,所以本文不把其作为语料来使用;而只把今本中其他部分作语料,记作《旧杂譬喻经》(A 部分)。

二、从音韵史的角度分析偈的押韵现象

一般来说,汉译佛典中的偈颂不押韵,但是也有押韵的例子。《旧杂譬喻经》第 1 则(属于 A 部分)中的偈中就存在押韵现象,如:

(1)手足及与头,五事虽绊羁,但当前就死,跳踉复何为?

（2）手足及与头①，五事虽被系，执心如金刚，终不为汝擘。

（3）吾为神中王②，作鬼多力㧬，前后嗷汝辈，不可复称数。今汝死在近，何为复诣语？

（4）是身为无常③，吾早欲弃离，魔今适我愿，便持相布施。缘是得正觉，当成无上智。

（5）志妙摩诃萨④，三界中希有。毕为度人师，得备将不久，愿以身自归，头面礼稽首。

有关字音信息详见表 2。

表 2

	押韵序号	上古韵部⑤	《广韵》反切	中古音韵地位	拟音⑥
羁	（Ⅰ）	歌(1)[歌]	居宜切	见支开三(重纽 3 等)平止	kje3/* kɨai/** kai
为	（Ⅰ）	歌(2)[歌]	薳支切	云支合三平止	jwe/* wai/** wa
系	（Ⅱ）	锡[支]	胡计切	匣霁[平声＝齐]开四去蟹	kieiᶜ/* keᶜ/** kêh
擘	（Ⅱ）	锡[锡]	博厄切	帮麦[平声＝耕]开二入梗	pɛk/** pɛk/** prêk
旅;膂（＜㧬）⑦	（Ⅲ）	鱼[鱼]	力举切	来语[平声＝鱼]开三上遇	ljwoᴮ?/* liɑᴮ/** ra?
数	（Ⅲ）	侯[侯]	所矩切	山麌[平声＝虞]合三上遇	ʂuᴮ/* ʂoᴮ/** sro?
语	（Ⅲ）	鱼[鱼]	鱼巨切	疑语[平声＝鱼]开三上	ŋjwoᴮ/* ŋɨɑᴮ/** ŋa?
离	（Ⅳ）	歌(1)[歌]	吕支切	来支开三平止	lje/* liai/** rai
施	（Ⅳ）	歌(1)[歌]	式支切	书支开三平止	śje/* śai/** lhai
智	（Ⅳ）	支[支]	知义切	知寘[平声＝支]开三去止	tjeᶜ/* ṭieᶜ/** treh
有	（Ⅴ）	之[之]	云久切	云有[平声＝尤]开三上流	jəuᴮ/* wuᴮ＜wuəᴮ/** wə?
久	（Ⅴ）	之[之]	举有切	见有[平声＝尤]开三上流	kjəuᴮ/* kuᴮ＜kwuəᴮ/** kwə?/
首	（Ⅴ）	幽[幽]	书九切	书有[平声＝尤]开三上流	śjəuᴮ/* śuᴮ/** lhu?

下面就上述押韵现象，从汉语音韵史的角度分别进行分析：

---

① 在三本中"手足及与头"前有一句"贾客偈答"，而金刚寺本无这一句。

② 在三本中"吾为神中王"前有一句"鬼复说偈"，而金刚寺本无这一句。

③ 在三本中"是身为无常"前有一句"贾客偈答"，而金刚寺本无这一句。

④ 在三本中"志妙摩诃萨"前有一句"鬼说偈归依"，而金刚寺本无这一句。

⑤ 上古音一栏中[ ]内为罗常培、周祖谟 1958 的上古韵部，参看罗常培、周祖谟：《汉魏晋南北朝韵部演变研究》第一分册，科学出版社 1958 年版。

⑥ 本文拟音依据 Schuessler(2009)的系统，"拟音"栏目中的 IPA 分别表示：中古音/东汉音/上古音。参看 Schuessler, Axel, *Minimal Old Chinese and Later Han Chinese*, *A Companion to Grammata Serica Recensa*, University of Hawaii Press, 2009.

⑦ "㧬"字应是"旅"或"膂"的讹字。此处"力㧬"应是"力旅"。汉译佛典中有"旅力"这一词，意为"强大的力量"。"力旅"可能是为了适应押韵的需求从"旅力"这个并列复合词的语素颠倒而来的。《法苑珠林》引用部分作"吾是鬼中王，为人多力膂"（43/481c）。其他文献用例如：

贤者阿难白世尊曰："有大石山，去此不远。方六十丈，高百二十丈。妨塞门途行者回碍。五百力士同心议曰："吾等膂力世称希有，徒自畜养无益时用。当共徒之立功后代。"即便并势齐声唱叫，力尽自疲不得动摇。音震遐迩，是故黎民辐凑来观。（西晋竺法护译《佛说力士移山经》，2/857c－858a）

帝王聘礼闻，天上天亦然。闻为第一藏，最富 * 旅力[三本作"膂"]强智者为闻屈，好道者亦乐。王者尽心事，虽释梵亦然。（三国吴维祇难等译《法句经》卷上，4/560a）

旅力：力举反。方言：宋鲁谓力曰旅，旅田力也。郭璞曰：谓耕垦也。诗云旅力方强是也。（慧琳《一切经音义》卷五十五，54/673b）

押韵现象（Ⅱ）："系"字（中古霁韵）属于上古支部去声（或者锡部），两汉时期仍属于支部（罗常培、周祖谟，1958：26），但到魏晋时期可能转入了祭部（周祖谟，1996：17—18），所以现象（Ⅱ）可视为是一种阴声韵和入声韵的通押现象。魏晋宋时期以后，多数阴声韵和入声韵的关系逐步疏远，而阴声韵和阳声韵的关系逐步接近，不过祭部字和其他阴声韵不同，到刘宋时期仍然和相承的入声韵通押。可是，到了齐梁时期，这种祭部字和入声字的通押现象也比较少见了①。可以认为，现象（Ⅱ）与魏晋宋时期的押韵现象比较接近。

押韵现象（Ⅲ）："数"字（中古虞韵）属于上古侯部，在汉代和鱼部合韵的情况比较多，可能转入了鱼部②。在魏晋宋时期鱼部包括中古鱼、虞、模的这三韵，齐梁以后，鱼部中的鱼虞模三韵又分化为鱼部（中古鱼韵）和模部（中古虞、模韵）这两部③。现象（Ⅲ）显示"数"字与中古鱼韵的"旅"、"语"字合韵，所以可以认为和魏晋宋时期的押韵现象比较接近。附带提一下：周祖谟（1996：738）指出鱼虞两韵分用是晋代吴音的一大特点，我们探讨《旧杂譬喻经》是否是康僧会（或他周围的人）所翻译的时候，也应把这一点放在考虑范围之内。

押韵现象（Ⅴ）："有"、"久"、"首"都是中古有韵（其平声为尤韵）字，在上古前二者属于之部，"首"属于幽部，而"久"字在汉代，归入了幽部（罗常培、周祖谟，1958：16）。到了三国时期，从幽部分化出来的尤韵、幽韵字（包括少数侯韵字）与从鱼部分化出来的侯韵字归并成侯部，同时两汉时期属于之部的所有的尤、侯韵字（包括"有"字），在魏晋时期也都转入了侯部，直到齐梁时期以后没有什么变动（周祖谟，1996：19）。所以现象（Ⅴ）和魏晋以后的押韵比较接近。

通过以上探讨，可以认为该偈的押韵现象与魏晋宋时期的中土诗歌的押韵现象很相近，且这种假定也可以用来解释押韵现象（Ⅰ）、（Ⅳ）。由此，本文推定《旧杂譬喻经》中第1则中的偈（属于A部分）反映魏晋宋时期（即大致3到5世纪）的语言现象。

三、宾语"何等"的词序

疑问代词宾语的词序变化是上中古语法史上的一个很重要的现象。尽管这种疑问宾语从前置到后置的演变过程较为复杂，且变化的演变进程也因疑问代词的不同而不同④，但是这个变化的方向性比较明确：即原则上总是从前置到后置的方向进行变化。由于前置和后置两种形式在时间上的前后关系比较容易辨认，有利于我们判断语料的时代性，所以本文在此根据"何等"的词序情况，探讨《旧杂譬喻经》语言在汉语语法史上的定位问题。

疑问代词"何等"一词产生于西汉，到东汉以后才能见到其作宾语的确凿用例。东汉时期，宾语"何等"已经绝大多数表示为后置的词序，如：

（1）夫法度之功者谓<u>何等</u>也。养三军之士，明赏罚之命，严刑峻法，富国强兵，此法度也。（《论衡·非韩》，436）

---

① "[魏晋宋时期]……而阴声韵与入声韵的关系逐渐疏远，这与阴声韵韵尾的转化与元音的改变有很大的关系。在阴声韵里除脂部一部去声字和祭泰两部字有同入声字相押的例子以外，其他各部都不与入声相押韵，则其他各部没有与入声相对的辅音可知。……这种情形到齐梁以后比较少见了。"参看周祖谟：《魏晋南北朝韵部之演变》，东大图书公司1996年版，第34页。

② "《诗经》音的侯部包括以下两类字：……《广韵》虞……数……等字。……鱼侯两部合用是西汉时期普遍现象，这是和周秦音最大的一种不同。"参看罗常培、周祖谟：《汉魏晋南北朝韵部演变研究》，科学出版社1958年版，第20—21页。

③ 周祖谟指出："在魏晋宋一个时期的作家一般都是鱼虞模三韵通用的，到齐梁以后鱼韵独成一部，而虞模两韵为一部，这与刘宋以前大不一样。"参看周祖谟：《魏晋南北朝韵部之演变》，东大图书公司1996年版，第720页。

④ 参见下列用例中的两个疑问代词宾语词序。《太子须大挐经》："王抱两孙摩扪其身，问两儿言：'汝父在山中，何所饮食，被服何等。'"（3/423b）[何所＝前置，何等＝后置]（参看松江崇《古汉语疑问宾语词序变化机制研究》，好文出版2010年版，第153页。）

(2)是二儿各各有是愿已,复共问一儿:"若愿<u>何等</u>。"即报言:"我欲如佛,其光明无辈。如师子独步,常有众而随我。"(东汉支娄迦谶译《阿阇世王经》卷上,15/395a)

笔者能看到的宾语"何等"的前置用例仅为魏晋时期的个别少数用例,而且魏晋以后的文献中也难以找到。如:

(3)王怪在水甚久,便令使者按视,释摩男在水中<u>何等</u>作。(三国吴支谦译《佛说义足经》卷下,4/189a)

(4)是时拘萨罗众多梵志还去不远,种种言语 * 责[圣语藏本作"啧"]数阿摄 * 惒[圣语藏本作'和'] * 逻[三本、圣语藏本作'罗']延多那:"欲<u>何等</u>作?欲伏沙门瞿昙,而反为沙门瞿昙所降伏还。犹如有人为眼入林中而反失眼还。……阿摄 * 惒[圣语藏本作'和'] * 逻[三本、圣语藏本作'罗']延多那,汝亦如是。欲伏沙门瞿昙,而反为沙门瞿昙所降伏还。阿摄 * [圣语藏本作'和'] * 逻[三本、圣语藏本作'罗']延多那,欲<u>何等</u>作。"(东晋瞿昙僧伽提婆译《中阿含经》卷三十七,26/666b—c)

《旧杂譬喻经》(A 部分)中宾语"何等"一共出现了 5 例,其词序情况为:作动词宾语的 4 例中有 3 例为前置,作介词宾语的 1 例为后置。如:

(5)王则令解之,如是数月于梁上大笑。王问曰:"汝<u>何等</u>笑?"答曰:"我笑天下有三痴:一曰我痴,二曰猎师痴,三曰王痴。……"(4/511a)

(6)王失笑,夫人言:"王何因笑?"王默然。后与夫人俱坐,见蛾缘壁相逢,诤共斗堕地,王复失笑。夫人言:"<u>何等</u>笑?"如见至三,言:"我不语汝。"夫人言:"王不相语者我当自杀。"(4/514c)

(7)王便使一臣至邻国求买之。天神则化作一人,于市中卖之,状类如猪持铁锁系缚。臣问:"此名<u>何等</u>?"答曰:"祸母。"曰:"卖几钱?"曰:"千万。"臣便顾之,问曰:"此<u>何等</u>食?"曰:"日食一升针。"(4/514c)

(8)獭亦复入水取大鱼来,以上道人,给一月粮,愿莫去也。兔自思念:"我当用<u>何等</u>供养道人耶?"自念:"当持身供养耳。"(4/518a—b)

上文已经提到,疑问代词宾语的词序变化进程因疑问代词宾语、动词、介词的不同而不同(参见松江崇,2010),所以我们需要考察一下《旧杂譬喻经》中用例(5)(6)(7)的"何等食"、"何等笑"的这些前置词序在其他汉译佛典中的用例情况。实际结果是,在其他汉译佛典中难以找到,一般都表示为后置词序,如:

(9)尔时六群比丘共调戏语笑入白衣家内,为世人所讥:"云何沙门释子如王子大臣婬欲放逸人,共相调戏语笑入内。"问言:"尊者何故现断欲卖齿耶?此中亦无伎儿,为笑<u>何等</u>?此坏败人爲有何道?"诸比丘以是因缘,往白世尊。(东晋佛陀跋陀罗共法显译《摩诃僧祇律》卷二十一,22/400b)

(10)时便自笑,时师顾问语沙弥罗:"汝笑<u>何等</u>?此间山中,亦无歌舞。汝笑我耶?"沙弥罗言:"不敢笑师。我还自笑。一神受身,为五母作子。五母为我昼夜啼哭。感伤愁毒,不能自止。"(失译《沙弥罗经》,17/572c)①

《法苑珠林》所引用例和上文例(7)相对应的部分作"食何等",这很可能是在收录《法苑珠林》之前(或收录之时)被改写为后置词序,如:

---

① 《出三藏记集》将《沙弥罗经》一卷收录在根据道安录而作的《新集安公失译经录》第二中,由此推断此经可能在道安(314—385)时期已经存在。

(11)王便使一臣至于邻国求觅买之。天神则化作一人,于市中卖之。状类如猪,持铁锁系缚卖之。臣问:"此名何等。"答曰:"祸母。"臣曰:"卖不。"答曰:"卖。"问:"索几钱。"答曰:"千万。"问曰:"此食何等。"答曰:"食针一升。"(《法苑珠林》卷四十六,53/637b—c)

根据以上分析,可以推定《旧杂譬喻经》(A部分)中的语言情况反映魏晋时期(以前)的语法现象的可能性比较高。

四、"谁"用于分裂句

《旧杂譬喻经》(A部分)中出现了如下"谁VP者"式的分裂句(cleft sentence),"谁"当逻辑主语的9例当中,一共有6例表示为这种句式①。如:

(12)王则召四大臣问:"汝曹营卫之激修奸变,其妇与相随而忽至此罪,为谁在边者?"便斩四臣右手。(4/516b)

(13)人有四难得成:一者塔,二者招提僧舍,三者饭比丘僧,四者出家作沙门。是四事以立,其福无量。所以者何?三界时有耳。已得作人,复有财产,能拔悭贪之本,应时施惠,功业纯立,是亦难得。谁能知此福者?唯佛耳。(4/517b—c)

(14)人有四难得成:一者塔,二者招提僧舍,三者饭比丘僧,四者出家作沙门。是四事以立,其福无量。所以者何?三界时有耳。已得作人,复有财产,能拔悭贪之本,应时施惠,功业纯立,是亦难得。谁能知此福者?唯佛耳。……(4/517c)

(15)天王释及第一四天王,十五日三视天下,谁持戒者?见持戒者,天即欢喜。时以十五日,天王释在正殿坐处,自念言:"天下若十五日三斋者,寿终可得吾位矣。"(4/518a)

(16)佛言:"释语不可信,为不谛说。何以故?十五日三斋精进者,可得度世,何为释处?如是为不谛说,为未足信。谁能知斋福者,唯佛耳?"(4/518a)

(17)佛言:"有六人为伴,俱堕地狱中,共在一釜中,各欲说本罪,汤沸涌跃不能得再语,各一语便回下。…第五人言姑者,谁当保我从地狱中出,便不复犯道禁,得生天*人[三本作'上']乐者。……"(4/519a)

"谁……者"式的分裂句,在上古已经开始出现,到了上古末期西汉时期增加了很多。如,在《史记》记录秦汉历史的部分中,"谁"当逻辑主语的有15例,其中12例为该句式。如:

(18)廷尉以贯高事辞闻,上曰:"壮士。谁知者,以私问之。"中大夫泄公曰:"臣之邑子,素知之。此固赵国立名义不侵为然诺者也。"(《史记·张耳陈余列传》,2584)②

这种句式从东汉以后一直到魏晋时期都比较流行,但到了5世纪左右开始逐渐衰落。关于这个问题,还要探讨用例(12)的"为谁VP者"的这种句式。这个句式似乎是"为谁VP"型分裂句(主要出现在魏晋宋成书的佛典语言中)和"谁VP者"型分裂句的复合形式。

(19)阿閦佛以方便受众人而解之曰:"非我所为,是维摩诘所接也。"其余天人不知为谁取我如往,而妙乐世界入此忍土不增不减,又此土不迫隘,而彼土亦不损也。(三国吴支谦译《佛说维摩诘经》卷下,14/535a)

---

① 这种句式在《旧杂譬喻经》(B部分)中也有所出现,一共3例。如:时佛面色无有精光,状类如愁,阿难深知佛意,长跪白佛:"礼侍佛八年,未曾见佛尊颜无有光明如今日也。有何变应令佛如此?今日谁有失大行者?谁有为恶堕地狱者?谁有离远本际者耶?"(4/520c)

② 本文采用的《史记》的底本为二十四史缩印本,中华书局1997年版。

（20）若凡夫之人，便生此念："为有我耶，为无我耶。有我无我耶。世有常耶，世无常耶。世有边耶，世无边耶。命是身耶，为命异身异耶。如来死耶，如来不死耶。为有死耶，为无死耶。为谁造此世，生诸邪见？为是梵天造此世，为是地主施设此世。……"（东晋瞿昙僧伽提婆译《增壹阿含经》卷四十三，2/784b）

（21）佛言："……若檀越与上座果，应问言：'果净不。'若言：'未净。'上座应语令净。若已净，问言：'为谁送来。'若为上座送来，得随意取。若言为僧，应语令传使遍。若檀越与上座种种羹，应问言：'为谁送来。'若言为上座，随意取。若言为僧，应语令传使遍。……"（姚秦佛陀耶舍共竺佛念等译《四分律》卷四十九，22/935b）

（22）［魔波旬］即化作年少，容貌端正，往至吉离舍瞿昙弥比丘尼所，而说偈言："汝何丧其字，涕泣忧愁貌，独坐于树下，何求于男子。"时吉离舍瞿昙弥比丘尼作是念："为谁恐怖我？为人，为非人，为奸狡者？"如是思惟生决定智："恶魔波旬来娆我耳。"（刘宋求那跋陀罗译《杂阿含经》卷四十五，2/326b—c）

中古时期还有一种"谁"用于分裂句的情况，即"是谁VP"句式。其大约开始出现于4、5世纪（魏培泉2004）[①]，6世纪末期成书的《佛本行集经》中"是谁VP"的句式这种分裂句出现了很多，如：

（23）王到其前唱言作礼。盲父母言："我眼无所见，为是谁礼？"答言："我是迦尸国王。"（元魏吉迦叶共昙曜译《杂宝藏经》卷一，4/448b）

（24）时王惊问诸群臣言："卿诸臣等，是谁忽然敢能击我＊昔［三本作'甘'］蔗种门欢喜之鼓，尽其力打，出是大声。"（隋阇那崛多译《佛本行集经》卷八，3/689b）

上述情况可以归纳为表4。

表 4[②]

	旧杂譬喻经（A 部分）	道行般若经	六度集经	杂宝藏经	佛本行集经
成书时期	——	2 世纪	3 世纪	5 世纪	6 世纪
"谁"当逻辑主语	9	11	11	28	114
谁 VP 者	5	6	4	4	15
为谁 VP 者	1	0	0	0	0
为谁 VP	0	0	0	0	0
为是谁 VP	0	0	0	1	0
是谁 VP	0	0	0	1	15

通过上述考察我们得知：《旧杂譬喻经》（A 部分）中，存在"为谁 VP 者"这种带有系词标记的分裂句形式，而这些带有系词标记的分裂句形式多数出现在 3 世纪以后；但缺少"是谁 VP"这种 6 世纪末期很流行的带有系词"是"的句式；"谁"当逻辑主语时出现分裂句的频率大致和 5 世纪以前的汉译佛典一致。由此，本文认为《旧杂譬喻经》（A 部分）中"谁"用于分列句的情况和魏晋末期（3、4世纪）的佛典语言的情况相似。

---

① 魏培泉：《汉魏晋六朝称代词研究》，台北"中央研究院"语言学研究所 2004 年版，第 228 页。

② 表中"谁"包括"阿谁"。调查《道行般若经》中的用例时，参考了辛岛静志：《道行般若经校注》（*The International Research Institute for Advanced Buddology*，Soka University，2011 年）。

五、结　论

　　根据以上考察，本文推定《旧杂譬喻经》(A 部分)反映魏晋时期前后(3、4 世纪)的汉语情况。这虽然和前人研究的结论大致相同，但是本文通过对押韵现象和两种语法现象的具体分析，在方法论上做了与前人不同的尝试。

(作者单位：日本北海道大学文学研究科)

可靠、准确、好用、实用：古籍整理的当代尺度

——评中华书局《通俗编》（附《直语补证》）点校本

汪少华

内容提要：中华书局《通俗编》（附梁同书《直语补证》）点校本具有可靠、准确、好用、实用四大优点——这也正体现了当代古籍整理的尺度。

关键词：翟灏；通俗编；梁同书；直语补证；颜春峰

清翟灏编《通俗编》采集汉语中的各种通俗词语、方言（包括词、词组、成语和谚语），分为天文、地理、时序、伦常、仕进、政治、文学、武功、仪节、祝诵、品目、行事、交际、境遇、性情、身体、言笑、称谓、神鬼、释道、艺术、妇女、货财、居处、服饰、器用、饮食、兽畜、禽鱼、草木、俳优、数目、语辞、状貌、声音、杂字、故事、识余等 38 类，每类一卷，共三十八卷，计 5456 条。每条之下，举出例证，指明出处，或酌加考辨，诠释意义，说明变化，对所收语词的语源和发展演变作了有益的探索和考察，有助于汉语语源和汉语词汇史的研究，可以当作古代俗语、成语词典来使用，对于民间风俗、名物制度等的研究也很有参考价值。清周中孚《郑堂读书记补逸》称道《通俗编》"搜罗宏富，考证精详，而自成其为一家之书，非他家所能及也"。清张之洞《书目答问》将《通俗编》与赵翼《陔余丛考》、钱大昕《恒言录》列为"儒家类考订之属"，认为是"读一切经、史、子、集之羽翼"。蒋绍愚《古汉语词汇纲要》曾归纳《通俗编》在口语词汇研究方面的成就，即"对历代口语词的记录和诠释，对口语词始见时代的考订，对口语词历史演变的研究，对口语词语源的探求"[1]。黄永年《古文献学四讲》介绍查找古代俗语词，首推《通俗编》[2]。吴小如、吴同宾《中国文史工具资料书举要》指出《通俗编》"对很多词语还探索其语源和演变情况，对于研究汉语语源有一定参考价值，也可以当作古代俗语、成语词典来使用"[3]。可见《通俗编》至今仍具有相当大的使用价值和学术价值。

2013 年 6 月，中华书局出版了颜春峰点校的《通俗编》（附梁同书《直语补证》）。要知道这个点校本有何贡献，不能不将它与商务印书馆 1958 年排印本作一比较。比较的结果发现四大进步——这也正体现了当代古籍整理的尺度：

一、更可靠：虽然同样是以无不宜斋本为底本，但中华本考订了无不宜斋本和《函海》本的优劣高下，结论可信可靠。《通俗编》的版本，有无不宜斋本和《函海》本。点校者充分吸收前人的研究成果，全部占有版本资料，全面细致地比较《通俗编》无不宜斋本与《函海》本，在《前言》中从八个方面进行论证，得出确凿结论：无不宜斋本是作者翟灏的定本，《函海》本所据仅是作者的未定稿。点校者历数"《函海》本劣"的种种表现，并且以实证告诉我们：《函海》光绪重刊本后出转劣，商务印书

---

① 蒋绍愚：《古汉语词汇纲要》，商务印书馆 2005 年版，第 238—241 页。
② 黄永年：《古文献学四讲》，鹭江出版社 2003 年版，第 260 页。
③ 吴小如、吴同宾：《中国文史工具资料书举要》，天津古籍出版社 2002 年版，第 163 页。

馆 1935—1937 年《丛书集成初编》选择此本排印是一大失策。

点校者考证《函海》本掺入了编辑者李调元的按语,其 5 处证据如板上钉钉,例如"雷公电母"条《函海》本有云:"雷电霍闪,今人每连称之。余试雷州,题为'迅雷',诸生卷有'雷鼓椎击'语,幕宾皆掩口。余曰:'此亦有本。'"点校者根据李调元《童山诗集》卷一九《八月二十日奉恩命督学广东恭纪再迭前韵》及其晚年所作自传《童山自记》,断定李调元曾于乾隆丁酉(1777)至庚子(1780)出任广东学政,己亥(1779)"六月初四日抵雷州府科考,二十八日考毕","余试雷州"就在此时;再如《函海》本卷一末有六条为无不宜斋本所无,其中一条云:"吏部郎韩开云,余同年友也。"点校者根据朱保炯、谢沛霖《明清进士题名碑录索引》、李调元《童山自记》、余绍宋等《重修浙江通志稿》、台湾"中研院"史语所《明清史料己编》下册《吏部题本》,断定翟灏、李调元、韩朝衡(字"开云")先后是乾隆十九年、二十八年、三十一年进士,并非同年;翟灏是乾隆十八年举人,而李调元与韩朝衡同为乾隆二十四年举人,乾隆四十年曾同任吏部官员:韩朝衡任员外郎、李调元任主事;乾隆四十五年四月李调元抵潮州府科考,遇到升惠潮嘉道的韩朝衡,"相见道故",所以称韩朝衡为"同年友"的是李调元而非翟灏。凡此无不显示点校者功力深湛,眼光锐利。

二、更准确:中华点校本改正商务排印本断句和排印错误数十处,例如:0700"铁面御史"引曾纾《南游纪旧》,商务本"旧"字误置书名外,讹作"曾纾【南游纪】旧庆历中";0771"移"引《文心雕龙》"刘歆之《移太常》,文移之首也",商务本原讹"刘歆之《移太常》文.移之首也";1363"果面取义"引《北史·奚康生传》"赐枣奈果,面勑曰",商务本原讹"赐枣奈果面.勑曰";1535"端端正正"引《鹖冠子》"物之始也倾倾,至其成形,端端正正",商务本原讹"物之始也倾.倾至其成形.端端正正";1657"懒惰"引《后汉书·王丹传》"其堕嬾者,耻不致丹,兼功自厉",商务本原讹"其堕嬾者耻不致.丹兼功自厉";2680"内人"引《周礼·典妇功》"授内人之事赍",《内竖》"有祭祀、宾客、丧纪之事,则为内人跸"。商务本"赍"误属下句"典妇功.授内人之事.赍内竖.有祭祀宾客丧纪之事";2850"许赛牛羊"引《南史·王敬则传》"刼帅既出,敬则于郭下神庙中设酒会,曰:'吾前启神,神若担负,还神十牛,今不得违誓。'即杀十牛解神"之后下按语:"曰'许'、曰'还',皆今俚语所承",商务本引文与按语混淆,原讹"即杀十牛.解神曰许、曰还.皆今俚语所承";5451"十二属"引《七修类稿》"子为阴极,幽潜隐晦,以鼠配之。午为阳极,显明刚健,以马配之",商务本原讹"子为阴.极幽潜隐晦.以鼠配之.午为阳.极显明刚健.以马配之"。

标点比断句更有利于阅读,例如3485"亮槅",商务本断句:

> 【瓮牖闲评】取明槅子.人多呼为亮槅.【夷坚志】乃云.廊上列水盆帨巾.堂壁皆金漆凉槅子.却又用此凉字.作平声.

如此断句,不知道"却又用此凉字.作平声"是谁说的。若当作翟灏说的,那就是他将《瓮牖闲评》与《夷坚志》作对比,记载差异。其实全部出自《瓮牖闲评》,翟灏不过转引,如中华本所标点:

> 《瓮牖闲评》:"取明槅子,人多呼为亮槅。《夷坚志》乃云'廊上列水盆、帨巾,堂壁皆金漆凉槅子',却又用此'凉'字,作平声。"

三、更好用:《通俗编》有时误引,妨碍了对其成果的利用,甚至造成误导。例如3222"嬲包儿"出自《菽园杂记》卷七,《通俗编》讹作《俨山外集》,《汉语大词典》因《通俗编》而传讹;再如《宋史》"水戏"《通俗编》讹作"冰戏"(4498"溜冰"),《中国大百科全书·体育卷》据此误认为"冰戏"出现在宋代。现代文史大家杨树达①、游国恩②、吴小如③诸先生均有所指正，但限于举例。中华本核对《通俗编》所引文献，校订讹误数百处，利用率大大提高。据点校者归纳，《通俗编》引文失误表现为④：

（一）引文失真，按语错误或缺乏依据：0711"王道本乎人情"："刘向《新序》引程子曰：'王道如砥，本乎人情，出乎礼义。'按：此程子，当是程木子。"此"程子"固然是程木子，但《说苑》并未记载程子的话语。"王道如砥，本乎人情，出乎礼义"，却是出自北宋"程子"——程颢《论王霸之辨》，见《二程文集》卷二、《宋文鉴》卷五十三。

（二）引文失真，书证与条目不对应或破句：4498"溜冰"引《宋史·礼志》"故事，斋宿幸后苑，作冰戏"，并认为"此即北方溜冰之戏，始自宋时"。其实《宋史·礼志》作"水戏"非"冰戏"。《宋史·太宗本纪》："帝幸金明池观水戏。"《宋史·礼志十六》："真宗咸平三年五月，幸金明池观水戏，扬旗鸣鼓，分左右翼，植木系彩，以为标识，方舟疾进，先至者赐之。""方舟疾进"可证是"水"非"冰"。《东京梦华录笺注》卷七"水戏"："三月一日开金明池琼林苑，驾幸临水殿观争标锡宴。"

（三）他处转引，未予核实却想当然补出书名：3945"点心"引《唐书》："郑傪夫人曰：'治妆未毕，我未及餐，尔且可点心。'"所引内容见于南宋吴曾《能改斋漫录》卷二《点心》："唐郑傪为江淮留后家人备夫人晨馔，夫人顾其弟曰：'治妆未毕，我未及餐，尔且可点心。'"

（四）杂糅两书：2339"手滑"引《梦溪笔谈》："范希文谓同列曰：'诸公劝人主法外杀近臣，一时虽快意，他日手滑，虽吾辈未敢保。'""诸公劝人主"云云虽然是范仲淹（希文）的话，但是"一时虽快意"以上出自宋沈括《梦溪笔谈·人事二》，"他日手滑"以下出自宋戴植《鼠璞》卷下《张范议论仁恕》。

（五）此书（作者）误作彼书（作者）：3476"东西箱"引《晋书·五行志》："永建三年，旱，天子亲自露坐阳德殿东厢请雨。"所引出自《后汉书·周举传》："阳嘉三年……是岁河南、三辅大旱，五谷灾伤，天子亲自露坐德阳殿东厢请雨。""永建"（126—132年）、"阳嘉"（132—135年）均为汉顺帝年号。

（六）正文与注、注与疏混淆：4538"若干"引《礼·曲礼》及《投壶篇》郑注云："若，如也。干，求也，言事本无定，当如此求之也。""郑注"当为"孔疏"。

（七）同一作者不同著作混淆：5443"古谚"引《说苑》引周谚"囊漏贮中"。所引出自刘向《新序·刺奢》。

（八）同一著作不同篇章混淆：2760"魁星"说《夏书》"歼厥渠魁"、《曲礼》"不为魁"、《史记·游侠传》"闾里之侠原涉为魁"，均非美辞。其实"曲礼"当为"檀弓"，"史记"当为"汉书"。

据点校者归纳，《通俗编》文字讹误类型有⑤：

（一）前后误易：0778"罪过"、2784"三郎"均引《史记》"以罪过连逮少近三郎官"，"近三郎官"当为"近官三郎"，"近官"指近侍之臣，"三郎"指中郎、外郎、散郎；4494"打筋斗"引孙与吾《韵会定正》，"孙与吾"当为"孙吾与"。

（二）涉上下而讹：1253"海屋添筹"引《东坡志林》"海水变桑田，吾辄下一筹，今满十筹

① 杨树达：《积微翁回忆录》，上海古籍出版社2006年版，第384页。
② 游国恩：《居学偶记》，见《游国恩学术论文集》，中华书局1989年版，第541—542页。
③ 吴小如：《检书的故事》，见《莎斋笔记》，陕西人民出版社2008年版，第188页。
④ 颜春峰：《〈通俗编〉引文校订记》，《励耘学刊》2012年第1辑。
⑤ 颜春峰：《〈通俗编〉错讹衍脱校订记》，《中国文字研究》2012年第1辑。

矣","满十筹"当为"满十屋";1359"成双"条引《周礼》注云"五两,五端也。必言两者,欲得其配合之名","五端"当为"十端"。

(三)形近而讹:1339"福地"引《北史·韩麒麟传》"王业所基,圣躬所载,其为神乡福地,实不远矣","不"(表示否定)当为"亦"(表示肯定);1467"好汉"引《询刍录》"马畜孕重堕殒罢极","殒"当为"殰"。殰,指胎儿死腹中。《礼记·乐记》"胎生者不殰"郑玄注:"内败曰殰。"陆德明释文:"谓怀任不成也。"2127"乐极生悲"引陶潜《闲情赋》,"闻"当为"闲",逯钦立《陶渊明集》校注:"闲情,防闲情思。"4074"狼众食人,人众食狼"引《论衡·䁽时篇》,"䁽"当为"诹",音同(jiān)形近。"诹时"指"抵距岁时说之罔迷"(刘盼遂集解),而"䁽"指窥视、侦伺。

(四)音近而讹:0800"以一警百"引《北史·孙绰传》,"孙"当为"苏";4071"狼狈"引《齐书·纪僧珍传》,"珍"当为"真"。

(五)义近而讹:2177"资质佳"引《吴志·顾邵传》"小吏资质佳者,奖令就学,择其先进,擢置左右","左右",《三国志》原作"右职"。"右职"指重要的职位。《汉书·贡禹传》颜师古注:"右职,高职也。"

(六)义联而讹:3727"一网打尽"引《齐东野语》"淳佑辛卯","辛卯"当为"辛亥";2937"烧香礼拜"引《晋书·佛图澄传》"断汉人悉不听诣寺烧香礼拜",处"汉"当为"赵",指石勒、石季龙僭称的"赵";2680"内人"引《礼记·杂记》注"《春秋传》赵姬请逆季隗于狄","季隗"当为"叔隗"。

(七)衍文:2671"丈人"引《清波杂志》"《后汉·匈奴传》","后汉"之"后"字衍;1732"何相见之晚"说《宋史》王昭素、王登仁传并有"相见之晚"语,《宋史》有《王登传》,"仁"字衍。

(八)脱文:2158"太子细"引《北史·源思礼传》"为贵人当举网维,何必太子细也",《北史》作"为政贵当举纲,何必须太子细也",是"性宽简,不好烦碎"的源思礼主张"为政"(执政)要抓大放小;引文脱"政"字、衍"人"字,就变成了针对"贵人"(女官名,地位次于皇后)而言;4342"消梨花"引《游览志余》"杭州有所谓四平语者","平"下脱"市"字。

凡此种种讹误,中华点校本俱已出校指正。

四、更实用:黄侃先生湛深经术,于小学尤为卓绝,曾在《通俗编》书眉施评语数百条,探究若干词语之本原。中华本将黄侃先生评语数百条[①]以当页脚注形式过录在相应各条,有助阅读研究。例如0350"另日":

《杨升庵外集》:"俗谓异日为另日,音命令之令,然其字《说文》《玉篇》无有也,只当作令日。《战国策》赵燕拜武灵王胡服之赐曰:'敬循衣服,以待令日。'即异日也。"按:《国策》注"令"训为"善",谓择善日衣之,升庵说似傅会。《列子·周穆王篇》有"别日升昆嵛丘"语,"另"或为"别"字之省。

点校本引黄侃说:

"另"即"零"字。零,余雨也。引申以目凡余。"零日"犹言他日、暇日,俗省"别"字之半为之。若依篆文,即是"咼"字,"咼日"不成语矣。杨、翟二说皆未谛。

商务本书末有四角号码索引,当今读者对四角号码已陌生,中华本将《通俗编》5456条、《直语补证》416条用阿拉伯数字统一编号,编制音序索引,尤便查检。

中华点校本细致认真,一丝不苟,难得发现一处疏漏:1783"神交"中"平交,李白诗:'府县尽为门下客,王侯皆是平交人。'"应另立"平交"一条,不当阑入"神交"。此外有8处排印错讹:1229"传

---

① 黄焯先生1982年所录,见《量守庐群书笺识》,武汉大学出版社1985年版,第417—460页。

鼓"引《晋书·良吏传》,"桓有"当为"恒有";1783"神交"引李白诗"王侯皆是平交人",句号应在引号内;5819"骰子""'骰'字注"后的冒号当为句号;索引 689 页 yíng 当为 yǐng;1182、3264、4189、5138 四条的脚注中"塵"当为"麈"。

(作者单位:复旦大学出土文献与古文字研究中心)

清代文献整理出版的回顾与前瞻

陈东辉

内容提要：新世纪以来（即 2000 年至今），随着国家清史纂修工程的深入进行，以及海峡两岸学术界、出版界的共同努力，清代文献整理出版取得了丰硕成果。这些成果既有综合性的，也有专题性的；既有大陆出版的，也有台湾刊行的。本文择其主要成果加以评述，并对今后若干年计划出版的相关成果略加介绍。

关键词：清代文献；古籍整理出版；新世纪

新世纪以来（即 2000 年至今），随着国家清史纂修工程的深入进行，以及海峡两岸学术界、出版界的共同努力，清代文献整理出版取得了丰硕成果。这些成果既有综合性的，也有专题性的；既有大陆出版的，也有台湾刊行的。现择其主要成果加以评述，并对今后若干年计划出版的相关成果略加介绍。

在综合性清代文献整理出版成果中，《续修四库全书》（上海古籍出版社 1995—2002 年版）具有重要价值和地位。该丛书共计 1800 册，收书 5213 种，比《四库全书》增加 51%，堪称旷世盛举，功在当代，惠及未来。就总体而言，该丛书选书谨严，底本精良，其质量已经受到普遍肯定，于 2003 年荣获第六届国家图书奖荣誉奖和第四届全国图书奖荣誉奖，并成为"首届向全国推荐优秀古籍整理图书书目"①中唯一的一种新编古籍丛书。鉴于学术界对该丛书已有充分了解，本文不再赘述。

北京出版社 2011 年起陆续分辑出版的《四库提要著录丛书》，计划分为 12 辑，每辑 100 册，共计 1200 册，收书 3000 余种。该丛书旨在尽量还原《四书全书总目提要》所"著录"的 3461 种典籍之原貌（即未被四库馆臣篡改、删节和重写），所收之书以国家图书馆所藏善本为核心，旁及海内外百余家图书馆、博物馆、档案馆及私家藏书。另有《四库禁毁书丛刊》（北京出版社 1997—2000 年版）和《四库未收书辑刊》（北京出版社 2000 年版）。

就综合性晚清文献整理出版成果而言，规模最为巨大、最为引人注目的当推林庆彰等主编的《晚清四部丛刊》（台湾文听阁图书有限公司 2010—2013 年版）。该书分为 10 编，每编 120 册，共计 1200 册，仿照《四部丛刊》之体例，收录成书于 1840—1911 年之著作。清末之前的著作，大多可以在现有的丛书中找到；相对而言，晚清时期的著作较为分散，查检不易。并且，由于太平天国战争的影响，一些晚清典籍存世较少，更增加了利用的难度。而《晚清四部丛刊》的出版，在很大程度上

---

① 国家新闻出版广电总局、全国古籍整理出版规划领导小组于 2013 年 8 月 9 日公布。该书目收录优秀古籍整理图书 91 种（丛书以 1 种计），其中包括杨坚总修订的《船山全书》、朱铸禹汇校集注的《全祖望集汇校集注》、谢承仁主编《杨守敬集》、钱仲联主编的《清诗纪事》、许惟贤整理的《说文解字注》、中华书局出版的点校本《清史稿》和《十三经清人注疏》等与清代文献整理相关之典籍，以及朱保炯、谢沛霖编的《明清进士题名碑录索引》。

方便了读者对于晚清文献的有效利用。同时，诚如林庆彰在《〈晚清四部丛刊〉序》中所云，从甲午战争失败，将台湾割让给日本，到国民政府接收台湾，实施戒严 37 年，在台湾很难见到中国大陆的出版品，所以要研究晚清和民国时期困难相当多，而《晚清四部丛刊》恰可提供研究这一时段最基本的文献资料，也可充实图书馆的馆藏。《晚清四部丛刊》在各书末页右下角均注明所据版本，在版本选择上，基本上以最早刊本为优先，同时，先稿抄本，其次为刻本，再次为木活字本、铅印本、石印本，故具有较高的版本价值。该丛刊所据以影印之原本，有印刷模糊不清或页面透字而妨碍阅读者，则依原版式重新打字排版；有乱丁、阙页、错简者，则以原书或其他版本订补抽排之。就总体而言，《晚清四部丛刊》质量过硬，装帧精美，堪称新世纪清代文献整理出版的典范之作，将在晚清历史、文学、思想、学术、文献以及政治、制度、文化、风俗、经济、民族、边疆、中外交流等诸多领域的研究中发挥重要作用。[①]

广东省立中山图书馆等编的《清代稿抄本》，是国家清史工程框架内规模最大的地方藏文献发掘抢救整理项目，以广东省立中山图书馆、中山大学图书馆馆藏稿本（孤本）、抄本和少量稀见刻本为影印对象，计划收书 2 千余种。广东人民出版社已于 2007 年出版初编，2009 年出版续编，2010 年出版三编，2012 年出版四编。其中初编共计 50 册，包括《望炱行馆日记》、《黄沅日记》、《瞻岱轩日记》、《邓和简公日记》等清代未刊日记 22 种，《浮槎文集》、《吴六奇书札》、《粤游偶咏》等清人未刊诗文集 144 种，《广东咨议局议案》等清末广东咨议局等机构的公文档案 24 种，总共 190 种，约 5400 余万字，文献史料价值很高。[②]

同时，中国社会科学院近代史研究所编的《近代史所藏清代名人稿本抄本》共计 550 册，计划由大象出版社分三辑陆续出版。该丛书精选影印中国社科院近代史研究所收藏的清代一百余位名人的信札、日记及各种公私文档，多为手稿真迹，同时也是珍稀文献资料。其中第一辑共计 145 册，已由大象出版社于 2011 年出版。

此外，上海古籍出版社等编的《续修四库全书》（电子版），计划由上海古籍出版社于 2015 年出版。[③] 辽宁省图书馆、吉林省图书馆、厦门大学图书馆等编的《明清古籍善本丛刊》，计划由广西师范大学出版社于 2016 年出版。

在专题性清代文献整理出版成果中，成绩最为突出的当推诗文总集之刊行。中国人民大学和北京大学联合主持编纂的《清代诗文集汇编》（上海古籍出版社 2010 年版），乃国家清史纂修工程开展以来规模最大的文献整理项目，同时也是迄今为止篇幅最大的断代诗文总集。据最新研究统计，清代诗文集不下 7 万种，现存 4 万余种。该书从现存清代诗集、文集中选取文献史料价值较高、艺术性较强、版本较佳的 4058 种加以影印出版，字数多达 4 亿，涉及作者 3400 余人，所录诗文超过 500 万首（篇），约计 4 亿字。该书中的每种诗文集均据原版照相影印，同时注明版本及馆藏情况，此外还附有作者小传。另有《清代诗文集汇编总目录·索引》（上海古籍出版社 2011 年版）。[④]

文清阁编委会编的《稀见清人别集百种》（北京燕山出版社 2007 年版），收录传世较少的木活

① 涂茂奇撰有《都近代四部之作，广五朝著作之名——〈晚清四部丛刊〉的出版与内容》（台湾《国文天地》第 28 卷第 8 期，2013 年 1 月），可供参考。

② 孙燕京撰有《〈清代稿抄本〉（第一辑）的编辑、出版与史料价值》（《清史研究》2008 年第 2 期），可供参考。

③ 本文提及的相关清代文献之出版计划，主要根据新闻出版总署和全国古籍整理出版规划领导小组于 2012 年 7 月公布的《2011—2020 年国家古籍整理出版规划》，以及国家新闻出版广电总局和全国古籍整理出版规划领导小组于 2013 年 7 月公布的《2011—2020 年国家古籍整理出版规划增补项目》。

④ 黄爱平撰有《略论清代诗文集的整理编纂及其价值意义》（《清史研究》2010 年第 2 期），沈乃文撰有《〈清代诗文集汇编〉立项与编纂选目述略》（《清史研究》2010 年第 2 期），李军、江庆柏撰有《〈清代诗文集汇编〉：集成之作》（《博览群书》2012 年第 7 期），可供参考。

字印本别集 100 种,其中包括多种名不见经传的小人物的作品。北京师范大学图书馆编的《北京师范大学图书馆藏稀见清人别集丛刊》(广西师范大学出版社 2007 年版)共计 33 册,收录清人别集 138 种,包括稿本、抄本、刻本等。南开大学图书馆编的《南开大学图书馆藏稀见清人别集丛刊》(广西师范大学出版社 2010 年版)共计 33 册,收录清人别集 161 种,包括抄本、刻本、活字本等。上述两种丛刊所收别集,系 1949 年以来中国大陆及台港未正式影印、排印的,大多为首次影印出版,有的更是海内孤本,具有较高的文学和史料价值。天津图书馆编的《天津图书馆珍藏清人别集善本丛刊》(天津古籍出版社 2009 年版)共计 20 册,收录清人别集 122 种,均为李灵年、杨忠主编的《清人别集总目》所未著录的珍善之本。另有马钦忠编撰的《滂沛寸心:清代名贤诗文稿集萃》(国家图书馆出版社 2013 年版)。

另有《厦门大学图书馆藏稀见清人别集丛刊》、《中山大学图书馆藏稀见清人别集丛刊》等,将由广西师范大学出版社于近年内出版。国家图书馆编的《国家图书馆藏钞稿本乾嘉名人别集丛刊》(国家图书馆出版社 2010 年版),选辑清代乾嘉时期 62 位著名学者的别集 89 种,使广大读者可以方便地利用这些珍贵的抄稿本。

南开大学古籍与文化研究所选编的《清文海》(国家图书馆出版社 2010 年版),乃迄今为止对清人文集所做的最大规模的整理工作,有清一代较为重要的学者、文学家、思想家、政治家之要文佳作,大体上已收录在内。全书共计 106 册(其中索引 1 册),包括 1800 余位作者的文章约 1.5 万篇,总字数约 2000 万。该书对原文采用影印的方法,并为每位入选的作者各撰简要小传一篇,其中融入了整理者的学术考订。所选各文篇末,均简注该文出处。此外,对所选各篇文章,随机撰有校勘记,附之于篇末。

南京大学中国语言文学系全清词编纂委员会编的《全清词》,拟分顺康、雍乾、嘉道、咸同、光宣五卷。中华书局已于 2002 年出版"顺康卷",共计 20 册,收录词人 2105 家,词作 53400 余篇。另有张宏生主编的《全清词·顺康卷补编》(南京大学出版社 2008 年版),共计 4 册,补得词人 450 家,词作 10000 余篇。此外,《全清词》中的"雍乾卷"、"嘉道卷"、"咸同卷"、"光宣卷",也将由南京大学出版社于 2020 年之前陆续刊布。

此外,詹福瑞、宋志英等编的《历代名人别集订补文献丛刊》中的《清代名人别集订补文献丛刊》,计划由国家图书馆出版社于 2015 年出版。辽宁大学古籍研究所汇编校点的《清代东北流人诗文集成》,计划由辽海出版社于 2014 年出版。付琼编辑点校的《清代女性诗人总集》,计划由人民文学出版社于 2015 年出版。郭延礼等编选校点的《中国近代女性文学大系》,包括《诗词卷》(附《文论卷》)、《散文卷》(附《戏剧卷》)和《小说卷》(附《弹词卷》),计划由齐鲁书社于 2014 年出版。王富鹏、李福标、赵彩花校点的《清初岭南遗民诗文集》,包括《耳鸣集》、《中洲草堂遗集》、《选选楼遗诗》、《千山诗集》、《光宣台集》、《铁桥山人遗诗》、《不去庐集》、《南枝堂稿》和《蒯侯馆十一草》,计划由人民文学出版社于 2014 年出版。钟振振等点校的《清名家诗丛刊二集》,计划由广陵书社于 2015 年出版。张寅彭校点的《清诗话合集》,计划由上海古籍出版社于 2014 年出版。孙克强点校的《清词话全编》,计划由凤凰出版社于 2016 年出版。朱万曙点校的《全清戏曲》(第一编、第二编),计划由南京大学出版社于 2020 年出版。

清代经学文献整理出版也有不少成果。古风编著的《经学辑佚文献汇编》(国家图书馆出版社 2010 年),将两汉以来的经学散佚文献,从后代(主要是清代)诸多辑佚丛书中辑选出来,分别按照周易类、尚书类、诗经类、三礼类、乐类、春秋类、论语类、孝经类、尔雅类、孟子类、群经总义类等分类整理成书。

刘晓东、杜泽逊编的《清经解三编》(齐鲁书社 2011 年版)共计 12 册,收录《皇清经解》和《皇清经解续编》未收之清代重要经学著作 65 种。同时据悉,刘晓东、杜泽逊编的《清经解四编》也已列入出版计划,将由齐鲁书社于近年内出版。另有北京大学出版社 2012 年起陆续出版的《清代经学著作丛刊》,华东师范大学出版社 2010 年起陆续出版的《清人十三经注疏直解丛编》,台北"中央研究院"中国文哲研究所 1994 起陆续出版的《古籍整理丛刊》(其中大多为清人著作)等。此外,董恩林等校点的《皇清经解》,计划由凤凰出版社于 2015 年出版。

　　清代的学术笔记数量最多,就总体而言质量也最高。整个清代的学术笔记至少有 500 种。徐德明、吴平主编的《清代学术笔记丛刊》(学苑出版社 2006 年版),收录较为重要的清代学术笔记 240 余种,其中大部分此前未曾点校或影印出版。每种笔记前撰有提要一篇。

　　来新夏主编的《清代经世文全编》(学苑出版社 2011 年版)共计 170 册,收录目前所知传世的 21 种清代经世文编。该全编具有以下三大特点:1. 收录齐全而成"全编";2. 内容相续,前后相连;3. 收录了未以"经世文"题名的"经世文编"专著。另有《清代经世文全编目录索引》(学苑出版社 2012 年版)。此外,来新夏、李国庆点校的《清代经世文选编》,计划由黄山书社于近期出版。

　　清方略馆编的《清代方略全书》(北京图书馆出版社 2006 年版)共计 200 册,收录清代官修实录文献 24 种,其中康熙朝 4 种,乾隆朝 11 种,嘉庆朝 3 种,道光朝 1 种,同治朝 2 种,光绪朝 3 种,内容涉及清朝开国、康乾平定边疆数乱、陕甘云贵等地回族起义、太平天国、捻军等重大历史事件。

　　国家图书馆地方志家谱中心编的《清代民国名人家谱选刊》(北京燕山出版社 2005 年版),是从国家图书馆所藏数千种家谱中精心挑选出版本和资料价值俱佳的 42 种家谱,以木活字本、刻本为主,同时也有抄本和稿本。谱主均为清代和民国具有一定影响的人物。每谱前均附有提要,内容包括谱籍、谱名、卷数、纂修者、版本及年代,并简要论述其卷目、序跋、姓氏源流和迁徙情况,重点记述谱中出现的清代至民国间的名人资料。国家图书馆地方志家谱中心编的《清代民国名人家谱选刊续编》(北京燕山出版社 2007 年版),收录家谱 42 种,体例与初编一致。另有北京图书馆出版社影印室辑的《清初名儒年谱》(北京图书馆出版社 2006 年版)、《乾嘉名儒年谱》(北京图书馆出版社 2006 年版)和《晚清名儒年谱》(北京图书馆出版社 2006 年版),郑晓霞、吴平标点的《扬州学派年谱合刊》(广陵书社 2008 年版),张爱芳、贾贵荣选编的《清代民国藏书家年谱》(北京图书馆出版社 2004 年版)。

　　江庆柏主编的《清代地方人物传记丛刊》(广陵书社 2007 年版),按地区收录有关清代人物传记资料。凡通代性地区人物传记集,选取其中的清代部分;凡非传记专著但包含大量清代地方人物传记资料的专著,则辑录其中的传记部分。

　　李万健、邓咏秋编的《清代私家藏书目录题跋丛刊》(国家图书馆出版社 2010 年版),系统收录清代私家藏书目录和题跋近 60 种,大多为国家图书馆所藏善本及珍贵稿本,按藏书家年序排列。此前本社或他社业已刊布的不再收录。另有程仁桃选编的《清末民国古籍书目题跋七种》(国家图书馆出版社 2009 年版)。

　　吴波等辑校的《阅微草堂笔记会校会注会评》(凤凰出版社 2012 年版),堪称集大成之作,其校勘以嘉庆本为底本,参校道光本等;会注主要辑录了民国会文堂注释本和分类广注本两家之注解;会评则主要辑录了清代曾国藩、徐时栋、翁心存等三家的批本。

　　来新夏、韦力、李国庆汇补的《书目答问汇补》(中华书局 2011 年版),至少具有以下三大特色:1. 材料翔实,内容丰富,堪称《书目答问》的集大成之作;2. 附录完备,索引详细,在编纂体例方面颇具特色;3. 底本选择妥当。

　　上海古籍出版社陆续整理出版的《晚清东游日记汇编》,包括清黄遵宪的《日本国志》(2001 年),清傅云龙的《游历日本图经》(2003 年),王宝平主编的《中日诗文交流集》(2004 年)、《日本政法考察记》(2002 年)和《日本军事考察记》(2004 年)。

清载龄等修纂的《清代漕运全书》(北京图书馆出版社 2004 年版)共计 8 册,收录国家图书馆所藏的清雍正年间漕运全书(39 卷,清抄本)和清光绪朝漕运全书(96 卷,清光绪间刻本)。另有朱彭寿编纂的《稿本清代人物史料三编(外一种)》(北京图书馆出版社 2002 年版),来新夏主编的《清代科举人物家传资料汇编》(学苑出版社 2006 年版),天津图书馆历史文献部编的《三十三种清代人物传记资料汇编》(齐鲁书社 2009 年版),国家图书馆分馆编的《清代孤本方志选》(线装书局 2001年版),线装书局编的《清代吏治史料》(线装书局 2004 年版)和《清代吏治史料续编》(线装书局 2011 年版),全国图书馆文献缩微复制中心编的《清代八旗史料汇编》(全国图书馆文献缩微复制中心,2012 年),香港蝠池书院编的《清代各部院则列》(香港蝠池书院出版有限公司 2004 年版)、《清代各部院则列续编》(香港蝠池书院出版有限公司 2012 年版)、《清代各部院则列三编》(香港蝠池书院出版有限公司 2013 年版)、《近现代中国边疆界务资料》(香港蝠池书院出版有限公司 2007 年版)、《近现代中国边疆界务资料续编》(香港蝠池书院出版有限公司 2007 年版)和《近现代中国边疆界务资料三编》(香港蝠池书院出版有限公司 2010 年版),清华大学图书馆科技史暨古文献研究所编的《清代缙绅录集成》(大象出版社 2008 年版),邹爱莲主编的《清代起居注册·康熙朝》(中华书局 2009 年版),国家图书馆分馆编的《清代边疆史料抄稿本汇编》(线装书局 2003 年版),翟清福主编的《中国边境史料通编(秦—清)》(香港蝠池书院出版有限公司 2008 年版),张羽新主编的《清朝治藏法规全编》(学苑出版社 2002 年版),张羽新、赵曙青主编的《清朝治理新疆方略汇编》(学苑出版社 2006 年版),杜家骥编的《清嘉庆朝刑科题本社会史料辑刊》(天津古籍出版社 2008 年版),中国社会科学院经济研究所编的《清代道光至宣统间粮价表》(广西师范大学出版社 2009 年版),北京图书馆出版社影印室辑的《清末民国财政史料辑刊》(北京图书馆出版社 2007 年版),中央财经大学图书馆辑的《清末民国财政史料辑刊补编》(国家图书馆出版社 2008 年版),南江涛辑的《清末民国旧体诗词结社文献汇编》(国家图书馆出版社 2013 年版),罗澍伟点校的《北洋公牍类纂正续编》(天津古籍出版社 2013 年版),路遥主编的《义和团运动文献资料汇编》(山东大学出版社2012 年版),章开沅、罗福惠、严昌洪主编的《辛亥革命史资料新编》(湖北人民出版社 2006 年版),傅谨主编的《京剧历史文献汇编·清代卷》(凤凰出版社 2011 年版),北京大学图书馆古籍善本特藏部整理的《清代名人手札汇编》(国际文化出版公司 2002 年版),故宫博物院编的《清代敕修书籍御制序跋暨版式留真》(北京图书馆出版社 2001 年版),国家图书馆古籍馆编的《清代版刻牌记图录》(学苑出版社 2007 年版),戴逸主编的《文津阁四库全书·清史资料汇刊》(商务印书馆 2006 年版),杜宏刚等主编的《韩国文集中的清代史料》(广西师范大学出版社 2008 年版),沈寂等标点的《慎宜轩日记》(黄山书社 2010 年版),蔡少卿、江世荣主编的《薛福成日记》(吉林文史出版社 2004年版),史晓风整理的《恽毓鼎澄斋日记》(浙江古籍出版社 2004 年版),林庆彰等主编的《经义考新校》(上海古籍出版社 2010 年版),影印本《清东华录全编》(学苑出版社 2000 年版),影印本《清代粤人传》(全国图书馆文献缩微复制中心,2001 年),影印本《越缦堂日记》(广陵书社 2004 年版),姜亚沙、经莉、陈湛绮主编的《晚清珍稀期刊汇编》(全国图书馆文献缩微复制中心,2009 年)等。

此外,许逸民主编的《清人文选学著述丛刊》,计划由广陵书社于近期出版。《清会典》(校点者待定)计划由凤凰出版社于 2019 年出版。葛剑雄主编的《清代西北史地学文献集成》,计划由上海交通大学出版社于近期出版。孟楠、周轩校释的《清代新疆史地要籍丛书》,计划由新疆大学出版社于近期出版。李国庆主编的《北洋文献集成》,计划由天津古籍出版社于近期出版。李金明等点校的《清代海疆文献》,计划由天津古籍出版社于 2015 年出版。吴新江点校的《越缦堂日记》,计划由广陵书社于 2017 年出版。《醇亲王载沣日记》整理组点校的《醇亲王载沣日记》,计划由群众出版社于近年内出版。许全胜等点校的《中国近代人物日记丛刊》,包括《廖寿恒日记》、《顾肇熙日记》、《近代学人日记三种》、《嘉兴沈氏日记四种》、《管庭芬日记》(附三种)、《过云楼日记》、《潘祖荫日记》、《陶浚宣日记》、《三鱼堂日记》、《日本考察日记四种》、《庞际云日记》、《褚成博日记》、《邵友濂日记》、《陶模日记》、《燕都日记》、《燕都识余》、《江陵纪事》、《姚锡光江鄂日记》(外二种)、《邹嘉来日记》、《何兆瀛日记》和《翁心存日记》,计划由中华书局于近年内陆续出版。王燕、王冠编的《晚清小说期刊辑存》,计划由国家图书馆出版社于近年内出版。

关于清代著名学者及名人之全集、文集,近年来推出了华东师范大学古籍整理研究所整理的《顾炎武全集》(上海古籍出版社 2011 年版),杨坚总修订的《船山全书》(岳麓书社 2011 年版),朱天曙编校整理的《周亮工全集》(凤凰出版社 2008 年版),陈祖武注解的《榕村全书》(福建人民出版社 2013 年版),朱铸禹汇校集注的《全祖望集汇校集注》(上海古籍出版社 2000 年版),杨应芹、诸伟奇主编的《戴震全书》(黄山书社 2010 年修订本),曹光甫校点的《赵翼全集》(凤凰出版社 2009 年版),陈文和主编的《嘉定王鸣盛全集》(中华书局 2010 年版),于石、马君骅、诸伟奇校点的《俞正燮全集》(黄山书社 2005 年版),陈冠明等校点的《程瑶田全集》(黄山书社 2008 年版),纪健生校点的《凌廷堪全集》(黄山书社 2009 年版),诸伟奇主编的《黄生全集》(安徽大学出版社 2009 年版),刘德权点校的《洪亮吉集》(中华书局 2001 年版),安作璋主编的《郝懿行集》(齐鲁书社 2010 年版),田汉云点校的《新编汪中集》(广陵书社 2005 年版),张连生、秦跃宇点校的《宝应刘氏集》(广陵书社 2006 年版),刘建臻点校的《焦循诗文集》(广陵书社 2009 年版),袁世硕主编的《王士禛全集》(齐鲁书社 2007 年版),祁寯藻集编委会编的《祁寯藻集》(三晋出版社 2011 年版),黄万机点校的《郑珍全集》(上海古籍出版社 2012 年版),陈澧主编的《陈澧集》(上海古籍出版社 2008 年版),赵春晨编的《丁日昌集》(上海古籍出版社 2010 年版),汪叔子、张求会编的《陈宝箴集》(中华书局 2003—2005 年版),谢俊美编的《翁同龢集》(中华书局 2005 年版),陈铮编的《黄遵宪全集》(中华书局 2005 年版),顾廷龙、戴逸主编的《李鸿章全集》(安徽教育出版社 2008 年版),张明林主编的《李鸿章全集》(西苑出版社 2011 年版),赵德馨主编的《张之洞全集》(武汉出版社 2008 年版),姜义华、张荣华校注的《康有为全集》(中国人民大学出版社 2007 年版),杨琥编的《夏曾佑集》(上海古籍出版社 2011 年版),以及影印本《春在堂全书》(凤凰出版社 2010 年版)等。

许嘉璐主编的《孙诒让全集》,正在由中华书局陆续刊行,其中潘猛补点校的《温州经籍志》已于 2011 年出版,雪克点校的《籀庼述林》、《大戴礼记斠补》(附《尚书骈枝》、《周书斠补》、《九旗古谊述》、《周礼政要》)已于 2010 年出版,雪克辑校的《十三经注疏校记》已于 2009 年出版,雪克辑点的《籀庼遗著辑存》已于 2010 年出版,雪克、陈野点校的《札迻》已于 2009 年出版,孙启治点校的《墨子间诂》已于 2009 年出版。

许惟贤、薛正兴、赵航整理校点的《段玉裁全集》,正在由凤凰出版社陆续刊行,其中许惟贤整理的《说文解字注》已于 2007 年出版,赵航、薛正兴整理的《经韵楼集(附补编·两考)》已于 2010 年出版。

此外,王华宝、张其昀点校的《王念孙集》,计划由广陵书社于近期出版。虞万里、傅杰、王华宝点校的《王引之集》,计划由广陵书社于 2015 年出版。刘建臻点校的《焦循全集》,计划由广陵书社于近期出版。钱宗武等点校的《阮元全集》,计划由广陵书社于 2018 年出版。陈居渊点校的《惠栋集》,计划由上海古籍出版社于 2015 年出版。宫云维、李剑亮、谷建点校的《毛奇龄全集》,计划由齐鲁书社于 2015 年出版。沈松勤、王利民、陶然点校的《朱彝尊全集》,计划由浙江大学出版社于 2016 年出版。仓修良点校的《章学诚集》,计划由浙江大学出版社于 2017 年出版。陈东辉、彭喜双、程惠新点校的《卢文弨全集》,计划由浙江大学出版社于 2016 年出版。杨旭辉点校的《杭世骏全集》,计划由人民文学出版社于近期出版。陆平校点的《冯登府全集》,计划由人民文学出版社于2015年出版。《孙星衍全集》(点校者待定)计划由凤凰出版社于2016年出版。列入《浙江文丛》的赵一生等点校的《俞樾全集》,计划由浙江古籍出版社于2016年出版。《俞樾全集》(点校者待定)计划由凤凰出版社于2018年出版。李生龙等校点的《王闿运全集》,计划由岳麓书社于2018年出版。吴仰湘点校的《皮锡瑞全集》,计划由中华书局于近期出版。傅训成点校的《傅云龙集》,计划由浙江古籍出版社于2014年出版。张廷银、朱玉麒辑校的《缪荃孙全集》,正在由凤凰出版社陆续刊行,其中《缪荃孙全集·目录》和《缪荃孙全集·笔记》已于2013年出版。陈绛等辑校的《盛宣怀集》,计划由上海古籍出版社于2015年出版。许全胜点校的《沈曾植全集》,计划由中华书局于2016年出版。汪林茂点校的《汪康年集》,计划由浙江古籍出版社于近期出版。浙江大学图书馆编的《浙江大学图书馆藏孙诒让稿本》,计划由华东师范大学出版社于近期影印出版。

清代档案的整理出版在近年来颇受重视,成果甚多。桑兵主编的《国家图书馆藏清代档案文献汇编》第一辑(国家图书馆出版社2012年版)共计100册,收录国家图书馆所藏《谕折录要》、《谕折汇存》等两种清代档案文献。《谕折录要》和《谕折汇存》的内容均为晚清时期内阁邸抄之汇总,其中前者以年为单位,汇录上谕、折片(分吏、户、礼、兵、刑、工六类),每类一册,每年一函;后者每月出一函若干册,首册按日列出奏折目录,然后按日刊载宫门抄、上谕、奏折(含朱批),其中奏折占绝大部分。这两种清代档案文献汇集的谕旨章奏较为完整,又便于翻检和保存,在当时销量很大,史料价值甚高。此次出版,《谕折录要》收录光绪元年至三年间的部分;《谕折汇存》收录光绪十七年九月至光绪二十四年正月间的部分。

吉林省档案馆编的《吉林省档案馆藏清代档案史料选编》(国家图书馆出版社2012年版)共计68册,乃国家清史纂修工程“档案丛刊”之一,是从吉林省档案馆所藏清代档案中按专题选取、整理7000件档案而成,包括吉林将军奏折、吴大澂档案、曹廷杰档案、打牲乌拉总管衙门档案以及吉林教育、金融、实业、禁烟、荒务档案,共计9个档案全宗,为清史研究者提供了珍贵的第一手资料。

大连图书馆编的《大连图书馆藏清代内务府档案》(国家图书馆出版社2010—2011年版)共计22册,收录大连图书馆所藏清代顺治朝至光绪朝内务府档案2000余件,涉及职司铨选、奖惩抚恤诉讼、宫廷用度、营建、宫苑、进贡等方面的内容,对于清史研究具有重要意义。

北京图书馆出版社古籍影印室辑的《清代文字狱史料汇编》(北京图书馆出版社2007年版)共计14册,包括《清代文字狱档》、《庄氏史案本末》、《庄氏史案附秋思草堂遗集》、《庄氏史案考》、《明史钞略》以及《南山集》、《记桐城方戴两家书案》、《读书堂西征随笔》、《谢梅庄先生遗集》、《吕晚村先生文集》、《翁山文外》、《沈归愚诗文全集》、《大狱记》、《字贯案》,内容涉及康、雍、乾三朝70余件文字狱案,对于清代文字狱乃至清代学术史、文化史研究具有重要价值。

另有吉林省档案馆编的《吉林省档案馆藏清代档案史料选编》(国家图书馆出版社2012年版),中国边疆史地研究中心、辽宁省档案馆、吉林省档案馆、黑龙江省档案馆编的《东北边疆档案选辑(清代·民国)》(广西师范大学出版社2007年版),中国第一历史档案馆、承德市文物局编的《清宫热河档案》(中国档案出版社2003年版),中国第一历史档案馆、承德市普宁寺管理处编的《清宫普宁寺档案》(中国档案出版社2003年版),中国第一历史档案馆编的《清代中南海档案》(西苑出版社2004年版)、《庚子事变清宫档案汇编》(中国人民大学出版社2003年版)、《清代军机处电报档汇编》(中国人民大学出版社2005年版)、《清代军机处随手登记档》(国家图书馆出版社2013年版)、《乾隆朝满文寄信档译编》(岳麓书社2011年版)和《清代新疆满文档案汇编》(广西师范大学出版社2012年版),新疆档案局编的《清代新疆档案选辑》(广西师范大学出版社2012年版),全国图书馆文献缩微复制中心编的《清代新疆地区涉外档案汇编》(全国图书馆文献缩微复制中心,

2008 年）、《清代台湾档案史料全编》（全国图书馆文献缩微复制中心，2006 年）、《国家图书馆藏清代孤本内阁六部档案》（全国图书馆文献缩微复制中心，2003 年）、《国家图书馆藏清代孤本内阁六部档案续编》（全国图书馆文献缩微复制中心，2005 年）、《国家图书馆藏清代孤本外交档案》（全国图书馆文献缩微复制中心，2003 年）、《国家图书馆藏清代孤本外交档案续编》（全国图书馆文献缩微复制中心，2005 年）、《国家图书馆藏清代税收税务档案史料汇编》（全国图书馆文献缩微复制中心，2008 年）、《清内府八旗列传档案稿》（全国图书馆文献缩微复制中心，2001 年）、《清代秘密结社档案辑印》（中国言实出版社 2005 年版）、《清代（未刊）上谕、奏疏、公牍、电文汇编》（全国图书馆文献缩微复制中心，2005 年），茅海建主编的《清代兵事典籍档册汇览》（学苑出版社 2005 年版），煮雨山房编的《故宫图书及内务档案史料汇编》（广陵书社 2008 年版），翁连溪主编的《清内府刻书档案史料汇编》（广陵书社 2008 年版），国家图书馆古籍馆编的《国家图书馆藏清代民国调查报告丛刊》（北京燕山出版社 2007 年版）等。

　　值得一提的是，中国第一历史档案馆于 2005 年底启动了"清代档案文献数据库"项目。该数据库建设将利用中国第一历史档案馆所藏 1 千余万件珍贵清代档案文献以及该馆数十年已有之档案文献整理成果，有计划地分批完成，争取最终成为最具规模的清代档案文献专业数据库。该数据库的第一期成果为全文数字化《大清历朝实录》和《大清五部会典》，由中国第一历史档案馆与北京书同文数字化技术有限公司合作完成。其中《大清历朝实录》共计 4441 卷，3645 万字，原文图像 127971 页，以太祖高皇帝至德宗景皇帝十一朝《实录》为主体，并附有《宣统政纪》、《太祖圣武皇帝实录》（顺治写本的录校本）和《满洲实录》；《大清五部会典》共计 2610 万字，原文图像 85582 页，包括馆藏康熙朝、雍正朝《大清会典》（殿本），乾隆朝《钦定大清会典》和其《会典则例》（四库全书本），以及嘉庆朝、光绪朝的《钦定大清会典》和其《会典事例》、《会典图》的汉文单行本，可以弥补以往学者大多以光绪朝所修《会典》为本之不足。

　　清代文献书目提要等工具书的整理及编纂方面，也成绩卓著。吴格等点校的民国时期编纂的《续修四库全书总目提要》中的"丛书部"，已由国家图书馆出版社于 2010 年刊行。该提要中的"经部"、"史部"、"子部"、"集部"、"方志部"，也将由国家图书馆出版社、中华书局于近年内陆续出版。续修四库全书编委会、复旦大学图书馆古籍部编的《续修四库全书总目录·索引》（上海古籍出版社 2003 年版），列出每册所收书名及著者，同时还有以四角号码检字法排序的书名索引和著者索引。复旦大学图书馆古籍部编的《四库系列丛书目录索引》（上海古籍出版社 2007 年），其目录部分收录了《景印文渊阁四库全书》（3460 余种）、《（文渊阁）四库全书珍本》初集至十二集、别辑（1900 余种）、《文澜阁四库全书选粹》（1 种）、《影印（文渊阁）四库全书四种》（4 种）、《影印（文澜阁）四库全书四种》（4 种）、《影印文溯阁四库全书四种》（4 种）、《文津阁四库全书珍赏》（4 种）、《景印摛藻堂四库全书荟要》（460 余种）、《续修四库全书》（5380 余种）、《四库全书存目丛书》（4500 余种）、《四库全书存目丛书补编》（210 余种）、《四库禁毁书丛刊》（630 余种）、《四库禁毁书丛刊补编》（200 余种）、《四库未收书辑刊》（1320 余种）等 14 种"四库系列丛书"及其子目，共计著录历代古籍 18000 余种；索引部分包括书名索引和著者索引，以四角号码检字法为主索引，并附有笔划检字和拼音检字。此外，《纪晓岚删定〈四库全书总目〉稿本》由国家图书馆出版社于 2011 年影印出版，江庆柏等整理的《四库全书荟要总目提要》由人民文学出版社于 2009 年出版，王绍曾主编的《清史稿艺文志拾遗》由中华书局于 2000 年出版，李灵年、杨忠主编的《清人别集总目》由安徽教育出版社于 2000 年出版，柯愈春的《清人诗文集总目提要》由北京古籍出版社于 2001 年出版。

　　昝红宇、张仲伟、李雪梅的《清代八旗子弟书总目提要》由三晋出版社于 2010 年出版，俞为民、孙蓉蓉的《历代曲话汇编·新编中国古典戏曲论著集成：清代编曲海总目提要》由黄山书社于 2009

年出版,王晓波主编的《清代蜀人著述总目》由四川大学出版社于 2009 年出版,张寅彭辑著的《新订清人诗学书目》由上海古籍出版社于 2003 年出版,刘永文编的《晚清小说目录》由上海古籍出版社于 2008 年出版,(日)樽本照雄编,贺伟译的《新编增补清末民初小说目录》由齐鲁书社于 2002 年出版,江庆柏编著的《清代人物生卒年表》由人民文学出版社于 2005 年出版,张慧剑的《明清江苏文人年表》由人民文学出版社于 2008 年出版,林庆彰、蒋秋华主编的《晚清经学研究文献目录(1901—2000)》由台北"中央研究院"中国文哲研究所于 2006 年出版,陈东辉主编的《清代学者研究论著目录初编》由台湾经学文化事业有限公司于 2012 年出版,张美兰编的《美国哈佛大学哈佛燕京图书馆馆藏晚清民国间新教传教士中文译著目录提要》由广西师范大学出版社于 2013 年出版。

此外,杜泽逊主编的《清人著述总目》,计划由上海古籍出版社于 2014 年出版。杜泽逊主编的《清史·艺文志》,作为新修《清史》的组成部分,在《清人著述总目》(著录清人著述约 23 万种,共计约 1500 万字)之基础上精选 3 万种而成,每种书仅著录书名、卷数、著者及其籍贯,不再著录版本、藏馆、出处及著者字号、科第等,共计约 60 万字,将在近几年内完成并出版。傅璇琮、赵昌平、刘韶军、刘石主编的《续修四库全书提要》,计划由上海古籍出版社于近几年内出版。徐永明等的《清代浙江集部著述总目》,计划由浙江大学出版社于近几年内出版。杨忠、漆永祥主编的《清人文集篇目分类索引新编》,计划由凤凰出版社于近期出版。吴书荫等的《清代古典戏曲总目提要》,计划由中华书局于近期出版。

应该说新世纪以来清代文献整理出版工作成绩巨大,有目共睹,但离学术研究的需求尚有不小距离。笔者长期从事清代学术史研究,曾有多位师友向我表达过如下意思:清代离当代不远,从事清代学术史研究比从事先秦两汉、六朝唐宋学术史研究在资料采集方面容易。其实这是一种误解,先秦两汉、六朝唐宋存世的典籍数量不多,并且基本上已点校或影印出版,其中较为重要的典籍往往有多种点校本和影印本可供选择、参考,就是相关出土文献资料过几年也会整理刊行。而清代文献实在太多了,[①]同时有的属于珍贵稿抄本,有的当时印数极少,有的卷帙甚为庞大,大多数还没有影印本或点校本,并且分散在各地图书馆,有时查找十分不易,笔者深有体会。

张寅彭治清代诗学有年,深感最需要认真对待的,是文献数量特别巨大这一有别于历代的基本的"物理"特点。从前陈寅恪选择专治隋唐史,就曾考虑到明清史料过量的问题。张氏指出,这个问题的性质当然不止于研究态度端正与否而已,主要还是在于数量直接关系到认识的准确程度,亦即结论的科学性。举例来说,研究者的头脑中如果没有现存清代诗学著作多达 800 种以上这个数量概念,如果没有读过至少 500 种以上的经历,那么就不太可能认识记事类和诗法类著作在清代的数量优势及其重要性,当然也就无从建立起清代诗学论评、本事和谱法三者并重的大势判断。诸如此类"质"变的新认识,显然都有待于"量"的积累支撑,方才能够达成。文献量特别巨大这一事实,使得研究界无论个人还是全体,对于文献的全面把握都需要潜心经历一段不短的过程。所以在目前的阶段,先将整个清代分成几个时期,逐期进行研究,似乎较为适当。总之,清代诗学文献所独具的数量优势是一个需要首先予以正视和充分利用的性质,否则不仅对于现存的文献材料是一种颇为遗憾的浪费,而且清代诗学研究的成功也将无从谈起。[②]

张寅彭所论是就清代诗学而言的,其实类似情况在与清代相关的许多研究领域都是存在的。首先是量大,其次是这么多的文献很难搜集齐全。在清代文献的利用方面,台湾往往比大陆更为

---

① 根据《中国古籍总目》(中华书局、上海古籍出版社 2009—2012 年版),现存中国汉文古籍约 20 万种,其中清本约占 90%。

② 参见张寅彭:《重视清代文献数量的因素》,《苏州大学学报》(哲学社会科学版)2005 年第 3 期。

困难。因为台湾各大图书馆所藏的善本古籍（尤其是宋元本）较多，各类新版古籍则更为齐全，但由于众所周知的历史原因，庋藏的清代普通古籍数量相对较少，相信台湾从事清代研究的学者当有切身体会。这应该也是新世纪大量清代文献整理出版的重要意义所在。同时我们也应该清醒地看到，今后在这方面还有许多工作要做，堪称任重而道远。

笔者认为，现存清代文献包括文集、笔记、传记、奏议、谱牒以及地方志书、官修政书、类书丛书、清代档案、墓志碑刻等诸多门类，量大面广，类型丰富，情况特殊，不适合编纂《全清文》、《全清诗》之类的总集。由于出版目的和读者群体不一，有些文献影印即可，有些则需要点校。清代虽然距离现在较近，许多文献几乎没有文字上的障碍，但也有大量文献难度甚高，需要进行专门整理后才能供广大读者利用。如乾嘉学派的很多著作内容艰深，整理点校难度颇大，业已刊布的不少点校本错误较多，影响了读者的有效利用，也在一定程度上打击了人们对于点校本的信心。

乔秀岩在《古籍整理的理论与实践》①一文中，指出了当今古籍整理点校著作（其中有不少是清代古籍点校本）中存在的诸多问题，值得我们深思。因噎废食固然不可取，但如果清代文献的点校本普遍都存在较多疏误，会导致人们逐渐失去对点校本的信心，长此以往，对于清代文献整理出版是十分不利的。②

当然，许多情况下并非点校者不愿做好，而往往是付出了诸多努力，但由于种种主客观条件所限，故存在着或多或少的不足之处。关于这一问题，我们应该抱着公平、公正的态度加以认真分析和对待，既要实事求是地指出疏误，也不能因此而简单否定点校者的成绩。钱大昕所谓的"一事之失，无妨全体之善"，是有道理的。

如上文提及的刘建臻点校的《焦循诗文集》，乃迄今为止收录最为齐全的焦循诗文集。该书包括 10 种诗文集，其中《雕菰集》、《红薇翠竹词》、《仲轩词》、《易余钥录》有刻本，而《雕菰续集》、《里堂诗集》、《易余集》、《里堂词集》、《里堂书跋》、《里堂札记》则仅有稿本、抄本，作为善本收藏在国家图书馆、上海图书馆、南京图书馆等，无法复印。点校者多次往返于各大图书馆，采用抄写的方式一字一句整理而成，加上后期的校对，前后共计十年，很不容易，其重要成就有目共睹。但该书在点校方面也有可以改进之处。③

又如王文锦、陈玉霞点校的《周礼正义》（中华书局 1987 年版）之总体质量很高，受到学术界的好评，但从求全责备的角度而言，也存在百密一疏之处，已有多位学者就其中的点校问题与王、陈二氏商榷。④

一般情况下，古籍点校本可以做到后出转精，但有时并非如此。如近年有些点校本，采用先将前人的点校本进行扫描，然后进行文字识别，在此基础上再改动一些标点和断句（许多是在可改可

---

①　载沈乃文主编：《版本目录学研究》第 1 辑，国家图书馆出版社 2009 年版。

②　刘巍在《一部点校水平颇令人失望的古籍——简评〈廖燕全集〉》（《山东社会科学》2013 年第 1 期）中，指出了林子雄点校的《廖燕全集》（上海古籍出版社 2005 年版）许多明显的点校问题。

③　参见黄强：《〈焦循诗文集〉点校举误》，《古籍整理研究学刊》2011 年第 1 期；黄强：《〈焦循诗文集〉点校拾误》，《江南大学学报》（人文社会科学版）2012 年第 5 期。

④　参见汪少华：《〈周礼正义〉点校琐议》，《吉安师专学报》1993 年第 3 期；汪少华：《〈考工记〉点校商榷》，载《汉语史学报》第 7 辑，上海教育出版社 2008 年版；汪少华：《〈周礼正义〉〈夏官〉标点商榷》，《励耘学刊》（语言卷）2011 年第 2 辑；汪少华：《〈周礼正义〉〈天官〉校对商榷》，《南京师范大学文学院学报》2012 年第 2 期；汪少华、颜春峰：《〈周礼正义〉〈天官〉标点斟略》，《宁波大学学报》（人文科学版）2012 年第 4 期；汪少华、颜春峰：《〈周礼正义〉〈地官〉点校斟略》，《宁波大学学报》（人文科学版）2013 年第 2 期；刘兴均：《孙诒让〈周礼正义〉王、陈点校本误读失校辨正》，《古籍整理研究学刊》2002 年第 2 期；朱婧：《〈周礼正义〉王、陈点校本句读辨正》，《山西师大学报》（社会科学版）2008 年第 S2 期；姚金澄：《〈周礼正义〉标点商榷——万有文库本与王、陈点校本对照》，《文教资料》2009 年第 21 期。

不改之处加以改动）。这样的点校本质量堪忧,不但未能做到后出转精,而且往往还比不上前人的点校本。同时,这应该也是目前一些全集本的点校质量反而不如此前业已刊布的单行本的重要原因之一。

另一种情况是,一些重要古籍的点校本往往有多种,后来出版的总强调自己的价值所在,明言或不明言可以超过甚至取代以前的点校本,有的还希望自己的点校本能够成为权威定本。事实证明,要做到这一点不太容易。评判者不应该是点校者本人,而应该是同行专家和广大读者。如北京大学出版社分别于 1999 年、2000 年出版了李学勤主编的《十三经注疏》(标点本)的简体本和繁体本。该标点本以阮刻本为基础进行整理,较为全面地吸收了阮元《十三经注疏校勘记》和孙诒让《十三经注疏校记》的成果,近现代学术界有关"十三经"及其注疏的校勘、辨证、考异、正误等方面的成果也择要吸取。当然,该标点本(尤其是简体本)也存在一些疏误之处。另有台湾新文丰出版公司 2001 年出版的《十三经注疏》(分段标点),虽然也存在一些问题,但总体质量不错,并且字大行疏,颇便阅读。上海古籍出版社从 2007 年起陆续推出张岂之主编的《十三经注疏》(整理本)。张岂之、周天游在《十三经注疏整理本序》中有云:"各经均追本溯源,详加考校,或采用宋八行本为底本,或以宋早期单注、单疏本重新拼接,或取晚出佳本为底本,在尽量恢复宋本原貌的基础上,整理出一套新的整理本,来弥补阮刻本的不足,以期对经学研究、对中国传统文化研究能起到推动作用,满足广大读者的需要。"①笔者在使用过程中发现,《十三经注疏》(整理本)虽然纠正了《十三经注疏》(标点本)的某些疏误之处,但还是存在一些问题,有些方面反而不如《十三经注疏》(标点本)。

至于近年来方兴未艾的古籍数字化工程,将包括清代文献在内的大量古籍做成电子文本,为研究者提供了便利,总体方向固然值得肯定,但其中存在的问题比纸质点校本多得多,应该引起出版界和学术界的高度重视。程毅中强调,数字化的古籍应该是经过认真整理的古籍,需要运用目录、版本、校勘和文字、音韵、历史文献等各方面知识进行点校,成为现有最好或较好的版本。否则,将会造成谬种流传,劣本取代善本。但目前流传的古籍数字书,有些却是未经整理和粗制滥造的版本。② 马建农对此问题作了进一步阐发,他认为与纸质书籍相比,古籍数据库更易于检索文献和更正错误,这是数字化技术给我们带来的便利。但绝不能因其便利,就漠视古籍整理工作及其基本原则,甚至匆忙推出错误百出的古籍数据库。古籍数据库的使用者,并非都是像程毅中先生这样的专家。对于更多的读者来说,他们既无可能也无必要对古籍数据库的文本内容是否正确进行判断甄别,也做不到随时关注数据库的更新情况,更不应该让他们为所用的古籍是否完整准确而操心、担心。如果古籍数字化不将古籍整理及其基本整理原则作为前提与基础,保证古籍数字化的质量,势必造成程文所说的"谬种流传,劣本取代善本"的不堪状况。马氏还认为,目前我国古籍数字化工作的参与人员,一般是由从事信息技术专业人员和从事古籍整理专业人员两部分人组成,既熟悉数字技术又谙熟古籍整理、古籍编辑的复合型人才几乎没有,如何进行有效的沟通和操作上的磨合尚需时日。③ 程、马二氏所言十分值得我们深思。

荣新江在论及"电子文本的优劣"时指出,数字化的古籍和研究论著的电子本,给广大学者提供了极其便利的条件,大大节省了研究者的时间,也可以更快地接触大量文献材料,更广泛地驾驭

---

① 张岂之、周天游:《十三经注疏整理本序》,载[汉]孔安国传,[唐]孔颖达正义,黄怀信整理:《尚书正义》,上海古籍出版社2007 年版,第 5—6 页。

② 参见程毅中:《古籍数字化须以古籍整理为基础》,《光明日报》2013 年 4 月 30 日。

③ 参见马建农:《数字化的核心是文化内涵》,《光明日报》2013 年 6 月 25 日。

文献、图像等资料。但是,目前研究生们使用的电子文本,大多数都不具备古籍整理的标准文本的要求,所以引用时首先要核对原书。即便是做得很好的《四库全书》电子本,其识别时也有错误,所以引用时也要核对《文渊阁四库全书》的纸本原文。最近开始逐渐为研究生们广泛使用的"中国基本古籍库",据陈尚君的查核,其文本也有不少问题,甚至连繁简字都没有改正。① 现在大家计算机里的许多电子文本是从别的网站上拷贝来的,由于原来的数据库所造的文字和繁简转换过程中的文字问题,使得一些不准确的文字会留在这种电子文本中,而这些字有时正好就是你要论述的专有名词,所以在利用检索功能时,就查不到相关的文字,而你如果相信计算机的检索能力,那就会因为某个官名没有见于某书,造成材料的遗漏。② 这是我们在从事清代文献整理研究时,也应该加以注意并避免的。此外,我们在利用网络上的清代文献时,应特别注意其版本问题。网络上的古籍固然方便易得,但往往存在版本欠佳、无版权页乃至缺页等诸多问题,可以在检索相关古籍时使用,但绝对不能作为引用之依据。笔者的体会是,就同一版本之古籍的可靠性而言,首推纸质文献之原件,其次是纸质文献之复印件,再次是纸质文献之电子扫描件,最不可靠的是据电子扫描件识别的 WORD 文档,故引用时最好依据纸质文献。

学术界普遍认为,台北"中央研究院"研制的"汉籍电子文献"(原名"汉籍全文资料库")质量高,差错少。北京中华书局研制的"中华古籍语料库",将中华书局古籍资源的主体部分数字化,已经完成了 2 亿多字业已整理出版的经典古籍之数字化工作,数据差错率控制在万分之一以下,可以说是目前质量最高的古籍数字资源。该语料库已经在中华书局经典古籍的文本自动化处理、再版制作、纸质书印刷等方面加以成功应用。如备受关注的"二十四史"修订工作之底本(即工作本),就来自该语料库。该语料库中的"二十四史"之底本为中华书局版纸质点校本,但其差错率低于纸质本,并且比台北"中央研究院"的"汉籍电子文献"资料库本还要低。③ 如果今后重要的清代文献都有类似的可以信赖的语料库,实乃一大幸事!

笔者认为,在清代文献整理工作中,无论是点校还是编纂相关工具书,指出他人的几处疏误相对较为容易,而自己要实现高质量的目标则要困难得多,要做到完全不错几乎不可能。关于这一点,笔者在整理点校《仪礼注疏详校(外三种)》(台北"中央研究院"中国文哲研究所 2012 年版),以及主编上文提及的《清代学者研究论著目录初编》时,深有体会!

贾贵荣认为,新编古籍丛书所收古籍应力求完备或具有一定代表性,同时也应避免芜杂。每种古籍版本的选定更是十分重要,当力求品相好,无虫蚀,无破损,纸墨俱佳。要以初刻本为第一选择,遇到缺页时,再补以其他本子。在版本的选择方面,民国时期商务印书馆影印的《百衲本二十四史》可谓典范之作,也是我们影印出版新编古籍丛书所追求的目标。近年国家图书馆影印出版的《中华再造善本》,在所用底本的选择方面也是慎之又慎,反复遴选。④ 按照上述标准,应该说不少新编古籍丛书未做到或做得不够好。

就清代文献影印本而言,不少新编古籍丛书所选底本欠佳,印刷不够清晰,缺乏子目书名及著者索引,有的甚至没有影印出版说明。凡此种种,都影响了新编古籍丛书的质量和声誉。影印本虽然不需要点校,但还是需要整理加工,要成为流芳后世的高质量古籍影印丛书并不容易。上文提及的《续修四库全书》之总体质量甚高,但也偶有疏漏之处,如清严元照的《娱亲雅言》在"经

　　① 参见陈尚君:《〈中国基本古籍库〉初感受》,《东方早报》2009 年 8 月 9 日。

　　② 参见荣新江:《学术训练与学术规范——中国古代史研究入门》,北京大学出版社 2011 年版,第 109－110 页。

　　③ 参见黄晓峰:《徐俊谈点校本二十四史的修订》,《东方早报》2013 年 8 月 4 日。

　　④ 参见贾贵荣:《新编古籍丛书影印出版的编辑规范问题——以国家图书馆出版社为例》,《古籍整理出版情况简报》2012 年第 2 期。

部·群经总义类"(第175册)、"子部·杂家类"(第1158册)被重复收录。上文提及的《清代诗文集汇编》中的部分子目书与《续修四库全书》一样,这应该是不可避免的,但该汇编采取直接影印《续修四库全书》相关子目书之做法,则欠妥。

此外,自从国务院办公厅于2007年1月颁发《关于进一步加强古籍保护工作的意见》以来,古籍保护在总体上受到前所未有的重视。这一点对于清代文献的整理出版也是有利的,在一定程度上还起到了推动和加快清代文献整理出版的作用。但笔者注意到,由于古籍保护受到重视,古籍的"身价"也因此提高了,于是以前只是普通古籍的许多清人著作在各地图书馆变为了善本,读者要利用更加困难了。毕竟大量清人著作尚未影印或点校,很多情况下还是需要查阅线装本。因此,如何在保护与利用,以及影印与点校之间找到一个平衡点,是今后需要专门研究和解决的问题。

（作者单位:浙江大学汉语史研究中心）

《方言调查字表》勘误

申屠婷婷

内容提要：《方言调查字表》作为一本工具书，主要有两种用途：一是供调查方言音系之用，可以帮助调查者得出方言音系在古今演变上的要点；二是供音韵学入门，初步学习汉语音韵学的人可以通过本书的音韵系统获得对《广韵》声韵系统的基本知识。但在实际操作过程中，我们发现 2012 年出版的《方言调查字表》（修订本）有大量错误，这既容易误导初学者，也会给方言调查造成一些麻烦。

关键词：方言调查字表；错误；汉语音韵

一、《方言调查字表》的由来与作用

对汉语方言工作者和汉语音韵学习者来说，《方言调查字表》都是一本不可或缺的必备工具书。《方言调查字表》最早是 20 世纪 30 年代由赵元任先生编制，历史语言研究所铅印。张清常先生在赵先生百岁诞辰之际写过《赵元任先生所指引的》一文，其中就涉及了《方言调查字表》的由来。《方言调查字表》最初是赵元任先生按照语言科学系统重新整编的新型"韵图"，每张韵图的小韵都加了他所拟的古音，用国语罗马字拼写。《方言调查字表》有近百页篇幅，量大质精，在方言调查和音韵分析两方面都有重要影响。

新中国成立后，《方言调查字表》需要公开刊印，然而由于历史条件的限制和赵先生的国籍问题，遂采取"中国科学院语言研究所编辑"的名义，以赵先生《方言调查字表》为主体，略作修改，1955 年 7 月由科学出版社刊行，后又有修订本，流行很广，颇有影响。①

我们现在通行的《方言调查字表》（修订本）由商务印书馆 1981 年 12 月出版，编辑者改为"中国社会科学院语言研究所"，2012 年 6 月已经是第 14 次印刷。据其内容简介："新一版据科学出版社第二版第四次印刷纸型重印，改正'搴、综、豨'三字的位置，重排书后所附的音标及其他符号。"《方言调查字表》的内容简介也对其用途作了一个简要说明："本书主要供调查方言音系之用，一共选择了比较常用的字三千七百多个，依广韵的声母、韵母、声调排列。用来调查方言，可以得出方言音系在古今演变上的要点。书前有用法、说明及声母表、韵母表、声调表。书后附音标及其他语音符号表。初步研究汉语音韵的人也可以通过本书的音韵系统得到对于广韵和等韵的基本知识。"②可见，《方言调查字表》主要有两个用途：调查方言语音和学习音韵学。

用《方言调查字表》来调查汉语方言记录某些事先选定的字的读音是现在方言调查中常用的

---

① 张清常：《赵元任先生所指引的》，《语文教学与研究》1993 年第 1 期。

② 中国社会科学院语言研究所编辑：《方言调查字表》（修订本），商务印书馆 2012 年版。

办法。游汝杰在《汉语方言学导论》中说:"制作这个调查字表,用于调查汉语方言有两个基本的认识。一是切韵音系是现代汉语方言的总源头;二是语音演变是有规律的。所以现代方言和切韵音系存在语音对应关系,因此从切韵音系出发来调查整理和研究现代方言音系应该是合理而方便的。利用这个字表调查方言语音,还有一个好处是能在较少的时间里大致了解方言语音系统的全貌。"①

二、新版《方言调查字表》勘误

我在写本科毕业论文《普通话与中古音类比较表解》时,就使用《方言调查字表》来作为中古音类的参照。我们可以从《方言调查字表》知道一个字中古时期的声母、韵母和声调,再把这些字中古时期的声韵调和现代普通话中的声韵调进行对比和梳理,就可以得出汉语从中古到现代普通话演变的总体规则和一些例外现象。在这个过程中,我也意外地发现 2012 年 6 月印刷的《方言调查字表》中有不少错误,如上下行排列错误、正文大字与注释小字相混、形近字相混等,这些错误大概是由排版或输入法问题造成的。下面将分类分别列举书中出现的错误之处。

(一)上下行排列错误

1. p.7 泥母御韵去声"慮濾"二字应为下一行来母字;心母鱼韵平声"徐"应为下一行邪母字;船母鱼韵平声"書舒"二字应为下一行书母字。

2. p.8 泥母麌韵上声"縷"、泥母遇韵去声"屢"应为下一行来母字。

3. p.11 崇母卦韵去声"曬"应为下一行生母字;群母佳韵平声"涯崖捱"三字应为下一行疑母字。

4. p.12 船母祭韵去声"世勢"二字应为下一行书母字;书母祭韵去声"誓逝"二字应为下一行禅母字;晓母霁韵去声"系繫係"三字应为下一行匣母字。

5. p.24 崇母效韵去声"稍潲豬食潲潲雨"三字应为下一行生母字。

6. p.39 船母缉韵入声"濕"应为下一行书母字;书母缉韵入声"十什拾"三字应为下一行禅母字。

7. p.73 泥母劲韵去声"令"应为下一行来母字。

8. p.79 船母屋韵入声"叔"应为下一行书母字;书母"熟淑"二字应为下一行禅母字。

(二)正文大字与注释小字相混

1. p.17 从母脂韵平声"餈餈巴"三字应为"餈餈巴","餈巴"二字为"餈"的注。

2. p.40 见母旱韵上声小字"[趕]"应为正文大字。

3. p.62 群母养韵上声"强(勥)勉强,倔强"应为"強(勥)勉強,倔強"。

4. p.66 溽母江韵平声"胮(胻)腫"应为"胮(胻)腫","腫"为"胮"的注。

(三)形近字相混

1. p.3 帮母祃韵去声"垻"应为"坝"。"坝"《广韵》其遇切,群母遇韵去声。

2. p.6 影母模韵平声"鳥"应为"烏";来母模韵平声"廬"应为"盧"。"盧"《广韵》力居切,鱼韵

---

① 游汝杰:《汉语方言学导论》(修订本),上海教育出版社 2002 年版,第 40—41 页。

字,而"盧"《广韵》落胡切,才是模韵字。

3. p. 16 心母纸韵上声"徙"应为"徙";明母支韵平声"壐"应为"籭"。"壐"《广韵》斯氏切,心母纸韵上声字。

4. p. 23 影母豪韵平声"熝"应为"熝"。

5. p. 27 端母候韵去声"鬥"应为"鬥"。

6. p. 41 透母翰韵去声"歎"应为"歎"。"歎"《广韵》渠遴切,群母震韵去声。

7. p. 43 滂母谏韵去声"襻"应为"襻"。

8. p. 56 从母真韵平声"奏"应为"秦"。

9. p. 62 书母养韵上声"餳"应为"餳"。"餳"《广韵》徐盈切,邪母清韵平声。

10. p. 64 晓母铎韵入声小注"藿者"应为"藿香"。

11. p. 66 知母江韵平声"椿"应为"椿"。"椿"《广韵》丑伦切,彻母谆韵平声。

12. p. 80 精母钟韵平声"蹤縱縱横"应为"蹤縱縱横"。

这些都是本不应出现的简单错误,我想大概是出版社在印刷排版过程中出了纰漏吧。已经接受过音韵学训练的人固然可以很快发现其中的不妥之处,但若是初学者拿起这本《方言调查字表》想要了解《广韵》的声韵调系统,只怕会在一定程度上误导初学者。

在与 2010 年印刷本《方言调查字表》对比过程中,我还发现两者在一些字的形体使用上存在差异,新版中更是有同一字前后字形不统一的现象,列举如下。

1. "麵"与"麵"。2010 年版书中只有"麵"一种字形,而在新版书中"麵"与"麵"两者都有出现。p. 2 明母过韵去声小注"磨麵",匣母过韵去声小注"和麵";p. 47 明母霰韵去声"麵";p. 58 並母没韵入声小注"麵餑"。《汉语大词典》中解释"麵"为"麵"的简体字,而第 6 版《现代汉语词典》未列"麵"字,"麵"则是"面"的繁体字。《方言调查字表》本身使用的是繁体字,按例当一律使用"麵"字。

2. "查"与"查"。2010 年版《方言调查字表》中使用"查"字形,新版用"查"。p. 3 庄母麻韵平声"查山查渣",崇母麻韵平声"[查]调查"。《现代汉语词典》中"查"是正体字,"查"为《第一批异体字整理表》中的异体字。

3. "真"与"眞"。2010 年版用"眞"字形,而新版中只有一处声旁用了"眞",其他不论本字还是声旁都用"真"。p. 3 见母马韵上声小注"真假";p. 56 知母震韵去声"鎭",章母真韵平声"真",禅母震韵去声"慎"。

4. p. 7 澄母语韵上声小注"苧蔴"原版为"苧麻"。《现代汉语词典》"蔴"是《第一批异体字整理表》中"麻"的异体字,按规范应为"苧麻"。

5. p. 12 见母齐韵平声"雞鶏","鶏"为衍字。书中其他地方用的都是"雞"字形,如 p. 17 小注"雄雞",p. 40 小注"雞毛撢子"。但在《现代汉语词典》中,"鶏"是"鸡"的繁体字,"雞"是《第一批异体字整理表》中的异体字,此处采用异体字字形,与前面几处不同。

6. p. 34 来母盐韵平声"鐮"原版声旁"廉"为"廉"。

7. p. 40 端母旱韵上声"擔"原版为"担"。"擔"《广韵》都甘切,端母谈韵平声字;"担"《广韵》多旱切,端母旱韵上声字。两字在广韵时期是不同的字,此处应为"担"。

8. p. 52 来母线韵去声小注"戀"原版还有米字作形旁。

9. p. 73 从母清韵平声小注"賶受"应为"賶受",繁简字问题。

10. p. 74 见母径韵去声小注"經綫"原版为"經线"。《现代汉语词典》中"綫"是"线"的繁体字,"線"是《第一批异体字整理表》中的异体字。

11. p. 79 溪母屋韵入声"麹酒麹"原版为"麴酒麴"。"麴"是《第一批异体字整理表》中"曲"的异体字,《现代汉语词典》和《汉语大字典》中都未收"麴"字,《汉语大词典》中释"麴"为"麴"的简化字。

　　由上可见,新版《方言调查字表》在排版、字形以及文字规范上都存在一些问题。作为工具书来说出现这么多的差错是不应当的,这不仅会误导初学者,也是对出版社信誉与质量的一种损害。各大出版社都应加强对编辑校对工作的重视,提高准确度,降低出错率,真正做到对书本负责,也对读者负责。

(作者单位:浙江大学汉语史研究中心;浙江大学中文系)

朝鲜文人对王维诗风的接受

（韩）金昌庆

内容提要：朝鲜时代以来，中国和朝鲜在各个领域都形成了紧密的联系，其中文化间的交流也进行得十分活跃。而且由于印刷术的发展，流入到中国各种诗文集也被迅速印刷而被文人们所保存。因此，这不仅加深了中国和朝鲜文人间的文学交流，而且提高了朝鲜文人们的汉诗品评和创作水平。在考察朝鲜时代文人们的汉诗创作和品评中唐诗风是如何表现之前，本文首先考察高丽时代和朝鲜时代诗风的变化过程。接下来探讨朝鲜时代的唐诗风和朝鲜时代文人们对王维的认识。

关键词：朝鲜文人；王维诗风；成侃；李达；申纬

一、诗风的转变

高丽时代的诗风经历了唐诗风和宋诗风的转变过程。高丽末期，新罗末崔致远等宾贡诸子们把晚唐诗风当作标杆而继承发扬，到了高丽中期，初期绮丽的晚唐风慢慢消失，取而代之的是由苏轼和黄庭坚为代表的宋诗学的流入，而使当时诗坛倾向于宋诗风。李奎报对这种现象指出"夫文集之行乎，世亦各一时所尚而已。然今古以来，未若东坡之盛行，尤为人所嗜者也"，"尤嗜读东坡诗，故每岁榜出之后，人人以为今年又三十东坡出矣"（《全州牧新凋东坡文跋尾》）。崔滋又在《补闲集》（卷中）中指出"李学士眉叟曰，杜门读苏黄两集，然后，语遵然，韵锵然，得作诗三昧"，从中可知当时苏东坡和黄庭坚的影响极大。在表面上，虽然宋诗风广泛盛行，可是从内部来考察，对唐诗（其中特别是杜甫）的关心也是相当高的。这种关心从李允甫的"李史馆允甫平生嗜杜诗，时时吟赏干戈送老儒一句曰，此语天然遵紧，凡才固不得道"和崔滋的"言诗不及杜，如言儒不及夫子"中对杜甫敬畏的态度中可以充分了解到。此外，李奎报对李白、杜甫、白乐天的极赞等也显示出高丽中期对唐诗的极大关心。

对唐诗的关心和热情到高丽后期再次形成了对唐诗风的回旋。这个时期的代表作家洪侃、郑梦周、李崇仁等主要创作了许多与唐诗风相近的作品。

对于洪侃，许筠评价说"诗浓艳清丽，其懒妇引孤雁篇，最好似盛唐人作"（《惺叟诗话》），洪万宗认为"深得唐调，摆脱宋人气习"（《小华诗评》）。许筠对郑梦周的"定州重九，韩相命赋"诗，评价说"音节跌宕，有盛唐风格"，洪万宗对郑梦周评价说"非徒理学为东方之祖，其文章亦唐诗中高品"。像这样，可以看出洪侃和郑梦周用唐诗的风格来创作诗歌。

对于李崇仁的作品，被评价为唐诗风的内容很多。金宗直对《倚杖》诗，评价说"二句绝类盛唐"（《青丘风雅》），许筠也认为"李陶隐，鸣呼岛诗，牧隐推毂之，以为可肩盛唐"，同时对于《题僧舍》这首诗，评价说"何减刘随州耶"。像这样可知李崇仁的作品中出现的唐诗风，可与唐代刘长卿的作品并驾齐驱。

像这样,高丽时期由于和宋代的时期相近,整体上形成了宋诗风的主流。但是即使是宋诗的影响,可知当时想学习唐诗的欲求却和时代、诗风无关,继续继承下来。这样的风潮,到了朝鲜时代,想学习唐诗风的作家群开始登场。

朝鲜初期的唐诗风由郑道传、李詹、柳方善而形成。但是他们的诗歌创作,是起因于个人的爱好。特别是到了世宗时代,作为诗学的鼓励,发行了以杜诗为首的唐代诗人们的诗文集等大量文献。这其中柳方善对杜甫诗风的态度,在他诗中显现出的特征在徐居正的《泰齐集序》(《四佳集》)中有如下叙述:

> 先生之于诗,本之以性理之学,推之以雅颂之正,不怪诡为奇,藻饰为巧,清新雅淡,高古简洁,虽古作者,无以加也。

徐居正指出他诗的主要特征是"清新雅淡"、"高古简洁",卷二中也指出"诗句清绝过之"。虽然曹伸批判柳方善所作的诗剽窃了杜甫的诗,而且内容和道理不符;但是如果反过来看,说他以某位作家为对象剽窃的话,却可以充分地类推出他所追求的诗的倾向,这带有积极的一面。特别是,他对律诗创作倾注了很多努力,这一点可以充分说明他是朝鲜初期诗坛中学杜的先驱。换句话说,柳方善是朝鲜初期通过杜甫的诗风来构建律诗的基本结构的第一人。

由此来看,朝鲜初期诗坛中出现的唐诗风停留在模拟杜甫或唐代许多诗人们作品的水平上,并没有完全转化为自身的特征。但是这个时期的文坛是从高丽时代风靡的宋诗风,重新转换为唐诗风,其意义重大。

二、成侃的诗风和王维

朝鲜前期的成侃(1427—1456)字和仲,号真逸斋。他虽然在 30 岁就夭折了,他的诗却对朝鲜汉文学史有着极大的影响。他的遗稿集《真逸遗稿》中收录了诗 107 篇 241 首,赋《新雪赋》和《闵雨赋》,序 4 篇,说 1 篇,跋文《书刚中诗稿后》和《慵夫传》。徐居正和李承召在《真逸遗稿序》中,对成侃的文学世界的议论如下:

> 和仲之于文章所养既深,所见亦卓。根于心,发于辞者,高古冲澹,温厚雅赡,蔚然成一家,有古作者之风。

> 若韶钧锵鸣,而凤仪兽舞,沧溟浩渺,而龙吟鳖吼,信和仲之于诗奇矣。

在这里徐居正认为成侃的文学世界"高古冲澹、温厚雅赡",具有古代诗人的"风",李承召认为:成侃的诗世界"若韶钧锵鸣,而凤仪兽舞","沧溟浩淼,而龙吟鳖吼"。许筠也在《惺叟诗话》中对成侃的诗作了如下的评价:

> 东诗无效古者,独成和仲。拟颜陶鲍三诗,深得其法。诸小绝句,得唐乐府诗,赖得此君,殊免寂廖。

许筠指出,成侃在当时绝无仅有地领悟到了颜延之、陶渊明、鲍照 3 家的诗法,从而集中创作了古诗和唐的乐府诗。与其相对应的具体作品就是《真逸遗稿》(卷一)最前部收载的《杂诗三首》,其中各带有所谓《效陶徵君》、《效颜特进》、《效鲍参君》的副标题。同时许筠对成侃的《老人行》指出:"国初诸人,能尚苏长公,独此君知法盛唐,如此作,虽非王岑比,无愧张王乐府",并认为成侃脱离了宋诗风而模拟盛唐的诗。虽然他的诗不像王维或岑参那样,对盛唐诗人们的创作水平起到了一定的影响,但却已经达到了张籍或王建的水平。

在这里可以发现成侃在当时的创作潮流中,形成了在魏晋诗歌的创作潮流下带有盛唐诗坛风格的独特诗风。特别是徐居正把成侃的文学世界评价为：高古冲澹、温厚雅赡，可以知道这种风格就是学习了盛唐的王维和杜甫的古风。

成侃诗的特色可以大体上分为"静"、"雅"、"虚"三种。首先，所谓"静"，就是体现"闲静"的心态，清谈意趣的风格。对于成侃诗中出现的"静"的特性，任璟评价说，"真逸斋成侃，鹤飞青田，凤巢丹穴"。来看他的《除夜》第一首和第三首。

第一首：

　　岁律今垂尽，端如赴壑蛇。呼儿数更漏，唤妇落灯花。

　　永夜云阴积，严风雪势斜。清谈仍促酒，不必阿戎家。

第三首：

　　元日是春立，喧中物色数。历须新岁月，人饮旧屠酥。

　　身世笼中鸟，人情屋上乌。无人家寂寞，坚坐独倾壶。

第一首诗中通过对自然的归还，体现出诗人自身的平静。通过日落时到酒叙清谈的全景，诗人正怀有内心的平稳。第三首中描写了诗人自身的人生态度由积极到消极，由动到静，由静到定的发展，而且由定到向忘我世界的沉浸。特别是最后一句所谓"无人家寂寞，坚坐独倾壶"的田园世界超脱生活的描写，可以说是紧随王维的"思归何必深，身世犹空虚"（《饭覆釜山僧》）诗句神韵其后的佳句。这可以说就是体现出追求超脱世俗境地的成侃的心境。

其二，成侃的诗世界中很重视"雅"。所谓"雅"，是"丰缛而不靡"，体现出精致而高洁，工巧而俊逸的意趣。这样的雅的风趣，不仅是受谢灵运、颜延之、王维，而且受到了杜甫和苏轼的影响。徐居正把成侃的文学世界称为"高古冲澹，温厚雅赡"，就是因为他们共有了"雅"的长处，特别是它体现出和王维"古雅新俊"风格的近似。以下来比较成侃的《回文寄郎》和王维的《黄花川》：

　　小窗寒月明，残漏玉丁丁。皓腕双红袖。琴横奏苦声。

　　危径几万转，数里将三休。回环见徒侣，隐映隔林丘。

　　飒飒松上雨，潺潺石中流。静言深溪里，长啸高山头。

　　望见南山阳，白露霭悠悠。青皋丽已净，绿树郁如浮。

　　曾是厌蒙密，旷然销人忧。

这两首诗运用视觉和听觉等感觉器官的直观反映，刻画出静肃的自然美，完美地体现出诗人高雅的情趣。特别是叠语的使用和色彩美更加缩短了两位诗人间的距离。

其三，成侃的诗与王维的诗一样，体现出佛家的禅趣和禅境。成侃把人生无常的虚无感和脱俗的禅蕴含在自己思想中，这就是如果心虚，就能得到"真"的意思。这种"虚"的风格在"慎勿愤怨多，愤怨见死骨。苍天宁匪仁，彼此理则一"（《杂诗》）中有很好地体现。像这样成侃的"虚"的境界体现在"禅"的观照中，其中的代表作品可以举出《山寺》：

　　残僧依古寺。地僻少人踪。白爱庭前塔。青怜雨后松。

　　斜阳扶竹杖。落月听寒钟。欲学庐山趣。专师肯许从。

这首诗描写出进入静寂的寺中吟唱其周边的景观和情趣，通过和禅师们的交游体现出禅的情趣。像这样，对大自然和所有的事物，他通过静观来追求自然的真相和真理，并把这种玄妙境地脱俗的禅诗化。除此之外，禅的情趣在"松堂潇洒绝纤埃。堂下池莲映日开。莫使高钟闻饭后。好将茶果慰心怀"（《酬赠专师》第2首）中也有很好的体现。

此外，成侃对王维"诗中有画"的风格也有很好地展现。其代表诗可以举出"离落依依半掩扃，斜阳立马问前程。翛然细雨苍烟外，时有田翁叱犊行。"（《道中》）和"苍鬐十丈映平湖，湖上新亭时驻车"（《澹澹亭》第2首）等。

三、李达和王维的诗和诗风

朝鲜文坛到了 16 世纪中后叶,曾经在高丽末和朝鲜初期盛行的宋诗风开始出现变化。特别是到了宣祖光海君年间,唐诗风成了诗坛的主流。这与国内外诸多要因相关,特别是在明代前后七子的"诗必盛唐"主张的影响下,丢弃了宋诗风,而转向了唐诗风。这一时期崇尚唐诗风的诗人们就是所谓的三唐诗人苏谷李达、孤竹崔庆昌、玉峰白光勋。他们不仅崇尚学唐,而且把当时的汉诗在质的层面上提高到了唐诗的水平,这点功不可没。许筠在"苏谷山人传"中对李达的唐诗学习过程有如下记述:

> 苏谷山人李达字益之。双梅堂李詹之后,其母贱,不能用于世。居于原州苏谷,以自号也。达少时,于书无所不读,缀文甚富,为汉史学官,有不合,弃去之。从崔孤竹庆昌,白玉峰光勋游,相得欢甚,结诗社。达方法苏长公,得其髓,一操笔辄写数百篇,皆穰赡可咏。一日,思菴相谓达曰,诗道当以为唐为正,子瞻虽豪放,已落第二义也。遂抽架上太白乐府歌吟,王孟近体以示之。达瞿然知正法之在是,遂尽捐故学。归旧所隐苏谷之庄,取文选太白及盛唐十二家,刘随州,韦左史暨伯谦唐音,伏而诵之,夜以继晷,膝不离坐席。凡五年,悦然若有悟,试发之诗,则语甚清切,一洗旧日熊。即仿诸家体而作长短篇及律绝句,锻字声揣律摩有不当于度,则月窜而岁改之,凡着十余篇。乃出而咏之诸公间,诸公嗟异之。崔、白皆以为不可及。而霁峰、荷谷一代名为诗者,皆推以为盛唐,其诗清新雅丽。高者出入王、孟、高、岑,而下不失刘,钱之韵。自罗丽以下,为唐诗者皆莫及焉。

这是开创唐代文学始原的时期。因此,他对诗歌创作由古体诗到近体诗转换的六朝时期代表文学总集《文选》带有极大的兴趣。李达同时还学习唐代诗歌的代表诗人李白、杜甫,以及王维、孟浩然等的优点。他重视李白的乐府和歌吟,杜甫的律诗,王维、孟浩然的近体诗,并努力学习。李达在众多唐诗选中主要阅读了盛唐的《唐十二家诗》和伯谦的《唐音》。《唐十二家诗》是集合了初唐四杰和陈子昂、杜审言、沈佺期、宋之问、孟浩然、王维、高适、岑参等 12 位诗人们诗作的诗选集,可以说是值得参照的唐诗法理。《唐音》也是唐诗选集,其中均等地收录了从初唐到晚唐诸多诗人们的各种诗体的同时,更加偏重于盛唐,并对其做了严格甄选。

像这样,李达把所谓"诗必盛唐"的文学传统当作重点,重视作为盛唐诗歌传统渊源的南北朝时期的《文选》和初唐作家们的作品,而且对继承盛唐诗风的中唐诗人们也十分关心。许筠在《苏谷集序》中有如下叙述:

> 其诗本源供奉,而出入乎右丞随州,气温趣逸,芒丽语淡。其艳也若南威,西子袪服而明粧,其和也若春阳之被百卉,其清也若霜流之洗巨壑,其响亮也若九霄笙鹤仿像乎五云之表,引之霞绮风沧,铺之璧坐玑驰,铿而厉之,则瑟悲而球夏,抑而按之,则骥顿龙蛰,徐行其所无事,则平波滔滔然千里朝宗,而泰山之云,触石为白衣苍狗。置在开天大历间,瑕不厕王岑之列。

许筠说到,李达诗的本源起源于李白,超越了王维和刘长卿的境地,这是指诗的构想力出自李白,而实际诗的风格却与王维和刘长卿的格调大同小异。许筠又指出:李达的作品中存在有"艳"、"和"、"清"、"响"等多样的诗风。而且所谓"气温趣逸,芒丽语淡",是指李达诗的氛围,虽然很温和,却使兴趣不断提升;诗的想象很华丽,但诗语却很淡泊。李达这种温和而又古淡的风格就是和王维的诗风可以共有的依据。从这一点来看,把李达和王维的诗联系来看的话,首先可以在追求田园美的田园诗中找到。来查看李达的《题画》：

> 翁妇相欣欣，春来事耕作。高车驷马人，谁识田家乐。

这首诗刻画了夫妇二人互相喜悦，在春耕时享受田园乐趣的场景。强烈地体现了这种田园意趣的诗是《秋山夕怀》：

> 返照入闾巷，洞壑生秋容。烟沉近溪水，云起远山峰。
>
> 对此骋游目，可以荡心胸。营中适无事，觞爵坐高春。

诗人在第1联和第2联中，立体地刻画出生命力强的自然物象，也同时蕴含了秋天情趣的境界。在第3联和第4联中，把自身的苦恼融合在秋的境界中，描绘出诗人平静的心理状态。这样情景交融的境界就是王维山水田园诗的代表性特征。查看王维的《归辋川作》：

> 谷口疏钟动，渔樵稍欲稀。悠然远山暮，独向白云归。
>
> 菱蔓弱难定，杨花轻易飞。东皋春草色，惆怅掩柴扉。

这首诗描写了晚春回辋川的情景。疏钟远扬，暮霭沉沉，渔樵归歇，渲染出傍晚山谷凄迷的意境，烘托诗人孤寂落寞的情怀。细长的菱蔓在流水中不断地飘飞，轻盈的杨花在空中自由地飞舞，这样的景物移动打乱了诗人的神思，由此更加深了诗人离开俗界的孤寂。

诗人的孤寂是因为在严格的身份社会下，作为庶孽而使立身扬名的机会变少，由此将遭遇在流浪和隐遁中度过一生的不幸。但是李达想从佛家和道家找寻这种挫折感的精神解脱，通过这种宗教色彩的诗作，努力寻求自身受损的位置。从这一点来看，跟随唐诗风的李达当然会试图把禅和诗结合在一起，这里首先查看他的《赠僧》：

> 一宿招提境，如来梵席同。春山花影里，古寺水声中。
>
> 问法心如幻，探禅性即空。干戈时未定，漂泊各西东。

佛家的修行中，刹那间所形成的就是顿悟见佛性。诗人在第1联中指出在度过一天的时间里达到了佛我一同的境地，在第2联刻画出通过视觉的效果（春山和花影）和听觉的效果（古寺和水声）六感，正在走向顿悟的境地。第3联由所有佛家的禅问答的形式组成。在这里诗人向僧人问"法"，想找到"禅"的本质，对此僧人回答道"心如幻"和"性即空"。但是最后1联中作者担忧世俗的战争和漂泊的人生，隐晦地表现出"生则是苦"的真理。查看这首诗的展开过程如下。诗人首先追求禅和世俗的合一，在顿悟的过程中把世俗的景物刻画为视觉和听觉的形象。接下来诗人和僧人的禅问答继续进行。通过这一过程诗人的心已经到了脱俗的境界，但是最后却对照地表现了在外漂泊的自身的现实状况。这样的脱俗境界在《宿道泉寺明月寮》[①]中也有很好地显示。以下再看他的另一首《赠僧》：

> 海气连山沉夕晖，西庵钟磬老僧归。悬灯一夜同僧宿，清晓穿云下翠微。

这首诗把在小山寺中随着时间的流逝周边环境的变化和佛理很好地衔接起来。平静地描写出了从日落到傍晚，再到凌晨山寺的周边环境和诗人顿悟的过程。包括海和山以及我的自然都在迷惑的黑暗中沉寂时，钟声和风铃声成为了得觉的契机，而且引导得觉的僧人也进到了山寺中。接下来指明点亮迷惑黑暗的"悬灯"就是佛法的真理，与正确的佛法引渡者一起熬夜就是以"僧我一同"的精神来顿悟佛法的过程。最后描写到消除、阻挡黑暗里的世俗烦恼，而到达真正顿悟的境界。像这样，李达不使用禅理性的词汇，只是借助于自然景物来轻松地表现出顿悟的境地。李达这种脱俗的心境在王维的诗中也有充分地体现，其中有希求脱俗的《谒璿上人》，均等地使用佛语、禅理、禅境的妙法，追求解脱和忘我世界的《胡居士卧病遗米因赠》等。

---

① "钟梵僧归院，茶床客定栖。空山明月满，深夜子规啼。隐隐来金铎，冷冷送石溪。披衣步荒砌，草露湿凄凄。"

像这样,李达和王维诗风间的联系性在山水田园诗和禅诗中有最好的体现。此外,李达对王维诗学习的题材层面中也有显现。在这里察看一下歌颂对故乡怀念的感怀诗——李达的《路中忆苏谷庄示孤竹》和王维的《杂诗》。《路中忆苏谷庄示孤竹》:

　　　　家近青溪独木桥,桥边杨柳弄轻条。阳坡日暖消残雪。料得莎阶长药苗。

《杂诗》:

　　　　君自故乡来,应知故乡事。来日绮窗前,寒梅着花未。

李达的诗罗列出春日故乡风景的同时,刻画出诗人想返回故乡的悲痛感情。特别是在结句中用"料得"开始的疑问句询问了故乡的长药是否发芽。这样的表现法在王维的《杂诗》中也有同样的显现。即,诗人自身对故乡的思念,使得他向从故乡来的人询问:家窗前的梅花是否已经开了。虽然在这里不容易找出"长药"和"梅花"间的关联性,但是李达的"梅发江南思故乡"(《奉送冬至正使郑相国之行》)中却鲜明地展示了其关联性。

像这样,可知李达和王维的山水田园诗和禅诗在题材层面上共有的部分很多。这两位诗人对自然的希冀,与其说是追求自然的喜悦,不如说是把其当作了脱俗的对象。即,他们用精神脱俗的方法,结合了自然和佛家的内容,并把其诗化了。

四、申纬和王维的诗比较

申纬(1769—1845)和王维(701—761)的诗很早就有人指出在内容和作诗技巧上的相似性。本文中将致力于研究浪漫和超脱诗的意识世界,以及同为画家的两位诗人的作诗上的绘画描写法,并考察两位诗人诗中出现的类似层面和辨别特征。

(一) 申纬和王维的文学特征

申纬出生于朝鲜英朝四十五年(1769)汉城的一个贵族文人家庭。字汉叟,本贯平山,号紫霞,是在诗、书、画领域的造诣都卓越的人物。他在正祖十二年(1799)春塘台文科中以乙科及第,开始了官宦生涯。纯祖十二年(1812)以书状官的身份被派遣到清朝,当时他亲身接触了中国的学问和文学,由此拓展了见识,开始了与诸多中国学者的交流。特别是和翁方纲的邂逅,给他的文学世界带来了巨大的影响,对于诗,他主张"由苏入杜",并开展诗论,他的诗论核心可以概括为进化论,诗禅一致,诗画一指。

宪宗十一年(1845),他在汉城长兴坊以77岁的高龄离世,他的著作有自己选编的《警修堂集》12册,《紫霞山人钞》2卷1册,《唐诗绝句选》,还有他的弟子金泽荣精选的《紫霞诗集》也流传于世。

(二) 神韵的风格比较

神韵说是由王士祯所提倡的诗论而兴起,其根据可追溯到司空图和严羽。严羽指出了"诗之极致有一,曰入神。诗而入神,致矣,尽矣,蔑以加矣","论诗如论禅,汉魏晋与盛唐诗,则第一义也"。王士祯把盛唐当作神韵的根源指出"盛唐诸人惟在兴趣,羚羊挂角无迹可求。故其妙处透彻玲珑不可凑泊,如空中之音、相中之色、水中之月、镜中之象,言有尽而意无穷"。这里是说盛唐诸人只有"兴趣",这其实指的就是王维一派。所以近人苏雪林在《唐诗概论》中称"王士祯主神韵说常以王孟一派诗为证"。因此本文将从申纬和王维诗风格的淳淡、高雅、脱俗的层面作以考察。

其一是淳淡的风格。王维诗的淳淡风格可以说是唐诗全体的倾向。来看一下王维的《田园乐》（其五）诗：

  山下孤烟远村，天边独树高原。一瓢颜回陋巷，五柳先生对门。

这首诗中表现农园淳朴的田园美，指出"淳淡"的淳朴含义。这样的淳淡风格在申纬的诗（《卢家庄》）中也有体现：

  孤村烟火隐平芜，山人遥天淡霭无。记否停车曾此地，卢家杨柳第三株。

像这样王维和申纬把农村的景物当作素材的作品很多。所以王维多使用"淳"、"淡"、"静"、"闲"、"净"字。特别是与王维在诗语中多用"静"字相反，申纬则极少用"静"字，他主要用"净"、"淡"、"清"字来表现诗的妙趣。其例如下：

  "净"：芙蓉本净植，清水是空性。（《清水芙蓉阁》）
  "淡"：孤村烟火隐平芜，山人遥天澹霭无。（《卢家庄》）
  "清"：吹彻玉箫人似玉，碧城清夜对无眠。（《芙蓉堂夜宴忆安陵旧游吟成短律奉赠按使》）

像这样申纬在词语的使用中收容王维特征的同时，通过喜用字的差异，显示出自身的特征。

其二，高雅的风格。诗的高雅是指高洁和精致的意趣。特别是"雅"的含义，是指"华而不靡"，在使用艳语的同时带有一定的风格。以下王维的《山居秋暝》诗把秋暮的景物表现得既精丽又纯粹：

  空山新雨后，天气晚来秋。明月松间照，清泉石上流。
  竹喧归浣女，莲动下渔舟。随意春芳歇，王孙自可留。

申纬的《还赴象山路中画事》中也用精工的修辞表现出了无限春色美：

  家人惨别意忽怅，暂入城闉又转逢。寒食清明春暮节，水村山廍客程中。
  捞鱼港暖兔鹭日，挑菜田香蛺蝶风。是处烟光招我老，息机须学灌园翁。

特别是第2句工巧的诗语，第5、6句精致的描写，第7句通画的点描法反而凌驾于王维的技法。而且王维和申纬的诗中多用的叠语加强了诗的飘逸性和美丽感，使诗具有高雅的特色。如果考察申纬的诗中"溪风瑟瑟水山冷，梅雨儵儵红豆然"（《题汪载清寄惠仿孙雨居画》），"拍拍仍泛泛，溶溶复漾漾"（《白鸥湾》），可知这些都是为了美化自然的韵律的象征语。特别是在叠语的使用中，申纬的诗虽然受到了王维的影响，他进而使用朝鲜固有的拟声态，体现出更加精妙和高雅的诗风格。

其三，是脱俗。申纬的诗中具有道家的"仙"和佛家"禅"的脱俗。这在王维的诗中也有强烈地表现。从仙的层面来看，受到道家思想影响的王维在诗中使用"长啸"、"炼丹"等道家特有的诗语，表露出了意识的虚无。他在"独坐幽篁里，弹琴复长啸"（《竹里馆》）中选择"长啸"这一诗语，显示出和申纬的"樵翁类有道，素发垂衣领。我欲与之言，长啸飞上岭"（《象山四十咏》的《遏云岭》）中相同的诗语。这里的"长啸"在道家中具有长生的含义，是道家哲学中的重要基本观念之一。但是对于申纬来说，比起诗语更加着重表现了仙的诗境。同时申纬和王维都创作了大量的具有禅趣倾向的诗。首先来看申纬的《僧舍梅》：

  变现白衣观世音，几生修得到如今。点尘不染皆禅悟，香瓣能圆是佛心。

这首诗是把梅花拟人化和形象化为观世音现身的作品。由此可以了解到申纬创作了与佛教有亲缘关系，有禅趣倾向的诗。与此相反，与僧侣相似，王维的禅诗在不投入意志和感情的状态下描写佛家外在的事实，虽然没有对禅的直接表现，却是一首禅意味极浓的诗，其特征是依托极其平易和平淡的山水诗来表现佛教深奥的哲理。同时王维的诗中参禅居士的生活也有很好地表现。

来看他的《山中寄诸弟妹》：

  山中多法侣，禅诵自为群。城郭遥相望，唯应见白云。

  这首诗是把度过每天参禅居士生活的过程中所看到的全景像一幅画那样诗化的作品。像这样王维的诗大部分是反映过着自身居士生活、隐者生活的过程中所得到情趣或佛教思想的深度。但是申纬的诗中几乎找不到类似内容的禅诗。虽然申纬的诗中在诗的表现或思想表达也带有禅的意味，但却不是像王维那样通过佛教的生活所到达的。而且他们所刻画的顿悟境地在清净和空这一点上也有明显的差异。

（三）绘画的风格比较

  王维诗的艺术境界被评价为"诗中有画，画中有诗"，可见他对山水自然的卓越表现。申纬也在诗的创作中追求诗画一致。首先，体现这种特征的诗可以举出申纬的《后秋柳诗》：

  高低摇曳点秋颜，澹抹残霞浅带湾。寂历远村三两外，更添一角夕阳山。

  这首诗的内容好像在画一幅东洋画似的，按顺序展开。同时鲜明地捕捉到了具体对象杨柳的舞动，随后又远处隐隐约约地刻画出它的背景山峰和夕阳，体现出远近的对比。这可以看作是诗人展开纸卷，在纸上画出秋天杨柳的乡村风景的样子。他的《柳絮四绝句》也可以看作是在画一幅画的过程。他的《兰》中可以看出他诗画一指风格的具体特点：

  画人难画恨，画兰难画香。画香兼画恨，应断画时肠。

  这首诗指出，画人时很难画出他心中的恨，画兰时很难画出其香。这起因于在画中应该表现出所谓恨和香的精神境地和形似以上的艺术性的意识。诗人的这种境地就是要把诗和画合一。但是这与其说是单纯指出画中有诗、诗中有画，不如说是强调画和诗应该一起到达某种精神境地。而且即使说申纬的诗中蕴含有画，那也实际上不是自然，而是以山水画为对象的画题诗。与此相反，王维的风格不像一幅画题诗那样，凝缩的和简洁的诗表现并不显著，却有感觉地刻画出自然和有生动感的意境。即，王维是以诗人的情怀和画家的眼光来描写山水的美。

  总而言之，与其说是像画题诗那样致力于洞察画和诗的一体性，不如通过自然和感性的诗的注目，把自然山水蕴含在诗中。因此，王维的诗可以压缩表现为"诗中有画"。从他的《山居秋暝》中可以看出此特征。这首诗鲜明地体现了自然对象间的对比。通过静和动的巧妙对比，感性和生动地传达出自然的景致，并以此使读诗人的脑海中浮现出诗境。而且在"积雨辋川庄作"的一部分内容"漠漠水田飞白鹭，阴阴夏木啭黄鹂"中，白鹭悠闲和静谧的动态与树林中鸣叫的黄鹂的对比是大小和静与动的对比，遥远宽阔的田地和茂密的树林是亮与暗的对比。通过这种对比把自然的景物描绘成一幅画，而且漠漠和阴阴的表现更增添了诗的韵律。依据对比和对照的描写应该说是王维诗的特征。像这样王维的诗通过对比的描写有效地描绘出诗的意境。他并不是把一幅精致的画蕴含在诗中，而是感性地刻画出活着的自然。从这点来看，王维的诗与申纬的诗相比可以说是更具生动感。

  申纬在收容前代文化的同时，也追求儒家诗教的文学和具有同等比重的艺道文学。因此申纬的文学倾向是为探求文学艺术性的新态度，这种探求与其说是人的现实世界，不如说是执拗地探查内心的问题，这种内心世界就是人的精神世界。为了探明这种诗的精神世界，申纬不仅对比了绘画的精神世界，而且引用了书艺的技艺，而且更进一步把禅的哲学运用在文学中。这种特征反映在诗中的结果就和刚才所考察的王维的诗形成辨别的特征。

五、结　语

朝鲜初期诗坛中出现的唐诗风停留在模拟杜甫或唐代许多诗人们作品的水平上,并没有完全转化为自身的特征。但是这个时期的文坛是从高丽时代风靡的宋诗风,重新转换为唐诗风,其意义重大。成侃在当时的创作潮流中,形成了在魏晋诗歌的创作潮流下带有盛唐诗坛风格的独特诗风。特别是徐居正把成侃的文学世界评价为:"高古冲澹"、"温厚雅赡",可以知道这种风格就是学习了盛唐的王维和杜甫的古风。可知李达和王维的山水田园诗和禅诗在题材层面上共有的部分很多。这两位诗人对自然的希冀,与其说是追求自然的喜悦,不如说是把其当作了脱俗的对象。即他们用精神脱俗的方法,结合了自然和佛家的内容,并把其诗化了。申纬和王维诗风格有淳淡、高雅、脱俗层面的相似点。申纬为了探明这种诗的精神世界,不仅对比了绘画的精神世界,而且引用了书艺的技艺,而且更进一步把禅的哲学运用在文学中。

(作者单位:韩国釜庆大学)

《长恨歌》在日本的受容*

文艳蓉

内容提要：《长恨歌》是白居易作品中流传最广的诗歌，尤其在日本得到了广泛而深远的传播机缘。这也涉及了日本和汉文学的诸多方面：1. 汉诗对《长恨歌》的受容；2. 和歌与物语对《长恨歌》的受容；3. 日本散文与戏曲对《长恨歌》的受容。日本《长恨歌》受容表现出明显的特点：一是对《长恨歌》持全盘肯定的态度；二是对《长恨歌》主题的解读偏于爱情说；三是对《长恨歌》佳句的利用为主要受容方式。

关键词：《长恨歌》；日本；受容

《长恨歌》是白居易作品中流传最广的诗歌之一，唐宣宗曾题诗《吊白居易》云："童子解吟长恨曲，胡儿能唱琵琶篇"，由此可见一斑。《长恨歌》不仅对中国后世文学影响较大，而且对日本古典文学的发展有着深远的影响，涉及了日本和汉文学的诸多方面。

一、汉诗对《长恨歌》的受容

《长恨歌》作于元和三年（806），而关于《长恨歌》在日本受容目前所知最早的作品是巨势识人的《奉和春闺情愁》。它收录在奉敕编撰于 818 年的《文华秀丽集》中，尽管此诗有明显而浓郁的六朝诗歌气象，也化用了李白《寄远十二首》中的艳诗成分，但"空床春夜无人伴，单寝寒衾谁共暖"一句与《长恨歌》"鸳鸯瓦冷霜华重，翡翠衾寒谁与共"非常相似，新间一美因此认为此诗应该受到了《长恨歌》影响①。而编于 827 年的《经国集》卷十一中小野岑守《奉和春日作》有句"鸳鸯薄瓦霜"，被日本学界公认为借鉴了《长恨歌》"鸳鸯瓦冷霜华重"之句。又根据《史馆茗话》记载："嵯峨天皇巧词藻，常与野篁成文字戏。一日幸河阳馆，题一联曰：闭阁唯闻朝暮鼓，登楼遥望往来船，示篁。篁曰：圣作恰好，但改'遥'为'空'乎？天皇骇然曰：此句汝知之乎？对曰：不知。天皇曰：是白居易之吟也，本作空……抑足下与白居易异域同情乎？"②此诗句选自白居易的《春江》，作于元和十五年（820）居易任忠州刺史时，而嵯峨天皇 823 年退位。由此可见白诗在日本流传之速。虽然现在未有明确证据白诗具体何时传入日本，但从以上材料来看，津田洁认为白居易诗文传入日本的时间应在 815 前后，即元和十年白居易自编文集十五卷时还是较为合理的。③ 一创作出来便广为流传的《长恨歌》在日本率先被人化用，应是情理之中的。

随着白氏大集传入日本，白居易成为平安朝诗人的偶像，其诗句被当时诗人看作是金科玉律。

---

* 本文为教育部人文社会科学研究青年基金项目（项目编号：11YJC751088）阶段性成果。

① （日）新间一美：《白居易的长恨歌》，《白居易研究讲座》第 2 卷，勉诚社 1993 年版，第 210 页。
② （日）林梅洞：《史馆茗话》，池田胤：《日本诗话丛书》，文会堂书店 1920 年版，第 321 页。
③ （日）津田洁：《承和期前后与白居易》，《白居易研究讲座》第 3 卷，勉诚社 1993 年版，第 47 页。

平安朝汉诗人对其诗进行了全方位的受容,作为贵族诗人,他们大多着眼于白居易风流儒雅的闲适生活,模仿其诗歌创作及其生活方式,对《长恨歌》不甚关注。与最初个别诗句的效仿风气相延续,日本汉诗对白诗渐渐形成一种清词丽句的采撷与欣赏乃至装饰。《长恨歌》也是以这种方式受到日本汉诗人的切割。平安中期以后,涌出的诸多汉诗名家选集时有收录《长恨歌》诗句。大江维时(888—963)编的汉诗文集《千载佳句》二卷收录其中两句:"迟迟钟漏夜初长,耿耿星河欲曙天。"《和汉朗咏集》(1018)、《新撰朗咏集》(1070—1140)等也抄录《长恨歌》。藤原公任编撰的《和汉朗咏集》既抄录《长恨歌》的诗句如"行宫见月伤心色,夜雨闻铃断肠声"、"春风桃李花开日,秋露梧桐叶落时"、"夕殿萤飞思悄然,秋灯挑尽未能眠"等句,还收录了一些以《长恨歌》作为题材或诗材的日本汉诗诗句,如源英明(即源顺):"杨贵妃归唐帝思,李夫人去汉皇情。"(卷上《十五夜》)又如庆滋保胤"长生殿里春秋富,不老门前日月迟"①(卷下《祝》),借用了《长恨歌》中的"长生殿"一词,引申为对人们长生不老的祝福,至今现代日本人还常用作祝福语。当然,也有些汉诗能做到化用《长恨歌》无痕,创造浑然一体的意境诗句,如伊势(872—938)所作《诵亭子院长恨歌屏风》:"珠帘锦帐不觉晓,长恨绵绵谁梦知。"②又如日本平安朝后期问世的汉诗总集《本朝无题诗》中收录的大江匡房《冬夜偶吟》:"迟迟钟漏冬难曙,衣食养生扶老身。诗境烟岚无从我,醉乡日月不分人。"③

到了江户时代,汉诗诗人不像以前对白居易诗歌那么狂热,对其受容反而有了更为系统和整体性的把握,《长恨歌》也是如此,在此期受到诗人们的推许。伊藤仁斋(1627—1705)的《题白氏文集后》高度评价了白居易及其《长恨歌》以俗为美:"诗以吟咏性情为本,俗则能尽情。……后山谓'书当快意读易尽',予以为读易尽者,天下之至言也。若《长恨歌》、《琵琶行》是已,才诵首二三句,后必读到终篇,句句如新,不觉其终,以其近俗故也。"④蘐园杰士如服部南郭也肯定乐天的长处,他甚至模拟乐天作《小督词》,对人语其所感云:"乐天之诗人轻之,然其《琵琶行》、《长恨歌》之妙,唯乐天能作之。余拟乐天作《小督词》,知乐天之难以企及矣。"⑤服部南郭《小督词》模拟《长恨歌》之作写长篇恋爱诗,一反当时以乐府题作恋爱诗的陈旧风气,引起不少人的追随,如柚木太玄《妓王篇》(《日本诗选》)、大江玄圃《袈裟词》、细井平洲《妓王词》、葛子琴《千寿词》、植木桂里《阿七词》等。幕末官学派诗人友野霞舟(1791—1849)《题植木桂里阿七词之后》:"我慕白傅文才美,彩笔纵横流商徵。《长恨歌》声人不续,千载复逢植桂里。"⑥形象地说明了植木桂里《阿七词》是对《长恨歌》精神的继承。

从以上汉诗看来,平安时代虽是白居易受容的最佳时期,但对《长恨歌》的受容却主要以佳句的采撷为主,至江户时代,出现了整体观照评价进而模仿创作相似的诗歌。

二、和歌与物语对《长恨歌》的受容

日本和文学对《长恨歌》的受容非常引人注目。日本和歌对《长恨歌》多从故事情节的渲染与具体诗句的摘引化用等角度进行借鉴,尤以汉故事题和歌吸收《长恨歌》最多。平安时代被誉为

---

① (日)藤原公任等:《和汉朗咏集·梁尘秘抄》,岩波书店1965年版,第110、250页。
② (日)紫氏部:《源氏物语》,丰子恺译,人民文学出版社1980年版,第11页。
③ (日)本间洋一:《本朝无题诗与白诗》,《白居易研究讲座》第3卷,勉诚社1993年版,第140页。
④ (日)伊藤仁斋撰、(日)三宅正彦编集解说:《古学先生诗文集》"文集"卷三,株式会社ぺりかん社1985年版,第70—71页。
⑤ (日)津阪孝绰:《夜航余话》,《日本诗话丛书》第3卷,第71页。
⑥ (日)日野龙夫:《近世诗坛与白居易》,(日)太田次男编:《白居易研究讲座》第4卷,勉诚社1993年版,第313页。

"女房三十六歌仙"之一的伊势作"皇帝之歌",后五首为"皇后之歌",分别模仿唐玄宗和杨贵妃的口吻,以相互唱和的形式刻画了玄宗与贵妃真挚的爱情。《后拾遗和歌集》(1075)收录其中一首《中宫长恨歌御屏风》:"曾许下比翼连理的誓言,而今却只能从渡海方士只言片语中听得你的消息。"《续后拾遗集·杂下》收录另一首《亭子院的长恨歌御屏风上》:"拨开玉帘,不知天之将明的睡梦中人,何曾料想有朝一日竟连在梦中也不能与她相会。"①后首和歌化用了"魂魄不曾来入梦"之句。《后拾遗和歌集》"秋上"部道命法师的和歌以玄宗的悲伤题材为序:"咏《长恨歌》故事之画上,唐玄宗归御所后见一片虫声鸣,枯草黄,不由悲泣。"②道命法师还有一首和歌收录在《续后拾遗集》杂部中:"在行宫之中,心是那一片天空,望月而心空空也"化用"行宫见月伤心色"。以上诸歌都是从唐玄宗的角度出发,反复歌咏他失去杨贵妃的万般无奈和痛苦凄楚的心情。

也有从杨贵妃的角度出发写作的和歌,如《玉叶集·杂五》权中纳言长方《西行法师所荐百首和歌之咏杨贵妃》:"方士到仙山的宫殿里寻访杨贵妃,听她回忆当年七月七日的秋夜,在长生殿里与玄宗皇帝夜半私语许下比翼连枝之誓言的故事。"③日本和歌诗人对杨贵妃是从喜爱和同情的角度出发,并在和歌的发展过程中,常常将之与《上阳人》、《李夫人》、《王昭君》、《陵园妾》等白诗题材放在一起,后来渐渐形成了日本独特的白诗选本《五妃曲》。平安时代歌人藤原长方(1139—1191)就曾创作题为《上阳人》、《李夫人》、《王昭君》、《杨贵妃》的和歌。镰仓时代藤原长清撰《夫木和和歌抄》和室町时代正彻千首也分别创有五妃之歌。室町中期编的《汉故事和歌集》共收35题70首和歌,也收入五妃之歌。他们歌咏五妃不幸的命运,歌中表现出浓厚的悲剧氛围与感伤物哀情调。《长恨歌》是《五妃曲》中影响最为深远的诗歌。如此看来,日本和歌对《长恨歌》的化用主要是在诗歌的后半部分,集中誊写了李杨刻骨铭心的爱情悲剧。

而对《长恨歌》受容较为全面和深刻的还是日本物语。日本巨著《源氏物语》不仅多处直接引用和化用《长恨歌》的辞句,而且在《桐壶》、《魔法使》等卷中,以唐玄宗对杨贵妃生时的万般宠爱及死后无尽的思念与哀悼、派遣方士仙山寻觅香魂等情节融入小说情节发展中,化为小说的骨肉。更难能可贵的是,《源氏物语》对《长恨歌》主题的双重性进行了吸收,一方面用李杨死别之后的真挚爱情表达桐壶天皇对桐壶之爱、源氏对紫姬之情,如《桐壶卷》云:"命妇便将太君所赐礼物呈情御览。皇上看了,想道:'这倘若是临邛道士探得了亡人居处而带回来的证物钿合金钗……'但作此空想,也是枉然。便吟诗道:'愿君化作鸿都客,探得香魂住处来。'皇上看了《长恨歌》画册,觉得画中杨贵妃的容貌,虽然出于名画家之手,但笔力有限,到底缺乏生趣。诗中说贵妃的面庞和眉毛似'太液芙蓉未央柳',固然比得确当,唐朝的装束也固然端丽优雅,但是,一回想桐壶更衣的妩媚温柔之姿,便觉得任何花鸟的颜色与声音都比不上了。以前晨夕相处,惯说'在天愿作比翼鸟,在地愿为连理枝'之句,共交盟誓。如今都变成了空花泡影。"④这段情节把玄宗失去贵妃的哀痛来比喻天皇失去桐壶之后近乎疯狂的痴恋与思念,用杨妃之美衬托出桐壶更衣惊心动魄之美,又将李杨山盟海誓之景挪用来反衬现实失去挚爱之人的孤独哀伤,堪称天衣无缝。又如《魔法使》:"(源氏)看见无数流萤到处乱飞,使想起古诗中'夕殿萤飞思悄然'之句,低声吟诵。"⑤源氏在紫夫人去世后,无尽地思念对方,此处对《长恨歌》的引用非常恰当,使小说增添了诗一般的意境感。

---

① (日)锈武彦:《敕撰集中的汉故事题和歌》,隽雪艳等编:《白居易与日本古代文学》,北京大学出版社2012年版,第82、96页。

② (日)水野平次:《白乐天与日本文学》,大学堂书店1982年版,第264页。

③ (日)锈武彦:《敕撰集中的汉故事题和歌》,隽雪艳等编:《白居易与日本古代文学》,北京大学出版社2012年版,第95页。

④ (日)紫氏部:《源氏物语》,丰子恺译,人民文学出版社1980年版,第10页。

⑤ (日)紫氏部:《源氏物语》,丰子恺译,人民文学出版社1980年版,第882页。

　　另一方面，《源氏物语》还对于《长恨歌传》指出的《长恨歌》有"惩尤物，窒乱阶"的讽喻意识表示赞同，并在小说中表达了相似的批判意识。"连朝中高官贵族，也都不以为然，大家侧目而视，相与议论道：'这等专宠，真正教人吃惊！唐朝就为了有此等事，弄得天下大乱。'这消息渐渐传遍全国，民间怨声载道，认为此乃十分可忧之事，将来难免闯出杨贵妃那样的滔天大祸来呢。"①化用《长恨歌传》中"京师长吏为之侧目"之句，从讽喻角度出发批判了桐壶帝对桐壶更衣的偏爱，认为这种偏爱必将会引起国家大祸。

　　《长恨歌》与《长恨歌传》在物语中共同受容的现象并非仅见。成书于13世纪（日本镰仓时代）的军记物语《平家物语》亦对是如此。《平家物语》有很多异本，据佐伯真一统计，《长恨歌》在所拟白诗中的比例较高。《平家物语》觉一本依拟白诗处有43例，其中《长恨歌》、《长恨歌传》15例（《朗咏集》重复1例）。延庆本《平家物语》依拟白诗处有83例，其中《长恨歌》、《长恨歌传》19例。《源平盛衰记》属读本系，是诸本中最浩瀚的异本，引用白诗处多达94例，其中《长恨歌》、《长恨歌传》23例（《朗咏集》重复4例）。② 从内容上来说，《平家物语》对《长恨歌》的借鉴主要集中于描写杨贵妃死后，唐玄宗回到故宫的日夜思念以及二人的山盟海誓。如卷三《赦书》："这样妊娠日久，中宫更觉身体不适。当年一笑百媚生的汉朝李夫人，在昭阳宫里患病的姿容就是如此吧。那病容恰似'梨花一枝春带雨'，又如芙蓉因风狂而憔悴，女郎花因露重而萎靡，比起唐代的杨贵妃，风情尤为令人怜惜。"③卷六《祇园女御》："先去看从前建春门院住过的地方，只见岸松丁柳，经过岁月流逝，都已高大得多了。因此想起'太液芙蓉未央柳，对此如何不泪垂'的诗句，眼泪自然流下来了。那南内西宫的旧迹，于今确实有所体会了。"④《平家物语》卷六《小督》："法皇方面，也连续发生多起伤心的事情……同时，'在天愿作比翼鸟，在地愿为连理枝'，对着天河双星海誓山盟的建春门院，也为秋雾所侵，化为朝露了。岁月虽已流逝，却仍同昨天刚刚离别一样，眼泪一直未干。"⑤但同《源氏物语》具备的批判意识一样，《平家物语》也化用了来自《长恨歌传》相同的语句："他挑选了十四五六岁的少年三百人，头发一律齐耳根铰短，穿了一身红色的直裰，叫他们在京都各处行走警戒，偶然遇见有说平氏坏话的人，就立刻通知同伙，闯入他的家里，没收资财家具，抓住那般人，扭送到波罗府去……说起六波罗的秃童来，凡是路上通行的马和车，都远远回避。真是'出入禁门不问姓名，京师长吏为之侧目'了。"（卷一"秃童"：P9）以此批评平清盛的横暴。

　　14世纪成书的军记物语《太平记》也对《长恨歌》的李杨故事略有批判意识，其卷一云："其时安野中将公廉之女，唤作'三位殿局'，……三千宠爱在一身，六宫粉黛无颜色。……惊见光彩生门户，此时天下之人，生男为轻重生女。"⑥以杨贵妃受宠至家族显赫典故来批判三位殿局的"倾国倾城之乱"。但更多情况下则是借用《长恨歌》中的名句来写女子的美丽或哀伤处境。如卷二十盐谷判官谗死事化用杨贵妃"回眸一笑百媚生，六宫粉黛无颜色"，"玉颜寂寞泪阑干，梨花一枝春带雨"。卷一《无礼讲》有段描写："年十七八岁的女子，形优肤白者二二余人，仅着褊衣，斟酒时酒透雪肤，不异于太液芙蓉新出水。"⑦就完全与《长恨歌》内容无关了。

① （日）紫氏部：《源氏物语》，丰子恺译，人民文学出版社1980年版，第1页。
② （日）佐伯真一：《白氏文集与平家物语》，《白居易研究讲座》第4卷，第178－196页。
③ （日）佚名：《平家物语》，中国对外翻译出版公司2001年版，第146页。
④ （日）佚名：《平家物语》，第257页。
⑤ （日）佚名：《平家物语》，第239页。
⑥ （日）佚名：《平家物语》，人民文学出版社1984年版，第9页。
⑦ （日）水野平次：《白乐天与日本文学》，大学堂书店1982年版，第271页。

三、散文与戏曲对《长恨歌》的受容

在日本和汉散文中，《长恨歌》也是无处不在的。但也是多以化用或引用诗句为主要受容方式。

愿文是与佛教密切相关的文体，多为生者祈愿死者早日超生之文。此类文体中也常见《长恨歌》之痕。如大江朝纲（886—958）的《为左大臣息女女御四十九日愿文》有精彩的引用："伏惟女御赠从四位上藤原朝臣者，弟子最少之儿也。养在深窗，外人不识。蕙心春浅，未及二八之龄。……何图乐未央哀先至，福渐始祸早成。花前辞恩，不见掖庭之月。灯下告别，长失朝露之光。宛转不闲，如卧炉炭之上。迷惑失据，似入重雾之中……汉宫入内之夜，傍花葷而成欢。荒原送终之时，混松风而添哭。绵绵此恨，生生何忘……今日一念，于是而尽。惟愿大悲，导此中志。乃至三千界之中，与我同哀者，并超生死之流，令到菩提之岸。稽首和南，敬白。"①此文是大江朝纲为左大臣女儿写的愿文，主题本与《长恨歌》无甚关联，但却化用了"养在深闺人未识"、"宛转娥眉马前死"、"承欢侍寝无闲暇"、"此恨绵绵无绝期"等《长恨歌》的诗句，以优美深沉的骈文写痛失女儿之悲。还化用了"时移事去，乐尽悲来"、"与上行同葷"、"由此一念，又不得居此"等《长恨歌传》的词句。看似与原诗内容不相关，化用却很恰当，堪称颇有文采的好文章。另外还有收录在《本朝续文粹》卷十三的大江匡房《圆德院供养愿文》（1086）："愿莫引专夜之昔恩、以轮回于巫岭之雨。愿莫忆七夕之旧契，以怅望于骊山之云。宜受鸡足金缕之衣，速登鹫头红莲之座。"②亦以杨贵妃专夜之宠及李杨七夕之契来比照门德院，祈望其能放弃生前执着的深情，早日入定成佛。

著名随笔《枕草子》像物语一样直接引用《长恨歌》中的诗句，如35段《树花》反用"梨花一枝春带雨"之意，可谓别出心裁："勉强注意看去，在那花瓣的尖端，有一点有趣的颜色，若有若无地存在着。说杨贵妃对着玄宗皇帝的使者哭时的脸庞是'梨花一枝带春雨'，似乎不是随便说的，那么这也是很好的花，是别的花木所不能比拟的吧。"③成书于1252的《十训抄》是日本镰仓时代中期，对少年劝善戒恶为目的的著作，卷一《可定心操振舞事》引用"夕殿萤飞思悄然"之句来渲染气氛。假名书历史《大镜》中《太政大臣道长》篇也用到杨贵妃"三千宠爱集一身"的典故。

谣曲是散乐能歌之曲，与中国元曲颇相似，据说是从元曲脱化而来。以引用和汉故事、讲究诗句歌词的缀合和丽句绮语的连用为主要特点。谣曲对《长恨歌》，无论是从中心素材还是词章细部的修辞，都有受容。谣曲《柳》化用"春风桃李花开日，秋雨梧桐叶落时"。又有《皇帝》云："入春春游夜专夜，后宫佳丽三千人，三千宠爱于一身。贵妃之红色如芙蓉之红，无力如未央之柳。……然明皇保有极世之荣华，重色之故，遇贵妃后颇契心意，春宵苦短日高起，不理朝政，……天长地久有时尽，……"④另一种文体连歌也是重在秀句的采撷，如《菟玖波集》前大纳言尊氏依拟"在天愿作比翼鸟"，《竹林抄》贤盛化用"归来池苑皆依旧，太液芙蓉未央柳，芙蓉如面柳如眉"，心敬化用"秋雨梧桐叶落时"。

日本与戏曲相关的故事多是套用《长恨歌》中李杨的爱情悲剧故事情节，用自己的方式重新理解与演绎，并没有太多超出原诗的内容。12世纪中末期成立的《唐物语》是以平易国文翻译的廿七

---

① （日）藤原明衡：《本朝文粹》，吉川弘文馆1965年版，第347页。
② （日）藤原季纲：《本朝续文粹》，吉川弘文馆1965年版，第225页。
③ 《日本古代随笔选（枕草子 徒然草）》，人民文学出版社1988年版，第51页。
④ （日）水野平次：《白乐天与日本文学》，大学堂书店1982年版，第267页。

条中国说话其中来源于《白氏文集》的六条中就有《长恨歌》的杨贵妃。说话故事集《注好选·汉皇涕密契第一百一》(东寺观智院本)化用《长恨歌》的诗句有所删减地演绎了李杨故事:"此汉皇涕别杨翁女之后,心肝不安。夜天更难明,昼英却不暮。痛心安息。悲泪弥润。于方士令赍魂魄。方士升碧落入黄泉,适于蓬莱仙宫见索(素)儿。相更问答。贵妃云:为遂宿习,生下界暂为夫妇。使者求吾要宁得相见。早退依实可奏。方士云:御宇恋慕甚重。以言为证哉。贵妃授金钗一枝钿合一扇云:此皇始幸时所赐物也。是以为证哉。使者云:是世所有物也。未决。犹有密契。杨贵妃云:在天愿成比翼鸟,在地愿作连理枝。使者归报皇。时皇信之泣血流也。"①

宴曲又名早歌,是中世纪时期盛行的长篇叙事性歌谣,其内容多从和汉典籍中寻找题材和佳句。《究百集》中就有名为《长恨歌》的曲子,完全是对《长恨歌》与《长恨歌传》融合起来的李杨故事和语改写版:"泰阶平,四海无事,玄宗在位岁久……杨家有女养深窗,一朝相见君主傍,回眸一笑百媚生,六宫粉黛无颜色,云鬓花颜金步摇,芙蓉帐暖度春宵。朝政懈怠日高起,承欢侍寝无闲暇,春从春游夜专夜。仙乐风飘处处闻,缓歌慢舞凝丝竹,尽日君王看不足。翠华摇摇行复止,西出都门百余里,六军不发无奈何,花钿委地无人收。风萧索,云梯回回登剑阁。峨嵋山下少人行,(圣主)朝朝暮暮心,行宫见月伤心色,夜雨闻猿肠断声。春风桃李花开日,秋露梧桐叶落时。西宫南内多秋草,落叶阶前红不扫。鸳鸯瓦冷霜花重,旧枕锦衾谁与共。抑方士寻得太真院之玉柜,左右侍者连绿袖,花冠不整下堂来,传语骊山宫内言,天长地久有时尽,此恨绵绵无绝期。"②语言与《长恨歌》基本相同,说其抄袭也不为过了。

四、日本《长恨歌》受容的特点

从千余年来日本古典文学对《长恨歌》的受容来看,他们与我国有着较大的差异,有着他们独特的民族色彩,主要体现在以下几个方面。

一是对《长恨歌》持全盘肯定的态度。我国学界从唐代开始就对《长恨歌》褒贬不一,批评声几乎占据主导地位,文人多从儒家诗教观的角度斥责其为"荒淫之语"、"调笑君父",如张邦基《墨庄漫录》卷六云:"白乐天作《长恨歌》,元微之作《连昌宫词》,皆纪明皇时事也。予以谓微之之作过乐天,白之《歌》止于荒淫之语,终篇无所规正。"③而日本学界对《长恨歌》则是非常赞赏,很少看到他们对《长恨歌》有何微辞或批判。他们总是想方设法地从各个方面对《长恨歌》的营养进行多角度的分割与吸收,使之渗透到日本古典文学的各种样式中去。男女爱情并不是他们忌讳的东西。他们经常在作品中反复歌咏唐玄宗的深情与失去杨贵妃的悲伤。如收录在《词花和歌集·杂上》(1144)源道济的《咏长恨歌之心》和歌:"当初在马嵬坡骤然间阴阳两隔,重临此地,不见当年玉颜,唯有一坡荒草伴着凄凄秋风"④,化用"马嵬坡上泥土中,不见玉颜空死处",而能情景交融表现唐玄宗的凄凉哀伤的心理。《平家物语》中"人生性命譬如叶尖上的露珠,叶根上的水滴,或迟或早,定当消逝,死别生离,在所难免。想那唐明皇,于七夕之夜在骊山宫与杨贵妃海誓山盟,到头来不过是造成摧心裂肝之痛"⑤,《续拾遗集·杂下》前大纳言光赖也有同题《咏长恨歌之心》和歌:"玄宗陛

① 《注好选》卷上,日本株式会社东京美术昭和五十八年(1983)影印东寺观智院藏本,第40页。
② (日)水野平次:《白乐天与日本文学》,大学堂书店1982年版,第273页。
③ [宋]张邦基:《墨庄漫录》,中华书局2002年版,第177页。
④ (日)锊武彦:《敕撰集中的汉故事题和歌》,隽雪艳等编:《白居易与日本古代文学》,北京大学出版社2012年版,第87页。
⑤ (日)佚名:《平家物语》,周作人译,中国对外翻译出版公司2001年版,第417页。

下不时洒泪凝看的遗物,便是那玉搔头"①,都将玄宗对杨贵妃的哀痛思念无限扩大,对玄宗充满了同情。如果我们从《源氏物语》对源氏等人爱情不厌其烦地铺叙与婉转细腻地刻画,就能感受到和文学与我国古代文学观念存在的巨大差异,也能理解中日对《长恨歌》受容的不同态度了。

二是对《长恨歌》主题的解读偏于爱情说。对于《长恨歌》的主题,我国古代一直有讽喻说和爱情说两种矛盾的看法,而日本古代文学基本上都是表达对李杨之间真挚爱情的深深同情和欣赏,并总是将这种真挚爱情来形容和比拟和文学中的人物。《十训抄》卷九《可停退望事》则指出《长恨歌》之所以名为长恨,乃是唐帝别杨贵妃之恨。李杨"在天愿作比翼鸟,在地愿为连理枝"的七月七日密契是各种文体中最常见的内容,《源氏物语》、《平家物语》、《滨松中纳言物语》等物语、和歌、谣曲、连歌等都或多或少地化用过。虽然有些作品中散见一些讽喻说的影子,但细究下来,却也能发现,他们更多是在阐发《长恨歌传》的讽喻精神,也就是将歌与传分离,认为《长恨歌》是爱情主题,《长恨歌传》是具备批判精神的。如上述的《源氏物语》、《平家物语》吸收《长恨歌传》词句"出入禁门不问姓名,京师长吏为之侧目"的讽喻精神就是如此。倒是有人在日本独特的受容方式《长恨歌》画册中寄予讽喻之义的,这主要是指平安末平治元年(1159)制作的《长恨歌画图》。虽原图已佚,但残存藤原通宪之跋有两条说明制作意图。其中一条即是期待后代圣帝明王通过此图能明"政教之得失"。九条兼实日记《玉叶》建久二年十一月五日条及《平治物语》中也记载藤原通宪从《长恨歌绘》提炼出《长恨歌》的讽喻之义来讽谏后白河院。

三是对《长恨歌》佳句的利用为主要受容方式。我国虽也有对《长恨歌》诗句的化用,如晏殊"天涯地角有穷时,只有相思无尽处"等,但为数不多,而日本文学对《长恨歌》的受容,却是以佳句为主要方式。他们在各种题材的文学作品中化用、引用《长恨歌》中的优美秀句,来添加自己的作品的文化内涵与清丽气质。"太液芙蓉未央柳"或"梨花一枝春带雨"在多种文体中被用来形容美人。"在天愿作比翼鸟,在地愿为连理枝"滥觞于诸作中以喻男女之坚贞爱情。"三千宠爱在一身,六宫粉黛无颜色"表现皇妃受宠之情景,颇有千篇一律之感。藤原定家《文集百首》收录了与《长恨歌》有关的五首句题和歌:"迟迟钟漏初长夜,耿耿星河欲曙天"(31),"夕殿萤飞思悄然,秋灯挑尽未成眠"(52),"行宫见月伤心色"(53),"夜雨闻猿断肠声"(54),以及"旧枕古衾谁与共"(55)。这些诗句正是日本古典文学中从《长恨歌》中摘引出来反复利用的经典名句。他们缺乏对《长恨歌》一诗的整体性理解,而是取己所需的华丽优美经典诗句以为自己民族文学增光添彩。

(作者单位:徐州工程学院)

---

① (日)锹武彦:《敕撰集中的汉故事题和歌》,隽雪艳等编:《白居易与日本古代文学》,北京大学出版社 2012 年版,第 92 页。

唐诗与井：一个诗歌名物意象的个案考察

胡凌燕

内容提要：唐诗的艺术表现是多方面的，也是多样化的，其中名物意象是一个重要方面。"井"作为与唐人日常生活关联最多的事物，在唐诗中也有着丰富的表现。我们从"井之组成与材质"入手，可以探讨"井"的各个组成部分如何入诗，不同类型的"井"在唐诗中出现的频率，以及"井"与"床"之特殊关系；我们对唐诗中"井边名物意象"的分析，可以进一步看出"井"常与哪些名物搭配入诗，这些"组合"出现的频率如何，通常又表现出怎样的情感基调和主题；我们还从李商隐《无题》诗"金蟾啮锁烧香入，玉虎牵丝汲井回"一句诗的个案入手，对"焚香"与"汲井"的意象各自进行三层剖析，进而对全诗作出一番新解。

关键词：唐诗；井床；井边名物；李商隐；焚香汲井

"井"在唐诗中的姿态多种多样，有时模糊而整体，一笔带过；有时具体而细致，包涵无限。"井"之如何入诗，是很值得玩味的问题。如"知章骑马似乘船，眼花落井水底眠"，句中之"井"是笼统而言；又如"蟋蟀鸣洞房，梧桐落金井"，"井"前添一"金"字，顿生奢华之气，可见诗中之"井"非寻常百姓家物什，而是具有特定的意象内涵和外在表现的；又如"横架辘轳牵素绠"，虽无一"井"字，却字字不离"井"。因此，本文拟从"井之组成与材质"、"井边名物意象略议"，以及李商隐无题诗中"烧香汲井"的解析三个方面入手，对唐诗中"井"的名物意象展开讨论。

一、"横架辘轳牵素绠"：井之组成与材质

（一）井之组成：井栏、辘轳、绠绳、银瓶、金瓶

井栏、辘轳、绠绳甚至盛水器具，如银瓶、金瓶等，皆可入诗。其中，入诗最多者，当属"辘轳"和"井栏"。如李白《长相思》诗，有"络纬秋啼金井栏，微霜凄凄簟色寒"二句，"金井栏"着意突出"井"之华美、贵气。邵谒《汉宫井》："辘轳声绝离宫静，班姬几度照金井。"辘轳是一种装有绞轮的汲水器，诗以"辘轳声绝"传递深宫之寂静。韩翃《汉宫曲》中"素绠朝穿金井寒"句，则是以"素绠"（井绳）入诗。

自然，也有以盛水器具入诗词者，如银瓶、金瓶，而且往往与"绠绳"相联系出现，如宋人谢逸《醉落魄》词曰："银瓶已断丝绳汲。莫话前欢，忍对屏山泣。"再如宋郑觉斋《谒金门》词："情是相思深井，恩是相思修绠。别后音信浑不定，银瓶何处引？"这两处的"银瓶"并非单纯的盛水之器，还暗喻男女情事。上引"银瓶已断丝绳汲"，语出唐白居易《井底引银瓶》诗："井底引银瓶，银瓶欲上丝绳绝。石上磨玉簪，玉簪欲成中央折。瓶沉簪折知奈何？似妾今朝与君别。"但是，"银瓶"由单纯的汲水盛水器皿衍生出与"男女情事"相关的含义，最早也并非出自白居易诗。南朝齐释宝月《估

客乐》一、二两章曲辞中已经赋予了“银瓶”男女情爱的内涵,曲辞如下:

郎作十里行,侬作九里送。拔侬头上钗,与郎资路用。有信数寄书,无信心相忆。莫作瓶落井,一去无消息。①

“银瓶落井”、“瓶沉簪折”是银瓶入诗的习用模式,诗家常以此来比喻男女分离、夫妇离绝。这一不祥且颇为悲惨的意象,源出《易经》“井”卦的卦辞:“汔至,亦未繘井,羸其瓶,凶。”银瓶未得汲水却落入井中,暗示情事功亏一篑、终而无功。② 此后,唐人王昌龄以“银瓶”起兴作《行路难》,又有王损之《饮马投钱赋》,稍后才有白居易的《井底引银瓶》。

此外,“金井”、“辘轳”亦常并用于诗词中,组成“辘轳金井”这一固定语词。南朝梁费昶《行路难》诗之一:“唯闻哑哑城上乌,玉栏金井牵辘轳。”苏轼《用前韵答西掖诸公见和》:“双猊蟠础龙缠栋,金井辘轳鸣晓瓮。”李后主《采桑子》词:“辘轳金井梧桐晚,几树惊秋,昼雨新愁。”纳兰性德《如梦令》词首句“正是辘轳金井”,皆“辘轳”、“金井”并用之例。

“井”的各个组成部分,在诗中很少“一枝独秀”,总是三三两两、相连出现,比如写“绠绳”时,多半以“银瓶”、“辘轳”之类呼应相连。而张籍《楚妃怨》更将井的组成部分——井栏、横架、辘轳、素绠、银瓶,全部包揽在一首诗内,诗曰:“梧桐叶下黄金井,横架辘轳牵素绠。美人初起天未明,手拂银瓶秋水冷。”整个画面就是一幅“美人深秋汲井图”。

(二)井之材质:金井、玉井、银井、铜井、丹井

唐诗中涉及“井”,以“金井”为最,前文所引众多诗句中,亦可窥见一斑。那么唐诗中所谓的“金井”是否就是“金制的井”?其实不然,“金”有珍贵、华美义,诗词中的“金井”,多半是指井栏雕饰华美的井。唐、宋、元时,宫廷贵族就有以金银、玛瑙、宝钿镶嵌井栏者,而古时的井大多在庭院中,所以一提到“金井”,就使人联想到皇宫内苑或富贵人家的庭院,进一步,则诗词所咏之景、之人、之事,亦大抵不出这一范围。另一种观点以为“金井”即石井,“金”谓其坚固。如李贺《河南府试十二月乐词·九月》:“鸡人罢唱晓珑璁,鸦啼金井下疏桐。”叶葱奇注云:“金井,即石井。古人凡说坚固,多用金,如金塘、金堤等。”③这种说法不无道理,但不如解为“井栏雕饰华美的井”更好。

“玉井”、“丹井”出现频率仅次于“金井”。玉井,与金井一样,也是井的美称,但井栏确实也有玉制的,因此,诗中“玉井”究竟只是泛指材质之美,还是实指,则要视具体情况而定。一般情况下,不妨看作前者,只要不影响诗意理解,实在也没有必要作意义不大的考证。至于“丹井”,虽然在诗中也较为常见,但内涵过于单薄,基本指“炼丹取水的井”。如刘长卿《过包尊师山院》:“漱玉临丹井,围棋访白云。道经今为写,不虑惜鹅群。”顾况《山中》有“野人爱向山中宿,况在葛洪丹井西”句④,又卢纶《过终南柳处士》:“石摧丹井闭,月过洞门深。”诸如此类,其范围总不出道教神仙之游,超凡脱俗之慨,唯顾况《瑶草春》中有“瑶草春,丹井远,别后相思意深浅”,此处“丹井”应指丹石所饰之井,丹石,亦即玛瑙。⑤

---

① 郭茂倩:《乐府诗集》,中华书局1979年版,第700页。

② 王尔阳《“井底引银瓶”——三首银瓶落井诗的意象分析》一文对“银瓶”事颇多论述,可参阅。载《古典文学知识》2011年第4期。

③ 李贺著,叶葱奇注疏:《李贺诗集》,人民文学出版社1998年版,第45页。

④ 此诗又见《全唐诗》卷三一五《朱放集》,题作《山中听子规》。《文苑英华》卷一六题为《山中作》,卷三二九题为《山中听子规》,均作顾况诗。《唐文粹》卷一六题为《山中作》,亦作顾况诗。《唐诗纪事》卷二八题为《山中作》,作顾况诗,而卷二六题为《山中听子规》,则作朱放诗。诸本顾况集均有载,应为顾况诗。

⑤ 参见《汉语大词典》“丹石”条释①:赤色的石头。晋王嘉《拾遗记·高辛》:“丹丘之野多鬼,血化为丹石,则码碯也。”南朝梁江淹《江上之山赋》:“挂青萝兮万仞,竖丹石兮百重。”

相较于金井、玉井、丹井，银井和桐井就比较少见了，《全唐诗》中直接涉及"银井"的诗，唯有李峤《三月奉教作》和刘禹锡《和令狐相公玩白菊》二首，直接提到"铜井"二字的诗，唯李白《答杜秀才五松见赠》一首。

(三)"井"与"床"的关系

关于"井栏"，诗中常以"银床"指代，李白《静夜思》诗首句"床前明月光"之"床"字，有一种解释便是"井栏"[①]，暂不论此说是否为正解，但有一点不置可否：诗中与"井"有关的"床"的诗句确实不乏其例。为便于比较论证，兹摘录部分如下：

后园凿井银作床，金瓶素绠汲寒浆。(《乐府诗集·舞曲歌辞三·淮南王篇》)

还看西子照，银床牵辘轳。(南朝梁萧纲《代乐府·双桐生空井》)

宝帐垂连理，银床转辘轳。(骆宾王《久戍边城有怀京邑》)

玲珑映玉槛，澄澈泻银床。(苏味道《咏井》)

井上辘轳床上转，水声繁，弦声浅。(李贺《后园凿井歌》)

风筝吹玉柱，露井冻银床。(杜甫《冬日洛城北谒玄元皇帝庙》)

怀余对酒夜霜白，玉床金井冰峥嵘。(李白《答王十二寒夜独酌有怀》)

不收金弹抛林外，却惜银床在井头。(李商隐《富平少侯》)

薜荔垂书幌，梧桐坠井床。(唐彦谦《红叶》)

石鱼岩底百寻井，银床下卷红绠迟。(郑隅《津阳门诗》)

雨滴空阶晓，无心换夕香。井梧花落尽，一半在银床。(无名氏《河中石刻》)

比读以上诗句，我们发现"井"与"床"的关系有以下几点值得关注：

1.一般来说，"床"作"井栏"解，诗句或诗题中少不得一个"井"字，或者"辘轳"、"红绠"之类，否则便不指井栏。鱼玄机《酬李学士寄簟》："唯应云扇情相似，同向银床恨早秋。"温庭筠《瑶瑟怨》："冰簟银床梦不成，碧天如水夜云轻。"两诗"银床"之"床"均非井栏，而是眠床。

图1　山东嘉祥县东汉画像石上的桔槔取水图　　　图2　《天工开物》中的桔槔图

---

① 关于李白《静夜思》诗中"床"字的解释，传统观点为"睡床说"，2008年马未都曾在"百家讲坛"上提出"胡床说"(即马扎，一种坐具)。据胥洪泉发表于《重庆社会科学》2005年第7期上的《李白〈静夜思〉研究综述》一文，刘国成(1984)、沈光春(1994)、程瑞君(1995)等早已提出过"胡床说"了。目前为学界关注的主要有"睡床"、"胡床"、"井栏"三说。

2.古诗中与"井"相关的"床",并非都可以解作"井栏"。床,据《辞源》还可解释为"井上或井旁设立的用以支撑桔槔的架子",即井架。所谓桔槔者,《辞源》解曰:"汲水之器,以横木悬于木架之上,一端悬汲水之桶,一端悬重物,以省汲引之力。"山东嘉祥县汉武梁祠画像石上(刻于147年)便有《桔槔取水图》(见图2)。可见早期的"床",应是用以支撑桔槔的架子,从《天工开物》中的桔槔图来看(见图1),是类似于长梯的木架,并非"井栏"。桔槔后又发展为辘轳,则"床"之含义亦相应演变为"支撑辘轳的井架",材质为石制,立于井栏两边。上引诸诗中,如"银床转辘轳"、"井上辘轳床上转"二句中的"床",若解为"井栏",似与"转"字不谐,当作"井架"解较妥。又杜甫"风筝吹玉柱,露井冻银床"二句,仇兆鳌注云:"朱注:旧以银床为井栏。《名义考》:银床乃辘轳架,非井栏也。"[①]亦可证之。

3.与"井"有关的"床"多以"银床"称之,"金床"、"玉床"比较少见。究其原因,一则银质色白,有月光皎洁清冷之美,君子和而不流之态,"银床"容易使人联想到月夜,且诗中"银床"所在句,多半亦指夜间,如"玲珑映玉槛,澄澈泻银床";二则辘轳架以石制、木制最多,朴素自然,极少雕饰,与"金"、"玉"等词的华贵之气不甚相配。

二、"金井梧桐秋叶黄":井边名物意象略议

(一)金井梧桐

古典诗词中,与"井"搭配出现,频率最高者当属"梧桐"。可以说,凡有井处,十有八九必有"梧桐"相伴,此类例子在《全唐诗》中俯拾即是:如刘云《有所思》曰:"玉井苍苔春院深,桐花落地无人扫。"又李峤《三月奉教作》云:"银井桐花发,金堂草色齐。"上揭二诗中,"梧桐"是与"玉井"、"银井"共同组成诗歌意境,但古诗中最常见的则是"金井"与"梧桐"的组合。譬如《全唐诗》卷二七《杂曲歌辞·墙头花》:"蟋蟀鸣洞房,梧桐落金井。"[②]李白《赠别舍人弟台卿之江南》中也有"梧桐落金井"这一句。又李贺《河南府试十二月乐词·九月》中有诗句:"鸡人罢唱晓珑璁,鸦啼金井下疏桐。"唐彦谦《怀友》云:"金井凉生梧叶秋,闲看新月上帘钩。"王昌龄《长信秋词五首》之一:"金井梧桐秋叶黄,珠帘不卷夜来霜。"当肃杀之秋来临,井边梧桐最先知晓,所以文人在咏叹秋季时,"金井梧桐"是不可或缺的复合意象。

"时至晚秋"是大的时间范围,其实"金井梧桐"所关联的时间背景,多半还与"深夜"或"凌晨"有关。分析以上所引,如"蟋蟀鸣洞房,梧桐落金井"二句,虽然《杂曲歌辞·墙头花》全诗未出现一个"夜"字,但我们揣"蟋蟀鸣洞房"一句诗意,可知时间应在夜晚。据《开元天宝遗事》"金笼蟋蟀"条载:"每至秋时,宫中妃妾辈,皆以小金笼捉蟋蟀闭于笼中,置之枕函畔,夜听其声,庶民之家皆效之也。"[③]每到秋天,宫中数千嫔妃都以金丝小笼养蟋蟀,晚上放在枕边,听着虫声来打发漫漫长夜的寂寞。再如李贺诗"鸡人罢唱晓珑璁":鸡人,周官名,凡举行大典,则报时以警夜,后指宫廷中专管更漏之人。《周礼·春官·鸡人》曰:"鸡人,掌共鸡牲,辨其物。大祭祀,夜嘑旦以嘂百官。凡

① 仇兆鳌:《杜诗详注》,中华书局1979年版,第93页。
② 此诗又见《全唐诗》卷五一一《张祜集》,题作《墙头花二首》,此题二首之二("妾有罗衣裳"),又见《全唐诗》卷一一九《崔国辅集》,为《怨词二首》之一。宋蜀刻本《张祜集》不载。《河岳英灵集》卷中、《又玄集》卷中、《才调集》卷一、《唐诗纪事》卷十五均作崔诗。
③ 王仁裕等撰:《开元天宝遗事十种》,上海古籍出版社1985年版,第76页。

国之大宾客、会同、军旅、丧纪,亦如之。凡国事为期,则告之时。凡祭祀,面禳,衅,共其鸡牲。"①《后汉书·百官志》刘昭注引蔡质《汉仪》曰:"不畜宫中鸡,卫士候朱爵门外,专传鸡鸣于宫中。"②"鸡人罢唱"说明时间在"凌晨"。至于唐彦谦《怀友》诗,"闲看新月上帘钩"即点明"夜"字。

　　古诗词中,"梧桐"本就用来表达悲伤的情感,而且多半还是来自男女情爱之悲。"金井梧桐"同样如此,往往与女性宫怨、闺怨主题相联系,整体感情基调是凄凉的、惆怅的。陆龟蒙有《井上桐》诗:"美人伤别离,汲井长待晓。愁因辘轳转,惊起双栖鸟。独立傍银床,碧桐风袅袅。"写一女子独自靠在碧桐下的井栏边,若有所思,至于所思为何,首句"伤别离"三字已点明。南唐李后主《采桑子》词:"辘轳金井梧桐晚,几树惊秋。昼雨新愁,百尺虾须在玉钩。琼窗春断双蛾皱,回首边头。欲寄鳞游,九曲寒波不泝流。""井"为何常与女性、爱情牵连在一起?若以"井"自身特点观之,笔者认为有三个方面可以考虑:其一,井水似镜,美人自照,总有韶华易逝,美色不再之悲;其二,井多半为圆形,意味团圆、圆满,这与古代女子对于美满爱情、婚姻的憧憬相契合;其三,井虽小而专深,"愿得一心人,白首不相离",这大概是所有女子对爱情忠贞的真实要求和期望。

(二)井上新桃

　　检《全唐诗》,"井"边第二常见的名物意象,应属"桃花"(或言"桃李")。"井"与"桃"、"李"组合入诗,则诗歌所表现的意境、基调和"井桐"组合迥然不同。我们不妨找出《全唐诗》中与此相关的诗句,略作比读。

　　如长孙氏《春游曲》:"上苑桃花朝日明,兰闺艳妾动春情。井上新桃偷面色,檐边嫩柳学身轻。"贺知章《望人家桃李花》诗有:"桃李从来露井傍,成蹊结影矜艳阳。"又梁锽《艳女词》曰:"露井桃花发,双双燕并飞。美人姿态里,春色上罗衣。"③再如李白《中山孺子妾歌》:"中山孺子妾,特以色见珍。虽不如延年妹,亦是当时绝世人。桃李出深井,花艳惊上春。"崔颢《代闺人答轻薄少年》:"桃李花开覆井栏,朱楼落日卷帘看。"例子甚多,此处不赘举。

　　"井桃"组合的诗句,一般来说,基调是明丽而喜悦的,不似"井桐"那般萧索。桃李盛开之季为春,而春乃一年之始,总体情绪走的是"明朗派",读那些诗句时,扑面而来就是一股愉悦的气息。当然,"井桃"意象的搭配,也并非全然明艳、一派灿烂,如孟郊《古意》:"井桃始开花,一见悲万重。人颜不再春,桃色有再浓。"借"井桃再春"叹韶华易逝,人颜易老。"伤春"是诗词常态,但"伤春"总好过"悲秋":前者"伤"中总带着希望,后者因"秋"近于岁暮,"悲"中带着绝灭。

　　其次,"井桃"组合往往与女子思春、春情等主题有关。追溯诗歌源头,"桃李"本与嫁娶相关,《诗·周南·桃夭》:"桃之夭夭,灼灼其华,之子于归,宜其室家。"以盛开的桃花祝福女子出嫁,在《诗经》中已有。而"桃花"本身也与爱情密切相关,爱情来临谓之"桃花运",爱情纠葛谓之"桃花劫",男女问题谓之"桃色事件"等。"桃李"亦常用来与美人相比,如"南国有佳人,容华若桃李","去年今日此门中,人面桃花相映红"谓女子面如桃李,美艳动人,包括上引长孙氏《春游曲》"井上新桃偷面色,檐边嫩柳学身轻",皆其例也。

(三)其余:乌鸦、青苔、蟋蟀等

　　其余"井"边名物意象,如乌鸦、青苔、蟋蟀等,虽不及梧桐、桃李频繁,但在诗中亦常出现。

　　① 郑玄注,贾公彦疏:《周礼注疏》,上海古籍出版社2010年版,第738—739页。
　　② 范晔:《后汉书》,中华书局1965年版,第3598页。
　　③ 此诗又见《全唐诗》卷三三三《杨巨源集》,席启寓《唐诗百名家全集》未载景山此诗。《太平预览》作梁锽诗,今从之。

"井"与"苔"搭配，或见于咏怀之作，表物是人非、兴衰无常之感慨，如李白《姑孰十咏·谢公宅》："荒庭衰草遍，废井苍苔积。"高适《宋中遇陈二》："篱根长花草，井上生莓苔。"或见于田园、佛寺之咏，"井苔"反倒具有古朴自然之气，如李颀《长寿寺粲公院新瓮井》中"白石抱新瓮，苍苔依旧栏"二句，及王维《田家》："雀乳青苔井，鸡鸣白板扉。"皆其例也。

至于"乌鸦"、"蟋蟀"和"井"的组合，与前面略有不同。

首先在于时间上，前文所论"金井梧桐"多以"深夜至凌晨"为背景时间，而"鸦啼金井"则基本锁定在"寒秋之夜"，且诗境悲苦而清寒。如戴叔伦《白苎词》曰："馆娃宫中露华冷，月落啼鸦散金井。"秦淮海《菩萨蛮》："毕竟不成眠，鸦啼金井栏。"明刘基《秋夕》中"寒鸦莫更啼金井，衰病能堪几断肠"亦然。又李白《长相思》诗中有"络纬秋啼金井栏"一句，"络纬"即莎鸡，俗称络丝娘、纺织娘，夏秋夜间振羽作声，声如纺线。

此外，因梧桐、桃李和青苔都是种于井边，或依井而生的植物，意象的组合在空间上本就相连成一体，然"乌鸦"、"蟋蟀"则不同，二者与"井"在空间上联系不甚紧密，但作为意象的前后呼应，在诗中较为常见。如"蟋蟀鸣洞房，梧桐落金井"、"梧桐落金井，蟋蟀鸣房帏"（清李子荣《捣衣曲》），两诗中"蟋蟀"与"梧桐"虽同入一联，但各自另有物象搭配，二者主要是作为前后对仗之用。能作对偶之用的意象，本身应具有相似或相反的性质，故此处亦列入"井边名物意象"类。

三、"玉虎牵丝汲井回"：关于"烧香"和"汲井"

说到"井"，李商隐《无题（飒飒东风细雨来）》诗便与之有关，但因诗意隐晦，历来众解纷纭。诸家以为悼亡者有之，以为暗恋者有之，以为寄托者有之。颔联"金蟾啮锁烧香入，玉虎牵丝汲井回"尤其值得玩味，但如此入诗有两个问题令人费解：一是"烧香"与"汲井"之间有何关联，若解为"先汲水作日常生活之备，然后再入室烧香"，则诗意就显得过于苍白无力；二是"金蟾啮锁"二句与首联、颈联如何沟通。为便于分析，兹抄录全诗如下：

　　飒飒东风细雨来①，芙蓉塘外有轻雷。金蟾啮锁烧香入，玉虎牵丝汲井回。贾氏窥帘韩掾少，宓妃留枕魏王才。春心莫共花争发，一寸相思一寸灰。

"金蟾啮锁"二句，寥寥十四字，意象却十分密集：金蟾、锁、香、玉虎、丝、井六个意象，由啮、烧、入、牵、汲、回六个动词串联，构成一个完整的动态场景。关于"金蟾啮锁"，冯浩《玉溪生诗集笺注》："道源曰：'蟾善闭气，古人用以饰锁。'陈帆曰：'高似孙《纬略》引此句，云是香器。其言锁者，盖有鼻钮施之于帷帱之中也。'《海录碎事》：'金蟾，锁饰也。'"②后句"玉虎"指用玉石装饰的虎状辘轳，"丝"即井绳。前后两句，一写香炉，一写辘轳，前者写室内焚香，后者写院中汲井，都是极其寻常的生活细节，字面意思上亦可通顺。然其内涵绝不止于单纯的字面意义，细剖"烧香"和"汲井"二句，每句至少各有三层意思：

1."金蟾"句中的熏炉，在古代多用于夜间。所以文中写熏炉烧香时，夜晚环境的概率远远高于白天。六朝以后的诗词，又多用烧香表女性闺房、宫苑，唐代文茂答晁采赠发诗云："几上金猊静不焚，象床独卧对斜曛。犀梳金镜人何处，半枕兰香空绿云。"李清照《凤凰台上忆吹箫》也有"香冷金猊，被翻红浪，起来慵自梳头。任宝奁尘满，日上帘钩"的描述，从唐宋诗词中不难看出，兽型香炉主要用于日常生活中，往往是富家女子闺房的用品。这句写"烧香"，隐隐透露事情发生在夜晚，

---

①　"东风"：影宋本、嘉靖本、汲古阁本及冯注本均作"东南"。按：细雨不能言"飒飒"，兹从朱注本。
②　李商隐著，冯浩笺注：《玉溪生诗集笺注》，上海古籍出版社1979年版，第387页。

地点为女子的闺房。

2.“啮锁”在形状和心理上能给人造成封闭、严密之感，且义山还常用“锁”、“香”之词表达女性被禁足于深闺幽宅之中。所以，“金蟾啮锁”让人联想到男女欢会的秘密、隐闭以及过程之艰难，同时也暗示女子与情人幽会前内心的忐忑不安。

3.“烧香”可能暗示男女性事。北齐童谣有《杨叛儿》，后演为乐府诗题，中有“欢作沉水香，侬作博山炉”二句，“沉水香、博山炉”就隐喻男女性事。唐时李白旧题再作，演为八句，末二句“博山炉中沉香火，双烟一气凌紫霞”更明确点出“合气”之意，“合气”者，即道教房术语。

再观“玉虎牵丝汲井回”句，也有三层含义：

1.首先，汲水多在清晨，汲水时辘轳摇动有声，故辘轳声可用于报晓，象征黎明的到来。诗词中多用辘轳声为清晨意象，如周邦彦《蝶恋花》词：“更漏将阑，辘轳牵金井。”又崔敦《淳熙八年端午帖子词·太上皇后合六首》之一：“金井辘轳声欲晓，内人来奏问安书。”可见诗词中点到“辘轳声”，隐藏的时间背景往往是在清晨。

2.牵丝，写辘轳引绳、牵动回转，这一动作本身就容易产生千丝缠绕之感，进而使人生出情意缠绵、愁肠九转的联想，如顾况《悲歌》之三：“我心皎洁君不知，辘轳一转一惆怅。”若按南北朝民歌以“丝”喻“思”的传统，则“玉虎牵丝”还可以联想到女子内心“剪不断、理还乱”的情思。

3.因由辘轳联想到天亮，则“玉虎”句之“回”字，似指“天将破晓、情人即将回去”，这正与“金蟾”句的“入”字形成前后呼应。所以在描写爱情的诗词中，“辘轳声”又常常成为一种惊春梦、伤离别的暗示，如牛峤的《菩萨蛮》词中有一段：“玉炉冰簟鸳鸯锦，粉融香汗流山枕。帘外辘轳声，敛眉含笑惊。”描写的就是拂晓时分被辘轳声惊动的幽会情景。

综上之意，“金蟾啮锁烧香入，玉虎牵丝汲井回”，绝不仅仅是“先汲水后烧香”如此简单，亦不必将诗句顺序倒换来理解。“金蟾”句谓情郎在夜晚秘密过来欢会，“金蟾啮锁”比喻幽会的艰难、隐蔽，同时可能暗示女子与情人幽会前内心的忐忑不安，不敢坦然开放。然金蟾虽锁，仍可开启添入香料，“烧香入”既表示情人的到来，亦暗喻爱情的炽热。“玉虎”句，辘轳声响，说明东方将白，由于男女主人公的这段恋情比较隐晦，一夜欢会后情人不得不离去。从“金蟾”、“玉虎”等词来看，女子应是出身高门富户，但她与心上人相会之隐蔽艰难，又说明男方可能地位卑微，并非门当户对。

再看首联“塘外轻雷”，化用司马相如《长门赋》“雷殷殷而响起兮，声象君之车音”，与首句“飒飒东风细雨来”皆在影射“君之到来”。颈联用“贾氏窥帘”、“宓妃留枕”二典，或生而遂愿，或死而有情，总之其追求爱情之愿望十分强烈不可抑制，然尾联笔锋一转，忽来“春心莫共花争发，一寸相思一寸灰”之自警。值得注意的是，“春心莫共花争发”句中之“花”，并非指植物之花，揆上下诗意，当指炉内篆香燃尽后留下的“花形”香灰，如此，则与末句“一寸灰”前后相连而诗意自明矣。因此，这应当是一段无法见光（或不被允许）的恋情，女子内心不安欲紧闭心门，但一遇到情郎便又无法自拔，短暂的欢会过后，又深自悔恨、自我警告。

（作者单位：浙江大学中文系）

日本近代"诗史"观论析[*]

高 平

内容提要：日本近代"诗史"创作兴盛，汉诗人对"诗史"内涵及其与经史关系的认识和中国有所不同。他们将诗、史、经融于一体，充分发挥了"诗史"存史论史，建构人心，培养忠君爱国精神的功能，贯穿着令读者"自诗进于史，自史进于经"的教化宗旨。日本近代"诗史"紧密联系政治，凸显民族本位，用语雅驯而与时俱进，流露出强烈的反映干预现实、与晚清诗坛竞争的意识。从日本近代"诗史"的创作观念，我们可以一窥东亚汉文化圈内部的各民族汉诗发展之兴衰消长。

关键词：日本汉诗；"诗史"；自诗进于史；自史进于经；雅驯

引 言

"诗史"是中国古典诗学的核心范畴之一。其作为名词，最早出现于南朝梁沈约《宋书·谢灵运传论》，而作为影响深远的诗学概念，则始于晚唐孟棨《本事诗》"高逸"部李白篇之评论杜甫晚年诗歌。[①] 作为创作实践，"诗史"远在孟棨之前就已经存在了。汉初《诗大序》云："国史明乎得失之迹，伤人伦之变，哀刑政之苛，吟咏性情，以风其上，达于事变而怀其旧俗者也。"[②]《诗经》创作宗旨与杜诗完全一致。后代的汉魏乐府以及六朝直面现实的优秀诗歌也都体现了"诗史"的实录精神。作为一个内涵深刻、历久弥新的诗学范畴，"诗史"影响力并不限于中国。随着中国文学尤其是杜诗的域外传播，"诗史"观念亦扩展至汉文化圈各成员国，日本即深受其影响。日本汉文学史上对"诗史"的阐释代有其人，而近代（幕府末期、明治时期）作为天翻地覆的大转折时代，更是出现了"诗史"创作的高潮，不仅名家辈出，佳作纷呈，而且诗学观念上亦有创新，颇具民族特色。本文从该时期日本"诗史"的创作实践与理论表述出发，对其"诗史"观念试作探析，管窥东亚汉文化圈内汉文学发展之兴衰消长。

一、日本"诗史"内涵与中国之异同

在日本古典诗学中，"诗史"一词具有多种涵义，与中国有所不同。首先是作为诗歌发展史的"诗史"。如明和八年（1771）出版的江村北海《日本诗史》乃是日本第一部汉诗史，其与江村北海稍

* 本文所受项目资助有：中国博士后科学基金项目"近代中日诗学交流研究"（编号：2014M561742）；浙江省哲学社会科学研究基地浙江工商大学东亚研究院重点项目"近代中日诗学交流研究"（编号：14JDDY02Z）。

① 欲了解中国"诗史"概念之演进，可参看故友张晖博士《中国"诗史"传统》，生活·读书·新知三联书店2012年版。

② 阮元：《十三经注疏》上册，中华书局1980年版，第271、272页。后文出现同一著作的引文，仅标出作者、著名及页码。

后出版的《日本诗选》及续编，一为诗史，一为诗选，配套而行，相得益彰。其次是作为咏史诗的"诗史"。如赖山阳的《日本乐府》、菊池晚香的《瀛史百咏》、秋月种树的《诗史》，皆为此方面杰作。再次是作为评述时事人物、咏叹个人际遇的"诗史"。如记述1894至1895年清日战争①的众多作品，马场六郎收集幕末志士诗作而成的《忠烈诗史》。

中国的"诗史"通常是指上述三类中的第三类，即当代史的书写。在《本事诗》中，孟棨称杜甫安史之乱后"流离陇蜀，毕陈于诗"，所赠李白诗"备叙其事，读其文，尽得其故迹"②，显然是将杜诗中的记述时人时事之作视为诗史，所以宋代宋祁《新唐书·杜甫传》称其"善陈时事，律切精深，至千言不少衰，世号'诗史'"③。李复《与侯谟秀才》亦云："杜诗谓之'诗史'，以班班可见当时事。"④而日本则不然，除了第一类作为诗歌史的"诗史"观不占诗学主流外，第二类的咏史诗和第三类的"诗史"都是其经常指向的对象。服部南郭《南郭先生文集》三编之《跋稷卿咏古卷末》云："今所咏古迹，使人感愤不已。稷卿固深于诗，而以其气发泄之，古之'诗史'有若是者。"⑤和刻本《浙西六家诗钞》卷二赖山阳评清人严遂成《海珊诗钞》云："海珊与樊榭同年，相友善，而诗思豪迈，迥不相类。所作《明史杂咏》，时称'诗史'。"⑥二人皆将中日咏史诗视为"诗史"之作。相对而言，第三类、同于中国观念的"诗史"观在日本近代占据了核心地位，第二类的咏史诗亦深受其影响，因为不少咏史诗是为当代提供政治鉴诫而作。本文即以第三类为主而兼及第二类，展开其"诗史"观的探析。

需要指出的是，日本汉文学中的"诗史"观念对其和语文学也产生了重要影响。如江户初期大儒林鹅峰《鹅峰先生林学士文集》卷二十八《播州明石浦柿本大夫祠堂碑铭》云："前修有言曰：'读杜陵诗，则可以知其世，故谓之诗史。'今披《万叶集》，读人麻吕歌，则亦可以知其世乎？谓之歌史亦可也。"⑦将《万叶集》视为考察飞鸟时代的历史著作，柿本人麻吕视为歌史大家。近代以来，则有天野御民所编的《历世记事咏史百首》、高平真藤的《冈舍咏史集》、物集高见的《咏史抄》、朝枝文言的《咏史歌集》等以和语书写、可归入第二类"诗史"的咏史组诗，甚至出现了稻洒家实的《咏史情歌集》这样别具一格的和歌集，而藤谷虎三的和歌集《支那征伐流行歌》组诗在内容上与《征清诗史》、《东洋诗史》等反映清日战争的第三类"诗史"也没什么不同。日本"诗史"观念在其近代和汉文学两界的影响都是广泛而深刻的。

二、"自诗进于史"：日本近代"诗史"中的诗史关系

在中国诗学语境中，"诗史"概念自产生起就和史学、经学有着天然的渊源关系，孟棨《本事诗》所谓的"推见至隐"即来自司马迁对五经之一、史学著作《春秋》的评价。中国历代"诗史"理论许多都是围绕诗歌与经史关系而展开讨论的，这在日本近代"诗史"阐释中有着广泛的共鸣。其中以筱崎弼为赖山阳《日本乐府》所作序最具代表性，亦最有理论深度：凡子成所赋，其美刺皆能似诗人之比兴否？其取舍皆能不畔麟经之褒贬否？其雅驯者，我将诵而习焉；其可疑者，我将就而正

---

① 国际惯称为"First Sino-Japanese War"（第一次中日战争），中国称为"甲午战争"，日本称为"日清战争"、"明治二十七八年战役"。

② 丁福保：《历代诗话续编》上册，中华书局2006年版，第15页。

③ 宋祁：《新唐书》卷二〇一，《四库全书》，上海古籍出版社1987年版，第276册，第61页上。

④ 李复：《潏水集》卷五，《四库全书》，上海古籍出版社1987年版，第1121册，第50页下。

⑤ 服部南郭：《南郭先生文集》三编卷九，嵩山房延享二年（1745）版，第7页下。

⑥ 吴应和辑：《六家诗钞》，赖山阳评点，五芝堂嘉永六年（1859）刻本。

⑦ 林鹅峰：《鹅峰先生林学士文集》卷二十八，元禄二年（1689）刻本。

焉。果然,则学者之得益于此,自诗进于史,自史进于经,非浅鲜也。①

筱崎弼此论虽为赖山阳咏史组诗《日本乐府》而发,但其巨大的理论概括力完全可以覆盖当代史书写的"诗史"。所谓"美刺皆能似诗人之比兴",是以《诗经》为准则衡量"诗史"是否以比兴手法达到美刺目的;"取舍皆能不畔麟经之褒贬",是以《春秋》为准则评判其材料取舍是否符合褒贬原则。"诗史"必须同时具备诗、史、经三要素(并非以诗代史、以诗代经),如能做到,则可使读者"自诗进于史,自史进于经"。在诗史关系中,史为本位;经史关系中,经为本位:三者价值层次不同,但又融于"诗史"之一体。"自诗进于史,自史进于经"是对读者的殷殷期待,更是为"诗史"创作树立圭臬。诗与史是两种不同的文本类型,"诗"如何进于"史"?从日本近代"诗史"的创作实践及理论阐释来看,"自诗进于史"就是诗歌通过履行史的记录、评价功能而进入史的行列。当然,"诗史"也会因其诗歌文体特征而与通常意义上的史有所不同。

(一)以诗存史:"诗史"的记录功能

幕府末期内忧外患纷至沓来,具有汉学素养的爱国志士们往往在斗争之余,以汉诗记录他们如火如荼的救亡经历。如著名政治家、汉学者藤田东湖受到禁闭处分时创作《回天诗史》,自称"其叙事或触类而长之,或托物而发之,虽固出于遣闷泄郁之语,亦可以观世焉"。② 该诗既是东湖个人的奋斗史,也是时代的缩影。而许多不具"诗史"之名的诗作,亦可视为有志之士的心灵流露,时代的忠实记录。如《忠烈诗史》集中了众多倒幕志士以身许国的慷慨吟咏,《近世诗史》描绘了明治维新前后波澜壮阔的历史画面。中村正直为《近世诗史》所作序云:"我邦嘉永以还至明治,为事变之最错杂者,而世既不乏私史。此编则集近世名人之诗,可与时事相表里者,另开生面,出人意表,名曰'诗史',固其当矣。"③所谓"与时事相表里",即是诗歌与时事若合符契,读诗如读史,历史存在于诗歌之中。明王嗣奭《管天笔记》外编卷上《尚论》云:"杜之诗往往与国史相表里,故人以'诗史'称之。"④中村正直所论可谓渊源有自。

宋邵雍《诗史吟》云:"诗史善记事,长于造其真。真胜则华去,非如目纷纷。"⑤释惠洪《冷斋夜话》卷三云:"老杜谓之'诗史'者,其大过人在诚实耳。"⑥真实性是"诗史"的生命,实录是"诗史"精神之所在。对于藤田东湖《回天诗史》来说,"诗史"反映了藤田东湖的亲身经历,其真实性无可怀疑;对于《忠烈诗史》、《近世诗史》来说,所收诗歌是各位作者对风云激荡的时代与不屈斗争的自我之忠实书写,编者以"诗史"名之,可谓表里相符。倘若"诗史"所载为正在发生的事情,而又不为作者所亲历,那又如何取信于人呢?对此,日本汉诗人是设法取得第一手资料,在大量占有、仔细辨析的基础上创作"诗史"。如高桥白山在其子高桥作卫参加甲午战争时,阅读战地新闻的同时多次致书军营,了解作战情形,更在战争结束后详细询问各种细节,故据此所撰的《征清诗史》虽然难免观点偏颇,但记录大体属实。日本方面对于甲午战争的研究著作,是否充分吸纳了《征清诗史》中所载事实,笔者受条件限制尚无法确定,但就中方资料而言,寓目所及至今尚未发现对该书加以引用者。这不能不说是种遗憾。

对于时事的记录,"诗史"所载与正史相比,存在着有无、详略、正误之别。就有无来说,藤田东

---

① 赖山阳:《日本乐府》,柳泽武运三明治十二年(1879)版,序第 2 页。

② 藤田东湖:《回天诗史》,见《东湖全集》,博文馆明治四十二年(1909)版,卷上第 1 页。

③ 太田真琴:《近世诗史》,牧野喜、岛田佐兵卫刊刻明治九年(1876)版,序第 1 页下。

④ 王嗣奭:《管天笔记》,见吴文治编:《明诗话全编》第 6 册,凤凰出版社 1997 年版,第 6638 页。

⑤ 邵雍:《伊川击壤集》,《四部丛刊初编》集部第 147 册,商务印书馆 1919 年版,第 134 页。

⑥ 惠洪:《日本五山版冷斋夜话》,见张伯伟编校:《稀见本宋人诗话四种》,江苏古籍出版社 2002 年版,第 29 页。

湖称其《回天诗史》"言颇触忌讳，事亦多机密，非敢示诸他人，聊遗于子孙云"，①担心"诗史"所言为人知晓后给自己带来祸害，故而秘不示人，这从反面说明"诗史"中所载之事可补时事之缺，也使诗人的勤王史更为完整。

就详略来说，正史所载往往为重大事件，即使是细微小事亦以能体现人物性格、暗示人物命运为原则，如《史记·李斯列传》对李斯微时厕鼠之叹的记载。日本"诗史"则不然，春田真庵对大槻磐溪的《磐溪诗钞二编》总评道："自杜集有'诗史'之目，后之名贤诸集，概足以鉴时事矣。诗岂徒为哉？此编仅仅一百首，而岁内之事，巨细不遗，历历在目，谓之日程历可也，又谓一家《春秋》亦可也。"②国分青崖在其《诗董狐》例言中也说："此书于时势之变迁，政事之得丧，人心之淑慝，大者必录，小者不遗，亦浣花遗躅也。后之作史者，其或有取于此。"③认为其"诗史"著作内容丰富，细大不捐，这种见解当自孟棨论杜诗"毕陈"时事而来。这对正史来说既难达到，也无必要，"诗史"对此则显得优裕从容。如明治甲申（1884），前田慧云将其《销夏诗史》收入主要阐释佛教理论的文集《道味一尝》中，十一首诗歌皆为其在北丰中津的所见所感，与重大时事无关。

就正误来说，在通讯、出版条件大为改善的情况下，"诗史"所载往往不为作者一人所知，故而可以将其与其他渠道得到的信息进行比对，验其正误。如织田完之《东洋诗史》之《立见少将破刘家堡事在廿七年十一月三十日》后两句云："大雪拥山冰结川，可堪深入冱寒境。"衣笠豪谷评曰："余门人某在雪里店寄书云：'冱寒损指伤鼻，不须急攻战。'今读此篇，其意相同，追想之际，犹觉粟生皮肤上。"④引用清日战争中的战场邮件，印证诗人所言不虚。但是"诗史"作者对战争的了解一是来自战士本人的战场记录，一是来自前方的新闻报道，二者都立足于本国利益，对有损本国形象的战争行为有刻意隐瞒之嫌，这就在源头上给"诗史"所用材料带来虚假片面、不够客观的问题。如《东洋诗史》之《旅顺口陷此夕我军乐队奏乐于练兵场事在廿七年十一月廿一日》（其二）云："马厩不堪风雨侵，大山大将悯俘擒。若干妇女分居室，周给皆霑仁恕心。"似乎菩萨心肠、一片祥和，但菊池起《连捷诗史》之《唾手一击屠旅顺》自注云："斩败兵甚多。"⑤高桥白山《征清诗史》亦云："屠城鏖战唼鲜血，快剑脱函光陆离。""市街鲜血沃腥臊，军乐声兴意气豪。"血腥与狂欢交织成一幅诡异阴森的画面。作者更在诗后注释中云："中佐部兵直入旅顺市街，屠潜伏兵士。"⑥对尽情屠戮供认不讳。这里必须指出的是，高桥白山诗中所云并不全面。据美国《纽约世界》记者克里曼1894年12月20日发表的记事说："日本军冲入旅顺市街，看到了用绳子吊挂在正街门上、被削去鼻子耳朵、沾满凝固血液令人战栗的日本兵头颅，激起士兵杀戮的怒吼。""海面上许多满载男女老少拥挤的小船缓缓向海中逃离，岸边的日军向落水的小船射击，海上日军的水雷艇也向小船开炮，十几艘小船和乘员被击沉，落水的人发出声嘶力竭的呼叫。"⑦英国《旗帜》记者威利阿斯1895年1月7日报道："日本兵完全丧失了理智，见人便杀，甚至连街上游走的骡马、猫狗也不放过。"⑧可见旅顺大屠杀的对象绝不止于中国士兵，更多的是无辜平民。清兵虐杀日本俘虏诚为野蛮之举，而日军疯狂屠戮旅顺清兵尤其是广大平民，则是骇然撕毁了矫情自饰的文明面孔。日本军政府的报刊审查

---

①　藤田东湖：《回天诗史》，卷上第1页。
②　大槻磐溪：《宁静阁集》，富士川英郎、松下忠、佐野正巳编《日本汉诗》，汲古书院1989年版，第十七卷第143、144页。
③　国分青崖：《诗董狐》，明治书院明治三十年（1897）版，凡例第1页。
④　织田完之：《东洋诗史》，近藤活版所明治二十九年（1896）版，第17页上。
⑤　菊池起：《连捷诗史》，菊池起明治二十九年（1896）版，第3页。
⑥　高桥白山：《征清诗史》，高桥作卫明治卅七年（1904）版，第59页。
⑦　宗泽亚：《清日战争》，世界图书出版公司2012年版，第356页。
⑧　宗泽亚：《清日战争》，第357页。

制度,战争中严密的新闻封锁,对英国中央通讯社、路透社的收买以及本国媒体的刻意反向宣传,都使日本民众难以获得真实的战争资讯。在此情况下,本应作为信史的"诗史"对战争的书写自然难以取信于人了。

(二)以诗论史:"诗史"的评价功能

汉许慎《说文解字》曰:"史,记事者也。从又持中;中,正也。"①史家须秉持中正原则,对人物事件作出公正评判。宋文天祥《文山先生全集》卷十六《文信国集杜诗序》云:"昔人评杜诗为'诗史',盖其以咏歌之辞,寓纪载之实,而抑扬褒贬之意,灿然于其中,虽谓之史可也。"②认为杜诗符合"史"的要求,"诗史"应该以诗为评,对人物事件做出评判。日本数量庞大的咏史诗充分说明了诗歌评论功能的强大。赖山阳弟子牧輗称赞赖山阳《日本乐府》道:"本邦开辟以还,治乱兴废之机,英雄忠烈之概,与夫奸猾佞邪之蹊径,因其事实,析情伪于只句零字之间,了然如明镜一照,妍媸悉现。前人所谓'诗史'者,预为此集目也。"③此论尚着眼于以诗存史的实录精神,而赖山阳友人田能村竹田评价《日本乐府》则云:"六十六阕悉是古来贼臣诛心之利刀,古来谗臣结舌之铁索,又与古来恨人照冤之明镜也。"④清者不能自清,浊者亦不会自浊,"诗史"则可扬清激浊,行使评判功能:对贼乱谗佞者绳之以法,使含恨千古者昭雪陈冤。

日本"诗史"中的众多序跋评点出色体现了它的评价功能。以论事而言,如《东洋诗史》中《阿片烟害至近年益甚云南地方产阿片最加多》三首,附有七则评点,其中第二首诗云:"四亿万人十中一,吃他鸦片出云南。耗精促命颜灰白,义气销磨不识惭。"本多晋评曰:"按《栈云峡雨记》,阿片多出云南云。夫云南人以毒药谋生计,是人颜兽行耳。"鬼头玉汝评曰:"道尽阿片烟害,可充清国灭亡史之一部。"⑤按,日本外交家、汉学家竹添进一郎 1876 年在中国考察,完成《栈云峡雨日记》一书。其中 6 月 21 日豫州日记称冀、豫、晋、川、广、云、贵诸省皆种植鸦片,而云南烟品为第一;清国人口四亿,而食鸦片者达十分之一;认为"鸦片之性,耗精促命,其毒甚于鸩。吾恐百年之后,四亿万之民尽衰羸,而生类几于灭矣。"⑥两相对照,可知本诗及评点皆源自《栈云峡雨日记》。而本多晋则进一步议论道:"英国以天主教专称救人,而卖杀人药如此。紫髯绿眼人皆其言行,果何如哉?"⑦野口胜一评《外国》(其二)曰:"文明开化其形,夷狄禽兽其心。"⑧二人猛烈批判了西方列强虚伪残暴的侵略者本质。此类评论一方面贬斥了中国广植鸦片以抵抗洋烟倾销的饮鸩止渴之举,传达出如此国家、军队在甲午战争中显然不堪一击的自信姿态;另一方面也继承了幕末以来的攘夷思想,对西方侵略者保持一贯的提防批判立场。

以论人而言,如《东洋诗史》中野口胜一评《大岛公使搭八重山舰急赴朝鲜》曰:"一篇大岛公使赞。"⑨鬼头玉汝评《云岘宫》曰:"廿八字可以代大院君传。"⑩本多晋评《备前川上郡大贺村三宅菊次

---

① 段玉裁:《说文解字注》,上海古籍出版社 1988 年版,第 116 页。
② 文天祥:《文山先生全集》,《四库全书》第 1184 册,上海古籍出版社 1987 年版,第 808 页上、下。
③ 赖山阳:《日本乐府》,序第 2、3 页。
④ 赖山阳:《日本乐府》,评第 2 页上。
⑤ 织田完之:《东洋诗史》,第 10、11 页上。
⑥ 竹添进一郎:《栈云峡雨日记》,野爱明治十二年(1879)版,第 12 页上、下。
⑦ 织田完之:《东洋诗史》,第 3 页上。
⑧ 织田完之:《东洋诗史》,第 2 页下。
⑨ 织田完之:《东洋诗史》,第 4 页下。
⑩ 织田完之:《东洋诗史》,第 6 页下。

郎》曰:"此诗刻石可为菊次郎墓铭。"①无论是传、赞,还是铭,都须臧否人物。这三则评点将诗歌视为散文体著作,乃是着眼于"诗史"的评价功能。《朝鲜》一诗云:"旋转乾坤替革新,扶持自是神明力。"野口胜一曰:"朝鲜宿弊不借神明力,不易洗涤。"②又评《对清意见》曰:"扶弱挫暴,真仁义军也。"③将入朝日军视为神明之师,仁义之师,其侵入、控制朝鲜乃是除暴安良的义举,可是历史的发展却无情地揭穿了日本汉诗人自唱赞歌的伪善面孔。1910 年 8 月 22 日,寺内正毅与朝鲜亲日总理大臣李完用签订《日韩合并条约》,朝鲜正式亡国。对此,日本汉诗人田边碧堂写下《恭读并合朝鲜大诏》一诗道:"楛矢来朝舟楫通,二千年史想神功。依然金尺山河在,还入扶桑日影中。"④两千年的吞韩梦想一朝实现,如何不令这些军国主义者得意扬扬? 而《东洋诗史》诗评所谓的旋转乾坤、扶弱挫暴自然不攻自破了。

综上所述,在记录功能上,日本近代"诗史"大多能够"与时事相表里",忠实记录当代史,甚至对部分史事起到补充作用,但有些作品在选材上细大不捐,将日常琐事入诗,呈现出"史"的泛化倾向,从而不具有典型意义;受主客观条件的限制,部分侵华"诗史"做不到"其文直,其事核,不虚美,不隐恶"⑤,称不上"实录"之作。在评价功能上,"诗史"及相关评点序跋扬清激浊、褒贬有力,对晚清弊政、西方帝国主义侵略的批判一针见血,力图彰显本国政治的优越性与军事行动的正当性,凸出民族本位。"自诗进于史"从诗人来说,就是"诗史"须履行史的记录评价功能;从读者来说,就是通过阅读了解古今历史真相,形成正确的历史观念。我们从日本近代"诗史"的实践来看,少部分"诗史"史观是有问题的,夹杂着偏狭甚至错误的认识。

三、"自史进于经":日本近代"诗史"的终极追求

《诗大序》云:"《风》,风也,教也;风以动之,教以化之。"⑥《诗经》作为儒家诗教的权威读物,在漫长的封建社会中起到规范、教化的作用。中村正直《敬宇诗集》卷一《读杜诗》云:"岂唯诗史征后代,风教直补三百遗。"⑦认为杜甫的"诗史"不仅在后代可作信史征用,而且可以教化民众,起到《诗经》补遗的作用。这不是中村正直一人的见解,而是日本汉诗人的共识。大沼枕山为一万田子逸《读史杂咏》作序云:"夫诗为圣人之至教矣……忠臣烈士若文山、所南犹且有作,令人奋起于千载之下。由是观之,不为无用于世道也。"⑧历代"诗史"类著作可"自史进于经",实现儒家诗教,振奋人心,有用于世。对于近代"诗史"杰作《忠烈诗史》,我们亦可如是观。

"诗史"的"自史进于经"体现在两个方面:一是着眼于"诗"的特殊体性,将其纳入《诗经》谱系之中,重在彰显"诗史"的教化作用;二是着眼于"史"的鉴戒功能,将其纳入《春秋》经的谱系之中,力求发扬"诗史"的褒贬传统。上述筱崎弼以《诗经》、《春秋》二经作为评价山阳《日本乐府》的标准,充分说明他对"诗史"地位的推崇,对《日本乐府》的期许:读者通过学习涵咏赖氏"诗史"之作,成为符合儒家教义规范的人。

---

① 织田完之:《东洋诗史》,第 9 页下。
② 织田完之:《东洋诗史》,第 5 页下。
③ 织田完之:《东洋诗史》,第 5 页下。
④ 田边碧堂:《碧堂绝句》,富士川英郎、松下忠、佐野正巳编《日本汉诗》,汲古书院 1989 年版,第二十卷第 323 页。
⑤ 班固:《汉书》第九册,中华书局 1962 年版,第 2738 页。
⑥ 阮元:《十三经注疏》上册,第 269 页。
⑦ 中村正直:《敬宇诗集》,敬宇诗集刊行发行所 1926 年版,卷一。
⑧ 一万田子逸:《读史杂咏》,求志堂明治五年(1872)版,序。

正因"诗史"承担了如此重要功能,日本汉诗人创作"诗史"时丝毫不敢轻慢。他们倡导有为而作,反对无病呻吟、吟风弄月,以为此类诗作于事无补,于国无益。鬼头玉汝为《东洋诗史》作跋批判诗坛风气道:"余窃谓近来学者浮薄轻佻,无些操守,阿谀权势,卑卑屈屈,甘为名利奴者,比比相望。其诗赋文章,纤弱夸张,涂饰人目,虚伪怪诞,使人催呕吐,是为今代文字之一大污辱矣。"[①]织田完之《东洋诗史》自序更将批判笔触指向此种诗风的源头清代诗学:

> 读近世清人诗,皆浮靡虚饰,牵强僻典,吐无用之言,非仙则佛,荒唐不稽,主义所在,暧昧模糊,徒有示博衒奇之癖,更无精神一到之气象,细推实用如何,则悉卤莽之赘言耳。虚文迂阔之弊,至此而极矣。一朝有事,则每战必败,岂非道义颓废、廉耻拂地之故乎?本邦人漫作诗,忘实用,称风流,模仿近世清人诗,以为得意者,则恐无所益于世道人心,可不做哉?可不戒哉?[②]

所谓"实用",即是有益于世道人心。织田完之认为清国战败的根本原因在于清人毫无道义廉耻可言,而本应教化激励民众的诗歌,却又华而不实、荒唐无用,败坏了人心,对"每战必败"具有不可推卸的责任。这种观点对于中国近代诗学来说,不啻当头棒喝,值得国人深思。清诗风格多样,织田完之认为"皆浮靡虚饰,牵强僻典"当然是以偏概全,但结合诗歌评点,我们可知他是意有所指的。《东洋诗史》之《诗魔》(其一)云:"不省少陵忠厚意,雕云镂月尽浮夸。"野口胜一评曰:"袁子才、李笠翁之徒作轻浮诗以误后世,本朝亦有仿此徒沾沾自喜者,须以金篦刮其目。"[③]袁枚、李渔有不少鼓吹性灵的轻艳之作,其诗歌在江户后期非常流行,而在幕府末期内忧外患的形势下,此种诗风显然是不合时宜的,时代呼唤的是慷慨激昂、舍生取义的英雄之诗。杜甫的"诗史"是安史之乱的一面镜子,日本近代"诗史"亦是众多忠义之士救亡图存的历史实录。织田完之赞赏杜甫"诗史"的"忠厚意",其实质是利用杜甫"诗史"中洋溢的忠君爱国思想对日本的"诗史"创作起到规范引导作用。

在诗、史、经这三者关系上,日本近代"诗史"的终极目标是"经":以"诗史"建构人心,培养忠君爱国、维护天皇统治的皇民,而浮靡迂阔、败坏人心的清诗则与之相反,必须引起日本汉诗人的警戒。《诗大序》评论《诗经》的政治作用是"经夫妇,成孝敬,厚人伦,美教化,移风俗"[④]。日本"诗史"则将其扬弃浓缩,简化为"经君民",突出教化功能。明治维新后,随着天皇制的强化,日本社会的忠君思想日益浓厚,"诗史"作者期望以之作为宣传教材,神化并加强天皇统治,熏陶出忠于天皇的军国主义者。如高桥白山《征清诗史叙》曰:"上之临下,一以至诚;下之奉上,亦以至诚,慕之如父母,仰之如日月,四千万国民爱国忠君,犹手足之扞头目,宜乎征清之役我军勇战奋斗以震慑四邻也。"[⑤]这段话生动体现了"诗史"宣扬天皇恩德、教导臣民忠君的功能。

与中国"诗史"决然不同的是,日本近代"诗史"渗透着强烈的"国体"意识,而"国体"的灵魂则是维系"万世一系"的天皇统治。日本"诗史"组诗较多,如赖山阳的《日本乐府》、中岛子玉的《日本新乐府》、大槻磐溪的《国诗史略》、菊池晚香的《瀛史百咏》、秋月种树的《诗史》等,都是享有"诗史"之誉的咏史组诗,歌咏对象皆为日本往代历史,高桥白山的《征清诗史》、织田完之的《东洋诗史》、菊池起的《连捷诗史》、乌玉山人的《日本诗军》等,则是记述清日战争的当代诗史。两类"诗史"组诗的共同点是宣扬"国体"之神圣伟大。如《东洋诗史》首篇《皇统》云:"皇统联绵岂偶然,二千五百

---

① 织田完之:《东洋诗史》,跋第2页下。
② 织田完之:《东洋诗史》,第3页下、第4页上。
③ 织田完之:《东洋诗史》,第2页下。
④ 阮元:《十三经注疏》上册,第270页。
⑤ 高桥白山:《征清诗史》,序第1页。

五十年。臣民自古崇忠孝，亲政万机咸奉天。"江木千之评曰："皇统联绵与臣民忠勇相待不相离以至于今，固非偶然。国体之美，冠绝今世界。'诗史'以之为前提，可谓体裁称宜也。"野口胜一评曰："开卷第一，不可无此篇。"①咏史类"诗史"为歌咏通史或断代史之作，自国体发端，历叙重要人物事件，诚属正大得体，而歌咏当代史的"诗史"也多自赞美皇统联绵的"国体"始，则"诗史"背后起到主导作用的，乃是万世一系的皇国史观。综观近代多组"诗史"著作，我们会发现日本汉诗人对本国国体的高度赞扬及大和民族独立性、优越性的自信。这些"诗史"大多从远古帝王开始记述，中间叙述王侯将相、各界英才，流露出强烈的民族意识。如赖山阳《日本乐府》首篇《日出处》赞颂神武天皇定国号"大和"、"日本"，推古天皇致书隋炀帝，力争两国平等地位，其后两句云："嬴颠刘蹶趁日没，东海一轮依旧出。"②将中国秦汉以来的王朝更迭频繁与日本天皇家族绵延统治相对比，指出日本国体显胜中国。这还是将"诗史"限制在有史可证的范围内立论，而秋月种树《诗史》首篇《神入窟》、龟谷省轩《咏史乐府》首篇《高千穗》、菊池晚香《瀛史百咏》首篇《瑞穗国》等皆歌咏天照大神，将日本的历史上溯到神话时代。依田学海评《瑞穗国》道："自地形说起，极典则。"森槐南更说："开卷令人耸目。"③悠久的历史，丰饶的地理，辈出的英雄，使"诗史"一变而为大和民族辉煌壮丽的"史诗"。

"进于经"是日本近代"诗史"创作的终极目标，这并不是说"诗史"等同于经，而是说诗人以经的原则指导写作，读者接受其中蕴含的儒家思想的熏陶，成为尊皇爱国之人。刘勰《文心雕龙·宗经》篇云："经也者，恒久之至道，不刊之鸿教也。"④读者应接受"恒久之至道，不刊之鸿教"的教育，而此至道鸿教就体现在《诗史》所写的日本民族圣君贤相、英雄豪杰的言行中。这种观念导致日本"诗史"不只集中于当代史的书写，还将往代史的吟咏纳入范围，更好地再现大和民族光耀古今的历史进程。在诗、史、经三者关系中，经居于中心位置，决定了"诗史"的内涵、功能和宗旨。与之相比，中国"诗史"的地位不如日本之崇高突出，即使是"诗史"正宗杜诗也享受不到"进于经"的尊荣。日本"诗史"作家的创作态度是严肃的，甚至带有神圣性。

四、"雅驯"：日本近代"诗史"的文体风格

文体是文学史的核心概念，对文体掌握与创新的程度是衡量一个作家创作才能的重要标准。中国语境中的文体综合了西方文论中的风格和体裁两方面内容。日本汉诗人对"诗史"文体的独特认识与中国"诗史"观迥异其趣，对此问题进行探究显然必要。

"诗史"从文本类型来说是诗不是史，但其在保持诗歌文体特征的同时也吸纳了史的优良传统。前引筱崎弼为赖山阳《日本乐府》所作序称"诗史"之作须"雅驯"。"雅驯"一词最早出现于司马迁《史记·五帝本纪》："百家言黄帝，其文不雅驯，荐绅先生难言之。……余并论次，择其言尤雅者。"孔颖达《正义》释曰："驯，训也。谓百家之言皆非典雅之训。……太史公据古文并诸子百家论次，择其言语典雅者。"⑤可见雅驯指儒家之典雅训诚，涵盖了思想内涵、艺术风格两方面内容，而后代则多倾向于雅而非训，重点在艺术风格一端。笔者从日本近代"诗史"的创作实践及相关表述出发，认为雅驯可以作为"诗史"的文体风格来看待。这主要体现在以下三个方面。

---

① 织田完之：《东洋诗史》，第1页上。
② 赖山阳：《日本乐府》，第1页上。
③ 菊池晚香：《瀛史百咏》，菊池晚香明治三十九年（1808）版，第1页上。
④ 范文澜：《文心雕龙注》，人民文学出版社1958年版，第21页。
⑤ 司马迁：《史记》，中华书局2013年版，第54—56页。

(一)"诗史"类型风格上须典雅合体

野口胜一为《东洋诗史》所作序云:

诗之体亦多矣,有颂歌之体,有纪实之体,亦有二体相兼者矣。凡颂歌者,贵谨严富丽;纪实者,贵真挚直截。自一王师征清国,海内诗人漫然作诗,不知其几千,而颂歌未见谨严富丽者也,纪实未见真挚直截者也。其中区区者,固不措议论焉。至著称人,尚有以贤所比法宫,以我皇比勾践等之语,是不可以国人诗观之,反类代清人颂清廷纪清军者,岂非失体之最甚乎?……诗句皆雄而整,雅而婉,不敢假托汉土卤莽之故事。平壤之役者,直叙平壤之役,黄海之战者,直叙黄海之战,将士之所以奋斗,政厅之所以施设,莫一不实叙,乃如此则诗可为史而读焉,史可因诗而绎焉。其颂歌则谨严富丽,其纪实则真挚直截,皆各得其体,非与彼失礼者同日论也。夫清国之诗文,流于浮言虚辞,竟速国运之衰弱矣。本邦方会奎运勃兴之时,苟作诗文者,岂可不深鉴哉?[①]

"体"即艺术的风格要求,谨严富丽为颂歌之体,真挚直截为纪实之体,无论哪一类型,皆须合体而非失体。体与"诗史"的创作宗旨密切相关。日本"诗史"得体的思想评判标准是倡导尊皇爱国,不能起到这个效果甚而相反的,就是严重的失礼行为,在艺术上的表现则为失体。勾践"十年生聚,十年教训",为中国历史上的英雄人物,日本汉诗人将其天皇比作勾践,当然是出于歌颂目的,但野口氏还是批判这是失礼行为,其中隐含的是"勾践岂能与我天皇相提并论"的傲慢心理。所谓"不敢假托汉土卤莽之故事",非不敢也,实不屑也。天保三年(1832)筱崎弼为赖山阳诗集作序,称其诗"合典故于和汉",尚以其善用汉典为能,而到了明治二十八年(1895)清日战争日本大胜后,野口胜一则以引用汉典为耻了。他认为战争只要直接叙述即可,汉典可搁置不用;清国诗文陈陈相因,不能真切叙述当代史,其使用岂止"流于浮言虚辞"而已,简直是"竟速国运之衰弱"! 在他看来,日本兵力强盛,文化优越,清国诗文不仅不可效仿,而且应该引以为戒。为使"诗史"思想上不失礼,风格上不失体,日本汉诗人必须另辟天地,走出具有本民族特色的道路来。明治三十二年(1899),富冈敬明完成《双松山房诗史》,请友人评点。行德拙轩评《奉呈闲叟公左右》一诗道:"叙记恩德,壮雅有体。"[②]町田柳塘评《明治十七年十一月恭承敕任官之式》一诗道:"谨厚得体。"[③]皆从得体角度评其为成功之作。

(二)"诗史"语言可雅俗共赏

雅驯在"诗史"语言风格上体现为用词须典雅。赖山阳友人陈人田评《日本乐府》用词云:"凡诗用国语,选择字面,须要雅驯。"[④]国语,即本土化、日常化的汉字。国分青崖《诗董狐》凡例亦曰:"《评林》之诗,自政治、法律、经济、文学,至理化、算数、工艺、农桑,莫所不网罗。如泰西事物,往往难入吟咏。今命名择词,务期雅驯。"[⑤]西洋事物译为汉语时,不少都是多音节词汇。这些词汇直接进入诗歌容易显得生涩怪异,不伦不类,而已经本土化的西洋术语以及日本汉字,只要典雅有致的,皆可入诗。他们再也不像五山时期汉文学一样,以本国特色明显的"和臭"为讦了。我们但须将近代中日两国的汉诗集放在一起比较,就很容易发现,对器物人名、文化制度等新兴事物,日本

---

① 织田完之:《东洋诗史》,第1、2页。
② 富冈敬明:《双松山房诗史》,富冈春雄明治三十二年(1899)版,第6页下。
③ 富冈敬明:《双松山房诗史》,第12页。
④ 赖山阳:《日本乐府》,评第1页下。
⑤ 国分青崖:《诗董狐》,凡例第3页。

汉诗比中国运用得更领先,更广泛。如一万田子逸《读史杂咏》之《读书叹》一诗云:"和汉与洋梵,探奇又索新……不见西番人,智慧能究理。地球惟游星,月与五星比。太阳乃天枢,地球回为纪。虽与旧说反,均是是言理。"①此诗和汉洋梵之新词妙理信手拈来,诚为清新典雅的佳作。"诗史"在词汇运用上具有趋新特点,体现出与时俱进的语言风格,因为唯有如此方能有效深入地反映干预现实,为大众所接收。雅与新可并行不悖。

　　日本"诗史"作家还有意识地追求语言的通俗易懂。他们将咏史类"诗史"作为历史读物使用,"使小子后生懵于国事者,吟咏讽诵,以为他日读全史之道地"②,而当代史类的"诗史",为了发挥时效性、教育与宣传作用,当然更是以通俗为上,使"诗史"最大程度上影响民众。高桥白山《征清诗史》序云:"传之家庭,使我子孙日夕讽诵苦战间,而存爱国之念焉,亦自养本之意也。其词务言语同一者,便幼童读解,不辞浅近粗俗之嘲。"③其实高桥氏作"诗史",绝不只是令其子孙讽诵,否则就无需出版发行了。国分青崖《诗董狐》凡例云:"白香山每作诗,令一老妪解之。解则录之,不解则易之,故明白晓畅,感人尤深诗者。吟咏情性,固无取于钩章棘句也。"④《诗董狐》最初载于报刊的《评林》专栏,对日本社会众多现象进行评骘,具有文人论政的意味,其语言当然也要人人能解。在国分青崖看来,雅俗共赏,二者并不矛盾。文明开化国策使得日本社会新事物、新观念、新名词层出不穷,所谓"《评林》之诗,自政治、法律、经济、文学,至理化、算数、工艺、农桑,莫所不网罗","诗史"若要迅速全面地评判各领域的新现象,其语言必须及时跟进,通俗易懂。只要不是难入吟咏的泰西术语,再俗、再新都可视作雅驯之言。江户前期汉学家太宰春台《诗论》云:"子美好纪时事,所以有'诗史'之称也。乐天亦好纪时事,而不及子美之雅驯,徒以常语矢口为诗而已,虽多至千首万首,亦何足观哉?"⑤国分青崖认为"诗史"语言可雅俗共赏、紧贴时代,显然比春台更具现代平等意识。"诗史"是日本文明开化新诗的重要组成部分,对日本语汇的近代化做出了贡献。

(三)"诗史"体裁选择中的乐府绝句之争

　　赖山阳、中岛子玉的咏史组诗,采用的是乐府体,这是受中国元末杨维桢、明李东阳、清初尤侗等人咏史乐府的影响所致,但幕府末期众多"诗史"采用的则多为绝句体。广濑建为中岛子玉《日本咏史新乐府》所作序云:"予读邦人诗集,必置卷首六七叶而不读,以其有拟古乐府也。是近儿戏,而诸家汲汲焉,甚哉,习俗之愚人也!"⑥对模拟气息浓厚的拟古乐府嗤之以鼻,而秋月种树《诗史序》亦云:"余不好乐府体,谓轻薄近儿戏也,故换以绝句。"⑦明治以后的"诗史"多为颂赞体,诚如野口氏所言,该体应以"严谨富丽"为风格。乐府体句式或长或短,转韵较多,功力差者难以驾驭,容易陷入流荡散漫一路,其体式亦不及绝句体整饬肃穆,故运用不及后者广泛。从艺术效果来说,绝句具有天然的体裁优势。冈千仞为其师大槻磐溪《国诗史略》所作跋曰:"盖先生不能无感于甲寅以来之事,曰:'不得言于今者,不可以托于古乎?'余谓咏史之体,昉于长作,一时呼为'诗史',而义山、樊川寓讥刺于二十八字中,深得《三百篇》之遗意。"⑧长篇多铺陈,故以赋法为主;短诗重含

---

① 一万田子逸:《读史杂咏》,第 9 页。
② 大槻磐溪:《宁静阁集》,第 230、231 页。
③ 高桥白山:《征清诗史》,序第 2 页。
④ 国分青崖:《诗董狐》,凡例第 4 页。
⑤ 太宰春台:《文论诗论》,前川权兵卫、前川庄兵卫宽延元年(1738)版,第 4 页下。
⑥ 中岛子玉:《日本咏史新乐府》,尚书堂明治己巳年(1905)版,第 33 页上。
⑦ 秋月种树:《诗史》,金港堂书籍株式会社明治三十三年(1902)版,序。
⑧ 大槻磐溪:《宁静阁集》,第 256 页。

蓄,而以比兴为佳。李商隐、杜牧的七绝与杜甫"长作"相比,寓褒贬于叙述之中,托讽今于咏史之外,可谓典雅有致,如《龙池》、《华清宫》诸诗,借讥讽玄宗荒淫误国,批判晚唐政治的腐朽窳败,最为含蓄有力。筱崎弼以"美刺皆能似诗人之比兴"来要求诗史创作,竭力倡导比兴手法在诗中的运用,深得《诗大序》"主文而谲谏"之精髓。大槻磐溪为幕末严酷政治环境所限制,不便直接批判,故而托古讽今,以《国诗史略》表达对当今时事的见解,多用比兴的七绝就成其首选文体了。

日本"诗史"作家对民族及个人创作力高度自信。大槻磐溪偶读清人林二耻的咏梅组诗,欣赏其多角度咏叹的创作方法,并创作《读清人林二耻咏梅花六首效颦赋此》与之竞争。诗中佳句纷呈,如"腊雪来清高士骨,东风吹送美人魂"一联,确实写出梅之神韵。组诗末联云:"殷勤更向花神问,今古品评谁最公?"大槻磐溪隐然已作向古今咏梅诗挑战,颇有阮籍登广武而叹"时无英雄,使竖子成名"之自负。菊池子显评其诗曰:"丙辰(1856)春,余家小集,先生袖此诗见示,且使余再和,云:'压倒斓发奴!'余壮其言,乃依林韵赋六首。"①大槻磐溪对清诗的蔑视姿态跃然纸上。被俞樾誉为"东国诗人之冠"的广濑谦弘化丙午(1846)为《磐溪诗钞》卷三《鸡肋存稿》题辞曰:"尝论吾邦胜支那,不独皇统万年无替队。……终与东方风土精华恰相称,足使西人皆感愧。"②在江户末期的汉诗人心目中,日本汉诗完全可以超越中国诗歌,而到了甲午战争之后,他们已不屑与之相提并论了。

结　语

"诗史"是中国古典诗学的核心范畴之一,它将历史、政治与作家际遇熔于一炉,铸成具有历史感、当下感和个体特色的概念。随着中国诗学尤其是杜诗向东亚世界的传播,"诗史"观念在日本扎根生长,到了近代创作上终于一派繁盛景象。在"诗史"与政治的关系上,日本近代"诗史"很好地证明了"文变染乎世情,兴废系乎时序"③的文学创作规律。德川幕府末期内外交困的政治局面激励倒幕志士写下慷慨激昂、以身许国的咏怀佳作,明治时期实行脱亚入欧国策所带来的社会急剧转型,更是启发"诗史"作者书写千年一遇的沧桑巨变,此种情形恰如梁钟嵘《诗品序》所言:"凡斯种种,感荡心灵,非陈诗何以展其义,非长歌何以骋其情?"④与晚清诗坛相比,日本汉诗人"诗史"意识明确,他们充分利用传统刊刻与现代报纸、期刊、教材等传播方式,发挥"诗史"记录评论、宣传教育的功能,努力令其反映并干预社会生活。"诗史"可谓日本近代社会的积极参与者。在创作宗旨上,筱崎弼以《诗经》之比兴美刺、《春秋》之褒贬取舍作为"诗史"创作的准则,以令读者"自诗进于史,自史进于经"作为"诗史"创作的效果,将诗、史、经融于一体而以经作为终极目标,堪为日本近代"诗史"创作之圭臬。为此,日本汉诗人不但热衷于当代重要时事政治的书写,而且将历代史纳入"诗史"吟咏的范围。如果说中国"诗史"重在"刺"时政窳败,民生日蹙,那么明治"诗史"则重在"美"天皇圣明,国力昌盛,尤其是日清战争中出现的大量"诗史",更是充斥着对日本上下一心、赴死报国的歌颂,"诗史"由此一变而为皇民教育的课本和侵华战争的赞美诗。在创作心态上,日本"诗史"作家流露出浓厚的与中国竞争的意识,认为本邦"诗史"才是杜诗传统的继承者,而晚清诗文"流于浮言虚辞,竟速国运之衰弱",不屑与之为伍。他们从"合典故于和汉"发展到重用本国

①　大槻磐溪:《宁静阁集》,第 133 页。
②　大槻磐溪:《宁静阁集》,第 62 页。
③　范文澜:《文心雕龙注》,第 675 页。
④　钟嵘:《诗品》,文学古籍刊行社 1954 年版,第 2 页。

历史文化资源,竭力彰显民族特色,用语雅驯而又与时俱进,和汉洋梵不拘一格,体现出荟萃东西、熔冶古今的气度,推动了东亚汉文学的民族化以至现代化的进程。从近代"诗史"的创作及观念,我们可以一窥东亚汉文化圈内各民族汉诗发展之兴衰消长。但随着日本脱亚入欧步伐的加快,汉文化教育的日渐衰落,汉诗人才难以为继,日本"诗史"也不可避免地走向没落。繁华之后是苍凉,明治末期"诗史"之创作式微与观念淡漠,绕梁余音般引起我们对当今世界汉文化生存状况的远虑深思。

(作者单位:浙江大学中文系、台州学院中文系)

莎剧经典动画改编：趋势与启迪[*]

吴斯佳

内容提要：没有改编就没有经典，文学经典的生成与文化的传承大多是在改编的状态中得以实现的。莎士比亚戏剧经典的动画改编对于经典传承具有重要意义，欧美以及日本等动画电影强国对莎士比亚的戏剧表现出了极大的热忱，纷纷进行改编，无论在投入成本、规模、影片数量或是业界反响等方面，都引人瞩目。然而，我国相应的动画电影领域却没有介入。莎士比亚戏剧经典在我国动画电影这一领域"失语症"，其实有是着深层的社会原因的。中国当下动画所面临的数量多但质量堪忧的尴尬局面也在敲响警钟，应当重视对于文学经典的继承和发展。莎剧为动画创作提供了良好的素材来源，在全球莎剧动画改编的大背景之下，中国动画也有必要遵循这样的发展规律。对莎剧改编，对文学经典改编应当是中国动画发展的捷径。

关键词：莎士比亚；戏剧经典；动画改编；文化传承

文艺复兴时期的著名人文主义作家莎士比亚已经超越了时空，从而"不属于一个时代，而是属于所有的世纪"[①]，他的不朽作品也跨出了英国的疆域，成为世界各国学术研究的一个不可忽略的重要领域。当下，有关莎士比亚的国内外研究主要集中在三个方面：莎士比亚戏剧经典的文本研究；莎士比亚戏剧经典的译介研究；莎士比亚戏剧经典的影视改编研究。简而言之，莎剧经典研究主要集中在传统的文本研究、翻译研究、影视改编研究等三个方面。而莎士比亚戏剧经典在动画领域屡次改编，并且成就了相当一部分动画经典。然而，对于莎士比亚戏剧的动画改编研究则尚未被国内外学界所关注。面对世界各国数量可观并且愈来愈多的莎剧动画改编，这方面的缺失无疑是个遗憾，这一方面的研究无疑是一个有待开拓同时亟须面对的崭新的重要研究领域。

一

改编无所不在。可以说，没有改编就没有经典。纵观世界文坛，文学经典的生成与文化的传承大多是在改编的状态中得以实现的。古希腊悲剧《俄狄浦斯王》出自于改编，莎士比亚的《哈姆莱特》出自于改编，歌德的《浮士德》同样出自于改编。许许多多的改编实践都证明了本雅明的断言："讲故事从来就是重复故事的艺术。"[②]甚至法国当代理论家克里斯蒂娃更为直接地说："任何文

---

* 本文系作者主持的国家社科基金项目"莎剧经典动画改编研究"（项目编号：14CWW013）阶段性成果之一。

① 本·琼生语，转引自王佐良：《英国诗史》，译林出版社 1997 年版，第 119 页。

② 转引自袁源：《"讲故事的人"：莫言与本雅明的巧合》，《世界文学评论》2013 年第 2 期。。

本都是对另一文本的吸收和改编。"①改编这一现象广泛地存在于文学艺术的创作之中,在如今新媒体盛行的文化消费时代,改编依旧是一个经久不衰的话题,只是改编的方式已经不再局限于古老的纸质文本了,新的讲故事的方式——电影电视使得改编以全新的面貌出现。改编的范围因此而拓展了,改编的方式也因此而多元化了。动画在一定程度上也可以归为叙事艺术,毕竟动画本身也具备了讲故事的能力,因此,动画的改编也成为影视改编中不可缺失的一环。

莎士比亚戏剧作为戏剧界的典范,更是世界文学的经典之作,在人类文化的发展历程中,其作用不言而喻。在电影电视技术与艺术迅猛发展的当下,莎士比亚戏剧作为人类文化的瑰宝,为新的艺术提供了不可多得的创作素材,大量的电影电视作品以莎士比亚戏剧为素材,对其进行改编,成就了另一种艺术形态的经典。动画作为影视的分支,与真人影视相比,在创作上,在受众传播上都存在明显的差异,因此,动画对于莎士比亚戏剧经典的改编便开辟了经典传承的另一种可能性。

动画诞生的年份比电影稍晚,从地位上来说,动画在相当长一段时间内都是从属于电影的,动画是电影放映前的附加"赠品"。这和希腊时期的悲剧与喜剧的关系有些类似,悲剧诞生于酒神祭祀仪式,而喜剧诞生于酒神祭祀仪式中附属的狂欢歌舞表演,从"出身"上来看,喜剧就是悲剧的一种"伴生品",因此喜剧在相当长的一段时间内被认为是比悲剧低下的艺术形态。动画与电影的关系也与之相似,动画是在电影技术发展成熟的基础上才得以出现的,也可以被认为是电影的一种"伴生品"。因此,直到今天,动画的艺术性往往无法提到与小说、诗歌、戏剧,甚至是电影的艺术高度。动画对电影的这样一种附属状态也许影响了动画的独立发展,也影响了人们对于动画艺术性的认识。当然,也有可能是因为动画与其他的艺术形式相比较,其产生的年份是最晚的。就像罗伯特·斯坦姆所说的那样:"文学永远大大地优于任何对其进行改编的作品,因为文学作为一种艺术形式来说它存在的年代最为久远。"②这种简单的论资排辈的断言不免有些武断,虽然动画产生的年份最晚,在其他艺术门类中,它是属于"年轻人"的,但是动画也是能够形成其特定的语言符号系统的,它也是一种独立的艺术。可是,不管怎么说,动画的这种天然的劣势使得它与传统的艺术样式之间存在一定的差距,所以,动画往往会被视为较为"幼稚"甚至有些"劣等"的艺术样式,那么,以这种优势并不突出的艺术形态去改编文学经典时,则往往会遭到非议,正如美国一位学者所言:"大家多多少少都能接受将《罗密欧与朱丽叶》改编为更加高雅的艺术形式,比如歌剧或者是芭蕾,却不能容忍将它改编为电影……如果一个改编被认为是一种较为'低等'的对故事的讲述方式(根据一些所谓的媒介或者题材来划分等级),则更有可能遭受否定的评价。而且,即使这类改编作品获得了大量的赞美,还是会有反对声音存在。"③这种观点的普遍认同注定了被奉为文学圣经的莎士比亚戏剧在改编为动画的过程中会遭遇重重困难,恐怕也正是因为这种偏见使得莎士比亚的动画改编研究并未受到应有的重视。

虽然莎剧改编的动画作品已有不少,且其中一部分还成了动画经典之作,但是相关的研究则没有跟上,其原因恐怕就在于学者们对于以动画来阐释文学经典具有一定的天然的抵触心理,认为这是对于经典的贬低。但是,随着时代的发展,随着科技的飞跃,纸质文本和纸质文献难以适应时代进步和学科发展的需要,因此,研究莎士比亚戏剧经典,局限于纸质文本的范畴,已经很难适应时代的发展,需要以跨媒体研究的视野来介入莎士比亚戏剧经典的研究,这势必拓展文学经典

---

① Julia Kristeva: "Word, Dialogue and Novel", *in The Kristeva Reader*, ed. by Toril Moi. Oxford: Blackwell Publisher Ltd., 1986, p. 36.

② Linda Hutcheon: *A Theory of Adaptation*, Taylor & Francis Group, 2006, p. 5.

③ Linda Hutcheon: *A Theory of Adaptation*, Taylor & Francis Group, 2006, p. 3.

的研究空间，也将成为莎士比亚研究的一种新的趋势。

二

虽然莎士比亚戏剧创作于距离今天400多年前的文艺复兴时期，那个时代与今日不可同日而语，但是其作品的艺术魅力却是可以超越时代让读者和观众产生共鸣的。因此，时至今天的21世纪，莎士比亚的戏剧还是在通过改编行为以新的形态影响着全世界的观众。在莎剧动画改编方面，欧美以及日本等动画强国对此表现出了极大的热忱，纷纷进行改编，无论在投入成本、规模或影片数量方面，都是其他文学经典所难以比拟的。比如英国严肃而系统的《莎士比亚名剧动画》、美国票房惊人的动画大片《狮子王》、《吉诺密欧与朱丽叶》以及日本株式会社"GONZO"对《哈姆雷特》、《罗米欧与朱丽叶》等的动画改编。

当然，欧美以及日本的动画改编各具特色，也各有各的改编策略。总体而言，欧洲国家的莎剧动画改编倾向于重视艺术价值；美国的莎剧动画改编则重视其票房价值；而日本的莎剧动画改编则具有背离原著精神的倾向。

欧洲的莎士比亚戏剧经典动画改编以英国为代表，英国BBC和Channle 4集合了一大批优秀动画人才，对于莎士比亚戏剧作出了系统而全面的改编，推出的《莎士比亚名剧动画》改编了莎士比亚的12部戏剧经典。每一部动画都是由不同的导演以截然不同的风格加以表现，这部《莎士比亚名剧动画》堪称动画艺术的大集锦。在喜剧改编方面，主要有萨阿基安茨（Robert Saakiants）执导的《仲夏夜之梦》、卡拉耶夫（Alexei Karayev）执导的《皆大欢喜》、穆阿特（Maria Muat）执导的《第十二夜》等；在悲剧改编方面，主要有奥尔洛娃（Natalia Orlova）执导的《哈姆雷特》、以冈伯格（Efim Gamburg）执导的《罗米欧与朱丽叶》、杰克·古德（Jack Gold）执导的《麦克白》、乔纳森·米勒（Jonathan Miller）执导的《奥赛罗》等；在历史剧和传奇剧的动画改编方面，以奥尔洛娃执导的《理查三世》、索柯洛夫（Stanislav Sokolov）执导的《暴风雨》等。这一批动画作品以忠实再现原著为基本改编策略，同时兼顾动画本身的艺术价值，这种改编方式总体来说颇为严肃，也很好地传达了原著的精髓。

美国的莎士比亚戏剧经典动画改编，以1994年迪士尼二维动画巨片《狮子王》和2011年英美两国合作制作的《吉诺密欧与朱丽叶》为代表。这两部动画堪称商业动画的典范。无论从动画叙事、动画制作、还是从商业推广等角度来看，都充斥着美式动画大片的味道。确实，从商业上来看，这两部动画取得了令人瞩目的成就：1994年美国动画片《狮子王》是根据莎士比亚《哈姆莱特》改编的，这部影片是美国手绘动画的巅峰之作，代表二维动画的最高成就，总票房收入已经超过7亿5千万美元，相关衍生产品收入超过10亿。2011年的《吉诺密欧与朱丽叶》根据《罗密欧与朱丽叶》改编而成，这是一部制作精良的三维动画大片，让观众在品味古老戏剧经典的同时享受着一场视听盛宴，该片在票房上的成就也令人侧目，在上映三周之后依旧可以登上北美票房榜首。美国改编莎士比亚戏剧的动画电影沿袭了美国动画的一贯作风，用噱头增加看点，用精美画面吸引观众。从改编方式上来看，这些对于莎剧的改编不像英国动画那样严肃而忠实，美国的莎剧动画改编带有着鲜明的美式文化色彩，轻松诙谐、乐观美好。

而日本的莎士比亚戏剧经典动画改编则是站在另外一种审美纬度上进行创作。日本作为世界上能够与美国一较高下的动画强国，在动画创作方面却是和美国走着截然不同的道路，在改编莎剧方面同样也是如此。日本不像美国动画那样追求精良的大制作，甚至日本动画的发展方向也是和美国有着很大的区别，美国的创作成就主要在动画电影方面，而日本则在电视动画方面拓展。

日本 GONZO 株式会社改编自莎士比亚戏剧《罗密欧与朱丽叶》的同名动画对于原著进行了天马行空的改动，改编程度之大让人瞠目结舌。日本动画的改编方式在一定程度上背离了原著的精神。

英国、美国以及日本对于莎士比亚戏剧的动画改编都取得了相当的成就，莎士比亚戏剧经典已经为这些动画强国的动画人们所重视，对此进行了风格迥异的改编。我们暂且不去讨论这些改编方式孰优孰劣，这些国家对于莎士比亚戏剧在动画创作方面所提供的优质资源已经有了深刻的认识，单凭这一点，已足够对我国动漫产业的发展产生一定的启迪。

三

尽管莎士比亚的戏剧经典在欧美以及亚洲的一些国家为动画电影的创作和改编提供了创作的源泉和智慧的想象，但是，在中国，莎士比亚戏剧经典的动画改编还是属于"未开垦的处女地"。当然，国内学界对于莎剧经典动画改编研究的缺失也可能是莎剧动画改编缺失的一个重要因素。

莎剧经典在中国动画传播的缺失，与我国"文化强国"的国策是极不相符的。莎剧经典在我国动画这一领域"失语症"，其实有着深层的学术语境。要想改变这一局面，就必须认识到莎剧是可资借鉴的重要文化财富，对于中国动漫产业的发展而言，具有重要意义。与经典共舞、树立动画改编与经典传承相辅相成的宏大理想，是必然趋势。在国家大力发展动画产业的政策扶植之下，中国动画以一种前所未有的速度迅猛发展，从动画的数量上来看，早在 2011 年，中国动画就已经以 26 万分钟的数字将美国和日本这些老牌动画强国远远地甩在后面，可是在这些庞大的中国动画作品中，真正取得成功的，能够与美国和日本动画在质量上一较高下的却几乎没有。因此，中国当下的动画呈现出这样一种数量多，但质量低的尴尬局面。究其原因，最为根本的还是在动画剧本方面。中国动画在数量上快速发展了，可是却没有足够扎实的动画剧本来为此作支撑。在这种情况之下，如何继承文学经典便成了中国动画人们首先应当考虑的问题。莎士比亚戏剧经典是人类文明的结晶，它并不仅仅属于莎士比亚所在的文艺复兴时期，而是属于人类文明进程中的任何一个阶段，也是可以为中国动画创作提供宝贵的素材来源。通过研究外国莎士比亚戏剧的动画改编或许能够为中国动画的发展提供一种借鉴，毕竟以莎剧为代表的文学经典能够在人类历史长河之中沉淀下来，一定是有其特殊的魅力的，而这种魅力则是可以跨越时代、超越不同艺术种类的。因此，中国动画的发展有理由去向这些文学经典汲取素材，改编文学经典不失为中国动画发展的一条捷径。

其实，早在中国动画最为辉煌的年代——中国动画学派时期，中国动画就呈现出以改编为主，原创为辅的创作局面了，改编文学经典在中国动画早期发展过程中获得了举世瞩目的成功。虽然当年的成就是令世人惊讶的，但是中国动画学派衰落速度之快也让人惊诧。究其原因，除了政治环境影响之外，恐怕动画的创作思路受到局限也是有一定的影响的，一味追求原创动画，但是编剧人才的素质并没有跟上，导致原创剧本的质量不高，这些都在很大程度上限制了中国当下动画的发展。我们回首过去，中国动画的巅峰时期大量改编文学经典，尤其是古典名著《西游记》为中国动画的发展立下了汗马功劳，说中国早期动画的发展史是一部《西游记》的改编史都不为过。这样改编文学经典的动画创作模式是成功的，也是正确的。但是中国动画太过于拘泥于本国文化，拘泥于对本国文学经典的改编，而没有将视野拓展到世界范围内，这对于动画发展来说，也是一种致命的束缚，恐怕中国动画学派迅速衰落的原因与此也是有着一定的关联的。纵观美国日本这些动画强国，其动画创作素材会广泛汲取世界各国的优秀文学资源，加以运用，这些国家热衷于改编莎剧经典便是一个明证。而中国则被五千年文明古国所带来的文化骄傲所笼罩,难以放下文化自尊去将外国文学经典拿来为我所用。这样的局面如果不加以改观,势必会影响到中国动画的发展。美日等动画强国对于莎士比亚戏剧的改编经验值得借鉴。因此,从中国动漫产业发展的角度来看,研究莎士比亚戏剧的动画改编便有了一定的现实意义。

四

动画这一叙事艺术表现手段与文学经典相比,还是极为年轻的,但是也是极其具有活力的,因此,莎士比亚戏剧经典的动画改编对于莎剧本身而言,是一种近乎"重生"似的再创造,对于莎剧在当代的文化传承也具有促进作用。毕竟莎士比亚戏剧经典不应孤独地存在于泛黄的古籍之中,它需要被重新提出,重新认知,重新解读,不同时代能够给予其不同的解读方式。"经典是过去与现在、文本与读者之间的对话和张力关系中动态地存在的,它需要重新被提出问题并从中寻找答案。无论过去还是现在,其经典性都不是永恒的,而是与在新的时代审美需要及其期待视野的满足与拒斥中获得经典性的。"①因此,从某种程度上来说,动画的改编促成了大众对于文学经典的认同。

如此说来,莎剧的动画改编就具有了另一层重要的意义,即对人类文学经典的再创造与再传播。在如今消费文化盛行的时代,莎士比亚戏剧经典却往往被置于高高在上的神殿,如果没有一种新的媒体、新的传播手段来重新弘扬文学经典,而仅仅靠纸质媒体传播,那恐怕它们就会渐渐地淡出大众的视线。以动画为传播媒介来传承莎士比亚戏剧经典,这对于原著本身来说,是有极为重要的意义的。

综上所述,动画电影是一种视觉文化,作为一种新的传播媒介,它通过视觉信息,将其所承载的文化内涵传达给受众,让世界文学经典的独特价值和审美需求在潜移默化中得以实现。莎士比亚戏剧经典的动画改编,是文学经典新媒体传播中的一个不可忽略的重要内容,在欧美等国的动画领域已经受到广泛关注,它在我国的缺失,是应该进行深刻反思的,因为莎士比亚的戏剧经典可以成为我国动画改编的可资借鉴的重要文化财富,同时对于经典传承以及文化建设也都具有独特的意义。而研究莎士比亚戏剧在外国的动画改编,或许能够为中国动画的发展提供一定的借鉴与启迪。

(作者单位:浙江传媒学院)

---

① 董学文:《西方文学理论史》,北京大学出版社 2005 年版,第 345—355 页。

从惠特曼的影响看塞克斯顿的"自我"[*]

张逸旻

内容提要：作为一种诗学倾向，塞克斯顿自白诗的自我关注可视为 19 世纪浪漫主义的现代回归，这里的浪漫主义主要限定为沃尔特·惠特曼的诗学影响。对此，本文阐述了两个层次的问题：第一是塞克斯顿对惠特曼"自我诗学"的继承关系，主要体现为自白诗对"'经验自我'"的专注表达；第二是塞克斯顿对该诗学精神的进一步推进，在自我关注的同时，更多地着力于现代性的语汇，从而凸显其受难的、脆弱的自我形象。除此之外，本文还试图透视塞克斯顿呈现病态自我及其苦痛、愤慨等情感的主要原因。总之，正是在惠特曼自我诗学的影响下，塞克斯顿建立起其独具价值的诗学城邦。

关键词：安妮·塞克斯顿；惠特曼；浪漫派；自我

安妮·塞克斯顿自白诗受诗歌传统的影响是多方面的，正如美国诗人艾略特的那句名言："任何诗人、从事任何艺术的艺术家都不能独自享有其完整的意义。他的重要性、对他的评价同对已故诗人及艺术家的评价是联系在一起的。"[1]这句话从文学内部为探讨塞克斯顿的诗学观打开了一个向度，换言之，它引导我们思考其"自我"诗学的精神来源及继承关系。

多数研究者会从自白诗对"自我"的迷恋和关注中联想到它与浪漫派的内在关联。用学者麦克唐纳（Thomas P. McDonnell）评价塞克斯顿的话来说，"自 19 世纪浪漫主义盛行过后，诗歌再度归来辨认灵魂的属地"[2]。可以说，这样的理解在讨论塞克斯顿的诗学范畴时具有一定的代表性，尤其是在与艾略特诗学作对照后，批评家普遍倾向于这种观点，即把塞克斯顿的自白诗看作是 19 世纪浪漫主义的现代回归。

有必要说明的是，西方浪漫派的演进在诗歌上主要分化为两个疆域——欧洲大陆和美国，后者将沃尔特·惠特曼尊为先驱。而自白派的几位代表诗人——罗伯特·洛威尔、约翰·贝里曼、西尔维娅·普拉斯和安妮·塞克斯顿——与浪漫派的承袭关系不尽相同，他们每个人的学养程度和智识的来源都可作为具体的个案研究。但是，从自白诗的作品表现来看，惠特曼的精神传统和诗学影响最为关键，也最突出。就像哈罗德·布鲁姆声称的："对许多现在的读者而言，惠特曼是一位情感充沛的大众诗人，是艾伦·金斯伯格及其他职业反叛者的先辈。"[3]因此，我们的重点将聚焦于揭示惠特曼浪漫主义诗学对塞克斯顿自白诗的影响，从而透视后者的"自我"诗学问题。

＊ 本文系 2012 年浙江省社科联研究课题"安妮·塞克斯顿自白诗歌研究"（项目编号：2012N092）成果、国家社科基金重大招标项目"外国文学经典生成与传播研究"（10&ZD135）阶段性成果。

① T. S. 艾略特：《传统与个人才能》，选自《艾略特文选》（第 2 版），伦敦费伯与费伯出版社 1934 年版，第 11—16 页。见拉曼·塞尔登：《文学批评理论——从柏拉图到现在》，刘象愚、陈永国等译，第 411 页。

② J. D. McClatchy, ed. *Anne Sexton: The Artist and Her Critics*, Bloomington: Indiana University Press, 1978, p. 132.

③ 哈罗德·布鲁姆：《西方正典》，江宁康译，译林出版社 2011 年版，第 214 页。

最先提出"自白诗"概念的批评家 M. L. 罗森塔尔（M. L. Rosenthal）曾说："我认为自白诗是浪漫派和现代趋势走向高潮的结果，把'经验自我'（literal Self）越来越置于诗歌的中心，从而使精神上的脆弱和耻辱感成为他个人修养的具体化身。"①这里的"经验自我"，是指真实的自我，是相对于想象性自我而言的、实体意义上的自我。实际上，这句话已经概括了我们渴望阐明的两个层次的问题，一是自白诗对浪漫派的继承，即它如何"把'经验自我'越来越置于诗歌的中心"；另一方面是自白诗对浪漫派的推进，或者说，它区别于浪漫派的激进之处，如何体现在"使精神上的脆弱和耻辱感成为他个人修养的具体化身"。这实际上涉及自白诗的"姿态"，而笔者认为，塞克斯顿的诗歌艺术在这两个层次上皆具有很强的代表性。

一

沃尔特·惠特曼毕生反复书写着一首关于自我的长诗，这首长诗对后辈诗人而言既如同"影响的焦虑"，亦成为他们汲取"灵感和姿态"（布鲁姆语）的源泉。这主要是因为，他在浪漫的自我之外，开拓了"经验自我"在诗学上的价值和可能性——"他告诉我们他遭受的折磨和分裂，还有那既是知者又是被知者的自我所具有的奇特能力。在他最好的那些诗作中，你分不清本体的或经验的自我"②。作为美国诗歌精神的先知，惠特曼通过对"自我"的多重命名，而使自我具有了丰富的形象——布鲁姆将其分述为"具有三种成分的心理图绘：灵魂、自我、真我或我自己"③——最后一项"真我或我自己"即等同于"经验自我"的范畴。惠特曼将"我自己"的自传性体验融入他对美国这个伟大形象的锻造中，也是在这个意义上，他被奉为美国民族文学无可动摇的核心。

惠特曼赋予"自我"以权威性的角色，而诗歌正是其实现自我构建的一次旅程："在我的视野和探索积极形成的时候（我怎样才能最好地表现我自己的特殊的时代和环境、美国、民主呢？）我就看到，那个提供答案并让一切事物无论走失多远都得回到它那里去的主干和中心，必然是一个彼此同一的身体和灵魂，一个个性——这个个性，我经过多次考虑和沉思以后，审慎地断定应当是我自己——的确，不能是任何别的一个。"④这段话堪称美国诗歌史的"独立宣言"。它立足于拟人化的民族体验从而追求"经验自我"在更广泛意义上的代表性。在这段文字中，无论是其深切的感念还是那种不可摧毁的坚毅之情，都可与《独立宣言》的精神和气势相持。很显然，惠特曼致力于寻求一个包含他本人在内的美国观念。这使他的诗歌磅礴大气，形成其蔚为壮观、包罗万象的自我意识，而他作为诗人的境地也呈现出相应的复杂多义性，即"他既是孤独的歌手，又是政治记者；既是自我王国的独裁者，又是民主诗人"⑤。然而，在惠特曼的作品中，永远保留着他个人化"经验自我"的印记——正是作为个人的惠特曼自己，与那想象性的自我灵魂一同构筑了他庞杂的诗学神话。

塞克斯顿自白诗中的"自我"与之具有某种同构性。其一，"自我"的本真性统御其诗歌的内部秩序；其二，经验自我的那部分构成了带有她个人烙印的艺术语言。

在一首与惠特曼精神气质接近的诗歌中，塞克斯顿描摹了她自我精神的幻象：

城镇并不存在
除了那黑发之树如溺死女人般

① Caroline King Barnard Hall, *Anne Sexton*, Boston: G. K. Hall, 1989, p. 34.
② 哈罗德·布鲁姆：《西方正典》，江宁康译，译林出版社 2011 年版，第 225 页。
③ 哈罗德·布鲁姆：《西方正典》，江宁康译，译林出版社 2011 年版，第 219 页。
④ 转引自李野光：《译本序》，见惠特曼：《草叶集》，楚图南、李野光译，人民文学出版社 1988 年版，第 16 页。
⑤ 《剑桥美国文学史》（第四卷），萨克文·伯科维奇主编，李增主译，中央编译出版社 2008 年版，第 397 页。

滑升至滚烫天空的地方。
城镇沉默不语。夜跟着十一颗星沸腾。
哦星光熠熠的夜！我愿
就这样死去。

它动了。它们全是活的。
连月亮也在它橘黄的枷锁里膨胀
从它的眼中推生小孩，像某位神祇。
年老未被看见的毒蛇把星星全吞吃了。
哦星光熠熠的夜！我愿
就这样死去：

进入那湍急的野兽之夜，
被那巨龙吸吮净尽，从我的生活
中撕裂，没有旗帜，
没有食欲，
没有哭泣。①

　　"经验自我"对死亡的欲望在这里成为诗歌的主宰。"哦星光熠熠的夜！我愿/就这样死去"的两次重复不仅仅制造了节奏上的韵律感，也直接表达了现实生活中塞克斯顿对于死亡的期许；作为梵高画作《星夜》的同名演绎作品②，这首诗的感染力集中于主体灵魂的极度战栗和自我沉醉，让人感到真实而难以平息。"连月亮也在它橘黄的枷锁里膨胀/从它的眼中推生小孩"一句，则展现了诗歌最具创造性的一面，也就是说，在轻与重的博弈中，诗人将死亡的教义投注在母体撕裂的洞口："枷锁"一词展现了牢狱中的自我磨难；而"膨胀"、"推生"则将羸弱的肉体抛向永恒的苦难。这首诗与塞克斯顿的其余作品相较，更具有抱负，它为自我灵魂的认知提供了较完善的图谱。在这里，"我"的超验性想象成为一种漂浮物，具有向死冲动的"经验自我"则构成了相当的载体；当然，这一切是在对梵高艺术和人生境遇的认同中实现的，后者的生命个案奠定了疯狂、创造力与自我毁灭之间的关联。这首诗歌作品与梵高的画作共同分享了"星夜"所固有的某些意象："夜晚"、"星空"、"母体"、"睡眠"，这一切成为该诗力求显现的主题，即诗人试图引导我们观察宇宙及自我灵魂的全部惊恐与温和，并使我们深入到奇妙的幻象中来体察灵魂的内部，这与惠特曼宗教式的自我抉择是相应和的。

二

　　塞克斯顿在诗中不断重申"自我"的声音和形象，而这个"自我"就其自传性的维度而言，被有意识地、前所未有地强化了；换言之，她不可避免地，将她的同代人引向那盏私密的窥视镜，即她的"经验自我"。

　　① Anne Sexton, *The Complete Poems*, ed. Maxine Kumin, Linda Gray Sexton, Boston: Houghton Mifflin, 1981. pp. 53—54.
　　② 在古希腊语中，有一个词专门形容这种以诗解画的形式，一直沿用至今，即"ekphrasis"("ek"意为"out"；"phrasisi"意为"speak")，意为对视觉艺术的形象说明。

海伦·文德勒对塞克斯顿的评价从反面的角度证明了这一点。在她认为,塞克斯顿过分地凸显了自我,而其自我所关涉的视野又显得过于"狭隘":"在她的诗歌里,塞克斯顿似乎和她自身之外的世界只存有微弱的关联。她的孩子、丈夫和朋友在其中若隐若现,包括各位未作交代的情人,他们的短暂作用是让塞克斯顿感到被爱。当然,偶尔有几次提到了战争。那种没完没了的以'我'为中心——几乎总是一个人待在屋子里苦苦思索着自身的痛苦(即便有时候语调诙谐)——到最后还是令人恼怒。"为了解释清楚这种"令人恼怒"的感觉,文德勒还特别将塞克斯顿同约翰·贝里曼和艾米丽·狄金森分别作了对照,她指出贝里曼的力比多自我至少受限于一个"极为冷静的自知";狄金森的"我",尽管和塞克斯顿一样不断复现,但"总是处于特定的语境中——宗教的,哲学的,宇宙的,或是社会学的",总之,"要大于它自身"。① 然而,塞克斯顿对自我的专注和叠加恰恰体现了其精纯的个人化主题,这是一种令人难忘的美学,是对惠特曼野性风格和个人灵魂图绘的内在沿袭。我认为,在塞克斯顿的作品中,真正成熟的是惠特曼那"令人惊异的自我颂赞与自我折磨"②的并列:

　　　　从今天起我身体才有了用处。

　　　　如今它正撕开它方正的转角。

　　　　它撕咬着老圣母玛利亚的衣裙,一道接着一道

　　　　看呐——如今它被击中,全是这些闪闪电光。

　　　　尖啸一声! 重生!③

毋宁说,置入诗歌中心的"经验自我"更像是诗人言说时所需借助的某种介质,一面可倚靠的镜像,它同时拥有并分享着幻想性的语言动力,这和惠特曼融入经验自我的动机,即(上文所引)"那个提供答案并让一切事物无论走失多远都得回到它那里去的主干和中心,必然是……我自己"的意思是相似的;从这三个诗歌片段来看,文德勒的指摘也非尽然。无论如何,塞克斯顿的诗艺内涵比起"一个人待在屋子里苦苦思索着自身的痛苦"要丰富得多。她对自我的不厌其烦的探求是多角度的,尽管它常常出没于身体感觉、日常物象以及"我"与他人关系的张力中;通过这些片段我们看到,塞克斯顿的"我自己"一方面贫瘠、破碎、沉沦;另一面却激烈、渴望占有,并呼唤着重生。而作为她诗学的核心,"经验自我"也帮助抵达那难以企及的真相的场域。应当承认,自白诗不仅是个人的,更是"灵魂心智本身的自传性书写"④。

三

自白派从浪漫主义那里承袭了"自我"的权威性角色,却进一步地在他时代神甫的暗室里,呈现自我最多变化、也最令人痛苦的一面。吉尔伯特试图解释自白派与浪漫派的关系:"我们仰慕浪漫主义的自我专注(self-absorption),而它(自白诗)就在那自我放纵(self-indulgence)的边缘处颤抖。"⑤这句话说得极好,惠特曼式的自我专注和伟大生命力在自白派那里变成了自我放纵的脆弱和羞耻感,后者的作品显得有些失衡地陷入感情的急剧转变,精神崩溃使他们善于在诗中用近似

　　① Helen Vendler, "Malevolent Flippancy" in Steven E. Colburn, ed. *Anne Sexton: Telling the Tale*, Ann Arbor: University of Michigan Press, 1988. p. 445.

　　② 哈罗德·布鲁姆:《西方正典》,江宁康译,译林出版社 2011 年版,第 230 页。

　　③ Anne Sexton, *The Complete Poems*, ed. Maxine Kumin, Linda Gray Sexton, Boston: Houghton Mifflin, 1981. p. 174.

　　④ J. D. McClatchy, ed. *Anne Sexton: The Artist and Her Critics*, Bloomington: Indiana University Press, 1978, p. 132.

　　⑤ J. D. McClatchy, ed. *Anne Sexton: The Artist and Her Critics*, Bloomington: Indiana University Press, 1978, p. 164.

脱口而出的叙述风格来表现与个人魔鬼的争斗;再次借用罗森塔尔的话,正是诗人"将个人的蒙羞(humiliation)、受难(suffering)以及精神问题(psychological problems)带进诗歌里的那种方式",使"自白诗"这个名称显得恰如其分①。1987 年,学者劳伦斯·勒纳(Laurence Lerner)在一篇题为《何为自白诗》的文章中仍沿用这一观点,但表述更为直接:"自白诗中充满了卑鄙的、往往有失体面的体验:她(塞克斯顿)的痛苦与欢愉,她在受难中失去尊严的体验,她都全盘说出。而那些体验,恰恰是一般人难以启齿的。"②

塞克斯顿有一个代表作堪称自白诗的箴言:

> 朋友啊,我的朋友,我生来
>
> 是为做罪孽的引注,生来
>
> 是要把它吐露。这就是诗歌:
>
> 怜悯
>
> 那贪婪的人③

这几行诗之所以具有诱惑,并不是因为诗人借此宣告了什么。而是说,我们很难想象一个敏感的个体,能够如此坦率地面向公众而不惜遭人攻讦。具有那种热度和勇气的人,要么决计将自己放逐于人世间,要么准备永久地自我囚禁起来。塞克斯顿好像同属于这两者,正如她常常把自己同那十字架上的受难者一样看待。"我生来/是为做罪孽的引注",这一句把她自己作为自白诗人的角色和职责说得很透了:一个甘愿永生与罪孽对视的人,其生命力度是很凝重的,她把"怜悯/那贪婪的人"视作诗歌的本质和驱动力。也正是这句话为自白诗的诗学观增添了一点神性——"怜悯/那贪婪的人"——就连它本身的语言也仿佛在模仿《圣经》体式的真朴感。

那么,她为何如此着迷于自我原罪的袒露?她毫不忌讳地公开个人隐私,是否包含了对自我重构的某种寄托?再者,罗森塔尔观察到的"个人的愤慨"、"难以承受的苦难"、"情感上的崩溃"、"两性的情爱"和"俄狄浦斯的憎恨"④等主题关键词又是怎样从她的诗学构架中脱胎的?

我认为,除了表明时代的病症以外,这一切也与诗人的生命及身体境遇的诸多因素不可分割。

首先,塞克斯顿是精神分析的受益者,得到治愈的期望使她惯于披露自我。在一次访谈中她坦言:"我是美国梦(中产阶级美梦)的牺牲者,我以前所希望拥有的一切就是一段安定的生活:结婚、生小孩,我以为只要拥有足够的爱,所有的噩梦、幻象、恶魔都会消失,我费尽心思要过上传统的生活,因为这就是我的家庭和我丈夫所希望的,然而一切的表象在 28 岁那年崩塌了,我患上了精神病并试图自杀。"⑤在接受了心理医生的建议并尝试写作之后,她继而声称:"这是一种美好的感觉,尽管并不轻松,但当我写作的时候,我知道这才是我天生该做的事。"⑥由此,塞克斯顿在写作带来的愉悦感中淡化自杀的冲动,她视诗歌为一种潜意识的流溢,帮助她整理心中的欲念:"这个过程的本质在于自我的重生,每一次都剥离一个死去的自我。"⑦而她的心理医生则欣喜地看到:

①　Caroline King Barnard Hall, *Anne Sexton*, Boston: G. K. Hall, 1989, p. 26.

②　Linda Wagner—Martin, *Critical essays on Anne Sexton*, Boston, Mass.: G. K. Hall, 1989, p. 229.

③　Anne Sexton, *The Complete Poems*, ed. Maxine Kumin, Linda Gray Sexton, Boston: Houghton Mifflin, 1981. p. 63.

④　Caroline King Barnard Hall, *Anne Sexton*, Boston: G. K. Hall, 1989, p. 34.

⑤　Barbara Kevles and Anne Sexton, "The Art of Poetry: Anne Sexton" in J. D. McClatchy, *Anne Sexton: The Artist and Her Critics*, Indiana University Press, 1978, p. 4.

⑥　Barbara Kevles and Anne Sexton, "The Art of Poetry: Anne Sexton" in J. D. McClatchy, *Anne Sexton: The Artist and Her Critics*, Indiana University Press, 1978, p. 22.

⑦　Barbara Kevles and Anne Sexton, "The Art of Poetry: Anne Sexton" in J. D. McClatchy, *Anne Sexton: The Artist and Her Critics*, Indiana University Press, 1978, p. 6.

"病人的病理学分析比不上她自己带给这个治疗过程的资源,如果能使她精神专注,那对她来说将会是个好的开始。"①显然,写作作为理疗手段(Therapy)在塞克斯顿那里获得成效,这导致她诗歌中的自我暴露和自我剖析常常成为基调,而且,也比常人更大胆、更为彻底。

　　其次,城郊家居的活动空间和从城郊主妇到女性诗人的身份转型,也使她从一种病态的压抑中逐渐聚焦于自我的精神苦难。有研究者指出,1960 年 4 月,安妮从一个家庭主妇转变为诗人,这一转变对于塞克斯顿自身和美国文学来说都意义非凡:在此之前,没有哪个诗人能像她一样对于家庭生活或病理学意义上的女性体验有过如此坦白的书写。② 在一首名为《与天使结伴而行》的诗中,诗人直陈对"家庭主妇"这一身份角色的厌弃:

> 我厌倦了当个女人,
> 厌倦汤匙和瓦罐,
> 厌倦我的嘴巴和乳房,
> 厌倦了化妆品和绸缎。
> 仍有男人坐在我铺设的桌旁,
> 围着我供奉的碗团团而坐。③

　　通过一系列标志性的"主妇"意象的罗列,诗人着意暗示主妇生活的平乏——无休止的家务劳动和女性妆容的维系,而"我"的劳动成果无非是为了伺候"男人们"——表面上男人"围着我供奉的碗团团而坐",实则是作为家庭主妇的"我"不得不时时围着男人打转。在一个男性中心的世界里,诗性的灵魂在女性的身体上受尽折磨。因为,社会赋予女性艺术家的角色尤其得少,迫使她"为了要在艺术和家庭生活之间择其一而不得不付出代价,要么将艺术抛在脑后,要么就是情感上的遇难"。④ 塞克斯顿的许多诗篇正是通过抵御这种社会角色的限定来表白自我的;同样地,她作品中的自我羞耻感很大一部分也来源于,她所体验到的城郊隐私的空洞。

　　"二战"后,城郊居住模式的成型使得城郊这个地域空间迅速繁荣。对于那一代刚刚从城市中心移居至此的美国人来说,城市高楼的密集和交通的拥堵,使他们自然而然将城郊视为一片乐土。在塞克斯顿笔下,"城郊"最初也被赋予与城市男权中心相对立的边缘特质,成为她反抗男性中心、逃避城市生活的一片"飞地"。研究者琼·吉尔(Jo Gill)坚信这一点:"塞克斯顿积极地、坚持不懈地,并且有意识地——尽管有些时候带着矛盾纠结的心绪——将城郊作为她诗歌的领地,作为她诗性之声的来源,作为一种与众不同的符号象征,以此来对抗大都市和男性的文学模式,这简直是一个政治性的空间。"⑤然而,真正的城郊生活有别于理想化的空间想象,最初作为都市对立面的"城郊"因其敞开式起居、科技化厨房设备、大面积的落地窗以及邻里的聚集等特点,竟渐渐具有了与城市生活相应的那种视域,这使得"城郊"在地缘和文学意义上的那种对抗性的立场也最终失去了。在 1959 年写给表亲霍里斯(Hollis)的信中,塞克斯顿抱怨道:"我回到了城郊,……一只母鸡正用微波炉把我和它自己一起蒸烤(我的书桌放置在餐厅里,但是它直通着厨房……)"⑥这个隐喻

　　① Diane Wood Middlebrook, *Anne Sexton: A Biography*, Houghton Mifflin, 1991, p. 45.

　　② Diane Wood Middlebrook, Yalom, Marilyn, *Coming To Light: American Women Poets In The Twentieth Century*, Stanford University, Center For Research On Women, University of Michigan Press. 1985, p. 195.

　　③ Anne Sexton, *The Complete Poems*, ed. Maxine Kumin, Linda Gray Sexton, Boston: Houghton Mifflin, 1981, p. 111.

　　④ "女诗人们,因为要同时兼顾家庭,而不得不遭受男性对她们诗歌价值的贬低。" Kathleen Spivack, "Poet and Friends" in Colburn, Steven E., *Anne Sexton: Telling the Tale*, University of Michigan Press, 1988, pp. 25—36.

　　⑤ Jo Gill, *Anne Sexton's Confessional Poetics*, University Press of Florida, 2007, p. 60.

　　⑥ Anne Sexton, *Anne Sexton: A Self—Portrait in Letters*, ed. Linda Gray Sexton and Lois Ames, Boston: Houghton Mifflin, 1977, p. 83.

难免使人感到:诗人所居住其中的城郊生活,是魔鬼般封闭与死亡式曝光的某种结合。在名为《男人与妻》的诗中,塞克斯顿毫不隐讳地描写日常生活的粗陋:

> 如今他们在一起
> 像双位活动厕所里的陌生人,
> 一同吃饭、蹲坑。
> 他们都有牙齿、双膝
> 但从不说话。
> 一个士兵被迫和一个士兵待在一起
> 因为他们分担同样的污秽,
> 以及同样的打击。①

正像一位学者指出的,"在塞克斯顿的语境中,家的私密性在于它的暴力、渎神和猥亵,而非因为它的亲昵、性爱或任何的家庭关爱。"②城郊生活的表象被彻底打碎了,"双位活动厕所"这个粗俗意象的凸显,或许尚能表达塞克斯顿对婚姻生活的直接感觉,她大胆地展现生活的丑陋真相,正是这样才构成了对自我境遇的严肃审视。

最后,基于病态的母女和父女关系,塞克斯顿的作品中呈现出"俄狄浦斯式"的自我冲动,这也给她的诗歌蒙上了"受难"的暗影。塞克斯顿的母亲是她写作和生活中的"劲敌",父亲则与她共享一个心理医生。在她的作品中,诗人对父亲和母亲的感情都是极端化的爱憎交加:或奉若神明或视如敝屣。单从父女关系来看,她身上背负的"父亲"带有她同代人所共有的普遍印记:情欲的、暴力的、父权中心的……这印证了塞克斯顿专家戴爱娜·休·乔治的观点,即"西方社会中一个'正常'的女人,不管她是不是诗人,不管她是否充分意识到这种心理动力学,都会爱上她的父亲,后者抬举她,也轻鄙她,既引诱她,又背叛了她,到最后,他死了"③。当然,以家庭关系为原型的自我勘探是塞克斯顿创作生涯中最具象也最核心的主题,这在她的作品中自始至终地贯穿着。

批评家埃德蒙·威尔逊如此评价浪漫主义,称其"为经验本身而寻找经验——爱、游历、政治——尝试所有生命的可能性"④。的确,对生命经验的不断探求和对自我情感的迷恋,这种浪漫主义式的渴求就其精神的冒险和孤独而言,是悲剧式的,一如惠特曼的《自我之歌》所预示的那样,是一趟下地狱的旅行。这恐怕是塞克斯顿自白诗的"自我放纵"使人感到"不适"的原因。然而,回想吉尔伯特的质问,"我们难道不该原谅一个现代诗人在作品中复现华兹华斯式'自我本位的极致'吗"⑤? 我相信,塞克斯顿那种孤注一掷的、自我放逐的、受难式的姿态恰恰构成了其诗歌的美学贡献。在这其中,正是浪漫派"经验自我"的投注,它在现代喧哗中的梦魇般的变体,充实了塞克斯顿的世界,并且帮助她建立起一个自传与梦幻相交错的诗学城邦。

(作者单位:浙江大学中文系)

---

①　Anne Sexton, *The Complete Poems*, ed. Maxine Kumin, Linda Gray Sexton, Boston: Houghton Mifflin, 1981, pp. 116-117.

②　Deborah Nelson, *Pursuing Privacy In Cold War America*, Columbia University Press, 2002, p. 96.

③　Diana Hume George, "How we danced: Anne Sexton on fathers and daughters", *Women's Studies*, 1986, Vol. 12, p. 180.

④　埃德蒙·威尔逊:《阿克瑟尔的城堡——1870 年至 1930 年的想象文学研究》,黄念欣译,江苏教育出版社 2006 年版,第190 页。

⑤　J. D. McClatchy, ed. *Anne Sexton: The Artist and Her Critics*, Bloomington: Indiana University Press, 1978, p. 164.

两头燃烧的蜡烛

——论爱德娜·圣文森特·米蕾的抒情诗*

樊维娜

内容提要：爱德娜·圣文森特·米蕾是美国 20 世纪二三十年代诗坛一颗璀璨的明星。她反传统的婚恋观与她激进的女性主义立场密不可分。米蕾在 20 年代倡导"自由性爱"，被视为"爵士乐时代"的诗歌代言人。她反对传统的"占有性"的婚恋关系，为了捍卫婚恋双方的个性完整，她主张爱情和婚姻关系中的"绝对的自由"。她的抒情诗，在美国女性诗歌中独树一帜，就像一根两头燃烧的蜡烛，以自由的烈焰迸发出的瞬间的辉煌向我们展示了爱情与婚姻的无限的可能性与创造性，并且给人的心灵带来强大的震撼。

关键词：米蕾；自由性爱；爱的自主权

爱德娜·圣文森特·米蕾（Edna St. Vincent Millay）是美国 20 世纪二三十年代诗坛一颗璀璨的明星。1923 年，米蕾获得普利策奖，声名大噪。1924 年，美国《诗刊》的创办者及主编哈莉特·门罗评价说，米蕾是继萨福之后最了不起的女诗人，她比勃朗宁夫人、克里斯蒂娜·罗塞蒂以及艾米丽·狄金森更加出色。[①] 老诗人托马斯·哈代（Thomas Hardy）对米蕾非常敬慕，他在 1928 年盛赞道："20 年代的美国对世界有两大贡献，一是摩天大楼，二是爱德娜·圣文森特·米蕾的诗。"[②]米蕾是激进的女权主义者，她反传统的婚恋观与她对"女性自由"的强硬立场密不可分。米蕾倡导爱情和婚姻关系中的"绝对的自由"，"自由性爱"和"开放式婚姻"便是这种开放的婚恋关系的产物。

一、自由性爱："现代的萨福"

1913 年，米蕾进入纽约女子维萨学院接受大学教育，当时以妇女选举权为中心议题的女权运动如火如荼。1915 年，维萨学院相继成立了社会主义俱乐部和选举权俱乐部，选举权运动领袖伊内兹·梅尔霍兰德（Inez Milholland）就毕业于该学院，她成为当时维萨女生崇拜的偶像。1917 年大学毕业后，米蕾搬到纽约格林尼治村居住，那里被视为满怀抱负、思想前卫、生活穷困、行为不羁的艺术家的天堂。大学四年和格林尼治时期是米蕾生命中最青春自由、狂放不羁的阶段，也是她的反传统的爱情观形成的关键时期。1920 年，米蕾发表第二部诗集《荆棘丛中的几颗无花果》（A

---

* 本文系国家社科基金重大招标项目"外国文学经典生成与传播研究"（10&ZD135）阶段性成果。

① William B. Thesing, ed. *Critical Essays on Edna St. Vincent Millay*. New York：G. K. Hall & Company, 1993, p. 269.

② Daniel Mark Epstein. *What Lips My Lips Have Kissed：The Loves and Love Poems of Edna St. Vincent Millay*. New York：Henry Holt & Company, 2001, p. 201.

Few Figs from Thistles),她用饱含激情的笔墨向时代宣告：

> 我的蜡烛燃烧在两头；
>
> 它熬不过这个夜晚；
>
> 但是啊，我的敌人，哦，我的朋友——
>
> 它焕发出迷人的璀璨！①

这首单节小诗题为《第一颗无花果》(1920)，一经发表，就轰动了诗坛。青年男女把这首诗当作性解放的宣言，争相传诵，视若宝典。这首诗的题目本身就具有极强的性爱色彩。犹太圣经评论家普遍认为，伊甸园中的智慧树其实就是无花果树，亚当和夏娃偷吃的果子即是无花果。② 米蕾的"第一颗无花果"无疑就是伊甸园中被上帝施了诅咒的"禁果"。不过，这首诗最吸引人的地方还要数"两头燃烧的蜡烛"这个构思奇特的意象。这个意象寓意丰富、内涵深刻。有一种观点认为，"两头燃烧的蜡烛"喻指米蕾的双性恋身份。诚然，米蕾大学期间曾与多名女生发生过性关系，但毕业后杜绝了同性恋。这种说法虽然有据可依，不免有些局限。我们或许可以这样理解：蜡烛象征生命本身，蜡烛的燃烧宛如生命的流逝。在通常情况下，蜡烛都是垂直放置，点燃后火苗微弱暗淡，不过可以燃烧好几个小时。如果要让蜡烛从两头燃烧，就必须将之水平放置，如此燃烧的蜡烛，火焰明亮，璀璨无比，但不到片刻就会燃尽。米蕾的奇思妙想很容易让人联想到 17 世纪玄学派诗人约翰·多恩(John Donne)善用的巧智。如果多恩对巧智的运用"是为了引起读者的惊奇感，从而使他们用一种全新的不同与往常的眼光来看待事物"③，那米蕾的蜡烛意象不但形象地传达了她的反传统的情爱观和生命观，同时也向"迷茫的一代"发问：你们是要循规蹈矩、平淡无奇地度过一生，还是自己开创一条别人从未涉足的新路，一条危机四伏却惊喜不断的道路，使生命在最短暂的时间释放出最大限度的光灿。当然，传统保守的人肯定会对米蕾口诛笔伐，大加诋毁，而志同道合、心有灵犀的朋友们则会对此表示支持与赞赏。

其实早在 1913 年，米蕾在给妹妹诺玛(Norma Millay)的信中就部分袒露了她的爱情哲学。当时诺玛正为一段恋情而烦恼，米蕾斩钉截铁地告诉她："他不适合你。他把你搅得心烦意乱，你应该理性地看待这件事。你说你爱他，我一点都不怀疑，但这没有任何意义。今后你会爱上更多的人，其中会有一个适合你的结婚对象。我眼下正跟三个男人谈恋爱……"④对米蕾来说，爱情瞬息即逝，因此她要在每一个爱的瞬间燃烧数倍于常人的光灿。米蕾的爱情观大致可以总结为以下几点：首先，我们有着强大的爱的能力。我们一辈子会爱上很多人，而不是一个，爱的本质并非专一；其次，我们要挖掘爱的潜力，因此就要主动出击，热烈、自由、大胆地去爱，不给爱的年华留下遗憾；最后，爱情令人迷醉，却无法持久，在众多的恋爱对象中，我们必能找到合适的结婚人选。

米蕾倡导的"自由性爱"很显然与传统爱情观所提倡的"专一"、"忠诚"等格格不入。在《星期四》中，她明目张胆地进行挑衅：

> 如果星期三我爱你，
>
> 哦，你会怎么想？
>
> 星期四我不再爱你——

---

① Edna St. Vincent Millay, *Collected Poems*. Ed. Norma Millay. New York: Harper & Row, Publishers, 1956, p. 127.

② Asaph Goor. "The History of the Fig in the Holy Land from Ancient Times to the Present Day." *Economic Botany*, Vol. 19, No. 2 (Apr. —Jun., 1965), p. 124.

③ 吴笛：《英国玄学派诗歌研究》，中国社会科学出版社 2013 年版，第 128 页。

④ Daniel Mark Epstein. *What Lips My Lips Have Kissed: The Loves and Love Poems of Edna St. Vincent Millay*. New York: Henry Holt & Company, 2001, p. 85.

事实就是这样。

你为何前来向我诉苦，
我实在搞不懂。
星期三我爱你，——没错——但
我怎会将它看重？[1]

　　这首诗形象地刻画出一个用米蕾自己的诗句来形容就是"轻佻、傲慢、无拘无束"[2]的"坏女孩"形象。此外，她毫不掩饰对所谓的"誓言"的蔑视："哦，千万别以为我会忠诚于誓言！除了爱情本身，我什么都不看重。"米蕾曾坦言："我早就知道，我一定是受到了诅咒，一看见美的东西就无法自持。"[3]毫无疑问，美的事物总会给人带来赏心悦目的感受，就像约翰·济慈在《恩底弥翁》的开头抛出的那个著名的论断："美的事物总会给人带来快乐。"[4]与济慈相比，米蕾对恋人的坦率毫不逊色："我紧紧跟随，因为你貌若潘安，/你若风姿衰败，此刻我就会背叛。"然而，恋人的美似乎远远不够，米蕾还暗示了对"性"的渴望："你若不是我心仪的最罕见的食物，/也不是泉水能解我最狂野的焦渴，/我定会抛弃你——不管你相信与否！/我会另寻新欢，就像当初把你俘获。"接下来，米蕾指出自己对誓言的鄙视并非空穴来风："可是你就像空气那样流动不定，/你的魅力比潮水更加变化万端/因此不忠根本算不上大事情。"米蕾明知恋人不忠实于自己，却并不打算结束恋情："我只消继续留在你的身边。"对于两个毫无真心可言的恋人，能将他们暂时维系在一起的只能是赤裸裸的性游戏。米蕾选择继续玩这场游戏，同时还不忘指责对方："爱人，你如此放浪，假情假意，/我最不忠实的时候我才最真实。"[5]在这里，最真实的米蕾明白无误地打着爱的旗号玩着性的游戏，在这个意义上，她是个彻底的反浪漫主义诗人。不仅如此，米蕾似乎始终掌握着"抛弃"的主动权："亲爱的，我很快就会把你忘怀，/因此你要格外珍惜余下的每一日，/每一月，总共算起来也不过半载。"[6]桀骜不驯的米蕾似乎还嫌爱情的游戏不够过瘾，于是又拿宗教打趣，一再挑逗公众的道德底线：

我有一点小小的悲伤，
源于一件小小的过错，
我找到一间阴郁潮湿的屋子，
把我们仨关在里面；
"哭泣吧，小小的悲伤，"我发号，
"以死向上帝求饶吧，小小的过错，
我也要在地板上躺下来，
想想自己是何等的堕落！"

哎呀，我可没打算变得虔诚——
那对我毫无意义！

①　Edna St. Vincent Millay, *Collected Poems*. Ed. Norma Millay. New York: Harper & Row, Publishers, 1956, p. 129.
②　Edna St. Vincent Millay, *Collected Poems*. Ed. Norma Millay. New York: Harper & Row, Publishers, 1956, p. 119.
③　Daniel Mark Epstein. *What Lips My Lips Have Kissed: The Loves and Love Poems of Edna St. Vincent Millay*. New York: Henry Holt & Company, 2001, p. 102.
④　Elizabeth Cook. ed. *John Keats*. Oxford & New York: Oxford University Press, 1990, p. 61.
⑤　Edna St. Vincent Millay, *Collected Poems*. Ed. Norma Millay. New York: Harper & Row, Publishers, 1956, p. 570.
⑥　Edna St. Vincent Millay, *Collected Poems*. Ed. Norma Millay. New York: Harper & Row, Publishers, 1956, p. 571.

如果阴郁笼罩了那间屋子,
　我大不了燃起一盏明灯!
我的小小的悲伤不愿哭泣,
我的小小的过错想要睡去——
为了灵魂的救赎,狂野的心啊,
岂能变得虔诚!

想到此,我愤然站了起来,
　顺手抄起一本书,
头上扎一条丝带,
　以便取悦路过的少年。
"有件事不能否认——
我一直是个堕落的女孩,"我说;
"可如果我就是不觉得惭愧,嗨,
倒不妨快乐开怀!"①

　　在这首诗里,米蕾的道德讽刺可谓酣畅淋漓。戏剧场景的设计使这首诗读起来兴味盎然。在第一诗节,她竭力扮成一副"痛改前非"的姿态,然而戏谑的措辞及对话立刻就暴露了她的顽劣。在第二诗节,她干脆卸掉伪装,扬言自己不吃宗教教诲那一套,甚至发出"堕落"才是"救赎"的亵渎之词。思想指导行动,到了第三诗节,她本色出镜,稍加装扮就去招蜂引蝶了。米蕾别有用心地为这首诗取名《忏悔者》,读完之后,我们觉得这首诗简直可以更名为《渎神者》了。米蕾摆出的"虔诚无理"、"堕落万岁"的姿态对当时保守的主流道德观是种极大的冲击,"就像拜伦一样,她成为叛逆的年轻人的代言人"。②

　　著名的文学评论家埃德蒙·威尔逊(Edmund Wilson)也是米蕾的追求者,他的朋友亚历山大·麦凯格(Alexander McKaig)在 1920 年的日记中这样写道:"在巴尼·威尔逊的住处跟米蕾打了个照面,房间光线暗淡。她看起来挺和善,似乎比传说中还要漂亮。巴尼很显然非常爱她。我个人跟米蕾打交道不多,说不上对她有多了解,但就她的诗歌而言,她绝对是个天才,现代的萨福。她有过十八个情人,可眼下巴尼正想着跟她结婚呢。"③针对米蕾的"泛爱",麦凯格评价说:"当米蕾还在为一段恋情的结束而黯然伤怀,她的眼睛已经开始跟另外一个男人调情了。这一点连她自己都无法忍受,可她对此毫无办法。"④米蕾的"滥情"显然已经成了惯性,不过她也有身心疲惫的时候。她曾对威尔逊表示想安定下来开始新的生活,因为她已经"厌倦了伤人感情、拆散家庭了"⑤。近乎残忍的坦诚,这就是米蕾的风格。

　　米蕾可以说把"自由性爱"演绎到了极致,她简直就是"爵士乐时代"最典型的"轻佻女郎"(flapper)。她把自己的戏谑顽劣毫不保留地暴露于公众视野,也是把她的时代的情爱画成一副百

　　① Edna St. Vincent Millay, *Collected Poems*. Ed. Norma Millay. New York: Harper & Row, Publishers, 1956, pp. 139—40.

　　② Nancy Milford. *Savage Beauty: The Life of Edna St. Vincent Millay*. New York: Random House, 2001, p. 335.

　　③ Nancy Milford. *Zelda Fitzgerald: A Biography*. London, Sydney & Toronto: The Bodley Head, 1970, p. 75.

　　④ Nancy Milford. *Zelda Fitzgerald: A Biography*. London, Sydney & Toronto: The Bodley Head, 1970, p. 77.

　　⑤ Daniel Mark Epstein. *What Lips My Lips Have Kissed: The Loves and Love Poems of Edna St. Vincent Millay*. New York: Henry Holt & Company, 2001, pp. 158—9.

世图供后人指点评说。第一次世界大战后,从战场上活着回来的男孩子,怀着身心的怆痛和英雄主义的幻灭,诅咒战争的残酷无谓,慨叹生命的短暂易逝,而倡导"及时行乐"的"性自由"成了"迷茫的一代"清理战后废墟的扫把、拼接破碎信仰的补丁,而经过女权运动洗礼的"新女性"也纷纷要求跟男性同等的"性自由"。《了不起的盖茨比》中所展现的彻夜聚会、信仰沦落、狂躁不安的"呼啸的 20 年代"为米蕾的爱情诗提供了最生动的背景解读。如果菲茨杰拉德被誉为"爵士乐时代"(Jazz Age)的小说代言人,米蕾可称得上"爵士乐时代"的诗歌代言人。需要指出的是,米蕾的《荆棘丛中的几颗无花果》(1920)所彰显的 20 世纪"新女性"的叛逆精神和玩世不恭的态度,其产生的社会、文化效应远远大于诗歌本身的艺术性。埃德蒙·威尔逊也郑重敬告读者:"米蕾认为不能把这部诗集跟自己的严肃作品相提并论。"①

　　如果说米蕾的狂放不羁的爱情诗凸显了"爵士乐时代"的精神风貌,她的缀满忧伤的爱情诗则展现了她的诗艺的精湛。米蕾不相信爱的永恒:"鹦鹉,乌龟,红杉树/要比人活得长久,/人比狗活得长久,/狗比爱情活得长久。"②然而,爱情,正如米蕾所言,"不论何其短暂,终归还是爱情。"③无论米蕾爱得狂放不羁,还是挚情美好,只要曾经爱过,就会留下痕迹。即便是一场性爱游戏,我们也不要低估它可能产生的影响,就像济慈所言:"抚摸会留下记忆。"④多年的爱情历险让米蕾感慨万千,回首往昔,她以感伤的笔调写下一首脍炙人口的《我已忘记我的唇吻过谁的唇》(1923),作为对那段永不再来的青春岁月的总结与祭奠:

> 我已忘记我的唇吻过谁的唇,
> 在哪里,为什么,谁的手臂
> 枕在我的头下迎来晨的气息,
> 但是今晚的雨中满是鬼魂,
> 在玻璃上拍击,叹息,倾听回音,
> 于是我心中翻滚着平静的苦恋。
> 为了那些不可追忆的少年
> 子夜里再也不转过身子喊我一声。
> 孤独的树木就这样伫立在冬日,
> 不知道什么鸟儿一只只消散,
> 但明白树林比过去更加沉寂:
> 我说不出什么爱情转瞬即逝,
> 只知在我心中唱了一阵的夏天,
> 再也不会活跃在我的心底。⑤

　　米蕾即便在伤怀的严肃时刻,笔尖仍不失率性与坦诚,而她的坦诚总会不失时机地给人带来震撼。她在前三诗行坦言与自己有过风流韵事的少年不可计数。那些与米蕾同床共枕、欢度良宵的莲花般的少年当年对她是何等的迷恋,而狂野不羁的米蕾却不假思索地伤透了他们的心。"雨

---

　　① Norman A. Brittin, *Edna St. Vincent Millay*. Boston: Twayne Publishers, 1967, p. 83.

　　② Daniel Mark Epstein. *What Lips My Lips Have Kissed : The Loves and Love Poems of Edna St. Vincent Millay*. New York: Henry Holt & Company, 2001, p. 322.

　　③ Daniel Mark Epstein. *What Lips My Lips Have Kissed : The Loves and Love Poems of Edna St. Vincent Millay*. New York: Henry Holt & Company, 2001, p. 689.

　　④ Elizabeth Cook. ed. *John Keats*. Oxford & New York: Oxford University Press, 1990, p. 327.

　　⑤ 吴笛:《野天鹅——20 世纪外国抒情诗 100 首》,黑龙江人民出版社 1988 年版,第 204 页。

中的鬼魂"何其不甘，不断敲打着窗户希望米蕾给自己一个回答。米蕾以"鬼魂"夜半来访这个意象暗示自己情感上的不安——少年们对米蕾的爱往往多于米蕾对他们的爱，他们对米蕾的需要往往大于米蕾对他们的需要。爱的不对等，曾经伤害的是少年们，如今伤害的倒似乎是米蕾本人。她爱过的人不计其数，到如今却还是孤单一人。她把自己比作冬日荒凉凋敝的树林，而把曾经热恋她的少年们比作飞走的鸟群，不由感叹爱情的夏天何其短暂。此时孤独凄惶的她多么渴望少年们的爱恋，可惜物是人非，时过境迁，她只好以"平静的苦恋"作为对少年们迟来的道歉，并以此慰藉灵魂的孤单。

二、自由与爱情："爱的自主权"

　　米蕾早期主要以戏谑顽劣的诗风向传统的爱情观进行挑战，然而这只是她爱情诗的一个侧面。在米蕾的玩世不恭的面具背后，是一颗对爱情孜孜追求的心。米蕾大学期间钟情于一位年老的英国编辑亚瑟·胡利（Arthur Hooley）。米蕾视胡利为知己，虽然胡利对米蕾基本持拒绝态度，她仍锲而不舍地爱着他：

> 你究竟是什么，渴望你
> 使我辗转难眠
> 多少个夜晚恍若白昼
> 我为你泪水潸然？
>
> 你究竟是什么，思念你
> 当日子缓慢地挪移，
> 我只能聆听风的声响
> 目光凝视着墙壁？
>
> 我知道有个人比你勇敢，
> 还有更多同样善良，
> 你究竟是什么，唯独你
> 占据了我的心房？
>
> 但女人就像智者所言——
> 愚蠢糊涂不善思考
> 而我究竟是什么，怎会爱得
> 如此谨慎，这般美好？[①]

　　胡利越是保持距离，米蕾越是爱得情切。当一个人爱到深处，就会期待永久，就会担心死亡突然将爱人夺走：

> 如果有一天，我不经意间得知
> 你走了，再也不会回来——
> 假设当时我正在地铁里，

---

①　Edna St. Vincent Millay, *Collected Poems*. Ed. Norma Millay. New York: Harper & Row, Publishers, 1956, p. 148.

邻座正在翻看报纸的最后一页。

突然，我瞥见一条事故通告：

今天中午，一名匆忙的男子

不幸就在这条大街的拐角

死于车祸，那人碰巧是你——

我不能痛哭流涕，我哭不出声，

也不会绞着双手，在公共场合

我要么摆出一副饶有兴味的神情，

看着窗外的灯火从眼前飞速闪过，

要么看报纸，极其认真地品察：

如何存放皮衣，如何保养头发。①

　　在这首莎体十四行诗中，米蕾为自己设置了一个非常情境：在乘坐地铁的时候，她无意间得知心爱的人刚刚因车祸丧生。米蕾试图用这个假设体察自己可能产生的反应。这首诗最感人之处在于，当得知爱人去世的消息，身处公共场所的米蕾无法痛哭，只能装作若无其事的样子，以掩饰内心汹涌的悲伤。这首诗的最后一句"如何存放皮衣，如何保养头发"可谓点睛之笔。米蕾举重若轻，引而不发，寓凝重沉郁于云淡风轻，这样一来反而泄露了更沉痛的哀伤。诗人兼评论家麦克拉奇(J. D. McClatchy)认为这首诗最值得称赞的地方就是它所展现的"残忍而优雅的瞬间"②在现实生活中，胡利并未死于车祸，而于1917年不辞而别，从此从米蕾的生活中销声匿迹了。米蕾对胡利的爱，总得来说是一厢情愿，而胡利的不告而别让米蕾倍感伤害，她由此吸取了一个教训，就是从今往后，"她必须牢牢掌控恋爱中的主动权；为了避免受伤，她再也不会成为不对等的爱情中爱得更多的那一个"③。从1917年胡利永久离开到1923年间，米蕾基本奉行这个出于自我保护的"爱的原则"。在这里，我们似乎部分理解了早期米蕾对爱情的玩世不恭的态度。

　　一个人一辈子可能爱过很多人，但爱得惊天动地、深入骨髓的可能只有一个。米蕾爱过很多人，也被更多的人追求。然而，她爱得最热烈澎湃、痛彻心骨的人可能要数诗人兼诗刊编辑乔治·迪伦(George Dillon)了。1928年，米蕾在加利福尼亚大学的诗朗诵会上与迪伦初次相见。迪伦非常英俊，眉宇间透着一抹淡淡的忧郁，米蕾对他一见倾心，当时米蕾三十六岁，迪伦二十二岁。米蕾1931年出版的十四行诗集《命定的相遇》(1931)就记录了她与迪伦相遇、相爱直至分开的经过。《命定的相遇》被评论界誉为米蕾诗歌生涯的巅峰之作。当时已经结婚五年的米蕾，顶着外界舆论的压力，就像从未爱过任何人似的，疯狂地爱着迪伦。她催促迪伦到家中做客，迪伦顾忌她的丈夫尤金(Eugen Boissevain)，一时间犹豫不定，狂躁不安的米蕾像个亡命徒似的写道：

此刻，我向月亮发誓：月缺之前

我要么跟你在一起，要么我就去死！

虽然我的良心承受着道德的铁鞭，

但与思念之痛相比，实在不值一提。

　　① Edna St. Vincent Millay, *Collected Poems*. Ed. Norma Millay. New York: Harper & Row, Publishers, 1956, p. 565.

　　② J. D. McClatchy. "Feeding on Havoc: The Poetics of Edna St. Vincent Millay." *The American Scholar*, Vol. 72, No. 2 (Spring, 2003), p. 47.

　　③ Daniel Mark Epstein. *What Lips My Lips Have Kissed: The Loves and Love Poems of Edna St. Vincent Millay*. New York: Henry Holt & Company, 2001, p. 110.

　　　　所谓的忠诚，名誉，尊严，忍耐

　　　　无聊的道德训诫，迂腐的学说——

　　　　究竟是哪一条我不具备，因此才

　　　　经受着无法言喻的地狱般的折磨？①

　　在《圣经·雅歌》的第六歌中，出现了一个常被人引用的比喻："Love is as strong as death."（爱的力量像死亡一样强大）。米蕾将爱的狂热与死亡的残酷相对照，极言爱的迫切与炽烈。有趣的是，我们从米蕾给迪伦的书信中找到了这首诗最确切的注脚："我要你想好后立刻告诉我到底来不来。如果你不来，我和尤金周一凌晨就前往芝加哥……如果你觉得，跟此刻与你两地分离相比，我更在乎世人的眼光，那你就从未真正爱过我或爱过任何人。让他们监视，让他们跟踪，让他们偷听我们的电话，让所有饶舌的人都知道我爱你，知道我要去芝加哥看你……要么你立刻来我这儿，要么我去芝加哥。你差点要了我的命。我再也受不了了。"②

　　米蕾对迪伦的爱，不仅像死亡一样强大，更像孩童一般纯粹。在美得无可比拟的迪伦面前，米蕾似乎一下子也变得晶莹剔透，她觉得自己就像个小孩子，把所有的宝贝捧给最心爱的人，说："快瞧啊！这些全都给你。"③米蕾对迪伦的至爱使她悟出了爱的真谛，道出了爱的哲理：

　　　　爱情并非一切：不是挡雨的屋顶，

　　　　不是睡眠，也不是酒肉和菜饭；

　　　　对于落在水中浮浮沉沉的人们，

　　　　也不是一根漂浮着的桅杆。

　　　　爱情无法澄清血液，或安接折断的骨头，

　　　　不能以呼吸来填补增厚的肺部，

　　　　然而许多人与死神交上了朋友，

　　　　仅仅是缺少爱情的缘故。

　　　　当我日子难熬，陷入了窘境，

　　　　当我缺乏毅力，遭受着困苦。

　　　　我很应该出卖你的爱情以求安宁，

　　　　或出卖对今晚的记忆来换取食物。

　　　　这样做兴许是名正言顺，

　　　　但我想我怎么也不会做成。④

　　在这首诗中，米蕾再次用死亡的不可逆转来强调爱情对生命的不可取代的重要意义。不仅如此，米蕾一扫早期爱情诗的嘻哈淘气，在诗的结尾道出了自己对爱情的坚贞不渝。米蕾从对爱情的游戏态度到肯定爱情的不可或缺，本身就是真爱化腐朽为神奇的生动体现。毫无疑问，米蕾对迪伦的爱寄托了她对爱情的最高理想。在《命定的相遇》这部诗集里，米蕾甚至将迪伦比作希腊神话中的天神宙斯，而把自己比作凡人欧罗巴，这样他们的爱情就成了"神对人"与"人对神"的相互的爱（Agape），也就达到了爱的至高境界。不仅如此，米蕾还以多恩式的豪放欢庆性爱带来的迷醉："当晨光将梭镖狠狠地刺向大地，/我们就得起床，做好战斗准备，/以沉着的手臂斥退光线的无

　　①　Edna St. Vincent Millay, *Collected Poems*. Ed. Norma Millay. New York: Harper & Row, Publishers, 1956, p. 651.

　　②　Daniel Mark Epstein. *What Lips My Lips Have Kissed: The Loves and Love Poems of Edna St. Vincent Millay*. New York: Henry Holt & Company, 2001, p. 218.

　　③　Edna St. Vincent Millay, *Collected Poems*. Ed. Norma Millay. New York: Harper & Row, Publishers, 1956, p. 640.

　　④　吴笛：《野天鹅——20 世纪外国抒情诗 100 首》，黑龙江人民出版社 1988 年版，第 205 页。

礼。/不必担心，如果好事者已得知，/我们从狂喜中醒来才一个小时。"①米蕾对爱情神性的赞美，对性爱由衷的欢庆，与她早期对爱情的挖苦嘲讽形成了鲜明的对比。换句话说，米蕾越是爱得热烈挚情，对性爱之美的体悟也就越深刻。

然而，米蕾与迪伦的爱情最终还是以分手告吹。作为经过女权运动洗礼的新女性，米蕾的个性里透射出强烈的女性意识。正如戴尔（Flyod Dell）所言："她是个激进的女权主义者，对女性自由的看法相当极端。"②对米蕾来说，"爱情并不盲目"。③她绝不允许自己的个性自由因为爱情而受到任何束缚：

> 我了解自己，我已拿定了主意；
> 我的命运不由你的好恶决定，
> 爱我，或者不爱，这都不由你
> 说了算，这始终都是我的事情。
> 你的风度，你的好意，你能
> 给予的全部，现在统统拿走：
> 你的美在我的心中涤荡翻腾，
> 即便你也无法干扰或者辜负。
> 不要误会——在我的内心深处，
> 多么渴望你能亲吻我的双唇，
> 那些在南部沙漠举步维艰的朋友，
> 他们的焦渴怎能与我的相提并论。
> 你尽可以送上祝福的亲吻，纵然
> 你爱过我，我也绝不会委曲求全。④

正所谓爱情诚可贵，自由价更高。米蕾跟迪伦的主要分歧就在于是否要在爱情中捍卫个性自由的问题，说白了就是"爱的自主权"（sovereign of love）问题。米蕾跟迪伦的婚恋观从本质上来说相去甚远。米蕾始终坚持爱情或婚姻关系中的"绝对的自由"，换句话说，就是恋爱双方或是夫妻双方可以有除对方以外的性伴侣。米蕾认为，真正的爱情会捍卫双方的个性自由，爱的精髓是解放，不是束缚。米蕾爱的能力非常惊人，她坦言道："一个人要是一辈子只爱一个人，这个人要么大脑迟钝，要么就是性格软弱，否则就不会对世界上如此之多的美丽而高尚的灵魂无动于衷了。"⑤也正是在这个意义上，米蕾颠覆了传统爱情观提倡的所谓"专一"。我们或许可以大胆地说，爱情和"忠诚"之间本没有必然的联系。所谓的"忠诚"之说大有"压迫"之嫌，是为了替传统的"占有性"的爱鸣锣开道。迪伦对米蕾的爱就是传统的占有性的爱，他不能容忍米蕾在爱着丈夫尤金的同时爱着自己，而米蕾同样无法忍受迪伦的占有欲，就像她在1932年给丈夫尤金的信中所写的那样："他（迪伦）说他会为我放弃一切，甚至他的工作，说跟我在一起比别的任何事情都重要，说我们为什么不忘掉一切，快快乐乐地长相厮守，让别的一切都见鬼去吧……听他说那样的话，我才意识到他已

---

① Edna St. Vincent Millay, *Collected Poems*. Ed. Norma Millay. New York：Harper & Row, Publishers, 1956, p. 657.
② Floyd Dell. "My Friend Edna St. Vincent Millay." *Mark Twain Journal*, Vol. 12, No. 2（Spring 1964）, p. 2.
③ Edna St. Vincent Millay, *Collected Poems*. Ed. Norma Millay. New York：Harper & Row, Publishers, 1956, p. 586.
④ Edna St. Vincent Millay, *Collected Poems*. Ed. Norma Millay. New York：Harper & Row, Publishers, 1956, p. 674.
⑤ Daniel Mark Epstein. *What Lips My Lips Have Kissed：The Loves and Love Poems of Edna St. Vincent Millay*. New York：Henry Holt & Company, 2001, p. 161.

经不顾一切了。这我可受不了。"①

　　米蕾深爱丈夫,当然不愿放弃他。当尤金得知米蕾不愿放弃自己时,尤金甚至提出了他们三个人一起生活的建议,但思想保守的迪伦无论如何也不会答应。纵然米蕾爱得挚情而纯粹,她也绝不会委曲求全。她是宁可放弃来之不易的爱情,宁愿承受失去爱情的怆痛,也要捍卫自由的尊严:

> 哦,我失去了你,完全失去了你;
> 以我的方式,经过我的同意。
> 说什么随你,囚车上赴死的国王
> 绝对不会比我此刻更加傲气。
> 我承认,某些夜晚我会忧思难安
> 痛哭流涕,但这也在情理之中;
> 黎明擦干我的泪水。我可不愿
> 把向往自由的鸟儿困于牢笼。
> 我若少爱你一些或是将你玩弄,
> 我也许会再挽留你一个夏天。
> 但我对语言的价值非常看重,
> 那个夏天过去了,就永不回返。
> 我若能忘掉痛苦——男人向来如此——
> 我只会对你怀揣美好,心存感激。②

　　米蕾即使在痛苦不堪的时刻,她骨子里的桀骜不驯仍显而易见。她不但将自己亲手放弃爱人的无奈苦楚与古代君王战败后即将被赴死的惨烈悲壮相提并论,还强调了自己海明威(Ernest Hemingway)式的"女汉子"精神:一个人可以为爱情承受痛苦,但绝对不能为爱情放弃自由。多年之后,迪伦对米蕾写道:"今天我可能什么也不做,只是想你。"③米蕾更以忧伤的笔调写道:"我希望你会给我写信,告诉我你好不好,你在忙些什么。即便我们此生都不会再见,即便你再也没有我的消息,我始终爱你。"④这,或许就是真爱的魔力。

结　语

　　20 世纪的美国,虽然经历了女权运动的洗礼和冲击,依然是个不折不扣的男权社会。一位"女拜伦"对"性"的坦率,对"美"的迷恋,对"爱情"的揶揄,对"誓言"的调侃,这完全是 20 世纪的新生事物,19 世纪的女诗人绝对写不出如此惊世骇俗的诗句,只有经过第一次世界大战和女权运动洗礼的 20 世纪的新女性米蕾才写得出。自米蕾之后,"性"对美国女诗人而言,不再是一片雷区;美国年轻一代女诗人以米蕾为表率,开始大刀阔斧地探索女性世界的隐秘。米蕾对美国 20 世纪五六十年代的自白派女诗人的影响不可低估,特别是安妮·塞克斯顿(Anne Sexton)的诗歌打上了明显的米蕾烙印。罗伯特·洛威尔(Robert Lowell)就曾评价说:"塞克斯顿就像是受过斯诺德格

---

①　Daniel Mark Epstein. *What Lips My Lips Have Kissed: The Loves and Love Poems of Edna St. Vincent Millay*. New York: Henry Holt & Company, 2001, p. 237.

②　Edna St. Vincent Millay, *Collected Poems*. Ed. Norma Millay. New York: Harper & Row, Publishers, 1956, p. 676.

③　Nancy Milford. *Savage Beauty: The Life of Edna St. Vincent Millay*. New York: Random House, 2001, 402.

④　Nancy Milford. *Savage Beauty: The Life of Edna St. Vincent Millay*. New York: Random House, 2001, 403.

拉斯影响的爱德娜·米蕾。"①从这个角度说,米蕾对美国女性诗歌具有开创性的意义。

米蕾曾写信对朋友说:"我不是个试探性的人,无论我做什么,都会百分之百地投入。"②米蕾反传统的婚恋观造就了她极富传奇色彩的一生,就连哈罗德·布鲁姆(Harold Bloom)也觉得"米蕾的生平故事比她的诗歌更有意思"③。米蕾就像一根两头燃烧的蜡烛,以自由的烈焰迸发出的瞬间的辉煌向我们展示了爱情与婚姻的无限的可能性与创造性。米蕾注定要成为引领时代的风云人物,她的爱情观甚至在她去世一百多年后的今天,依旧给我们带来灵魂的震撼。

(作者单位:澳大利亚西澳大学)

---

① David Lehman. ed. *The Oxford Book of American Poetry*. Oxford & New York: Oxford University Press, 2006, p. 853..

② Norman A. Brittin, *Edna St. Vincent Millay*. Boston: Twayne Publishers, 1967, p. 33.

③ Harold Bloom ed. *The Best Poems of the English Language: From Chaucer Through Frost*. New York: HarpersCollins Publishers, 2004, p. 929.

康德—黑格尔美学遗产与王元骧的探索

李咏吟

内容提要：考察王元骧的文艺美学思想，需要关注其思想的三个重要来源，特别是与"康德—黑格尔美学遗产"的关系。王元骧在中早期文艺美学探索中高度重视"黑格尔—马克思美学思想"的批判继承，在中后期的文艺美学建构中则相当注重"康德—马克思美学思想"的批判继承。他既注重文学艺术审美特性的具体考察，又重视审美与人生之关系、审美与社会之关系的深入思考。特别值得强调的是，他始终是以"马克思主义美学思想"作为文艺美学批判性建构的基础，因此，他的文艺美学探索具有特殊的思想与学术意义。

关键词：康德；黑格尔；美学遗产；王元骧

一、康德与黑格尔传统：王元骧美学探索的方向

从王元骧的大量文艺美学著作和论文中即可以发现，他的文艺美学思想的发展，离不开三位重要的思想家，这就是"马克思、黑格尔与康德"。探究他的思想来源，是极其重要的工作，一方面可以看出他的基本价值取向，另一方面也可以看出他的思想创新之处。思想与思想的内在吸引，虽然有其偶然性，但是，从根本意义上说，还是生存价值体认的内在共鸣与思想内在发展的逻辑必然。从真实意义上说，我们很少看到自觉的思想取向与自由的生命实践之间完全背离的情况。具体落实到对王元骧文艺美学思想的考察，可以看出，他对马克思与黑格尔和康德思想的亲近，虽有时代的普遍思想偏好之影响，但是，他的思想批判继承工作，主要源于主体的思想发展与选择的内在要求。按照历史的综合的观点，王元骧文艺美学思想的历史变化，大致说来可以分成"早中期"与"中后期"两个阶段，其中，应该以他60岁作为其文艺美学思想的时间史与精神史分界线。这就是说，我们可以把早中期的王元骧文艺美学思想视作第一个阶段，重点考察王元骧与"马克思—黑格尔美学"之关系，同时，把中后期的王元骧文艺美学思想视作第二个阶段，重点考察王元骧与"马克思—康德美学"之关系。

如果说，45岁之前（1978年），由于时代政治的原因，王元骧少有系统完整的文艺美学研究成果，除了发表在《文学评论》上的《对于阿Q典型形象研究中一些问题的看法》一文以外，那么，自1979年至1994年（60岁），则是他文艺美学思想成果相当丰硕的历史时期。由于其主要思想资源，还是坚持45岁之前的基本理论方向，因此，从时间跨度上说，这一时期的理论探索，基本上应该划定为"王元骧的早中期文艺美学思想"。必须指出，1995年，王元骧的《艺术的实践本性》一文的发表，具有标志性作用。自此，他开始关注文艺实践、审美实践与生存实践的关系，并由此探讨文艺美学的价值，从而开启了"王元骧中后期的文艺美学思想"的进程。近二十年来，他的文艺美

学思想,趋向于不断地自我完善和自我丰富,而且有大量的学术论文进行自我思想确证。因此,将王元骧文艺美学的发展分为早中期与中后期两个阶段,并以此探讨他的文艺美学思想与"康德—黑格尔—马克思美学遗产"的关系,符合其思想发展的历史实际。当然,他自觉容纳了儒家心性学的思想,特别是王阳明的心物论、本体功夫论和致良知理论,这一切使得他的文艺美学的实践论倾向得到了更好的强调。

一般说来,1950年至1980年,我国文艺美学思想研究主要以马克思主义理论、毛泽东文艺思想和黑格尔美学思想为主导,辅之以苏联马克思主义理论和俄苏批判现实主义美学。在那个时代,"黑格尔思想"主要作为马克思哲学的重要来源而引人重视。自五四以后,黑格尔哲学引入中国已经成为流行的思想时尚,并且,与朱熹的理学形成了内在的呼应。如何批判地继承黑格尔哲学与美学的思想以丰富马克思主义思想的正确理解,是1950年后中国思想界的重要工作。在早中期思想建构过程中,王元骧高度重视黑格尔美学思想的解释,这主要表现在两个方面:一是典型形象与典型化理论的研究。他充分吸收了黑格尔思想有关一般与个别、个性与共性理论的辩证论述,由此确立了马克思主义文艺美学与黑格尔美学之间的内在联系。二是从认识论的立场出发,充分吸引了黑格尔美学有关主体与客体、主观与客观之间辩证关系的历史论述。在马克思主义的审美反映论建构过程中,王元骧高度重视黑格尔与马克思的认识论思想遗产。这种影响,特别表现在《文学原理》的撰述中。在对文学理论的一般价值构想中,王元骧高度重视黑格尔美学的文学本体认识、文学文体认识和文学创作主体思想的积极价值。应该承认,对黑格尔与马克思文艺美学思想遗产的重视,是王元骧早中期文艺美学思想发展的鲜明特色。

1985年前后,由于系统而开放地引入西方现代文艺美学思想,我国文艺美学思想研究呈现出复杂的精神格局。非马克思主义的文艺美学思想和哲学思想,在相当长的时期内,影响了许多中青年学者,形成了现代中国文艺美学思想的多元化与自由化的理论格局。应该看到,在早中期的文艺美学探索中,王元骧总是坚定地从马克思主义文艺思想出发,坚持从马克思主义认识论的观点看待文艺活动与审美活动,因此,他的思想并没有受到新思潮与新流派的过分冲击,一方面重视对新思想的理解与吸收,另一方面则始终坚持从马克思的实践哲学传统与德国古典哲学传统出发诠释文艺美学问题。正是由于他对马克思美学思想、黑格尔美学思想与康德美学思想所进行的长时间系统深入研究,并且,由于他有目的地系统研究马克思的实践哲学与康德的美学伦理学思想,才开启了王元骧文艺美学思想的新阶段。应该承认,王元骧文艺美学思想的中期转变,并不是突然的,但是,由认识论的观点转向实践论的观点,由知识论立场转向价值论立场,由黑格尔美学转向康德美学,是这种思想转变的关键因素。虽然王元骧的思想重点发生了变化,但是,由于他一贯地坚持从马克思主义的立场看问题,因此,他能很好地把马克思的认识论的观点和实践论的观点结合在一起,拓展了主体更加开阔的思想与理论视野。这种转变,使得他的思想有了坚实的生存论基础,不仅给人提供了理论知识,而且给人提供了价值信念。

从王元骧的有关理论著述来看,他的早中期文艺美学思想,重视"文学形象与审美反映问题"、"审美反映与艺术创造问题",而中后期文艺美学思想,则重视"艺术与实践问题"、"审美与人的生存问题"。王元骧的基本文艺美学立场是:既重视美学的知识论评价,又重视美学的价值论评价,只是他的中后期文艺美学思想,更重视审美与人生的联系,把审美看作是完善人生的重要途径,把人生看作是生存实践的自由依据。那么,文学的美感自由到底是什么?审美的自由教育意义何在?人生的美感如何重新确立?显然,这些问题,不仅可以加深生存体验的思想力度,而且可以深化文艺美学问题本身的理论研究。这些问题,可以进行知识学与实践学的双重回答。

依据我的体察,"王元骧的一生,是寻美与审美的一生",他一生皆在探索美的价值与意义。从审美艺术意义上说，他从小即具有良好的审美禀赋，喜欢琴与画，这种良好的艺术素养的培植，对于审美理论建构极为关键。没有良好的艺术鉴赏力和创造力，就无法在文艺美学上取得高度成就。① 他五十年来一直注重文艺美学的探索，先是进行文学艺术的美感探索，后是进行人生的审美哲学思考。在德国古典哲学与马克思主义哲学研究方面，他用力甚多。从康德与黑格尔美学思想的重建与解释入手，王元骧的文艺美学思想显示了清醒的理论抉择。从现代美学史意义上说，他呼应时代并抓住了中国现代美学问题的中心。在现代中国文艺美学的历史建构中，中国美学思想与欧洲古典美学思想之间形成了独特联系；没有德国古典美学的启迪，中国现代美学的现代性就无从体现。

如果一味地强调研究者的思想原创性，忽略了思想之间的内在传承，那么，有可能丧失对思想主题与思想内核的真正把握，更可能流于思想的形式分析。大凡美学思想的形成，必寻求正确的思想路径，例如，当代德国著名哲学家赫费，即从亚里士多德与康德思想出发，建立了现代政治正义论与法哲学的思想。② 在文艺美学研究中，王元骧崇尚"康德—黑格尔美学"并不是什么新路径，但是，这是美学思想发展的传统路径与经典路径。无论现代美学如何日新月异，"康德与黑格尔美学"的思想价值，绝不会轻易过时，因为其中蕴含着现代美学的许多重要问题。例如，黑格尔美学揭示的艺术与文明的关系问题，远未得到充分的重视，人们可能只重视他历史认知与主观规定问题。康德的审美主体性自由理论和审美道德理性秩序理论，也远未得到充分阐释。一个文艺美学家，到底应该如何探讨文艺美学问题呢？显然，必须从自己的生命体验出发，从自我对人生的探讨出发，确证自我对生命与艺术和审美的价值判断，与此同时，现代文艺美学思想的探索，必须与历史的文艺美学思想之间形成自由的交流与对话，任何思想，皆不能完全忽略思想的历史而进行独立自由的探索。王元骧的文艺美学思想建构，就是遵从这样的思想法则与思想路径，因而，值得认真分析与评价。

二、黑格尔美学批判与文艺的审美性认识

人的思想很难超越时代，甚至可以说，人的思想总是与他所处的时代息息相关，而且，受制于时代思想的发展水平。王元骧的早中期文艺美学，既有康德美学的影响，又有黑格尔美学的影响，但更主要地体现为他与黑格尔思想之间的亲密联系。当然，这也是现代中国文艺理论界和美学界的时代主题，它在一定程度上显示了现代中国文艺理论界与美学界的"有限性思想视野"。一般说来，社会的停滞或社会的封闭，往往是全面的思想封闭或理论狭隘。在政治经济不发达的时代，我们的思想资源也极其有限，人们很难跳出"马克思与黑格尔"之外去看待哲学或文艺美学问题。从认识论和意识形态入手，去看待哲学问题和文艺美学问题，成了那个时代的思想共识。王元骧早中期文艺美学思想探索的卓越之处在于，他始终坚持从"马克思与黑格尔的经典文本"出发，理论联系实际，具体探讨文艺认识和意识形态问题。他不是简单地或极端地强调马克思主义文艺美学的独断性，而是辩证地综合地探讨马克思主义文艺美学的合理性。具体说来，他坚持从存在与意识入手去看待审美反映论问题，强调社会心理作为审美反映的中介环节，与此同时，他坚持历史地

---

① 王元骧在书法艺术上成就最高，特别是他的"钢笔书法"，始终保持着一贯的自由而优美的风格，给人以无限的美感享受。他的钢笔体文稿，就是最好的书法艺术作品。与毛笔书法相比，钢笔书法受到的限制极多，他的钢笔书法能够达到极高的成就，与他的审美修养和造型能力直接相关。

② 赫费：《实践哲学：亚里士多德模式》，沈国琴等译，浙江大学出版社2011年版，第3—4页。

看待文艺美学问题,将文艺思想置于思想史的历史链条中进行论述和判断。事实上,任何问题皆有自己的历史认知过程,创作活动本身就是认知与体验的历史过程,是继承与创新的辩证统一。王元骧的早中期文艺美学思想,正是由此出发,探讨审美认知与审美实践问题,这既是历史生活传统的延续,也是现实生活的创新追求。

考察王元骧早中期文艺美学思想与黑格尔和马克思的关系,离不开朱光潜1961年前后译出的黑格尔《美学》第一卷。与国内大多数学者一样,王元骧重视黑格尔美学的"自然美与艺术美"的观念区分,重视黑格尔美学的"艺术史观念",特别是黑格尔的"诗性观念"以及"诗性认知"。在《文学原理》中,王元骧从叙述体文学、抒情体文学和戏剧体文学入手探索文学自身,显然接受了黑格尔文体分类的积极影响。从现代文艺美学思想史来看,随着1979年黑格尔《美学》全译本的问世,20世纪80年代的美学研究,更加体现了浓烈的黑格尔美学精神,甚至可以说,在文艺理论或文艺美学研究中,黑格尔美学的认识观念与马克思美学的认识观念的自由结合,成了当时中国学者进行文艺美学解释的主要依据。根据引文统计,在王元骧的《文学原理》第一版中,黑格尔《美学》被引证百余次,这足以显示他对黑格尔美学思想的高度重视。那么,王元骧在哪些方面继承了黑格尔的美学遗产呢? 具体说来,除了《文学原理》的充分吸取之外,他还写作了《艺术的认识性与审美性》、《黑格尔纯认识论文艺观的得与失》、《艺术本质:在认识性和实践性的融合中寻求》等论文。王元骧的这些论文,对黑格尔的美学思想进行了批判继承与理论重构,体现了他对黑格尔美学的马克思主义解读与现代性立场。必须指出,王元骧早中期文艺美学的认识论视界的确立、有关意识与存在、个别与一般、内容与形式等问题的辩证思维,不仅仅是对黑格尔的批判继承,而是始终以马克思主义的美学观点审视黑格尔美学,创造性地吸收黑格尔美学思想的积极合理之处。

第一,他自觉运用黑格尔的辩证法思想讨论文学的审美问题和美学的基本问题。对于国内大多数学者而言,黑格尔美学的有益影响,并不仅仅限于《美学》一书自身,黑格尔所建立的辩证法思想具有更为强大的方法论作用。辩证法的自由运用,使中国学者能够自由地建立对美学实践的概念认识,而且形成了系统的观念体系。黑格尔的辩证法,对于中国学者来说,特别体现在《小逻辑》中,因此,人们对黑格尔的哲学解释理论高度重视,例如,质量关系理论、内容形式关系理论、存在与意识关系理论、现象与本质关系理论,等等。在王元骧的文艺美学思想中,他自觉地将黑格尔主义与马克思主义进行有机的理论与方法综合。这特别体现在他对文学的主观与客观之关系、文学的内容与形式之关系、文学的存在与意识之关系、文学的现象与本质之关系等问题的认识之上。王元骧指出,"如果说,黑格尔文艺观的精华主要在于克服了长期以来机械论的统治,对艺术中的主体与客体、个别与一般、感性与理性、内容与形式的关系作出了辩证的论述,那么,它的局限在于今天看来除了人们常说的'头足倒置'的客观唯心主义之外,更在于他与笛卡尔一样把人看作只是一种理性精神和思维主体,所以,他说的'自我'也只是一种普遍的我、理性的我、绝对的我、超越时空的我。"①在此,王元骧的审美辩证法思考,遵循了马克思主义的唯物论和辩证法思想,强调社会存在优先于社会意识,社会意识对社会存在的反作用。他站在马克思的立场上对黑格尔美学所作的批评,不仅强调了唯物辩证法的地位,而且强调了自我与社会、自我与他者、自我与历史的广泛联系,强调了客观历史现实生活对于审美的重要意义。运用黑格尔的辩证法思想,确实可以很好地处理文学创作主体与客体的关系,可以自由地处理文学内容与形式的关系,在文学研究与美学研究中,王元骧总是能够从辩证法出发正确地对待各种不同的观点,辩证地分析这些文学观点的得与失,在审美意识形态理论与审美反映和审美实践理论中建立了文艺美学的价值体系。

---

① 王元骧:《探寻综合创造之路》,陕西师范大学出版社2000年版,第179页。

　　第二,他重视黑格尔美学的历史发展观,从历史发展的观点,看待文学艺术与审美思想的发展过程,并系统地建立了文艺理论与美学理论的形态观。《美学》的方法论,源自于黑格尔美学的艺术发展史观,他把审美历史的发展看作是辩证发展的过程。黑格尔的历史观,是理论史或观念史的历史认知观,而不是客观的历史时间与历史事件的再现观。他强调文学艺术的审美创造意识与审美主体性精神,黑格尔的文艺美学解释充满了解释的主体性理解,甚至可以说,主体的观念史或绝对精神的流射影响并主导了"艺术史的认知"。从文艺美学出发,王元骧基本上认可了黑格尔的观念史与艺术观,因为对文艺史的历史归纳和总结,很容易建立观念史的艺术观。事实上,从《文学原理》可见,王元骧重视象征型艺术、古典型艺术与浪漫型艺术的历史认知,重视黑格尔的史诗、抒情诗和戏剧诗的观念认知,他采纳了抒情文学、叙事文学和戏剧文学的文体认知,与黑格尔的"诗体认识"相一致。黑格尔美学具有相当强的主观性,他对艺术历史与美学历史的把握,并不是直接从历史事实出发,而是从历史观念出发。黑格尔排他性地否定了"自然美学史传统"与"生活史美学传统",将"艺术史的美学传统"进行了"观念史美学传统"的建构。因此,黑格尔的艺术史考察,不是真正的历史性考察,而是观念史考察,这种观念史的考察,使得他的艺术史解释充满了"主体性认知"。正是基于此,黑格尔将人类的艺术分成"象征型艺术"、"古典型艺术"和"浪漫型艺术"三大历史类型。他认为,人类的艺术史的发展体现了人类精神史的发展特征。象征型艺术,主要体现为建筑与雕塑;古典型艺术,主要体现为诗歌与戏剧;浪漫型艺术,则主要通过音乐、绘画和诗歌所体现。象征型艺术体现的是神秘主义精神,古典型艺术体现的是历史主义精神,而浪漫型艺术则体现为浪漫主义的精神。黑格尔的艺术史解释,由于以观念史为主导,因而,充满了强烈的主体性精神,既体现了作者对艺术史的独特认知,又体现了作者对艺术史的强暴性建构。

　　第三,他重视黑格尔纯认识论的审美观的积极意义,并且强调黑格尔的审美主体性理论与自我意识的关系、审美主体与审美客体的相互作用关系、审美反映与审美对象的建构关系。的确,黑格尔美学体现了鲜明的"艺术史意识",强调人类艺术的发展从象征型艺术转向古典型艺术,从古典型艺术转向浪漫型艺术,构成艺术转变的动力是艺术的不断解体过程。正是由于艺术的不断解体,黑格尔预言艺术必将消亡,最终,哲学代替了艺术,理性代替了感性。显然,文学和艺术的历史发展过程本身,并没有证明黑格尔的艺术发展观或艺术解体观的正确性。实际上,艺术的解体或艺术的发展,源自于生命创新的需要,源自于时代审美的需要。人们永远不满足相同的艺术形式与艺术思想,这不是艺术自身所发生的解体,而是时代的各种变化,需要艺术创造作出"审美的回应"。艺术的某一时尚形式也许正在沉沦,艺术的古典风范也许已经解体,但是,"艺术不可能消亡"。艺术的解体,并不意味着艺术的消亡,它只是意味着艺术的发展,而且,在艺术的发展或艺术的解体过程中,艺术形成了自身的历史扬弃。其实,这种艺术解体的过程,在很大程度上,是审美主体性内在需要所造成的必然结果。因此,隐含在黑格尔美学中的主体性理论,历来并不被人看好,大家似乎更重视康德的主体性理论。其实,黑格尔的主体性理论最值得我们重视,因为黑格尔通过审美主体性的强调,为艺术解体或为艺术创新提供了理论支持。黑格尔美学思想的创造性与局限性,王元骧在文艺美学探索中有意加以扬弃,吸收其合理性,抛弃其局限性。此外,黑格尔的《精神现象学》的价值特别值得重视,王元骧正是由此出发探索黑格尔认识文艺观的得与失。在《精神现象学》中,黑格尔所发展的主体性理论、主奴理论以及被霍内特发展了的"承认理论",皆值得现代人重视。① 王元骧重视黑格尔的主体性理论,不是为了强调主体性的思想权利,而是为了强调黑格尔的艺术认识和艺术创造理论的积极价值。

---

　　① 霍内特:《为承认而斗争》,胡继华译,上海人民出版社 2005 年版,第 28 页。

那么,到底应该如何评价黑格尔美学? 显然,这是未尽的理论话题。在柏林大学任教期间,黑格尔的逻辑学讲演与宗教哲学讲演,获得了极高的学术声誉。按照黑格尔的构想,他试图构想系统的精神哲学,即系统地探讨精神哲学的方方面面,其中包括美学。从这个意义上说,美学是精神自由的独特体现,即"美是理念的感性显现"。不过,黑格尔只是从理念与艺术之关系探究艺术与美学的价值,批判了康德的自然美学观念,并且将美学的主要解释对象确立为艺术史。从艺术的考察中,即可见出人类感性生活精神的一般发展过程,黑格尔的历史哲学立场,在其艺术史和美学史的建构中发挥了决定性影响。显然,黑格尔美学较少考察审美与生活实践的关系、审美与道德建构的关系。黑格尔并不是要通过美学建立美丽国家或美丽人心,而是历史地通过艺术的考察,确证人类精神生活与艺术历史的自由进程。应该说,他的美学思想价值,主要体现在精神现象发展的洞察之上。黑格尔美学的价值不容低估,即使在今天,虽然人们喜欢强调康德美学的价值而相对贬低黑格尔美学的价值,这是由于我们选择了单一的价值评判尺度。其实,无论是生活史的美学传统、艺术史的美学传统、观念史的美学传统与自然史的美学传统,皆是人类审美生活的重要组成部分,忽略其中任何方面,皆不能完整地把握人类精神生活的自由。王元骧的《文学原理》和相关文艺美学论文,对黑格尔美学所进行的理论批判与实践改造,由此显示出重要的学术思想价值。

三、康德美学批判与艺术实践理论的建构

人的思想超越时代固然困难,其实,跟上时代也并不容易。令人惊异的是,年过60之后的王元骧,始终能够跟上时代思想的发展,实在是殊为不易,这与他的敬业精神和思想创造力密不可分。王元骧是真正热爱文艺理论与美学理论,并把自己的全部生命献身于这一事业的人。他的全部生命活动,皆围绕马克思主义文艺美学的传统与创新这一根本问题而展开,这就使得他从不固守一端,而是不断寻求思想自身的可能性创造,不断寻求对"生存与实践"的真正理解。如果说,他早中期重视运用马克思主义理论科学合理地改造黑格尔的美学思想,那么,他中后期则高度重视运用马克思主义美学方法自由地吸收康德美学的思想,因此,认真讨论康德美学思想对他的思想之影响,其意义不容低估。

我国学者对康德美学的译介和评价,早在1908年前后就具备了相当的理论水平,然而,20世纪50年代至60年代,由于马克思主义唯物论思想占据主导地位,因而,作为德国唯心论的开创者的康德美学思想所应该受到的理论关注,就不如黑格尔思想那么显著。20世纪60年代,宗白华与韦卓民合作翻译了《判断力批判》,但是,由于语言与思想理解的缘故,这个《判断力批判》的中译本并不如意,特别是宗白华的汉译,有许多句子完全处于混乱状态,无法获得清晰的理论认知,这在很大程度上影响了一代学者对康德美学的正确解读。更为重要的原因是,康德思想的完整性一直没有得到真正的自由呈现,人们只关注康德的三大批判的完整性,相对忽视了康德思想的内在成长与发展过程,特别是康德美学与他早期的优美感与崇高感考察以及后期《实用人类学》中对美学的看法。这种局面,随着康德哲学著作的不断新译以及《康德著作全集》的全部汉译而得到了真正改进。与此同时,德文版康德著作集的传播以及越来越多的青年学者能够直接阅读德文,我国的康德美学与哲学研究,已经进入了全新的理论阶段。在20世纪中国学者的康德美学研究中,大多只重视《判断力批判》上卷,即康德的审美判断力批判,相对忽略了"审美判断力"与"目的论判断力"的关系研究。

应该看到,康德思想与黑格尔思想,在20世纪80年代几乎同时受到近代中国学者的关注。康

德著作的翻译曾经优先于黑格尔著作的翻译，由于 1950 年后我国学者偏重于黑格尔研究，因此，虽然有郑昕的《康德学述》等较高水平的研究著作，但是，从总体上说，我们对康德的研究并不深入。康德著作的汉译，除了三大批判之外很少被人关注。20 世纪 80 年代始，李泽厚《批判哲学的批判》的出版，以及他对康德主体性理论的重新解释，激发人们重新探讨康德哲学思想，为此，康德的美学思想也受到了特别的重视。人们之所以特别重视康德美学，是因为康德美学很好地解决了"美学知识学"与"美学价值学"的若干重大问题。康德对优美与崇高的知识学规定，很好地解决了审美是什么的问题，而康德就"美是道德的象征"与"自然向文化生成"等问题的考察，则很好地解决了"审美为什么"或"审美目的论问题"。康德美学对审美鉴赏判断的二律背反问题的研究，康德对艺术天才与趣味等问题的研究，解决了美学的许多重要问题。不过，康德哲学乃至康德美学研究水平在汉语世界中真正提高，乃是 21 世纪到来之后的事情。邓晓芒系统翻译三大批判，李秋零主译了《康德著作全集》，牟宗三的"康德三大批判注译"在大陆陆续出版，曹俊峰辑录了"康德的全部美学著述"。与此同时，国外康德哲学思想研究著作的大量译介，于是，康德思想的全貌开始呈现。就美学而言，曹俊峰、邓晓芒、何兆武等，开始全方位正视康德美学思想的系统性，特别是对康德美学与伦理学的关注，对康德美学与纯粹知识论的关注，以及对康德美学与人类学的关注。这些新探索，使得康德美学研究在中国成为新的美学思潮，相反，黑格尔的美学思想则变得沉寂。这并非因为黑格尔美学不重要，而是由于人们局限于传统认知对黑格尔美学的误解，遮蔽了黑格尔美学的丰富思想意义与广阔的思想自由空间。1995 年前后，由于对艺术实践问题的关注，特别是自觉寻求从认识论向价值论或实践论的转向，王元骧开始系统关注康德美学问题。他特别重视康德把审美与伦理联系起来的思想倾向，并且，从审美与人生出发，把中西美学的自由精神进行了理论融合。为此，王元骧写了几篇关于康德美学的论文，即《美是道德的象征：康德美学思想辩证》、《何谓"审美"？兼论对康德美学思想的理解和评价问题》、《康德美学的宗教精神与道德精神》、《王阳明与康德美学思想的比较研究》、《再论美学研究：走两大系统融合之路》、《论国人对康德美学的三大误解》，等等。这些康德美学研究，具有哪些创新点，又如何渗透或指导王元骧中后期的文艺美学思想探索呢？显然，这是有意义的审美解释学问题。

第一，王元骧从康德美学与伦理学中"人是目的"、"无目的的合目的性"等理论出发，系统地探讨了康德美学的时代启示价值。王元骧认为："康德从目的论的观点提出没有目的的合目的性，就是为了改变这种按自然律和决定论来理解人的流行的观点，以求唤醒人的自觉意识。因为目的论与伦理学虽然不能等同，前者属于本体论，后者属于实践论，但两者所探讨的核心内容是一致的，都是一个'应该'的问题。这样，目的论也就成了既是伦理学的出发点，也是伦理学的最终归宿。"他还认为："《判断力批判》就其性质来说，就是一部目的论的著作；而康德之所以从审美判断力说起，只不过是为他的伦理学制造一个铺垫，表明他的道德原则不像有些学者所说的'是森严可畏的绝对命令'，而是建立在情感体验的基础上的。唯此，我们才能理解他们所说的唯有'道德的人'才是自由的人。"①王元骧重视康德的自然美与艺术美的区分，重视康德对艺术的主体性创造的强调，基于此，他重新建构了审美创造与审美情感理论。他的审美反映与艺术创造理论，他的审美体验与审美语言理论，与康德美学思想之间建立了千丝万缕的联系。正是由于康德美学的启导，王元骧的中后期美学思想，充分体现了对人性的关怀，体现了对文化的关怀。他越来越重视审美与人生的紧密联系，自觉地强调审美目的论的理论反思。当然，他对康德美学的认识，有其历史的变化过程。在早中期文艺美学思想探索中，他重视康德的艺术创造理论，重视审美主体性的自由呈现，

---

① 王元骧：《论国人对康德美学的三大误解》，《社会科学战线》2011 年第 3 期。

而在中后期文艺美学思想探索中,他则重视康德的审美德性理论,重视审美对人生的具体生命启示与生命教育作用,为人类艺术审美与人类生活审美奠定了理论思想的基础。

第二,王元骧通过目的论与人生论的关联,通过美善合一原则的论证,重建了康德美学的审美自由理想及其对人类生活的启示价值。事实上,康德美学重视审美价值的确证,重视优美与崇高感的培养对民族国家自由生活建构的意义,与此同时,康德重视从美中发现道德的本来意义。在《美是道德的象征:康德美学思想辩证》中,王元骧先否定了朱光潜与宗白华对康德美学的形式主义观念的批判,然后强调:"康德研究美学也并不是出于对美本身的兴趣,而完全是出于建构和完善他们哲学体系的需要。康德的《判断力批判》上册'审美判断力批判'的写作动机也是这样。"①"正是从审美与道德人格的关系上,我们找到了理解康德提出审美无功利性真谛的突破口。根据康德在'目的论判断力'中把目的作为外在的、有限的目的和终极的、无限的目的的思想,由于利害关系总是维系着物质的、实践的东西,它总是要在对象世界中获得自己的满足,它所追求的是物的外在的有用性亦即'外在的合目的性'。""与之不同,美只是一种静观的对象,'当我们知觉一定对象的表象时,我们所关注的只是这表象中合目的性的单纯形式','我们把这种形式的原因放在一个意志里面',不为意志所利用和驱使,因而,这'合目的性可能是没有目的的。'"②这些论述,强调康德与他的理论哲学和实践哲学的关系,并非孤立地讨论美学问题。

第三,王元骧重视康德美学观念的分析,重视对优美与崇高、审美趣味与审美个性、审美创造与审美自由之关系的探讨,为他的人生论美学的具体建构奠定了理论基础。康德的美学观念,大致说来,可以分为艺术的美学观念、认识的美学观念、道德的美学观念三种,王元骧尤其重视从道德的美学观念入手,分析康德的优美与崇高概念内涵。由于王元骧的《美学原理》还没有真正完成,因此,他对文艺美学问题或人生论美学问题的系统思考,还没有完整的理论著作证明,我们无从窥见他的美学思想的真正构想。但是,从他已经发表的部分美学论文而言,他对美学的纯粹知识问题并没有强烈的兴趣。除了对"美感"进行了系统分析之外,他主要立足于对审美与人生、审美与道德问题的研究,特别致力于对康德美学的人生价值研究。他有关康德美学的论述,在《何谓"审美"?——兼论对康德美学思想的理解和评价问题》《康德美学的宗教精神与道德精神》这两篇重要论文中得到了充分展示,正是这种解释,显现了王元骧的文艺美学对"人生体验与精神生活"的特殊关注。王元骧充分肯定了康德美学的积极价值,从审美与道德的关系,从审美与实践的关系入手,确证了康德美学的时代价值与历史启示意义,为现代中国审美生活实践提供了积极的理论支持。

四、寻求马克思主义文艺美学的时代综合创新

马克思主义美学,奠基于马克思美学之上,而且,在马克思美学的基础上,不断有着新的发展的思想趋势,它是运动着的、发展着的、变化着的马克思美学。在寻求现代美学的发展过程中,"马克思主义美学"的重要地位,不可低估。正是由于对马克思美学的重视,王元骧的文艺美学,始终能够坚守实践论的立场,从社会文化生活出发评价审美的价值。与此同时,王元骧也重视中国传统美学思想的积极合理意义,试图融合中西美学,寻求新思想的理论建构。马克思主义美学,重视艺术实践与审美实践,重视生活实践与审美实践的内在联系。从马克思主义美学的基本立场出

---

① 王元骧:《审美超越与艺术精神》,浙江大学出版社 2006 年版,第 47 页。

② 王元骧:《审美超越与艺术精神》,浙江大学出版社 2006 年版,第 48 页。

发，是王元骧文艺美学思想的牢固理论基础。这种思想探索意向说明，他重视审美与社会、审美与人生、审美与自由、审美与修养的丰富启示。现代美学思想的发展，很难不接受思想史的启示和影响。对于王元骧来说，他重视通过美学思想的批判分析建立自己的思想，在这一过程中，马克思美学与康德—黑格尔美学思想是他的思想源泉，现代中国美学建构，则是他的美学思想实践的基本立场。他重视马克思主义美学，是为了将美学更好地与现实生活联系在一起。他重视康德—黑格尔美学的中国式理解，是为了让美学的建构具有中国特色与中国智慧。在这种综合中，到底应该寻求怎样的思想表达，可能是他一直在探讨与试图解决的问题。如何在综合中进行创造，在综合中进行发现，这是美学研究的时代应有之义。王元骧好像完全沉醉在美学思想的自由批判中，那么，到底应该进行怎样的独立美学思想建构，这个问题，似乎还没有找到丰富而具体的思想依据。

从知识论意义上说，美学必须提供科学完整而系统的知识。王元骧在文学艺术审美特性的分析中，相当重视认识论与实践论的统一，从认识与实践的观点看文艺，这是王元骧文艺美学的重要特色所在。为什么要从认识的观点看文艺？文艺既是对生活的认识，又是提供生命知识的方式，因此，认识既是文艺创作的源头，又是文艺创作的动力。必须说明，王元骧文艺美学思想对认识论的关注，并非为了纯粹知识学目的，他无意于系统清理美学的全部知识，厘清全部的美学观念，而且强调审美思想与审美意识与现实生活的内在联系。审美反映论的观点，不仅强调人对现实生活的历史认知，而且强调人对现实生活的审美认知，即主体性想象与创造。王元骧并没有完全沉醉于历史与现实生活的想象之中，而且试图以审美的想象来丰富人类对历史生活、现实生活和未来生活的创造性理解。这种认识论观点，既是科学理性的，又是实践审美的，充满了主体的创造性。

从价值论意义上说，美学必须能够给予人的生命存在提供启示。现代中国对审美生活，审美理想、审美政治的探索和所示，说明民族国家的生活对现代美学建构形成了有力的思想支持，它需要美学对人类自由美丽的生活提供想象的无限可能性，因此，美学探索还必须与政治学、伦理学乃至科学技术结合在一起。为什么要特别强调实践的观点呢？应该说，这是对马克思主义文艺美学的独特价值的特殊重视。"实践的观点"，是马克思主义认识世界并改造世界的独特立场。马克思对实践的重视，既有对生产生活实践的重视，又有对精神生活实践的重视。一方面马克思继承了古希腊的实践观点，即从道德的观点看待艺术的作用和价值，另一方面则是对"劳动"的特别强调。马克思从劳动的观点出发，肯定了"劳动实践"在人类生活中的实际意义。他的劳动创造美的观点，为现代美学的现实创造提供了强有力的理论支持。

从目的论意义上说，审美目的必须服务于个人目的、民族目的与人类目的，这三者在本质上是统一的。文学艺术如何实现它的认识作用、教育作用和审美作用，在王元骧的文学理论研究一直受到重视，这既是对文艺美学的社会功能的重视，又是对文艺美学的主体功能的重视，为此，他总是积极展望文艺对人类生活的积极影响。目的论的思考，显示了文学艺术的根本价值。在此，王元骧主要通过文艺的审美意识形态理论进行论证，他先后写作了《文学意识形态性问题的再认识》、《论文学的意识形态性与非意识形态性》、《反映论原理与文学本质问题》、《对于推进马克思主义文艺学在当代发展的思考》、《关于文艺意识形态性的思考》、《论"马克思主义文艺理论中国化"的思想前提》、《对"审美意识形态论"的再反思》、《论马克思主义美学在我国当代的确立和演变》等论文。最值得重视的，可能是他的两篇综合性的论文，一是《论马克思主义文艺学在当代的发展和意义》，二是《论马克思主义美学在我国当代的确立与演变》。这两篇论文，充分显示了他的认识论与实践论的统一观、知识论与价值论的统一观、黑格尔美学与康德美学的统一观。贯穿始终的思想主线，则是马克思主义的文艺美学思想。

王元骧的文艺美学思想，既从文艺实践出发，又与经典文艺美学思想建立了牢固的联系，因此,他的文艺美学思想有着牢固的理论根基,涉及了文艺美学的许多重大问题。他的文艺美学思想,既显示了时代的创造价值,又显示了古典思想的真正力量。从这个意义上说,王元骧的文艺美学思想具有特殊的意义。事实上,王元骧始终都在探索综合创造之路,从不故步自封,积极保持与新旧思想之间的对话,但是,他从来不盲从新思想,而是善于综合新思想与旧思想,寻求思想的综合创造之路。从这个意义上说,他对马克思美学、黑格尔美学和康德美学的批判解释与发挥,已经充分显示了文艺美学理论创新的综合性影响。他力图将马克思美学、黑格尔美学和康德文学等古典思想推入化境,融入现实美好生活的领悟之中。因此,王元骧的文艺美学思想,批判地继承了德国美学与现代中国美学思想遗产,很好地发挥了马克思美学、黑格尔美学与康德美学的积极价值,这对于当下的文艺美学建构以及文艺美学思想的内在立法依然具有重要的启示作用。

(作者单位:浙江大学中文系)

现实关注·人文情怀·反思意识

——论王元骧先生近年来文学理论研究的三种品格[*]

朱首献

内容提要：在中国当代文学理论史上，王元骧先生的文学理论思考总是饱含着强烈的现实关怀和人文意识，将现代人的人生处境与文学理论的终极诉求密切的关联在一起，为当代中国文论的学科创新和思维方式的变革打下了坚实的理论基础，而他对于文学理论的反思性、批判性的强调，则使其扬弃了知识论而呈现出一种前所未有的新质。

关键词：现实关注；人文情怀；反思意识；王元骧；文学理论研究；三种品格

在中国当代文学理论史上，王元骧先生和他的文学理论研究显然是独树一帜的，他不仅以其深邃的思考、敏锐的理论判断、强烈的问题意识、严谨的持论而在学界著称，更为重要的是，他的文学理论思考总是饱含着强烈的人文关怀和人生意识，将现代人的人生处境与文学理论的终极关怀密切地关联在一起，进而面对当代中国文论的重大问题发言，他的立论往往让人耳目一新，甚至振聋发聩，扫除了当代中国文论研究中的诸多误区，为当代中国文论的学科创新和思维方式的变革打下了坚实的理论基础。从20世纪80年代的"审美反映论"到90年代的"文艺本体论"再到"艺术实践论"乃至晚近的"审美人生论"，王元骧先生的文学理论言说经常在当代中国文学理论的最前沿闪耀着智慧的光辉，推动着中国当代文学理论的健康发展，引导着当代中国文学理论研究的正确走向。

一

文学理论者为何？这是从事文学理论研究的原点性问题，也是植根于每一个文学理论工作者内心深处的本源性问题。任何对文学现象的理论反思实际上都从不同的层面体现出对这个问题的回答，虽然不同的文学理论工作者因为其阶层意识、价值立场、方法观念、思维方式等的差异，会对这个问题作出不同的回应，但是，绕开这个问题，文学理论者的任何研究都会寸步难行。对这个问题的具体回答就是文学理论者的理论观，王元骧先生的文学理论研究也不例外，而且，在他看来，这个问题以及对其的正确回答要比其他任何一个文学理论问题都要重要得多。因此，近年来，他的一系列著述都从不同的层面反复重申了他对这个问题的理解。

从王元骧先生对该问题的回答中我们可以看到，他自始至终强调的一个基本立场，这就是"文学现实是文学理论的家"，这是他讨论上述文学理论的本源性问题的逻辑基点。针对当前我国文

---

[*] 本论文受到国家教委人文社会科学跨世纪优秀人才培养计划基金资助，为"审美直观与艺术真理"问题研究的中期成果。

学理论研究存在着的"严重脱离实际的倾向"，①王元骧先生指出，一部真正有创见的文学理论著述应该对"现实中存在的根本问题"进行回答，在"解决具体问题过程中"来展开自己的理论阐述，如果做不到这一点，即使其所"引用的材料最丰富"，"所论的问题最齐全"，那"也不过是一种杂凑"。②在《谈文学理论学科性质以及文学观念和方法的问题》中，王元骧先生又重申了问题意识对文论研究的重要性，他认为，"问题乃是理论的核心"，理论研究的道路"无非就是发现（提出）问题，分析问题和解决问题"，其中"发现问题"又是全部理论研究的"起点和关键"。因此，对研究者来说，他首先必须要有"问题意识"，"抓住一个重大的、有意义的问题，往往就是抓住一个新的理论'生长点'，它不仅会引申出许多具体的问题，而且还有可能导致整个理论现状的变革"，"一部文学理论的历史，就是一个个问题的提出、解决、再提出、再解决的历史"。③那么，问题从哪里来？他的回答非常明确，"问题是从现实中来的"，④现实是问题的家。正是基于对现实尤其是本土文学现实的重视，王元骧先生指出中国当代文学理论建构应当"从我国的实际和文艺实践的现状出发"，提出我国当今文学发展中"摆在我们面前而迫切需要解决的重大问题"，并"通过对这些问题的科学回答来确立我们自己的文学观念，自己看待文学的原则和标准"。王元骧先生指出，解决这个问题的关键就在于要"建立既能反映我国当今时代要求，又能融合中外文学优秀传统的文学观念"。这就首先要求我们的理论"立足于我国现实，从当今我国文学艺术发展过程中所提出的问题的答案中去提炼，而不能以引进西方文论来取代我们自己的创造。"⑤因此，他反对那种假借西方理论来取代对中国现实分析的理论倾向，认为它们"不是从我国实际出发，为解决我国文学实践中所存在的问题而提出来的"，而是"照搬西方学者的话语"，仅仅停留在主张的层面，其科学性和合理性则付之阙如。实际上，"理论在一个国家的实现程度，决定于理论满足这个国家需要的程度"，"真正有生命力的新理论只能是从当今文学的实际情况出发，从研究我国实际问题中而产生的"。⑥

　　西方曾有学者指出过，理性不仅应以现实作为对象，而且应该将现实作为自己存在的家园。文学理论作为理性的成果之一，当然应该是在文学活动现实的基础上发展起来的。但当下的情况却是，我们的文学理论遗忘了自己的家，它甚至甘愿漂泊也不愿重新回到自己的家里去，因此，它跌入自我演绎的怪圈，我们很难想象这种自我派生、概念游戏的文学理论能为我们的文学实践和文论的发展作出多大的贡献。在这种意义上，我们认为，王元骧先生强调中国当代文学理论研究的现实关注是一种难能可贵的理论品格。也正是如此，我们更愿意将他这种强调文学理论应立足于文学现实的思想称之为现实主义的文学理论，但需要说明的是，他的这种现实主义的文学理论与以往我们所理解的那种强调"文学是社会现实的反映"的现实主义文学理论不同，因为这种现实主义的文学理论突出的是文学与现实的关系，是从文学观念的角度而言的，我们所理解的王元骧先生的现实主义的文学理论是从文学理论与文学现实的关系的角度而言的，它突出的是文学理论应该去关注文学实践，注重文学理论与文学现实的密切联系，将自己的所有问题的根基牢牢扎根在文学现实的基础之上。王元骧先生的这种理论自觉性对于当代中国文学理论研究来说，显然具有重要的理论启示意义。长期以来，当代中国文学理论界的诸多研究者热衷于追求文学理论的理论纯粹性，并且将这种纯粹性误认为理论的本然状态，在这种理念的误导下，当代中国的文学理论

　　①　王元骧：《对文学理论的性质和功能的思考》，《文学评论》2012年第3期。
　　②　王元骧：《对文学理论的性质和功能的思考》，《文学评论》2012年第3期。
　　③　王元骧：《谈文学理论学科性质以及文学观念和方法的问题》，《浙江大学学报》2001年第4期。
　　④　王元骧：《也谈文学理论的"接地性"》，《文艺争鸣》2012年第5期。
　　⑤　王元骧：《对文学理论的性质和功能的思考》，《文学评论》2012年第3期。
　　⑥　王元骧：《也谈文学理论的"接地性"》，《文艺争鸣》2012年第5期。

研究割断了理论与现实之间的亲缘联系，严重地脱离文学现实，独自流浪，高空作业，在理论的抽象性领域中自我复制、自我演绎，造成当代中国文学理论中理性的纯粹性恶性膨胀，而它的实践性则日趋萎缩，文学现状、文学现实被理论演绎的热情所遮蔽，有的学者呼吁当代中国文学理论应该接地气，提出了当代中国文学理论的接地性问题，这显然是有着深刻的道理的。实际上，当代中国文学理论这种上不着天、下不接地的悬浮状态不仅对理论本身的发展无益，而且也不符合文学理论自身的历史逻辑。从发生学的角度看，在人类历史上，文学现实、文学实践活动是文学理论历史的第一个前提，文学理论产生在文学现实之后，它是人对文学现实、文学活动反思的结果。因此，可以这样说，没有人类的文学活动、文学实践，就不可能产生人类的文学理论；如果没有先在的人类文学活动的历史，也就不可能产生对之反思的文学理论的历史。人类的文学活动以及由此而造成的文学现实与文学理论之间的关系犹如鸟之双翼，币之两面，二者有着密切的血肉关联。所以说，文学理论的研究必须从文学实践活动出发，去研究文学现象、文学运动，尤其是应当对当下文学实践活动进行关注，使理论的发展建立在坚实的文学实践活动的根基之上，这样的理论才有现实性，才有生命力，也才具有时代气息，而不是一种纯粹的理性演绎、理性思辨，这就是我们所说的文学理论的现实主义。

事实上，从文学理论的学科定位来看，文学理论也必须与文学现实保持亲密的联系。如说哲学因为其过多关注对一般的演绎而较少注重对具体的分析而归属于宏观领域，而文学批评则较为贴近文学现象的现实分析而不甚强调对一般的演绎而隶属于微观领域的话，那么，文学理论则属于中观领域，因为文学理论既不像哲学那样，着力于宏观，但它也不能像文学批评那样，致力于微观，它介于宏观和微观之间，属于中观领域。这种特殊的学科定位决定着文学理论与现实以及一般之间必须保持着一种适度的张力关系，或者可以这样说，文学理论必须要有向哲学的一般努力的勇气，同时，它也必须具备文学批评的现实关注的冲动，它应该游走于哲学的一般和批评的现实之间，在此之中找到自己发展的生长点和动力源。但当代中国文学理论界对此问题却存在着不少的理解误区，一部分学者认为，文学理论应该是纯之又纯的理论，因此，提出要建构纯文学理论，并且认为这种纯文学理论是文学理论的元理论，这种理论意图实际上包含着将文学理论哲学化的倾向，它是不符合文学理论的学科品性的。我们知道，哲学，按照亚里士多德的解释，就是关于世界的本原和基质的学问，这说明，哲学所探讨的是一般的一般，它比其他讨论规律性的学科在离开现实性的方面要走得更远。文学理论显然不能离开文学现实。与之相反，另外一部分学者则认为，文学理论应该走下理论祭坛，应该介入现实，拥抱现实，走具体分析的道路。这实际上也是基于对文学理论的误解而提出的观点，这种强调文学理论的批评化，走具体分析的道路的观点抹杀了文学理论与文学批评之间的本质差异，将文学理论混同于文学批评。实际上，仅有文学批评的具体分析，而没有文学理论所要求的抽象和反思，文学批评是无论如何也支撑不了文学理论的大厦的。因此，文学理论与哲学和文学批评之间"应该有一种必要的张力"，[1]这就要求文学理论工作者既要有一定的鉴赏力，能够面对文学现实的素质，同时，也具备一定的思想力，跳出文学批评的琐碎，不被具体的文学现实所淹没，非此，我们的文学理论必然会沦为一种"叩虚课寂之谈"。[2]

①　王元骧：《论人、文学、文学理论的内在张力》，《文艺争鸣》2007 年第 11 期。
②　王元骧：《也谈文学理论的"接地性"》，《文艺争鸣》2012 年第 5 期。

二

文学理论者何为？在阐明文学理论的现实关切维度的同时，王元骧先生又进一步对文学理论的这种现实关切的具体内涵进行了阐述。他指出："自改革开放以来，特别是 20 世纪 90 年代进入市场经济社会以来，我国人民群众的物质生活水平虽然有了很大的提高，但是人的精神生活并没有与之同步前进；从某种意义上说，反不及以前物质生活贫乏的年代来得充盈，拜金主义、享乐主义、极端个人主义三管齐下，把人推向物欲的深渊，以致许多人的思想空间除了个人的物质利益之外已经完全丧失了形上的情怀。与之同时，文艺也被完全纳入到商业的轨道，在许多人包括某些部门的领导眼中，收视率、票房价值、发行量等等已成了衡量文艺价值唯一的标准，以致低俗的、庸俗的、恶俗的文化垃圾大肆泛滥，腐蚀人的心灵。人除了物质生活之外还要不要精神生活？文艺作品除了给人感官的愉悦、情绪的宣泄，还要不要有所精神承担？……这些问题在当今就十分尖锐地摆在每个文艺理论工作者的面前。"[①]面对这样的问题，文学理论研究者应当如何面对？文学理论应该如何担当？王元骧先生立足于人文关怀对此作出了回答，他提出："文学理论的作用就在于通过对文学现状的分析和评判，推进文学在日趋物化和异化的人的生存险境中，为使人自身获得拯救而发挥自己的作用。"[②]可以说，王元骧先生这种强调文学理论在抵制人的异化，促进人的全面发展中的作用的致思，不仅包含着一种极深的人文关怀意识，而且也是对文学理论功能的一种全新的理解。如果说现实关切是王元骧先生文学理论思想的致思起点的话，那么这种人文关怀则是其理论致思的最终旨归。众所周知，近年来，随着中国市场化的推演，一个不可否认的事实是，唯利主义乃至其所催生的消费观念在中国文学领域不断突出，文学艺术在沦为消费主义奴婢的同时，其自身的精神指向也逐渐消失殆尽，虚假繁荣的文学现场背后充斥着的是审美功利主义和文学犬儒主义，中国当代文学比以往任何一个时代都更多地充满着骚动和浮躁，文艺所应具备的精神担当被娱乐狂欢所取代。面对文艺的这种精神裂变，有人提出要"告别理论"，向文化批评"转移"，认为这才是文学理论真正应该担当的东西，并且将之视为文艺理论发展的"当代形态"。针对这种论调及其追逐者，王元骧先生进行了严厉批判，他指出，这种论调本质上是要求文学理论去迎合当代文艺现实，但这种迎合和真正意义上的文学理论介入现实、表达对现实的关切距离甚远。从根本上讲，当前中国文学理论表达其现实关切唯一的途径是它对"人是什么"以及"其应该如何"尤其是后者的叩问。他认为，近年来，随着市场经济的发展，文艺"沦落为娱乐的工具和谋利的工具"，人们的文艺观念也出现了"空前的混乱"，文学是什么？它应该如何发展？这些摆在当代中国文学理论者面前的问题并没有得到切实的解决。如果这两个问题得不到正确解决，那么，我们的文学创作和文学批评就不可能有目标，有方向。要想正确解决这两个问题，必须从"文学是人学"的观念出发，"联系'人是什么'、'人应如何'以及当今社会人的生存状态"。为了正确解决这两个问题，他建议我们走存在论与目的论相结合的理论道路，他认为，从存在论和目的论相结合的视角来看，人既不是理性的、社会的、道德的，也不是感性的、自然的、利己的，而是"感性与理性、自然性与社会性的统一"，如果我们这样去理解人的话，那么，文学在人自身走向完善的过程中的作用的问题也就"迎刃而解"。王元骧先生指出，文学是"人类的精神家园"，"精神上的栖居之所"，而精神生活的特点就在于它的"超越性"，它既"内在于人"又"超越于人"，精神生活的这种特点要求"文学

---

① 王元骧：《文学理论的创新与思维方式的变革》，《文学评论》2009 年第 5 期。
② 王元骧：《论人、文学、文学理论的内在张力》，《文艺争鸣》2007 年第 11 期。

在给人以精神的抚慰的同时又使人从中获得一种鼓舞和激励",促使人从"实是的人"向"应是的人"提升,而非"仅仅满足于一种感官上的享受和满足,更非在这种享受和满足中把人引向沉沦"。王元骧先生进一步认为,这种对文艺的理解在当下社会语境中有着"新的现实意义",它对于抵制"当今文学创作与批评中放弃思想追求,而日趋低俗、庸俗、恶俗的倾向"具有重要意义,而且在人日益被"物化和异化的险境"中也能够起到"维护自身人格的独立和尊严的作用"。他指出,这是"以往我们所未曾有过的"对于文学的价值和意义的"一种新的理解"。但与这种理解不同,时下的一些倡导文化批评的学者却以消费时代来抹平文学的这种超越现实的特性,鼓吹人们不再需要"灵魂的震撼和'真理'",他们陶醉于"美的消费和放纵",并且认为这是"一种挖平一切、深度消失的状态,一种无须反思、不再分裂、更无所崇高的状态",从而致使文学理论"一味地俯视现状,迎合现状,为现状辩护,而完全丧失了它固有的提问能力和反思精神"。王元骧先生批评道,这种谬论才是"最大的脱离实际"!①

　　正是因为将文学放置在人生的结构中来思考,所以,王元骧先生提出,文学理论就其性质来说"不只是一种科学,而且还是一种学说,它不可能完全回避对人生意义和价值的思考和回答"②。而评价文学作品的意义和价值的一个重要的标准,就是应该将其"放到它是否有利于社会人生,有利于激发人的生存自觉,有利于推进人的全面发展和社会的全面进步,有利于使社会人生变得更加美好这一坐标上来进行评判"③。而那种鼓吹消费文化,并将其当作文艺的发展方向的谬论,在他看来,"其实质就是对当今社会人的异化和物化的默认"。④ 因此,他提出,我们"应该站在目的论的高度,从文艺对于完成人的本体建构所应有的精神承担的认识出发理解文艺的性质"⑤。

　　为了进一步阐述自己的人生论文学理论,王元骧先生明确提出了文学理论的人文性,他指出,文学理论的人文性"是就文学活动对于个人的生存的意义和价值而言"。⑥ 因为文学理论不可能跳跃"问题"这一中间环节而直接从文学事实中来,而"问题"这个联系文学事实与文学理论的中间环节也不可能"自发产生",它"只能从对事实与规律、实是与应是之间所存在的矛盾的思考中提出,其中总是包含着一个有待解决的矛盾在内,这个矛盾愈普遍、愈尖锐、愈带有解决的紧迫性,那么这个问题的意义也就愈重大。所以在人文科学中,它必然带有对在现实变革过程中所突显出来的当下人的生存状态的思考以及人生价值的追问的性质"。⑦ 同时,为了和那种反社会性、反历史性的人文性划清界限,王元骧先生又立足于历史唯物主义和辩证唯物主义指出,单纯"为强调人文性而把主观与客观、个人与社会、内部关系与外部关系、自由与必然、情感与理智、非理性与理性对立起来,借所谓'人文性'来宣扬主观主义、相对主义和非理性主义"的研究态度,是不严肃和非科学的。⑧

　　众所周知,文学是人学,它不仅以人为对象,以人为主体,以人为目的,而且它的深处交织着对于人类、人生、人性、人道、人情、人伦的拷问、思索,在这个意义上,文学同时也是人类学、人生学、人性学、人道学、人情学、人伦学。当然,作为文学对这些问题的拷问、思索,是必须以形象、情感为

①　王元骧:《对文学理论的性质和功能的思考》,《文学评论》2012年第3期。
②　王元骧:《对文学理论的性质和功能的思考》,《文学评论》2012年第3期。
③　王元骧:《论人、文学、文学理论的内在张力》,《文艺争鸣》2007年第11期。
④　王元骧:《论人、文学、文学理论的内在张力》,《文艺争鸣》2007年第11期。
⑤　王元骧:《文学理论的创新与思维方式的变革》,《文学评论》2009年第5期。
⑥　王元骧:《文学理论的科学性和人文性》,《杭州师范大学学报》2012年第6期。
⑦　王元骧:《对文学理论的性质和功能的思考》,《文学评论》2012年第3期。
⑧　王元骧:《文学理论的科学性和人文性》,《杭州师范大学学报》2012年第6期。

中介,而作为反思文学现象、文学实践的文学理论,它也必须围绕着人来进行,从这个意义上来说,文学理论同时也应该是人类学、人生学、人性学、人道学、人情学、人伦学。王元骧先生将文学理论提升到人生本体的高度来认识,这既是对时下某些以反本质主义为核心的文学理论思潮取消文学理论本体的做法的反拨和矫正,同时也是对当代中国文学理论研究作出的一种新的"本体论的承诺",他将文学理论的本体建立在坚实的人生论的基础上,为文学理论更好地参与当下社会群体的人生实践和价值建构打开了一条通途,这既是对 20 世纪早期以罗家伦、林庚、郑宾于、谭正璧、周作人、沈雁冰等人为代表的中国人生论文学理论的回应,也是对其的辩证超越。

三

　　文学理论者如何为? 既然文学理论应以人生为目的,为人生服务,那么,它如何实现自己的这种目的? 立足于文学理论的思维方式,王元骧先生对此进行了解答。在王元骧先生看来,从根本上说,文学理论不只是"一种知识系统,一门科学",而且更为重要的是,它也是一种"价值伦理",一种"学说",它的功能不只是"说明性的、描述性的",更主要的是"反思性的、批判性的"。① 事实上,长期以来,由于知识论文学理论在国内文论界的绝对性影响,致使不少研究者普遍将文学理论视为认识的工具,认为它的作用仅仅在于描述和说明现状,而对于王元骧先生在此所指出的文学理论的反思性和批判性则大多缺乏认识。对于这种现象,王元骧先生指出,它其实是对文学理论的"一大误解",同时,由这种误解而带来的它所追求的理论应该对现实进行有效的阐释的理论理想在根本上也是行不通的。因为"这样一来,理论就只能跟随在现状后面亦步亦趋,而不再有对现状作反思和批判的功能,从而使得理论与现状之间也就失去了一种必要的张力",这"不仅对于改变现状已不再具有效力,而且还会默认和助长现实中的某些不良的倾向"。② 在王元骧先生看来,造成人们对文学理论的这种误解的根本原因不仅在于知识论文学理论的影响,更在于这些文学理论研究者自身思维能力的不足,他们缺乏反思意识和批判性思维,这种缺乏必然会造成他们的文学理论只能"较多地停留在经验的说明和描述上","少有深入到文学的一些根本问题上作哲学思考",这样,他们的认识"不仅难免肤浅,而且对于问题往往会出现种种误判",而他们的理论"也就失去了其自身存在的意义和价值"。③ 如何改变当前国内部分文学理论研究者思维能力弱化的问题? 王元骧先生指出,"理论虽然立足于经验现象,但由于它的性质不在描述而在于反思,是以提出问题、分析问题、解决问题这样一种思想途径展开的",因此,理论不能仅仅停留于"是什么"的层面,它还必须深入到对"为什么"和"应如何"的追问。唯有如此,才能确保实践的自觉性而减少其盲目性,"推动实践朝着正确方向发展"。当代文学理论要做到这一点,显然不能走由经验事实直接提升理论的路径,因为"理论是不可能由经验事实直接提升而来的,而提出问题并对问题作出切实有效的回答就需要借助思维的力量"。④ 为了更深入地说明这个问题,王元骧先生又立足于文学理论的历史对此问题进行了探讨。他指出,在文学理论史上,存在着三种类型的文学理论,规范型的、描述型的和反思型的,第一种类型的文学理论源自古希腊,并且带有目的论的痕迹,它的要务就是寻找文学的不变的基本原理,并且以这种基本原理作为"逻辑起点",进而演绎、推导出"整个

----

① 王元骧:《析"文学理论的危机"》,《社会科学战线》2010 年第 8 期。
② 王元骧:《论人、文学、文学理论的内在张力》,《文艺争鸣》2007 年第 11 期。
③ 王元骧:《论人、文学、文学理论的内在张力》,《文艺争鸣》2007 年第 11 期。
④ 王元骧:《对文学理论的性质和功能的思考》,《文学评论》2012 年第 3 期。

理论体系",以此来规范文学创作和批评。王元骧先生指出,规范型的文学理论追求的是原则、一般,强调的是原则对个别的规约和权威性,要求具体的文艺活动必须"循规蹈矩地按此执行"。描述型的文学理论推崇"科学精神",强调"从文学作品和文学现象的实际出发",重视文本细读,力求在研究中"还原事实",这种诉求注定了它只能是一种"微观的、实证的研究",对于宏观的、思辨的研究它往往持排斥的态度,因此,这种文学理论一般只限于"作品论"、"批评论",很难上升到"本质论"的高度。反思型的文学理论强调必须以对经验现象的研究为基础,但是又不仅仅"囿于经验事实",因为在它看来,"仅凭经验事实的描述是不能成为知识的",要使经验事实上升为"理论",需经由"一定思想观念、认知结构的整合和同化",王元骧先生认为,反思型的文学理论是"最成熟"的文学理论形态。[①]

很显然,在王元骧先生的理解中,反思性、批判性的思维方式应该成为文学理论研究的固有思维方式,而且,以这种思维方式生产的文学理论也已经不可能仅仅只是一种知识堆积,它呈现出一种前所未有的新质,它不仅"体现着理论家个人对于文学的认识和理解","凝聚着人类文学历史经验的结晶和成果",[②]更是融合了文学理论者自身的文学经验、人生体悟、价值诉求,是一种人生智慧。这种"智慧不同于知识",因为"知识是对于世界的认识,它属于科学的领域,科学的进步就是以新知取代旧知;而智慧不只关乎自然,同时关乎人事,包括对人生的见解"。[③] 因此,王元骧先生强调,文学理论"是一门人文科学",它应该"以人和人的生存状态为研究对象",探讨的是"人的生存的意义和价值的问题"。在这种意义上,文学理论实际上就成了人学,成了人生的智慧之学。

王元骧先生的这种理解从学科本体层面为我们深入理解文学理论的功用打开了一个新的门径。我们知道,20世纪以降,自西方现代文学理论进入中国学者的视野后,文学理论在很大程度上是被贴上"科学"的标签的,而文学理论者所秉持的也更多的是科学的情怀,这种情怀牵引着大批文学理论研究者在追寻文学科学的道路上孜孜不倦,他们普遍将文学理论视为"知识、原理和真理的容器",[④]他们的研究中体现出了惊人的"知识欲"、"体系癖"和"科学力比多",他们按照"自然科学的榜样和模式",[⑤]树立了自己的文学理论的理想。客观地讲,这种科学主义的情结自20世纪初开始在中国的文学理论研究领域蔓延,一直到今天还在一些文学理论研究者的心目中根深蒂固,即便是新中国成立后的以马克思主义为指导的文学理论研究,实际上在机械论和庸俗社会学的影响下仍然以"科学"作为旗帜,这种思入文学问题的理论视角最大的成就就是将我们关于文学的知识的链条延长了。但另一方面,对于文学的深层次问题,则明显地缺乏阐释能力,究其原因,就是在大多数文学理论工作者那里,人文情怀有着一种"不可思议的空缺",[⑥]或者说,在这些文学理论研究者那里,人文情怀被知识化,成为知识论的附庸。也正是如此,王元骧先生特别指出,文学理论是一门人文学科,他需要研究者的人文情怀,而且认为这是文学理论研究者"首先必须具备的条件"。也正是在这种意义上,他提出:"'文学是人学',它的对象是人,目的也是为了人,这决定了文学理论就其性质来说只能是属于人文科学的一个分支。人文科学是研究人的生存状态及其意义和价值的学科,目的是为了使人按照自身应该有的状态来进行生活。所以它不仅是一种知识系统,而且也是一种价值学说,其判断和结论无不反映研究者的立场、观点和价值取向,因而对于同

① 王元骧:《对文学理论的性质和功能的思考》,《文学评论》2012年第3期。
② 王元骧:《论人、文学、文学理论的内在张力》,《文艺争鸣》2007年第11期。
③ 王元骧:《文学理论的创新与思维方式的变革》,《文学评论》2009年第5期。
④ 卡西勒:《启蒙哲学》,山东人民出版社1988年版,第11页。
⑤ 卡西勒:《启蒙哲学》,山东人民出版社1988年版,第5页。
⑥ 阿伦特:《精神生活·意志》,江苏教育出版社2006年版,第13页。

一对象,从不同的立场、观点和价值取向出发往往就有不同的甚至截然相反的判断。"①文学理论研究"最关键的应该抓住'文学是人学'这个根本问题,因为它表明文学不仅以人为对象,而且是以人为目的,是为人服务的。如果这理解能够成立的话,那么,人是什么? 文学对人有什么意义? 文学理论在为实现文学自身目的方面又有什么作用? 这三个问题也就成了我们研究文学理论所必须考虑和解决的问题"。②

文学理论作为一门人文科学、一种文学智慧,由两个层面构成,在其最表层也是最一般层面上,它体现出知识性,是一种知识架构,完成的是知识性功能。但仅仅看到这个层面,我们是无法把握到文学理论的本质的。文学理论的本质体现在它的另外一个层面上,这就是它的最深层和最特殊的层面,在这个层面上,文学理论以智慧的形式体现出来,它完成的是智慧性功能,是研究者的人生智慧在文学问题上的凝结。可以说,将文学理论仅仅看作是一种知识系统,只是在文学理论的浅层次上的理解,而王元骧先生强调文学理论研究的反思意识、批判思维,将文学理论视为人生智慧,这显然是在更为深刻的层次上对文学理论的理解。古往今来,具有一定成就的文学理论家的著述中,无不闪耀着智慧的火花,无不是他们对文学现象的真"智"灼见,而不仅仅是真"知"灼见。在这种意义上,王元骧先生指出,文学理论并非只是一种知识图式、理性框架,而是引导我们去发现真理、建立真理的独创性的理智力量,显然更容易让我们理解文学理论的本质。

(作者单位:浙江大学中文系)

---

① 王元骧:《也谈文学理论的"接地性"》,《文艺争鸣》2012 年第 5 期。
② 王元骧:《论人、文学、文学理论的内在张力》,《文艺争鸣》2007 年第 11 期。

熔古铸今、守中致远

——论王元骧先生近期美学与文艺理论创新之路

梁　慧

　　进入新时期以来,随着我国市场经济的快速发展,社会、政治、思想文化各个方面都发生了翻天覆地的变化。与此同时,西方后现代文化思潮急剧涌入,并在我国文化领域迅速传播扩散。在此背景影响之下,学术界产生了极为普遍的浮躁心理,传统的价值观念受到极大挑战,为数不少的学者存在着严重的价值迷失现象。在文艺理论界,这种现象也十分泛滥,学者们丧失了对于学术的虔诚态度,不再把学问本身当成目的而是作为获取其他利益的手段。与之相应,文艺理论界出现了"跟风赶潮"、"追新逐异"等值得我们警惕的现实倾向。

　　一方面,在"全球化"语境之下,许多学者一味追求时尚,紧随西方学者步伐,以兜售贩卖西方文艺理论为荣,甚而满足于一知半解的挪用卖弄,结果使20世纪80年代以来的中国成了西方文论的试验场,各种文艺理论如走马灯似地你方唱罢我登场,结果都成了过眼烟云,极少有能在中国真正生根并结出硕果的。这不仅使我们在理论创新上进展甚微,更丧失了作为中国文化自身的民族特色和品性。另一方面,后工业社会亦即消费社会的来临,裹挟着巨大的经济利益,并以传播媒介的迅速变革更新,将包括文学在内的几乎全部艺术形式都纳入到消费领域,几乎使其逃脱了精神上应当承担的责任,而沦为纯粹的休闲娱乐品,经典的文学观念正遭受严重挑战,其所具备的审美超越性与普世情怀正面临着巨大质疑。但并非所有的文艺理论界学者都对此有着清醒的认识,或者即便认识也心甘情愿地随波逐流。作为人文学者,在面对这种愈演愈烈的闹剧时,他们应有的人文情怀似乎并未彰显出来。有些学者不但刻意忽略了文艺所固有的提振人生、改造社会的功能,仅仅将之视为"中产阶级"的专属消费产品,并提出要让这些所谓"新大众"来主宰文艺潮流,使文艺理论未能起到对于现实的批判反思作用,以致丧失了其对于当今多种多样文艺样式的阐释能力,使之出现了严重的"危机"。这一"危机"与后现代主义所倡导的"反本质主义"、"相对主义"彼此唱和,导致有些学者提出要"告别理论"的口号,使文艺理论向"文化批评"转移,将其作为文艺理论发展的当代形态。文艺似乎沦为一种仅仅供满足于私人化的纵情遣欲的工具,文艺理论的地位和价值也受到了前所未有的贬低和消解。

　　在上述现状下,究竟该如何面对当今消费文化的巨大挑战,重振文艺的审美超越性,为当代国人的生存提供一处可供栖息的精神家园,并在此基础上重建富有中国特色和民族品性的文艺美学理论,成了当下文艺理论界学者亟待解决的问题。作为我国马克思主义文艺理论以及西方美学研究的泰斗,王元骧先生始终坚持"文学是人学"的基本观念,对现实社会文化持有深刻的批判反省,对当代中国境遇下人的生存有着热切的注目和关怀,即便在退休之后也依然保持着锐意进取、勇于创新的精神,在近期的研究之中,他更是创造性地吸纳中西古典思想资源,即积极借鉴中国古典哲学美学思想,并吸收国内学术界较少重视的希伯来—基督教美学思想,通过有意识的甄别判断与融合铸造,力求"创造有我们自己民族和时代特色的,在世界上独树一帜的美学理论",[①]体现了

---

① 　王元骧:《王阳明与康德美学思想的比较研究》,《论美与人的生存》,浙江大学出版社2010年版,第37页。

"老骥伏枥、壮心不已"的不倦探索精神和对当前文艺理论界的深切关怀。本文以下作深入的分析。

一

文艺的根本特性在于审美,这决定了文艺理论与美学有着天然不可分割的联系。"对于文艺问题的理解,追溯到底,也就是对美以及人与现实审美关系的理解问题"①,王元骧先生一直以来十分强调这一点,正因如此,他的文艺理论可视作其美学思想在文学艺术方面的延伸与扩展。对于美的问题的理解,又与人们的价值观与思维方式有着密切的内在联系,而这背后隐藏着的是一个民族独特的文化心理与传统。因此,要对我们的美学与文论有所创新,必须建基于中国自身的民族思想传统之上,并对其他民族的优秀文化在透彻了解的基础上加以吸收。因而,有意识地进行中国古代美学与文论的现代转换以及中西美学与文论思想的对话,并在此基础之上促进两者之间的交流和融合,建设富有中国特色的新型理论,乃是当今文艺理论界学者需要慎重面对且极具时代意义的课题。当然,进行这样的会通有一个基本的思想前提,便是承认双方思想存在异质性,并能够取人之长以补己之短。这不仅需要对中西古典传统有着透彻的认识,更需要联系当下理论界的实际接受情况进行吸纳融合。

我们知道,每种文化的核心内容之一便是其哲学思想,但中西哲学思想分别产生于不同的经济、政治、文化背景之下,由此决定了其在主要研究内容、社会功能以及思维方式上的明显差别。王元骧先生以其深厚的学术功底及敏锐的洞察力,联系中西文艺及美学观念产生的整个思想文化背景,特别是哲学思想基础进行了深入分析。他一针见血地指出:"从理论内容来看,西方哲学注重自然,中国哲学注重人伦";②"从社会功能来看,西方哲学重认识而我国哲学重实践";③"从思维方式来看,西方哲学重知性分析而中国哲学重直觉感悟"。④ 他也敏锐地注意到了中西哲学在各自发展过程中,陷于偏颇,渐渐暴露其局限,从而都逐步向着相反方向转化的现象。因此,他并非简单粗暴地将二者划分为截然不同的两个阵营,而是从问题的根本入手,对其主流倾向进行了详密精审的考察之后才得出了这样的结论。他以上所阐发的是中西传统哲学思想的基本差异所在,在此基础之上,王元骧先生才对中国古代文论的现代转换以及中西文化的对话与融合过程中的共通话题和可能的发展方向发表精准的看法。

他认为:"我国的哲学自古以来就是一种人生哲学,它的思想基础不是'主客二分'而是'天人合一'",⑤但是"'天人合一'是一种完全没有自觉主体意识为中介,未经任何知性分析的、混朴的、原始状态的主客观的统一"。⑥ 在这种观念影响下的中国古代文论,"一直没有形成像西方那样一套严密而完整的概念范畴、逻辑体系,获得科学的理论形态……这些思想都只是凭感悟和直觉所把握的,没有经过科学的分析,因而又不免陷于混沌、含糊、迷离而未能获得科学的规定"⑦。因此,王元骧先生力主"立足于以'主客二分'为基础的分析方法,然后再吸取我国古代文论中那种通过

① 王元骧:《百年来我国对西方美学与文论的接受》,《学术月刊》2012 年第 7 期。
② 王元骧:《论中西文论的对话与融合》,《文学理论与当今时代》,浙江大学出版社 2002 年版,第 297 页。
③ 王元骧:《论中西文论的对话与融合》,《文学理论与当今时代》,浙江大学出版社 2002 年版,第 300 页。
④ 王元骧:《论中西文论的对话与融合》,《文学理论与当今时代》,浙江大学出版社 2002 年版,第 302 页。
⑤ 王元骧:《试论古代文论的现代转换》,《文学理论与当今时代》,浙江大学出版社 2002 年版,第 102 页。
⑥ 王元骧:《试论古代文论的现代转换》,《文学理论与当今时代》,浙江大学出版社 2002 年版,第 104 页。
⑦ 王元骧:《试论古代文论的现代转换》,《文学理论与当今时代》,浙江大学出版社 2002 年版,第 106 页。

整体把握所获得的思想成果,来克服由知性分析方法所造成的理论上的某种片面性和抽象性的局限"①。这是他为解决中西文论的有效融合问题所提出的切实可行的操作方法,这无疑是极富洞见的。

当然在 21 世纪初,他在这一时期所理解的西方美学与文论似乎主要限于希腊文化传统。我们知道,西方美学与文论本有两大传统,除了上文所说的古代希腊文化传统之外,还包括古代希伯来文化传统。"希腊文化传统就其基本倾向来说是外向的、科学的、知识论的传统,所着重探讨的是世界的本原和始基。所以,对于美和文艺,基本上是以知识论的观点,按科学的精神来理解的,认为它主要给人以知识,给人以认识上的满足。这是古典主义美学和文化的基本精神。而希伯来文化则开创了内倾的、宗教的、目的论的传统。它发源于犹太教,后来的基督教认为整个世界是由上帝创造的,美的本原就在上帝,所以文艺也就成了人与上帝交往的中介,并以此把人引向自我超越……两千年的西方美学与文论,就是由这两大系统的相互渗透、交融而构成的。"②王元骧先生这一具有深刻反省意识的认识是极富代表性的,这表明在几代中国学人经过近百年的摸索之后,终于突破了接受语境的限制,对西方美学与文化有了一个全面而完整的了解。他通过考察近百年来中国对西方美学与文论的接受情况,发现我国学界一直以来所注重的是希腊传统,而对于希伯来文化传统,因为它的宗教因素,过去长期将其与迷信混淆,并简单地予以拒绝和排斥。这种认识观念自然有着十分明显的局限性,是极不利于对西方文化取其精华为我所用的。

诚如王元骧先生所说:"自晚清特别是五四以来,西学的东渐是与当时许多热血青年知识分子为探求救国真理、反对封建迷信、提倡民主科学的思潮联系在一起的。这一现实需要使得学界对待西方文化所选择的自然是在希腊文化基础上发展起来的科学的传统,看重的是经验和实证。"③在这一时代背景影响之下,在美学及文艺理论方面,产生了两股思想潮流。一方面,很多从事美学介绍和研究的学者们,如王国维、朱光潜等人,都有着借助美学来改善人生的强烈愿望,试图利用审美来使人摆脱现实利害关系的束缚,避免在欲望中挣扎,从而起到净化人心、改良世道的作用。但这种"审美救世主义"脱离了当时的社会实际,是注定要失败的。另一方面,受科学主义影响,从事西方文艺理论介绍和研究的学者们,所看重的自然也是在科学精神传统上产生和发展起来的古典主义和现实主义文论。自 20 世纪 30 年代以来,左翼文艺运动兴起,我们受苏联哲学界影响,将马克思主义视作一种认识论哲学,这种理解一度成为主流,并使古典主义和现实主义在中国现代美学与文论研究中占据了统治地位。这种倾向使得我们长期以来对以启示为特征的希伯来文化传统听而不闻,视而不见,"对希腊文化传统的崇扬和对希伯来文化传统的忽视和排斥,所导致的结果就是褒科学而贬人文"④。实际上,在西方思想传统中,希腊文化与希伯来文化无论其思想观点或是思维方式都可以构成互补,我们不应只顾片面强调希腊文化传统的重要性而忽视了希伯来文化传统。在当今物欲横流、信仰极度缺失的时代里,希伯来精神传统所具备的内省性、超验性实在是我们迫切需要的。当然,要使当代中国美学与文艺理论进一步创新发展,不仅要做到以科学的态度和方法对古代美学与文论进行转换,还应对西方两大思想传统尤其是希伯来文化传统进行批判性地考察与借鉴,在此基础之上,才能做到综合创新。

通过对我国美学与文艺理论界对于自身传统与西学的接受情况全面而深刻的考察,王元骧先

---

① 王元骧:《试论古代文论的现代转换》,《文学理论与当今时代》,浙江大学出版社 2002 年版,第 109 页。
② 王元骧:《百年来我国对西方美学与文论的接受》,《文学理论与当今时代》,浙江大学出版社 2002 年版,第 97—98 页。
③ 王元骧:《百年来我国对西方美学与文论的接受》,《文学理论与当今时代》,浙江大学出版社 2002 年版,第 98 页。
④ 王元骧:《百年来我国对西方美学与文论的接受》,《文学理论与当今时代》,浙江大学出版社 2002 年版,第 98 页。

生始终不渝地坚持以人为核心,抓住马克思主义的精髓,提出了辩证的批判继承的观念。他认为,五四以来的新文化运动以及在此基础上发展起来的中国现代文艺理论在总的方向选择上是正确的,但我们往往从一个片面走向另一个片面,而未能形成具有自己特色的理论传统。他指出,就五四以来的中国美学与文艺理论建设历程而言,它至少存在着两个缺陷。一方面,缺乏辩证的观点,看不到文化在其自身发展过程中的批判继承的关系,以致把传统文化不加分析地全盘予以否定,明显地存在着不尊重历史、割断历史的倾向。反映在文学理论领域,就出现了完全抛弃我国文学理论传统,"从西方(文学理论中)来一个体系性的大移植",[①]并因此把现代文学理论研究与古代文论研究分割成互不相干的两个领域。另一方面,这种参照希腊文化传统移植过来的思想本身由于排斥了希伯来—基督教精神的补充,"若是对其作片面的理解,只是从反映、认识、真实性、科学精神的维度去看,而无视情感、意志、信仰、理想性的维度,也可能会走向与自然主义合流而丧失文艺的人文精神"[②]。可以说,王元骧先生的上述思考和总结是非常到位的,抓住了我国文艺理论建构的缺陷所在。在其长期的学术生涯中,他对中国古典哲学美学及希伯来文化传统的精神有着深刻的体察,并渗透浸润到了他的美学与文论研究中,使其理论因有了全方位的角度,而获得了更为高远的视界。

二

王元骧先生在批判地考察希伯来文化传统时,总是坚持以人为核心。毫无疑问,人应当是人文科学关注的对象和目的所在,但各个文化传统对人的理解却有着极大的差异。他指出,在西方文化中,古希腊传统"由于受知识论哲学思想的影响,人在他们的观念中主要是社会的、理性的人,而非个别的、具体的人","而把人作为个别的、具体的人来看待,则是新柏拉图主义以'心灵'取代柏拉图的'理念',以信仰取代知识而开始的"。[③]信仰的提出意味着人的精神生活空间的打开,这样,人的个体意识与自我意识开始觉醒,并对自我生存投注思索。概而言之,"这种深入内心的经验是通过基督教产生的,而早期的希腊人对此则闻所未闻。"[④]可以说,这是基督教文化对人的理解的一大贡献。人依靠信仰,在经验生活之中,构筑了一个超验的世界,从而使人性超越了世俗的限制,获得了净化和提升。

通过对希伯来文化中人的考察,王元骧先生认为,"这种对于人的认识上的推进,也就为我们理解美以及人与现实的审美关系开拓了新的视界。"[⑤]以此重新观照美,便将美从认识的视界推进到意志的、信仰的视界;美不仅只是凭理性认识的自然属性,还是需要凭着意志和感情去体悟的价值属性。王先生分别从美的本体、美的属性、审美思维方式三方面具体分析了中世纪基督教哲学对人的理解推进所带来的对于美和审美关系的认识上的变化。在美的本体论方面,"希腊主流哲学认为美在自然,而基督教认为世界的本原是上帝,整个世界是上帝的作品,是上帝意志的创造,美自然也不例外"[⑥]。真正的美不在于从感觉对象出发所看到的物体的外观、形式,而在于它是否能够体现上帝的存在,并使人的灵魂得到提升。正因如此,"这意味着美对人来说不只是一种事实

①　王元骧:《试论古代文论的现代转换》,《文学理论与当今时代》,浙江大学出版社 2002 年版,第 106 页。
②　王元骧:《百年来我国对西方美学与文论的接受》,《文学理论与当今时代》,浙江大学出版社 2002 年版,第 106 页。
③　王元骧:《百年来我国对西方美学与文论的接受》,《文学理论与当今时代》,浙江大学出版社 2002 年版,第 98 页。
④　(美)巴雷特:《非理性的人》,杨照明译,商务印书馆 1995 年版,第 95 页。
⑤　王元骧:《百年来我国对西方美学与文论的接受》,《文学理论与当今时代》,浙江大学出版社 2002 年版,第 100 页。
⑥　王元骧:《百年来我国对西方美学与文论的接受》,《文学理论与当今时代》,浙江大学出版社 2002 年版,第 100 页。

属性,而更是一种价值属性"①。美之所以值得追求,便在于其结果是善。但美又不能直接等同于善,审美的态度不同于功利的态度,这对后来康德审美判断力理论的形成产生了极大影响。"在看待审美的思维方式上,由静态的走向动态的,单向的、感觉性的走向交感的、启示性的",②基督教美学由于将审美看作是与上帝交往、回归上帝之路,而使其审美取向倾向于崇高,在这种时间性的过程之中,也突出了审美活动情感、意志的地位和作用。由此,通过对基督教美学中围绕着信仰而产生的美与审美问题的精辟辨析,王元骧先生重新肯定了希伯来文化传统中的美学精神对于人类生存的意义所在,而这集中体现在他对于康德美学思想的研究中。

康德美学自王国维从日本引入我国以来已有近百年的历史,后来经朱光潜、宗白华、李泽厚的介绍与研究,在我国产生了极大影响,引起了许多学者的兴趣,但也无可避免地存在着许多误解,其中最为突出的三大误解便是"美在形式而无关内容、无利害性即完全无关利害、美与崇高是对立的"。③王元骧先生在深入研读康德著作之后,对这些流传的误解进行了辨正。他认为产生这些误解,"归根到底是从对于康德在'审美判断力分析'中所提出的'四个契机'认识的片面所产生",④"在康德审美判断力的这四个契机并非完全并列,而是以'无目的的合目的性'为思想核心的",这些误解"都是由于没有把这四个契机视为一个整体,特别是离开了'无目的的合目的性'这一思想核心而产生的"。⑤王先生紧紧抓住康德哲学的基本主题"人是目的",通过对三大误解产生的根源进行批判,从而阐明了康德美学的根本目的乃在于道德人格的塑造和完善,指出康德美学实际上是其伦理学上的一种铺垫,他的美学是典型的伦理美学,并进一步探讨了康德美学的基督教思想渊源。

根据基督教的信仰观念,真、善、美都体现在上帝的意志之中,是属于一种彼岸世界的、对人来说是异己的东西,所以它对人来说也必然是约束性、强制性的。但后来的德国宗教改革把上帝从异在的和外在的化为内在的,使伦理从强制的、他律的化为自主的、自律的。王元骧先生通过对基督教思想史的整全考察与周密分析,指出康德虽然不相信上帝,但他的思想深受基督教神学的影响。一方面,康德受益于宗教改革运动的思想成果和极其信奉虔诚派的家庭背景,又吸取了英国经验派中的主观派代表人物夏夫兹博里和哈奇生的将道德情感化的资源,使信仰以道德情感为中介落实到了人的内心。"这样就不仅使宗教彻底道德化,同时也使道德审美化了,使道德不再是一种抽象、刻板的戒律,而成为人们的一种德性、一种内心的指向,并在对美的鉴赏中也无不表现出来……这样,道德的内容在审美中也就以象征的方法得到了具体体现。"⑥另一方面,康德按照他自己的"人是目的"的思想对夏夫兹博里和哈奇生的思想进行了改造,以审美判断中四个契机(质、量、关系、样态)的分析,对美的性质进行了厘定,继而通过对"崇高"的分析,指出审美的功能在于沟通经验世界和超验世界,将人引向至善,进而完成人的本体建构。这便颇类似于基督教美学的理路,因为其按照"原罪—救赎"的宗教观念,审美便是回归上帝之路。在这回归之旅中,人们需要有极为强大的意志和坚定的信仰,故而其审美取向偏于"崇高"。另外,这种回归并不是一蹴而就的,到达神圣的源头需要有一个层级的秩序。而康德的哲学方法,就是参照这个阶层体系建构的,其《判断力批判》的理论建构,就是通向神圣之至善的最为关键的一段。由此,康德美学实现了审

---

①　王元骧:《百年来我国对西方美学与文论的接受》,《文学理论与当今时代》,浙江大学出版社 2002 年版,第 101 页。

②　王元骧:《百年来我国对西方美学与文论的接受》,《文学理论与当今时代》,浙江大学出版社 2002 年版,第 102 页。

③　王元骧:《论国人对康德美学的三大误解》,《社会科学战线》2011 年第 7 期。

④　王元骧:《论国人对康德美学的三大误解》,《社会科学战线》2011 年第 7 期。

⑤　王元骧:《论国人对康德美学的三大误解》,《社会科学战线》2011 年第 7 期。

⑥　王元骧:《康德美学的宗教精神与道德精神》,《审美超越与艺术精神》,浙江大学出版社 2006 年版,第 270 页。

美精神、道德精神和宗教精神三者的互相沟通、有机统一。基于这种分析,王元骧先生敏锐地指出,康德美学不仅在理论思想上"深受基督教文化的影响",①而且理论构思和论证方法也都受了它的启示。正是对希伯来—基督教文化传统的吸收,使康德整合了西方美学史上的两大系统——柏拉图吸取东方神秘主义而开创的传统以及亚里士多德吸取古希腊自然哲学的基础上开创的传统,从而在美学史上完成了一次深刻的转变和跃进。

值得注意的是,王元骧先生对于康德美学的研究,并非仅仅是因为学术兴趣,更是出于对现实人生的深切关怀。康德的美学思想是针对启蒙运动所导致的科技理性和功利原则对人的支配和奴役以及由此而来的社会腐化与堕落的状况而发的,这与我们当今的时代极为相似。因而王先生对康德美学所作的解释,无不是针对当下人的生存状态,并力图对其有所启发的。"他(康德)所强调审美对于利害关系的超越以及沟通经验世界和超验世界的功能,无疑可以使人们看到在我们的现实生活之中还有一个现实生活之外、在经验世界之中还有一个超越于经验生活之上的世界,从而使我们不再斤斤计较于一己的利害得失,而以宇宙天地的大视域来审视当下的人生,这对于抵制当今社会由于物对人的奴役所造成的人自身的失落,提高人自身的生存自觉和人生境界,维护自身人格的独立和尊严,促进人的全面发展和推动社会的全面进步,都是很有现实意义的。"②

但是,康德的美学思想也并非完美无缺。王元骧先生以马克思主义理论为参照,在吸取康德思想精髓的同时,又对其"批判理论"进行了再批判,剖析了康德美学思想在哲学观念和研究方法上的局限性。从哲学观念上看,康德认为哲学研究的应该是"纯粹的理性",应该是在思辨的领域进行的,这就使得他的人的理论都是思辨地建构完成的。正如马克思所批评的那样,康德所理解的人是"从天上降到地上",但真正的人是有生命的、从事实际活动的人,他并不脱离实际生活,他总是在现实关系中展开活动并受其制约,这便决定了他与动物一样受制于必然律。但人毕竟与动物不同,他不仅能"感觉到自身",而且还能"思维到自身",这样便有了"应然"的观念,这是超越性产生的根源,而不是像康德所说的是来自先天理性所颁布的命令,是先天律令所强制予人的。同时,与其哲学的思辨观念相联系,康德的研究方法也是纯思辨性的。这表现为不仅在其整个哲学研究中,而且在美学研究中,为了建立"纯粹理性之立法的机能",而力求把经验的现象排除在外,无意于去探讨实际的审美活动,这便使得康德美学的本体论与活动实践相脱离,而未能达到通过审美实践活动达到感性与理性、必然与自由、有限与无限的统一。

那么,应当如何补救康德美学思想中的这些弊端呢?王元骧先生立足于民族文化的优良传统,将目光转向古代中国哲学美学思想,深入挖掘,积极汲取,投注了自己独特的现实思考。他指出:"我国传统哲学中是有不少宝贵的思想值得我们借鉴和吸取,并为我们解决康德本体论的难题铺平道路的。"③概而言之,我国传统哲学是人生论哲学,其目的在于经世致用,并且总是力求通过自己的行为实践来实现天的意志,从不脱离人生践履去谈论无限和永恒。他总结道:"所以我国古代哲学所谈的'践履'与康德的'实践'不同,不是像康德那样从超时空的先天律令出发来谈论实践,而始终认为是一种实际生活中的活动……这就不是脱离有限去追求无限、脱离暂时去追求永恒,而是把绝对的、终极的目标落实到人的当下的活动之中,从而解决了经验与超验两者的二元对立。"④由于我国传统哲学在方法上比较重直觉、感悟,美学可以说就是它自身蕴含的一种精神。王

①　王元骧:《论国人对康德美学的三大误解》,《社会科学战线》2011 年第 7 期。

②　王元骧:《何谓审美?——兼论对康德美学思想的理解和评价问题》,《审美超越与艺术精神》,浙江大学出版社 2006 年版,第 155 页。

③　王元骧:《文艺本体论的现实意义与理论价值》,《论美与人的生存》,浙江大学出版社 2010 年版,第 50 页。

④　王元骧:《文艺本体论的现实意义与理论价值》,《论美与人的生存》,浙江大学出版社 2010 年版,第 50—51 页。

元骧先生又尝试将康德与儒家代表人物王阳明的美学思想进行比较研究，他发掘了二者的相同方面，认为他们都是从培养道德人格的目的出发进而谈论审美，并反过来又把审美视为建构道德人格的一条有效途径，本质上都是以人为本的伦理学的美学。但二者由于并非产生于同一文化背景和历史条件之下，因而又存在着诸多差异。由于康德的哲学是二元论哲学，重视的是超验的本体界，而经验层面的美作为人们爱好的对象则是次一等的，且只有作为超验的美的象征才有意义，而实际上超验的美是不能完全到达的，这就造成了具体的审美活动实践与美的本体论的脱离。而中国传统哲学"所追求的最高境界是超越人伦日用又在人伦日用之中"，①一般认为是一种"天人合一"的哲学。此"天"既是"自然本体"、"知识本体"，又是"人伦本体"，因此伦理意识与知识意识是统一的。王阳明深受此种中国哲学传统的影响，其所倡导的"良知"与"天理"一样，都是认识论与本体论、知识理性与道德理性的统一。从这种思想立场出发，王阳明对于审美的活动，也是持心物一体论的观点。王元骧先生概括指出，"这样王阳明所理解的美虽不在感觉经验（而在心、在'天理'），但又是不离感觉经验，它不是物理事实而又不离物理事实。"②这便使具体的审美活动在当下的人生实践中实现了经验与超验的统一，实现了对康德美学思想的一种有效补救。

王元骧先生对于上述中西两方面思想资源的吸收与借鉴，主要还是为其人生论美学服务，认为从"人生论"的角度来研究美学就更能把审美与完善人格建构紧密地联系起来。这种思想理路，不仅是我国传统美学的精神所在，也是从古希腊柏拉图开始，经由中世纪基督教美学、德国古典美学所沿承下来的。王元骧先生能采集众长，兼容并蓄，寻求中西两大思想传统的融合，这不仅使其美学与文艺理论研究具有极为深厚的跨文化思想背景，更产生了卓越的当下理论实践意义。

三

综合以上论述，我们可以看到，王元骧先生进行美学与文艺理论研究，始终坚持以人为中心，他上下求索，多方研讨，无不针对当今时代与人生的弊病而发，力图从审美之维给予疗救，体现了对现实的深切关怀。那么，人是什么？真正的"应是"人生是什么样的？现实中的人究竟出了哪些问题？中西美学与文艺理论何以进行疗救？为了施行疗救，它们又必须进行怎样的"现代转换"？对于这些当前理论界迫切需要解决的问题，王元骧先生在近年来的学术研究中作了深入的体察，提出了很多独特而超卓的见解。

在考察历史上各家对于人的认识之后，王元骧先生极具洞察力地指出，尽管这些理论存在着非常多的分歧，但"归结起来，都是环绕着感性（肉体、个人性、经验性）与理性（灵魂、普遍性、超验性）之间进行的"。③长期以来，由于受特定社会历史条件的制约，我们对人的认识始终徘徊于这两极之间，都存在着一定的偏颇，而王元骧先生始终立足于从感性与理性二者的有机结合、和谐统一来看待人。一方面，人作为一个有生命的存在，总是需要一定物质生活条件才能维持自己的生命，与之相应地便产生了欲望和需求，这些自然应该受到尊重和维护。若不能看到人的感性需要，便是将人虚化、抽象化了。但是感性存在只是认识人的一个维度，还不足以全面说明人的本质，若仅将人视为感性存在，无异于将其等同于动物。所以从另一方面来讲，对于真正意义上的人的生存来说，是不可能没有理性、社会性、精神性的维度的。人毕竟不同于动物，不仅在于他有所感觉，而且还有所思考；不

---

① 冯友兰：《新原道·绪论》，《冯友兰文选》，国际文化出版公司 1996 年版，第 17 页。

② 王元骧：《王阳明与康德美学思想的比较研究》，《论美与人的生存》，浙江大学出版社 2010 年版，第 31 页。

③ 王元骧：《论人、文学、文学理论的内在张力》，《论美与人的生存》，浙江大学出版社 2010 年版，第 86 页。

会完全为物质生活所囿，而具有反思自己的能力。如此一来，他的生活中除了物质的、经验的世界之外还有一个意义的世界，一个精神的、超验的世界。经验的世界是相对于人的自然需要而言的，超验的世界则相对于人的精神需求而言。这样，人便有了为何而活的意识，使得他与当下的感性的生活形成一种必要的张力，激发人的生存自觉而使人免于走向沉沦。当然，这也不是要回到人是理性的人的主张，因为这只是思辨哲学所创造出来的抽象的、没有血肉的概念，而非活生生的现实生活中的人。所以，王元骧先生坚持从"感性与理性的辩证统一的观点"来看，但这种统一又非静态的，而是始终处于动态的、未完成的，这就使人始终处于不断地建构自身的过程中，而审美就是实现这种建构的有效途径之一。

基于人构成王元骧先生进行美学与文艺理论研究的对象和目的，因而必须从人的心理结构进行深入考察，美何以会具有完成人的人格建构的目的？自柏拉图以来，在西方哲学史和心理学史上，几乎都认同于知、情、意的三分说。人的整个心理活动，就是由这三个部分互相影响、互相渗透而构成的有机整体。其中，情感起着支配和调节认知和意志的作用，正如王元骧先生指出的："情感不同于认识和意志，它不是由外部强加的，而是发自内心的，是一个人身上最为本真、最为深层的东西，因而在人的整个心理结构中，它也就成了决定一个人的人格特质的最根本的因素。"[①]一切知识和能力只有被情感所整合，与人的情感生活融会一体，才有可能成为他的人格的有机组成部分。情感根据主体需要又可分为情欲和情操两个层次，情欲一般来说是相对于个体的、自然的、物质的需要而言，它只是维系一己的利害关系而没有普遍有效的价值，所以等同于"私欲"；而情操则相对于社会的、文化的、精神的需要而言，它摆脱了物质的强制和私利的束缚，使自己的情感提升到与社会和大众融为一体，彰显个人经由文化造就所能达到的至境。由此，提升自己人格的过程，也就变成了与自己的私欲作斗争，使"情欲"转化为"情操"，而完成这一过程，最根本的途径是通过社会实践。但是社会实践需要受到一定客观条件的限制，相比之下，审美却为人提供了较之直接广阔得多的生活空间。具体而言，审美能激起人的"爱"和"敬"的情感，这便使其不仅可以起到道德教化的作用，而且由于它是在不知不觉中进行的，对人没有丝毫强制成分，因而也就更能为人所接受，以此为中介，它将知识和能力在一个人身上整合为整体人格。"所以我认为美学就其性质来说不是认识论的，它不只限于艺术哲学，而是属于人生论、伦理学的"，[②]这几乎可以视作王元骧先生"人生论"美学的全部总纲。

在强调了美在培育人的情感、提升人的道德品性方面的重要意义之后，王元骧先生并没有停留在理论的空想上面，而是将目光投注到了现当代社会人的生存境遇中来，认为美"却从没有像在现代社会中那样，凸显出它对于人的生存和发展的那种独特而为其他事物所不能取代的重大价值"[③]。在现代社会中，最典型的负面效应便是随着生产工具与生产方式转变所带来的人的"异化"问题，其中最为根本的便是物对人的支配和奴役。进入后现代社会之后，这种现象进一步加剧，这既是一个信息的社会，又是一个消费的社会。前者使知识变成了商品，求知只是为了挣钱，而非为了提升自己，从而使知识也成为一种奴役人的异己力量；后者则使人成为被动的消费者，包括文学艺术在内，都被视作消费对象，这无疑是对人进行奴役、控制、剥夺人的生存自由的一种新的形式和手段。这种社会"使人的理智、意志、情感进一步走向分裂，使自己的一切活动都被眼下的欲望

---

① 王元骧：《美：使人快乐、幸福》，《论美与人的生存》，浙江大学出版社 2010 年版，第 241—242 页。
② 王元骧：《美：使人快乐、幸福》，《论美与人的生存》，浙江大学出版社 2010 年版，第 244 页。
③ 王元骧：《审美与"人的活动"》，《审美超越与艺术精神》，浙江大学出版社 2006 年版，第 100 页。

的关系所支配,而不再有超越这种欲望关系的兴趣和爱好"①。所以,若要重建兴趣和爱好,完善当今社会中人的品性,便应从拯救人的情感出发。正如前文所述,王元骧先生认为审美是培育情感、化"情欲"为"情操"的最有效途径。因为审美活动能带给人"自由愉快"的情感体验,在这种体验之中具有一种超越性,它可以使人从个人、当下、纯粹的物质、利欲关系中解放出来。"从空间方面来看,就是超越一己的利害关系而进入到别人情感生活的空间,意识到自己和别人是一体的;从时间方面来看,虽然个人的生命是有限的,但当他所从事的活动得到社会和历史的承认,他的生命也就在别人那里得到延续,从有限进入到无限。这样,感性与理性、个人性与社会性、有限性与无限性又经分裂而重新回归统一。"②这无疑是由王元骧先生所彰显出来的审美超越性最为激动人心的品质。尽管这种理论可能是"乌托邦",但是"乌托邦的伟大使命就在于,它为可能性开拓了地盘以反对对当前现实事态的消极默认"③,它无疑表明了审美超越对于当今时代的巨大价值所在。

王元骧先生在建构自身理论体系时,对于"审美超越性"的倡导,既是他一直以来文艺"改变世界"宗旨的体现,也是与其学术理路的发展一脉相承的。他作过这样的表述:"我说'审美超越'实际上就是'文艺本体论'内容的一种具体展开。"④王元骧先生在其早期学术阶段主张"审美反映论",认为文艺是以作家的审美情感为心理中介来反映生活的。情感不同于认识,它所反映的不是事物实体的属性,而是一种关系的属性,所以在本质上是属于一种价值的意识。后来,他发现这还只是对于"认识论"文艺观的一种发展和补充,还不足以对文艺活动的本质作出充分的说明。于是,在其学术研究的中期阶段,他又从价值论和实践论的视角来进行文艺研究,认为文艺不仅是展示"实是"人生以补充知识的,更是追寻"应是人生"以实现愿景的。但面对当今这个价值多元的时代,为免陷入相对主义,在评价文艺作品时必须得确立评判价值的尺度,这便促使他进一步开始了"文艺本体论"的研究。⑤因为文艺的对象和目的都是"人",所以"文艺本体论"是以"人学本体论"为哲学基础的。具体而言,王元骧先生将"超越性"视作人的本质界定,而文艺作品反映人生最终正是为了回归人生,它使人不仅仅满足于感官享受而从中超拔出来,对自己生命的终极目的有所思考,因而文艺的根本特性也就在于"审美超越性"。这样,由文艺而至美,再至于人生,王元骧先生不仅实现了自身理论上的突破,也为我们重新审视世界开辟了更高的视野。这也正是他所提倡的"走两大系统融合之路"的美学研究所取得的显著成果,可以说,他在这个领域所作的积极探索意义是十分重大的。正如他自己所展望的那样,"可以改变长期以来我国美学研究中所存在的认识论化和艺术哲学化的倾向,推进美学研究与人生论接轨,使审美、艺术、人生走向统一",⑥并且"有助于与我国传统美学思想展开对话,通过中西美学思想的对话、融合来寻求建立有我国民族特色的美学学科"。⑦检视王元骧先生近年来的学术论著,诸如《美学研究:走两大系统融合之路》《再论美学研究:走两大系统融合之路》《美:使人快乐、幸福——"人生论美学"刍议》等文章,正是其上述学术实践努力的代表性成果等。我们欣喜地看到,王元骧先生在这方面不仅取得了累累硕果,而且其最新的学术思想正在当代中国文艺理论界产生深远的影响。

---

① 王元骧:《审美与"人的活动"》,《审美超越与艺术精神》,浙江大学出版社 2006 年版,第 104 页。

② 王元骧:《关于"审美超越性"的对话》,《论美与人的生存》,浙江大学出版社 2010 年版,第 286 页。

③ 卡西尔:《人论》,译文出版社 1985 年版,第 78 页。

④ 王元骧:《"审美超越与终极关怀"——关于审美形而上学性的对话》,《论美与人的生存》,浙江大学出版社 2010 年版,第 305 页。

⑤ 参见王元骧:《我的学术道路》,《审美超越与艺术精神》,浙江大学出版社 2000 年版,第 5—9 页。

⑥ 王元骧:《再论美学研究:走两大系统融合之路》,《论美与人的生存》,浙江大学出版社 2010 年版,第 159 页。

⑦ 王元骧:《再论美学研究:走两大系统融合之路》,《论美与人的生存》,浙江大学出版社 2010 年版,第 162 页。

　　回顾本世纪以来,王元骧先生虽年事已高,但仍不倦探索,继续大步行走在中国文艺理论研究的最前沿,其身上所洋溢的对学术无功利、无止境的追求精神,以及对现实社会深刻的体察和关怀,正是其所倡导的审美的人格建构的缩影。他虽长期研究马克思主义美学与文论,但始终对中西文化传统持有开放的、学习的心态,其对中西文论多方面的融合会通,正是这样一种"从我们当今现实的需要出发,在对中外美学思想遗产作深入的研究和鉴别的基础上,扬长避短,融化综合"①所产生的实践成果。除此之外,王元骧先生虽已耄耋高龄,但葆有一颗赤子之心,对现实与人生有着敏锐的感触,对美和善有无穷的好奇和探求,这些也是其理论能够不断创新突破的动力。概而言之,王元骧先生在美学和文艺理论的创新方面取得了卓越的成就,其独树一帜的理论正是西方以两希文化为代表的思想传统与中国古代哲学美学碰撞交融的产物,也是其马克思主义美学与文论中国化延伸所结出的硕果。但是,一个优秀的学者总是对自己保持着自觉的警醒,王元骧先生说过:"学术研究是一种创造性的劳动,自然不能人云亦云,要有所发现和创造。所以'原创性'无疑是学术研究所应追求的目标,也是学术研究所能达到的最高境界。但创造需要资源、需要灵感,不能脱离实际、苦思冥想,没有丰富的积累、深厚的功底、开阔的视野以及对现实问题的热切关怀和深入研究,又怎么能谈得上自己的创造?"②针对当前学界动辄标榜创新的不良现象,作为一个阅尽沧桑的长者,他对理论创新所作的极富批判性的思考,当为我们从事学术研究提供深刻的反思和借鉴,这对于习惯追新逐异的文艺理论界而言,无疑也是振聋发聩的。最后沿用王元骧先生曾谈到过的话,想说的是,"在这个神圣的东西遍遭亵渎、日趋消解的时代",阅读先生的论著,可以提醒我们"使个人的精神生活保持一种对神圣的虔诚和敬畏的感觉,以维持自己生活的圣洁和人格的尊严",③在其长期的学术生涯中,先生以其知行合一的品格实践了这样的道德和美学理想。

(作者单位:浙江大学中文系)

---

　①　王元骧:《王阳明与康德美学思想的比较研究》,《论美与人的生存》,浙江大学出版社 2010 年版,第 37 页。
　②　王元骧:《在解决现实问题中求得理论自身的发展——关于文艺理论创新的对话》,《审美超越与艺术精神》,浙江大学出版社 2006 年版,第 325 页。
　③　王元骧:《康德美学的宗教精神与道德精神》,《审美超越与艺术精神》,浙江大学出版社 2006 年版,第 275 页。

姜亮夫先生年谱

林家骊

姜先生名寅清,字亮夫,以字行。号成均楼,晚年自号北邙老人、天南矇叟。少时敏而好学,转益多师,先后毕业于成都高等师范学校、清华国学研究院,受业于林山腴、梁启超、王国维、章太炎等名家。平生所学,皆以民族复兴为己任,深入楚辞学、敦煌学、语言学、历史学领域。昂首高远,抚心求是。穷且益坚,为往圣继绝学;老当益壮,助后学上青云! 行己有耻,弘毅任道,著有《楚辞学论文集》、《敦煌学论文集》、《古史论文集》、《屈原赋校注》、《楚辞通故》、《中国声韵学》、《历代人物年里碑传综表》、《莫高窟年表》、《敦煌学概论》、《瀛涯敦煌韵辑》等专著近30部及论文百余篇,后均编入《姜亮夫全集》。"修辞立诚,天下文明!"实乃先生一生写照。

清光绪二十八年(公元1902年) 一岁

夏历四月十二日(阳历5月19日)生于云南昭通书香门第之家。父亲姜思让,排行第三,毕业于晚清京师大学堂,习法律,倡导维新。回昭通后,领导了当地有名的"光复运动"。

按:《姜亮夫全集·回忆录》(第二十四卷)(以下简称《回忆录》)之《四宜家乘》中这样描述身世及童年记忆:

> 我的身世,据家中传说,祖上原是南京柳树湾人。我的一个世祖跟着明代沐英到云南。到昭通的世祖是正荣公。正荣公的墓碑在昭通是很有名的。正荣公传到我是第八代,即我是正荣公的八世孙。除四叔是日本留学生外,大伯、二伯和家父均系举人,因此我们大家庭被地方上称为书香门第。的确,我们这个家族对读书是很重视的。

再按:先生父亲领导的起义,对先生影响甚大。在《四宜家乘》中有如下记叙:

> 当时昭通的局势很不稳定,局面动荡不安。对这种局势,我生平第一次感到震惊! 我看到父亲勇于为社会服务的精神,不知不觉养成我对国家,对民族的特殊感情,这种感情也渗透在我一生学术研究的方向和内容上。

光绪三十二年(公元1906年) 五岁

大约是年开始读书,先生儿时以考取功名之法读书,背"四书"、诵"五经"。此外也读一些"新科学",如《地球韵言》、《历代都邑歌》等史地书。同时,书法、绘画亦是先生的基本功训练。

按:《回忆录》之《四宜家乘》:

> 我读书的方法是按考功名的路子来读书的。孩童时代读《三字经》、《千字文》不成问题,"四书"要背,《十三经》也要读。不过我父亲曾几次到北京,他一生最喜欢梁启超的《新民丛报》,后来章太炎先生办的《国粹学报》,父亲也爱看,这一切对我影响也很大。我除了读"四书五经"外,还读《格致教科书》、《地球韵言》、《历代都邑歌》等史地类科学书,我从小多多少少也受到一些科学知识的熏陶。家中三位长辈都是科举出生,因此家中典籍我从小就自然接触

到,现在看来是属于"从小受环境影响"吧,使我终生从事于我国的古籍研究。

宣统元年(公元 1909 年) 八岁

7 月 23 日(夏历六月初七)夫人陶秋英生。

民国三年(公元 1914 年) 十三岁

1913 年"二次革命"失败后,孙中山于本年 7 月 8 日在日本成立了中华革命党。次年,蔡锷在云南组织护国军讨伐袁世凯。后姜亮夫先生作《护国军志》、《护国军文征》、《护国军纪实》等文章载其事。

入昭通县两华小学。启蒙学习及小学学习为先生一生打下基础。

按:《回忆录》之《难忘的启蒙老师——追忆我的中小学老师》所示,两位老师对先生影响深远。其一为校长杨以久先生,他教导先生"知之为知之,不知为不知"的为人处世治学态度;其二为国文教员李士富先生。他启发先生体悟中国语言文字通假之用,从而进一步启发先生对文化的领悟。父亲亦是姜先生重要的启蒙老师。先生年幼时,其父便要求先生背诵默写文天祥的《正气歌》,这是先生人生的第一课,在先生心中留下深刻印象。先生中学时偷看《红楼梦》,被父亲发现,父亲不仅不给予责罚,还教先生红楼人物品评方法,并要求先生列出红楼中的各府人物包括丫鬟在内的世系表。这是先生一生中第一次进行专题研究的课题,也是先生一生研究古文献学的前奏。

民国六年(公元 1917 年) 十六岁

在家补习。

民国七年(公元 1918 年) 十七岁

入云南省立第二中学一班。

按:先生在极具维新思想的父亲的影响下,在中学时代就有强烈的爱国思想和正义感,积极参加当时学生运动。据《回忆录》之《我中学时代的母校——云南省立第二中学校》所示,"二中"是师范传习所,第二师范学校和八属联合中学的后半身。尊师重道是该校的特点。"二中"学生对老师很尊重,读书风气甚好。学校条件虽艰苦,但几无抱怨者。学生读书都很用功,寝室熄灯后,三五成群地在诸如路灯、茅房的灯下看书是常事。看书直至乌鸟声起方才小憩。更有甚者,早上早早起来,于厨房煮饭或烧水之处借火光蹲着看书。

又按:《回忆录》之《难忘的启蒙老师——追忆我的中小学老师》中,还记载了一位特别的英语老师,且概录其文如下:

这里我还要再补记一位外国老师,他就是当时云南昆明语言补习学校的老师,叫白希文(音),他不想做官,也不想发财,而是想替中国多培养一些懂英文的人。在他的指导下,我粗略知道一些英国文学的大概情况,而且学到了读外语的方法。例如,他说你遇到看不懂的句子,你不要硬拼硬顶,你暂时放下,再向下读,读它二十页三十页再回来看,那你自然会懂得。开始我不相信,后来事实证明果然如此。在《罗马大帝凯撒》这本书中读了二十几页,前面共有十几个地方不懂,结果再读下去,果然大部分都明白了。他说读原著不要死记硬背,背不了那么多,你只要读,多读后自然明了。当然文章要选好的篇章读,选好的文章背。他专为我选了十六七篇一定要我背诵的文章,前后听起来好像有矛盾,其实是要我有选择地背,通读与背诵要有机结合。这是我读英文得了他最大的好处。

陶秋英毕业于尚公小学。

民国十一年(公元1922年)　二十一岁

3月,赴昆明。

8月,以省官费生录取成都高等师范学校。

9月,返家省亲。后入学,路经宜宾、流井,至成都,见成都高等师范学校校长吴玉章。在林思进(字山腴)、龚道耕(字向农)等先生导引下,初读《说文解字》、《广韵》等国学入门书,成为其学术生涯的重要开端。

按:先生对成都高等师范学校非常有感情,在他的《到成都报家书》中有这样两句:"内有'国学浩瀚胜大海','守身如玉德之花'。"同时,高师的老师对先生学术道路的影响也是重大的。现将先生《回忆录》之《忆成都高师》中提到的几位老师的特点概录原文如下:

林山腴:进入成都高师的第一堂课。林先生吩咐每人买一部《书目问答》,并告诉我们书目中哪些是第一等著作,哪些是二三等。他又宣布他的课以《汉书》为基础,学生必须买一部尊经阁刻本(四川成都府)的《四史》。他说先生教书只是指路,至于读得好不好是学生的事。读书要晓得书的内容,《书目问答》分次第,然后找原书看序跋,参照《四库全书总目提要》就可以开始深读了。研究国文要有基础和根底。基础是要把"小学"学好,文字、声韵、训诂的常见书要读过。根底则根据将来的研究方向(经学、史学、诗词等)读熟要籍三四部,然后再博览群书。当我们把《书目问答》买来后,林先生要我们在书目单上打圈,三个圈是必读篇,两个圈是浏览阅读,一个圈是偶然间去翻翻,没有圈的可以不读。这个指示对我这一生的读书帮助极大,这本《书目问答》我保存至今。读书是一定要许多书互相参照的。同时,先生不让我们看史评家的书籍,尤其是不让我们看张宝斋的《文史通义》,他说,人家把史书都读遍了,你一本史书也没看完,你看他那本书干什么!等到后来年代久一点,我明白了其中的道理。读诗先不看诗话,读词先不看词话,实质上就是说,不看杂书,而是先把原书读通。先生的《中国文学史》是一部奇书,全部都是集句,集古人的话。我们佩服他的博雅,也佩服他的精确。

龚向农:龚向农先生的教法是另一种风格。他教我们"国学概论"和"经学史"。"经学史"的教材是龚先生自己编的,他说在外面流传的"经学史"都有问题,所以他自己编"讲义"。至于《国学概论》是采用章太炎先生的《国故论衡》。他讲的时候,一句话一句话讲得清清楚楚,我们都是认真地一一记下。太炎先生的《国故论衡》中有些错误就是太炎先生思想有矛盾,太炎先生一方面在反对满清,反对专制,要倾向民国,但是另一方面又觉得民国的故障多得很。所以龚先生教导我们,讲书应该将著书的时代背景弄清楚。要是不懂这一点,就会把人家的东西当作"矛盾"。一个人的思想是不统一的,孟子一生的学识就有不同,孔子一生的学说也有不统一的地方,这是因为时代不同。龚先生叫我们读书要认清时代,这对我教育太深刻了。

廖季平:为了引证一个观点,他可以大段大段地背诵原始材料,真是惊人的记忆力。但他有时讲课又言简意赅。例如他说:"什么是'国学'?'国学'就是以历史为基础。什么是'经学'?'经学'就是以哲学为基础。"短短数语,使人顿悟真谛!

陈希夷:哲学上的高见使我一辈子难忘。记得有一次我请求他讲一点因明学(印度的逻辑学),他对我说:"我看你还是把普通逻辑、形式逻辑学好再说。"先生认为:"你不要专搞中国哲学,中国哲学要搞,但要作为基础来学,学好后,把西洋哲学拿来对照,看看有什么不同。如没有中国哲学的根底,是无法学懂西洋哲学的。"他还说:"三十岁以前不读点唯物主义的书,是没有成就的,三十岁后要读点佛学,四十五岁了还没读佛学,一辈子就完了。"这两段话对我影响很大。

　　成都高师的教育还有一个特色，是这里的教师讲课都要发给我们讲义，自己编的讲义这似乎可以理解，但有些讲义是用已经出版的本子，在成都买不着的，也成本成本地印给我们。例如声韵学的课采用陈澜甫的《切韵考》，内外篇全部印给我们，这种气魄在别的学校里很少见，可见这所学校对学术的重视。虽然这个学校外表是破破烂烂的，可是教育的实际效果是扎扎实实的。

民国十二年(公元 1923 年)　二十二岁

　　在成都高等师范学校读书。酷爱诗词，遍读王闿运《湘绮楼八代诗选》以及《唐诗选》、两宋词、元明曲，多能成诵。从龚道耕习音韵学，熟读江永《音学辩微》、陈澧《切韵考》，广泛研读顾炎武、段玉裁、王念孙、王引之、孔广森、阎若璩、戴震等朴学大师的著作，于《说文解字》、《广韵》、《诗经》、《楚辞》，用力尤勤。此间，结识罗运贤、徐仁甫。

　　按：先生自述诗词学习是学术道路上的第一变。据《回忆录》之《忆成都高师》所示，因《到成都报家书》的长诗受到学校的文状元侯文龙先生的称赞与鼓励，先生遂起走诗词道路之念。并且与三五好友组成诗社，在林山腴先生的指导下学习作诗。姜先生对写诗极有兴味，于成都高师期间，成诗三四百首。然而毕业之际，将所有诗词交付林山腴先生阅读后，林先生却评价先生没有诗情，不适合做诗人，先生因此倍受打击。而后在清华国学研究院读书时，王国维先生在阅读了姜先生的诗后，亦觉先生不适合在诗词上发展。林、王二先生相同的结论，让姜亮夫先生断了走诗词道路之念，并且将三四百首诗一并烧毁，以示决心。

民国十三年(公元 1924 年)　二十三岁

　　9 月 18 日，中国国民党发表《北伐宣言》。12 月 31 日，孙中山自天津扶病入京，沿途宣传革命主张，受到社会各界群众的热烈欢迎。

　　5 月拜见井研先生，时井研先生讲学少城公园。经其引导，博览儒学、佛学及西方社会科学著作，精通《华严经》、唯识论及老庄之学。暑假游青城山，山居一月。

　　10 月，草撰《昭通方言考》。

民国十四年(公元 1925 年)　二十四岁

　　3 月 12 日，孙中山于北京逝世，享年 59 岁。5 月 30 日，由于日本人枪杀工人代表顾正红等人，上海"五卅惨案"爆发。

　　2 月初识李劼人。

　　暑假中，遍读三礼，至八月读毕《礼记》为止。

　　9 月《昭通方言考》成，寄父亲求正。

民国十五年(公元 1926 年)　二十五岁

　　1 月 1 日 国民党第二次全国代表大会在广州召开。3 月 18 日，北京政府卫队突然枪杀请愿者，制造"三一八惨案"。张作霖、吴佩孚控制北京。国民革命军北伐，取得节节胜利。

　　2 月，于杭州购买《太炎丛书》，详细作各篇提要，并择要加以注释。

　　3 月由上海北游至北京，住在云南会馆，打算继续深造。18 日参与执政府请愿，在"三一八惨案"中幸免，转而折节读书。

8月,考入北京师范大学研究科。

9月,其时盛传清华大学入学考试极难,先生怀尝试之心,萌再考清华之念。并且通过王国维、梁启超主持的考试,被录取进入清华国学研究院。入学后,以《诗骚联绵字考》、《诗氏族考》、《先秦成语考》三题请教王国维,最后确定《诗骚联绵字考》为论文题目,并得到王氏相关研究资料与手稿。在学期间,遍读清华园图书馆藏书,结识陆侃如、王力、刘盼遂、谢国桢等人。

按:先生称在清华园的学习,是学术道路上的第二变。《回忆录》之《忆清华国学研究院》:清华园的先生们是我国名副其实的国学大师,他们不仅给学生以广博的知识、高深的学问,而且教会学生做学问的方法,根据不同学生特点指明研究的方向,最后让学生自己独立研究。这种教书育人的方法使先生终生难忘。即使在日常生活中,老师们的一言一语、一举一动也都深深地感染学生,即使在谈笑中,也与学术相关联,也给学生以深刻影响。现将先生《忆清华国学院》中提到的几位老师的特点原文录下:

梁启超:讲授古书的真伪和辨真伪的方法。从多方面多角度对先秦古籍进行全面系统地总结,从校勘、考证、训诂以及学术系统分析来比较书的真伪及其年代,而又随时总结某一个问题,总结时,经常拿几种书来比较,因此我对古书全貌大体了解了,问题也知道,整理古籍的方法也知道,不仅使我细致得到读古书方法,同时打开了读古书的眼界。

任公先生另一个长处是经常运用当代日、美、英关于某些问题的见解,使我眼光不仅放在中国学人的观点上,而且接触外国一些东西。这是使我广开学术道路的一个阶段。

王国维:讲授《说文》先将相关材料收集齐全,然后进行综合研究,比较,经过若干次总结才成定论——科研方法。王国维先生讲课,非常细腻,细致,讲的是《说文》用的材料许多都是甲骨、金文,用三体石经和隶书作比较,对汉字研究方法细密了,而且还知道许多相关书籍。王先生做学问有一个特点:他要解决一个问题,先要把有关这个问题的所有材料搜集齐全,才下第一步结论,把结论再和有关问题打通一下,看一看,然后才对此下结论。这中间有一个综合研究方法,他不仅综合一次,再经过若干次总结,方成定论。例如总结甲骨金文中的资料研究殷周两代的一切制度,就是总结殷周两代个别问题的综合。这个问题我在清华读书时,不是太了解,后来我出来教书,做科研工作越来越感到王先生的教导对我帮助很大。

陈寅恪:他的最大特点:每一种研究都有思想作指导。听他的课,要结合若干篇文章后才悟到他对这一类问题的思想。他的比较研究规模很大,例如新旧唐书的比较,有的地方令人拍案称奇。我在清华曾写过一篇批评容庚先生的文章,送登《燕京学报》,过后,陈寅恪先生对我说:"你花这么大的精力批别人,为什么不把这精力集中在建立自己的研究工作上!"这句话对我震动很大,从此以后,我不大愿意写批评文章,越到后来越来越不做这样的事。另一件事是:陈先生说:"做学问的工具愈多愈好,但一定要掌握一个原则,这工具和主要研究工作要有联系的,不能联系的不要做。"

赵元任:赵先生讲声韵学,讲法和我在成都高师听的课完全是两回事,成都高师的先生讲的是声韵考古学,赵先生讲的是描写语言学(用印度、欧罗巴语系的发音方法运用到汉语的声韵中来)。不过我还是认真听,并把描写语言学和声韵考古学对照,得到很大启发。这方面得赵先生之力,是我一生学问基础的关键。他使我知道研究语言学可分为两个大类,这两大类应该互相关联、互相依存,就是语言考古学和描写语言学。赵先生在课堂上主要讲的是描写语言学,此时,我才知道用描写语言学方法定语言音素是个重要问题。

又按:《回忆录》之《谢本师——学术研究方向的自我剖析》中,先生这样概括从成都高等师范学校到清华国学研究院对他的影响:

  林山腴和龚向农两位先生教我的是基础知识、根底之学,有了坚实的基础,我才能向其他方向发展。后来到了北京,王国维先生教我甲骨金文,甚至帮我改词,我当然感激他。不过王国维先生的甲骨金文,以《说文》为基础,以《说文》为根底,《说文》以外的东西他就不说了。我研究甲骨金文也是以此为基础,再寻找社会科学领域里的其他有关资料,渗入《说文》,来解决甲骨文里的许多问题。关于王国维先生的学说,我是用了许多古代社会资料来加以充实。对于陈寅恪先生,我是极为尊崇的。因为他不仅懂中国的东西,外国的知识也懂得多,他懂十二国的语言,有些我听都未听到过,所以我对寅恪先生不敢有一个字的异议,对他我直到现在还是非常尊敬的,这也是我对几位先生的印象,这印象直到现在还很深。

  10 月,拜见黄节(字晦闻),访何凤孙、王树桐,均以所著著作相赠。

  11 月,以成都高等师范学校期间所作诗集求正梁启超、王国维,均以思理多情感少,缺乏诗才。因焚烧全部诗稿,致力于国学研究。

  12 月,撰成《诗骚联绵字释例》一文。

  是年,陶秋英毕业于爱国女子高中。

民国十六年(公元 1927 年)　二十六岁

  1 月 3 日,汉口爆发"一·三"事件,中国政府宣布收回汉口英租界。2 月 6 日,龙云发动云南政变。

  2 月,硕士毕业论文《诗骚联绵字考》稿初成。

  6 月 2 日,王国维自沉于昆明湖鱼藻轩。后几日每日读王国维所著《观堂集林》,以王氏手校本移录入册。因亡师之恸,激发笺注《离骚》、《怀沙》的动机。

  按:《回忆录》之《思师录》这样理解王国维先生的"义无再辱"之意,录其文如下:

  (王国维)先生学通中外,《资本论》曾朱墨作记,论《红楼梦》比于《史记》,则其思想并非顽固不化者比,然半生与罗振玉关系最密,而学术上之成就,亦罗代之力为多,且绊以婚姻,而荐之胜朝,似皆与先生思想相缪,则其行藏,多非其所愿。南书房行走,显为帝师,而遗老群集,又从而从臾之,劝勉之,强迫之,自年来所见先生与诸友辈书,其情景如画,而中土文化,有"士为知己者死,女为悦己者容"之一传统旧说,故不仕事二姓,为成学术人品者之所崇视。故先生在清华,仍未剪发辫,以其在教而不在仕也。良由第一次参与胜朝仕进,其是非当为中心一大憾事。此第一次辱,则"错到底",使"肩臂砂娇"(先生词中)而所从事,又为教授立师范以明志,而当时有一同学某君力劝去发辫,以问马叔平,马先生亦无异词,余则以发辫无关大事相。而促之者,正不知文化体势之事者也。呜呼,哀哉!姑发其论,以备一格,夫刚正为人师则,岂有为人师表,可以朝秦暮楚者乎?一失足成千古恨,个人怨恨事小,关系道义事大,则宁死守道义而不可苟活。如此而已。今人视之,则曰封建遗毒,曰迂腐,皆无不可,故大言曰:"义无再辱。"此文化史中之一大是非问题。

  当北伐军将至南京时,清华园有小刊物,刊出一漫画,画以高筒厚底如朝靴,筒上书"研究系"三字,下踏"研究院"三字。某先生离校,某教授某家预备迁出。忽闻一夕传北伐军已攻下济南,指日北上,先生在此种氛围中,益不自安,又无术可避。其现实环境,皆亲见亲闻,以一专心于学术之老儒,如何不求死所,时沈子培诸遗老,更有同捐躯之议,则安得不死。则此一死悲剧,谓"殉道",尚足以为学人归宿,不能遂决然指为"殉清",遗书最后又求葬清华园,死志至明。古官师不同术,师有不事王侯,为天子所不能臣。此则一死,正狐死首丘(比拟不伦,而足以喻人则莫切于此)之义耳。大义凛然,不容诬枉,则先生之死,乃深思熟虑而为之,非慷慨就义之比也。然世人高其义者，或以陆秀夫、文天祥、史可法为喻，其死虽同，而义则大异矣！

又按：从此，先生与楚辞学结下不解之缘。在先生的《回忆录》之《路漫漫兮修远——简述我的学术研究道路》中这样说道：

一九二七年大革命失败后，大多数知识分子对国家前途，个人的出路都感到苦闷和彷徨，我也处在十分困惑之中。加之日军侵华开始，国家处在纷乱危急之中。我想，在我国历代文人中词章彪炳、深得忠爱之情的代表人物就是屈原！他是中华民族精神的象征。为此，我走上治楚辞、研究屈原的路子，开始收集楚辞的有关材料，也以此纪念先师王静安先生，继承先生治学的路子。后来我进一步对材料进行了史实的考证及异文校勘、文字训诂等工作，最后探其意蕴，终于在"九一八事变"后不久，写成《屈原赋校注》，此后以楚辞学研究成为我治学方向之一。

7月，清华研究院毕业。

8月，祖母及父亲欲以银商李某孙女为媳，先生以"齐大非偶"婉拒。

9月，应清华同学黄淬伯邀请至南通高中任文科首席，完成《诗骚联绵字考》全篇。手自影录《啸堂集古录》及《博古图》两书。

按：据《回忆录》之《教育生涯前奏曲——忆南通中学、无锡中学》所示，南通中学人际关系复杂。同一层楼房的十多位先生实际分为两派，一派以北大毕业生为主体，以校长先生为中心和江苏宜兴同乡组合；另一派以南京高师毕业学生为主体，但不一定是南通人。两派分道扬镳，虽无互相斗争的事例，但总是格格不入。南通中学期间，有两人值得一提：一是南通学者徐意修，他的声韵、文字基础很深。其学生帮他印《徐意修丛书》，后来先生的《中国声韵学》还引用过他的一些材料。另一位是北师大毕业生胡白羽，思想开明，为人忠直，与姜先生私交甚深。

12月入南京，7日后回南通。

民国十七年（公元1928年）　二十七岁

4月7日，蒋介石在徐州誓师北伐。5月3日，日军在济南，屠戮全城，制造惨案。8月17日，清华学堂改为国立清华大学。12月底，张学良继任奉系首领并宣布东三省易帜，支持蒋介石领导的南京国民政府。

1月，为《世说新语》作校笺，并仿照《世说新语》体例，编写《师友新语》。

2月，手摹宋刊本《啸堂集古录》、《博古图》两书成，是为治金文之学之始。

5月，因读阮元《经籍籑诂》，转而以《经典释文》为蓝本，籑集先唐音韵，是为勤于抄录之始。同月，读《彊村丛书·喜温集》，并为之校笺。

7月至上海，住四川路青年会。应周凤甸邀请去无锡中学任教。

按：据《回忆录》之《教育生涯前奏曲——忆南通中学、无锡中学》所示，无锡中学前身是江苏第二师范学校，为全国有名的学校。尤其是"附小"，办得最好。不过，该校在姜先生去时，前任校长是国家主义者，故而国家主义派与国民党、共产党之间的尖锐斗争在该校时有发生。先生由此觉无锡中学非久留之地。然而，先生晚年回忆时认为，在南通中学、无锡中学教书时期是一生最快乐的时期，一方面无牵无挂，二方面工作轻松，三觉得中等学校教员容易相处，争权夺利的事没有多少。

8月赴无锡招生，复返上海，与北新人李小峰过往较密。日读《离骚》，请人刻"与屈子同年"章。

9月，于无锡中学上课。授国文两班、文学论两班，至次年5月授毕。

10月拜见唐文治先生，结识钱基博（字子泉）。课余游览梅园、鼋头渚，有定居之意。

民国十八年(公元 1929 年)　二十八岁

1 月 19 日,梁启超病逝北平协和医院,终年 56 岁。

一月游苏州、上海,后归无锡。在此期间,重订《诗骚联绵字考》,续录《经典释文反切考》、《九经异文考》卡片,整理讲义《文学概论讲述》(1930 年北新书局出版)。读《周礼》,并为札记二卷。读《汉书》,亦作有札记。

按:先生鉴于"文学理论"中"述旧"与"说新"的弊端,比对当时教材的优劣,将自己对"文学理论"的思考渗透在《文学概论讲述》一书中。该书大体分为四部分。第一部分通过文学各方面情形,谈文学组织的成立,可将其视为"文学理论"的一部分;第二部分以"述而论"的态度,把中国各种重要文学分别叙说,可以作"中国文学概论"讲。第三部几为第一部分附篇,进一步讨论文学组织成立后的衍变交流,可作第一部分的参考。第四部为《赏鉴论》,可视为以上三部的实用。这四部分合之则一贯,分之亦各自独立。读者可根据读授的需要自由择别。在该书中,姜先生认为,文学理论的建设,与其说是文学家或感情的哲学家的事,毋宁说是语言学家、考古学家、社会学家,或许更是自然科学家的事。这种意见的提出,亦是先生该书难能可贵的地方。

6 月离开无锡,至上海,北新书局邀请编《高中国文》课本,又陈桂邀请主讲大夏大学。

8 月,与胡朴安订交,并应其邀请主讲持志大学教授古声韵学。

9 月,与陈中凡订交,结识陈佩忍、张天放。与徐志摩会于大夏大学。

10 月,拜访孙德谦(字隘堪),与之谈论史学甚欢。为《古声考》十卷,初稿成。读《汉魏百三家集》,为笔记二册,至次年 5 月读毕。10 月 19 日,与陶秋英初相识,此时陶秋英正在撰写《中国妇女与文学》一书。

按:《古声考》一文,曾载于是年《河南大学学报》。《学林留声录:姜亮夫画传》中这样记述道:

在姜亮夫先生的遗稿中,还看到他对古声韵的"原始"统计表,说他"原始",不是指他的结论,而是在遗稿中唯一出现的统计过程的面貌——"正字统计法",每一个古声韵字下有不等的"正"字。从这张统计过程的方法可以推测到姜先生的《李白诗韵》、《楚辞表谱》的统计结论,就是这样一个一个"正"字汇总起来的。

12 月,较为全面地接触西方社会学著作,受莫尔干、穆勒利尔、罗维等人的影响尤著。

按:《回忆录》之《上海风云录——三十年代前后上海教育界、出版界、文化艺术界的回忆》表述了先生对当时流行在学术界截然对立的南北二派看法:

上海由于是一个商业交通口,所以国外的思想随时都能进入,容易接受外来思想影响,所以学术文化的方向易接近于西方。有人往往用新的学术观点来解释中国的旧文化,但北京的学术界情况就不及上海活跃,有点保守,但不是停顿,北京也想用新的思想来解释旧文化,因此北京的学术文化史从深度来挖掘中国文化,从而来改变中国文化。上海是从广度来改善中国文化,所以两方面比较,我觉得北京是深厚,上海是新颖广泛。从方法上说,北京较落后一些。以学校而论,北京有名的大学如清华、北大、北师大,还有就是法国的教会大学,他们出了许多有价值的刊物和著作,但从思想内容来说是不及上海。上海如交通大学、复旦大学、暨南大学,乃至于几所教会大学,他们从实际的角度出发多一些,很自然地把新的东西放进去,所以上海各大学办得活泼。从人才培养上说,上海的人才思想活泼,北京的思想深厚。因此有些上海教授先生,就到北京去讲讲课。如上海的中国公学的陶希圣,到北京去办了一个艺工,他用许多西洋观点来讲中国的传统的东西,到了北京后似乎成为独立的一个派系,如拿陶先生的根底来说,是无法和北京大学的先生们比的,但新思想新观点北大等也没法和陶先生比的,这就是我当时对南北二派的看法。

民国十九年(公元 1930 年)　二十九岁

1 月,读《全上古三代汉魏两晋南北朝文》,补写《百三家集》笔记,至 5 月毕。

2 月,以莫尔干、穆勒利尔、罗维诸家之说论证《尚书》,为《尚书新证》。

3 月,《经典释文反切》卡片抄录完毕。知黄侃有精校,访于白下大石桥,知所录卡片必不可用。与陶秋英交往日深,因其《中国妇女与文学》一书影响,撰《班昭年谱》初稿。

4 月,与龙志舟论越南政治局势。

6 月,邀请鲁迅至大夏大学演讲,开罪学校,愤而辞职。

按:据《回忆录》之《上海风云录——三十年代前后上海教育界、出版界、文化艺术界的回忆》所示,大夏是所私立大学,他们因要维持教职员生活而在各方面节省开支。然而节省太过,连学生基本的学习条件都不能保证。如先生每周晚上课,听课者百余人,只靠黑板前四只灯照明,后排学生看不见笔记。姜先生与学生向教务长反映情况,教务长却说:“只有你这位先生最难服侍!”先生托人退回聘书,上写:“不必服侍,敬请财安”。类似学校当时在上海很普遍。因为私立学校想赚钱,请少数几位名教授在其中点花扬名,招揽学生。教授先生们有的家眷在沪,为了谋生不得已为之。

又按:姜先生与鲁迅先生的交往虽不多,但却是记忆中不可磨灭的一段。先生时常为鲁迅先生的爱国精神所感动。兹概录、整理《回忆录》之《忆鲁迅先生二三事》如下:

1)鲁迅先生对姜先生很好,似乎觉得姜先生有点迂,有时相遇,他曾笑着称先生“夫子”,虽是有点调侃,却无一点轻蔑。

2)姜先生读过鲁迅先生用文言写的小说,也读过他的诗,还读过《嵇康集》的校注,觉得他对文言训诂之学造诣甚深。姜先生认为鲁迅先生在倡导新文化运动中,对旧文化的批判之所以能切中要害,卓有成就,原因之一就在于他有广博的学识,既有能力破旧,也有能力创新。这种根底之学绝非空喊几句批判口号的人可比,而这种深厚的学问根底正来源于他学习的勤苦精神。

3)萧伯纳曾戏谑地问鲁迅:“听说你是中国的高尔基?”鲁迅先生很安雅,得体而又风度地回答:鲁迅是中国的鲁迅,犹如萧伯纳不会是英国的高尔基一样(大意如此)。他维护了一个中国人的起码尊严,我们不需要借光。最有意思的是他把这话还给萧伯纳本人,使其无言以对。

4)当时鲁迅先生经常出入内山书店,常在书柜后的房中和内山聊天,姜先生也常去那里。一次姜先生从隔壁的时代书店出,正见鲁迅先生在内山书店。姜先生进去后,告诉鲁迅先生从时代书店看书来。过了好一会,鲁迅先生沉沉地说:“时代不是个时代啊!”起先姜先生没懂其中玄机,后恍然大悟:鲁迅先生因听到“时代”二字,深感当时那个不像样的时代。姜先生又一次为鲁迅先生的爱国精神感动。

10 月,读毕丁福保《全上古三代汉魏两晋南北朝诗》,作有笔记四册。夏历端午节前三日,纪念王国维先生逝世三周年,欲编王国维、梁启超先生年谱、全集;同月,受聘中国公学大学部主讲文学史、诸子等课,遂又移返上海,住在俭德储蓄会,始为《经籍纂音》、《近百年学术年表》。写定《中国声韵学》(1932 年世界书局精印)。

按:《中国声韵学》分为四编,一为前说,二为声,三为韵,四为反切。这是系统讲述中国声韵学的第一本大学教材。据《中国声韵学》所示,中国文字以点画方褒为其体,而声音乃为其血脉之所在。先生概括声韵学史,认为大抵在秦末同文字以前,就偏旁以定字音。隶属而后,更无取声之准的。汉儒释音,乃为譬况假借之法。东京末造,反语之法已生。沈约诸人更为四声之说。至陆法言辈,乃"论定南北是非,古今通塞"而为《切韵》。至守温三十六字母后,而有等韵之学。于是汉魏六朝唐宋各代声韵流变之大势,可得而言。然尚未能明秦以前旧音。有清三百年,声音一事,则清初已见恢弸;乾嘉而后,十得八九,几尽古音之秘。此顾江、戴段之书,所以度越前修也。近世余杭章太炎,妙合神旨,解理益多。惜其书皆不便于初学。

先生认为,章高之书,精于析理。黄钱之作,善于笔择。故并取而用之,同时,亦参考远西学人部分材料。比之于前人研究,先生该书,以发音学之原理,解说声韵之素质,反切之法则,比合近代之语音。渐推唐宋,上及三古,自近及远,以探其原。复举声韵学史上之荦然大者,综其条贯,比其事类,详而陈之。该书对于今时声韵研究,亦是大有裨益。

陶秋英《中国妇女与文学》一书完成,介绍于北新书局出版。

按:《学林留声录·姜亮夫画传》:该书表明在 20 世纪 30 年代就已大胆提出妇女在中国文学上应有独立的地位,对妇女的成功、妇女的创造、妇女的发明不应有异于男子,不应受到任何恶势力的支配!这是当时社会上知识女性的呼声!

9 月送陶秋英应聘苏州女中教员,留三日返上海。月末,从上海移住苏州干将坊。

是年,陶秋英毕业于上海持志学院国学系。

民国二十年(公元 1931 年)　三十岁

1 月,萌发浓厚的史学兴趣,编纂上古有关史制、史事、史学、史官等方面的遗文,欲成《史考》一书。

5 月,《音学考》一书粗就。

9 月,代课于暨南大学,后辞去。本月陶秋英考入燕京大学研究院,月底护送其北上,并借以考察了解华北、东北局势。

11 月,陶秋英随学校请愿至南京。又送其北归,留住于郭绍虞家,始作《历代名人年里碑传综表》(1935 年由商务印书馆初印)。

民国二十一年(公元 1932 年)　三十一岁

1 月 2 日,中国东北三省全部沦陷。日军在 28 日大举进攻上海,"一·二八事变"爆发。30 日,国民党政府迁都洛阳。3 月 9 日,伪"满洲国"在长春举行成立大典,溥仪为执政,郑孝胥任总理。

1 月,"一·二八事变"爆发之际,存于上海闸北寓所的书籍、稿件均毁于兵燹。是月,撰写东西民族对"卍"字形音义的研究论文。

3 月,奔祖母丧,南归。

4 月末至家,扫墓四日。石印《诗骚联绵字考》一百部,送至上海装帧,并分寄国内学人七十册,日本二十册,欧美十册,年底得日人小岛佑马、青正木儿等人的答谢书。

8 月,返上海。

9 月,《夏殷民族考》五卷撰成。(1933 年上海《民族月刊》社印行。)《甲骨文字小笺》写成,共三卷。本月以来,撰《名原抉脉》、《释傩》,初写成《屈原赋校注》。

12 月,作《〈家〉之来源》上篇。本月,如愿为章太炎门生。当时太炎先生赠姜亮夫先生相片,上款书"亮夫弟惠存",下款书"章炳麟赠"。

按:《回忆录》中,有多篇提及章太炎先生对姜先生学术道路重要影响的文章,现摘其精要如下:

1)《路漫漫兮修远——简述我的学术研究道路》：

学而知不足，教而知困，带着思想和学术上的惶惑，我又受业于太炎先生。太炎先生重根底之学，提倡探源明变，反对浅尝辄止，太炎先生言行身教，自励勉人，对我影响尤深。先生说："凡学须有益于人，不然亦当有益于事！"太炎先生在《訄言》、《文始》、《新方言》中所应用的综合研究之法，成了我一生治学的主要方法，后来我写成的一百八十万字的《楚辞通故》就是学习这种综合研究方法的尝试。太炎先生使我一生受益无穷，使我一生不敢稍息。

2)姜先生认为，"学以致用"是太炎先生思想的核心。兹概录《拜师与说诗——忆章太炎先生》中太炎先生对姜先生的重要影响：

A)太炎先生的学术思想，用现在的思想观点来说，是一位民族主义者，而他的民族主义思想不是从政治上来的，而是从古书，尤其是从《左传》中"尊王攘夷"、"内中国外夷狄"、"夷夏之变"来的。所以他讲学的内容是最有实用价值的，他以民族主义者、实用主义者身份讲实用主义，将实用主义的作用讲得很透彻。他一生著书，没有讲空话的书！

B)太炎先生认为廿四史应看，看系统不一定很严密。他建议以《通典》为基础，读熟后再回头看先秦经籍。先秦经籍皆读后，再读前后汉书。两唐史不能不看，明史一定要看，至于元史，新元史较旧元史稍优，读清史要注意清代的避讳，修史人不敢说真话。

C)太炎先生认为，读书和闹革命是不同的。闹革命开始要有一股热忱，读书自然也要有一股热忱，但革命热忱是爆发性的，爆发后不回头。读书的热忱是咀嚼性的，要细细地体会比较。此教诲，姜先生一直铭记于心。

4月，陶秋英燕京大学研究院硕士论文《汉赋之史的研究》完成。七年后该论文在中华书局出版。郭绍虞先生特地为该书出版写了序。

6月5日，廖平由嘉定返归乡里的途中病逝。

10月，陶秋英因父命辞去南开大学聘请，任上海明强中学教员。

民国二十二年(公元 1933 年)　三十二岁

1月，得到先师廖平去世的消息。开始收集廖平、梁启超两先生资料，欲为之作年谱。

2月草拟《甲骨学通论》，一月而成。

按：据《甲骨学通论》所示，甲骨文辞简略似易书。所载之事皆为盘庚以来殷之先公先王遗化，可谓古之遗册。其足以定世传殷、周之史，证其是非。姜先生评价历代研究甲骨学者时论述道：刘鹗集《铁云藏龟》，孙诒让《契文举例》，遂启其学，光辉人寰，为世所重。于时代各有人，后出转精。大抵罗书为此学大牙，传拓精致，途术广阔。王氏为古史名家，考释精审，应用伟博。皆有筚路蓝缕，以启山林之功。他如胡光炜长于言例，商承祚勤于搜集，叶玉森悬解时见。郭（沫若）、程（憬）以新知比附，徐（中舒）、束（世徵）以旧说商量。余（永梁）、丁（山）、闻（宥）、陈（邦玮、邦福）之俦，皆各有发明，为兹学之光。而南阳董作宾，躬与发掘之盛，且又专理其业，故能条连终始，俞派序然，所得独多。其他可称述者尚众，皆可为古史之偏师，兹并略焉。

姜先生感喟于震撼华夏古史甲骨殷墟者既如是之伟，然而途辙纷布，罗、王之书，非初学之所能胜理，故而参诸生之文，采众家之说，条理旧目，比次成书，撰成此篇。该书深入浅出，图文并茂，从甲骨名义、历史到卜辞、占著再到甲骨学与中国学术，博洽充实，可读性很强，不仅适用于初学者，也适用于深度研究者。

3月依清人张皋文《词选》，作《词选笺注》(1934 年北新书局出版)。

按：据《词选笺注》所示，姜先生认为，诗词不宜笺注。盖作者之心所会于我者，为正、为反、为上下、为四旁，皆不可料。故言外之旨，求诸读者之神会为得，求诸字句则失之矣。注诗莫早于毛公，但求训诂，不言大义（《传》与《小序》必非一人之作）。康成《笺诗》，亦但顺释文字而已。然而，自骈俪风兴，以典入诗，借花鸟以喻人，指风月而托情，字句之义，大异实情，时势之异，有其固然。不为笺注，难于理解。先生笺注，分五部分，即作者小传、词评、题解、本事与笺注。如此，既对典故等难解之项有了提示，又不妨碍读者个人理解作品情思，甚是得体。

　　5月校《楚辞》，笺注新义，至次年4月初校毕。

　　6月，在陈石遗先生主编的《国学商兑》创刊号上，发表《名原抉脉》、《曲局篇》两文，皆以研究古社会史为目的，加以文字源流之考。此为先生早期在国学专刊上发表的论文，得到章太炎先生的赏识。

　　7月，从民国十八年（公元1929年）开始搜集剪贴社会史资料，已经贴成九十六册。

　　10月初为《甲骨及金篆籀文字统论》，撰《汉语解构基本精神》。喜读谢灵运、谢朓诗，作《二谢年谱》。

　　1932年7月至次年1月，陶秋英任上海惠平中学文史教员。

　　2月至8月，陶秋英任明强中学文史教员。

　　8月，长姊姜兰清去世，留一孤女。是月，陶秋英受中西女学聘请，为文科首席。欲为《通典》增图谱，因录清人文章中资料。

民国二十三年（公元1934年）　三十三岁

　　3月1日，溥仪在长春由"执政"改称"皇帝"，改年号为"康德"。10月10日，红军主力开始长征。

　　1月，受聘为河南大学文学系教授。同月，于上海同福里拜辞章太炎。知黄节染病，于21日至蓝众庄探问，遂成诀别。

　　按：《学林留声录·姜亮夫画传》：在校任课期间，自编一套《中国文学史论》，并组织师生合力共同编撰一部《左传集解》，历时八个月，分装十八册，请图书馆收藏。除此之外，还指导学生编自己的旧稿《甲骨及金篆籀文字统一编》一书，把甲骨、金文、小篆等连成一串，河南大学又把它石印四十部。

　　4月，于河南大学教授文学史论，成书一册，约七八万言。此月，完成《楚辞校笺》一书。

　　按：《学林留声录·姜亮夫画传》：

　　　　姜亮夫先生还制作了全部《楚辞》中的常用字、词的统计表，有的是虚助词，有的是实词。共收有80多组字或词的统计表。根据这些统计，经过归纳、综合后再从中找出规律。这些统计由姜亮夫先生一篇篇一句句一字字统计而成。经过统计，可以加深理解，铭记在心中。学问就是靠这样来沉淀、凝聚的。

　　6月，初草《文字朴识》（1936年在昆明石印百部），重写《新文始》。《尚书新证》、《释傩》连成一篇。思补严可均《全上古三代秦汉三国六朝文》，并着手搜集。

　　7月初返上海，住德邻公寓。

　　8月，得章太炎对联"多智而择，博学而算；上通不困，幽居不淫"。

　　按：《回忆录》之《拜师与师说——忆章太炎先生》：

　　　　先生送我一副楹联，上联是："多智而择，博学而算"，下联是"上通不困，悠居不淫"。当时写好这副对子，笑着对我说："亮夫，我老老实实对你说，你的毛病恐怕在'博学不算'，你什么都要读，不计算自己有多少精力，'多智'应有选择，做学问，不要不加选择。将来发迹上通，不要为上通大官而困扰，也要做到，不做大官做平民也不乱，穷则乱嘛！"听了这几句谆谆教诲的话，我赶快跪下去叩头，边叩边说："弟子永记先生的话，永不忘先生的教诲。"

9月，指导十二位弟子作《左氏传集解》，至次年4月成书，后毁于战火。又指导弟子续补旧作《甲骨及金篆籀文字统编》，十二月成《甲骨及金篆籀文字统编》一书，由河南大学石印四十部。

10月教授《楚辞》，以所作《楚辞校笺》中笺语作讲义。至是月，辑《历代碑传集》至三十七册，又作《历代年谱考》。

是年，姜亮夫先生积极参加国学会的学术活动，成为当时国学会的讲师之一，并多次进行学术讲座，才华初步得以展示。

民国二十四年（公元1935年）　三十四岁

1月初为《史考》。

6月出国之心急切，汇订未竟书稿，有《金文集释》六大册、《秀隐古逸考》一大册、《莺鸣室随笔》三大册、《金奁集校笺》四大册、《世说新语校笺》四大册、补严可均《全上古三代秦汉三国六朝文》四大册、《音学考》三大册，等待归国后完成。

8月因为胃病发作，轮渡西行，经22日至巴黎。航程中，作《欧行散记》。

按：《欧行散记》中有一段关于论诗的体悟非常有意思，现摘录如下：诗的高低与人的思想道德成正比，而情感之真伪也相同。今人论文学，只重情感，而不知有无情感与情感之真伪是二事，思想超迈与道德纯正者，其情真，故其诗境高，反之则虽有情感，往往不能真，则其诗境自然不能振拔。

10月，结识柏里和以及鲁佛博物馆秘书尼古拉·芳姬。

11月，入巴黎大学博士院学习考古学。

按：《回忆录》之《欧行回忆散记》中，记录了参观巴黎博物馆时的强烈思想震动。巴黎生涯，使姜先生与敦煌学结下不解之缘。同时，先生还接触到新的学术方法论，录其文部分如下：

　　我参观一个陈列中国的陶瓷器的博物馆，这个博物馆是把中国从黑陶起一直到清代的末期止，顺时代编排，一一指出这些是宋代的什么窑的瓷器，有什么特点，这是清代的什么窑的瓷器，有怎么样的特征，一项一项地说明。到后来，我看见墙壁上贴着许多纸条，再去细看，他们把这瓷器、陶器里边成份一样一样，一项一项来分析。古代的黑陶是怎么样，彩陶是怎么样，汉代有了釉后，初期的陶器是怎么样，魏晋以后的陶器又是怎么样，釉是从什么时候开始起才是真正的釉，大体是什么成份，中国是一些官窑用的是什么泥土，他用的釉是什么釉，每一种陶器土质、用的料、窑瓷都有图表，而且都弄得非常详细，每一种瓷器都有化学成份，尤其唐三彩这东西令我非常感兴趣了。他们不知怎么样把唐三彩制作的方法都有一段详细说明，我勉强看懂了。

　　又按：据《回忆录》之《路漫漫兮修远——简述我的学术研究道路》所示，先生痛心这些守国重器流失他乡，而故国却战火连年，民不聊生。当即决定，放弃攻读考古学博士学位，立即投入抢救失散在国外的文物工作，并把这里故国文物的情况告诉国人，期望有朝一日能雪耻辱。当其时也，姜先生好友王重民、向达两先生在巴黎国民图书馆编伯希和弄去的《敦煌经卷目录》，约姜先生摄录语言学部分的韵书卷子和儒家经典部分，白天抄写拓铭、摄影校录；夜幕回到寓所灯下整理续补，通宵达旦，不知疲倦，如此数月共得百十余卷。终于发现被湮没一千多年的隋陆法言《切韵》资料，这是研究我国汉语音韵学发展史上的大事。然而先生从国外带回的千余件青铜铭器、石刻字画的摄影记录实物全毁于日机轰炸，仅存敦煌卷稿复本日不离身，后又经二十年之颠簸，才于1955

年整理出版。

本年写定《尚书新证》一书,前二十四篇在抗战中自西安寄至成都时,因邮政船被炸而佚失。

按:《回忆录》之《四十自述》中,有一段关于编写《楚辞校注》与《尚书新证》的话,录之如下:

君子不得用于世,亦当探圣贤之元旨,齐百家之杂说,以遗来者,岂能婉退无益世人邪! 余以为上世遗书,条理终始不可求政教之源者,莫如《尚书》,又以为上世文人,词章彪炳,深得忠爱之教者,莫若屈原,然《尚书》所记有言有事,奇字古语,多未通晓。而《楚辞》为篇,亦伟亦奇,诡词异说,卒难检校。因核其文字,比其词例,论起典实,探其义蕴,为《尚书新证》、《楚辞校注》二书。盖亦别有容心者焉。

是年,商务印书馆初版《历代人物年里碑传综表》。新中国成立后又增订。1959 年 9 月中华书局一版,1965 年 12 月中华书局再版,1975 年香港中华书局又翻印一次。

按:《学林留声录·姜亮夫画传》:该书成书过程,是姜先生在阅读古籍过程中资料积累整理的典范。该书收录了自春秋末至 1919 年以前去世的历代人物 12000 余人的姓名、字号、籍贯、岁数、生卒年及所据材料的出处,是稽查我国历史人物生卒年及碑传记载情况的重要工具书。数万张卡片正式从近万册书中点滴集合而来。这种治学的“笨”功夫,绝非人人能做到,对后世学者,亦深有启发与借鉴。

民国二十五年(公元 1936 年)　三十五岁

12 月 12 日,西安事变爆发。

1 月,在巴黎大学听课,提交论文《中国古代农民器用考》。

3 月,经冯友兰介绍入法国国民图书馆写本部,研读敦煌经卷。结交马伯乐、戴秘微,及日本学者神田喜一郎。

5 月,在尼古拉·芳姬的帮助下翻译莫尔干《史前人类》,并进行详细的注解。

6 月,利用假期游览巴黎,见我国文物则拍摄、记录。

按:先生参观巴黎博物馆、图书馆、美术馆等 80 余处,惊讶于令人眼花缭乱的展品中有不少竟是中国珍贵文物。遂起编纂《瀛外访古劫余录》之念,告诫国人不忘国耻! 先生努力抄录、拍摄、拓印各种资料和青铜铭器,仅拍照就达 3000 多张。完成后立即邮寄国内,可惜最终毁于日机轰炸。

12 月写《敦煌经籍校录》将成,准备去伦敦。

1933 年 9 月至是年 8 月,陶秋英任上海中西女中文史教员。

民国二十六年(公元 1937 年)　三十六岁

7 月 7 日,“卢沟桥事变”,抗日战争全面爆发。9 月 23 日,蒋介石发表宣言,承认中国共产党的合法地位,第二次国共合作正式形成。

1 月游伦敦,于大英博物馆读敦煌经卷,完成《敦煌杂录》。结识叶慈、翟尔斯休士等人,并访问萧伯纳。4 月由伦敦返回巴黎。5 月将国外所购书籍运往上海。北游柏林。

6 月北游莫斯科。冒险由西伯利亚进入满洲里、哈尔滨。过长春、沈阳,于 26 日抵北平,寻访北大、清华旧友。居十日,南返至杭州。

7 月,在苏州旅舍校刘半农《敦煌缀琐》中王仁昫《切韵》,校出缺误二千四百则。

8 月哭祭章太炎,欲为之撰写年谱。南京存书,8 月 19 日遭毁于战机轰炸。

9 月受东北大学聘。自南京入开封,半月后到西安就职,教授文字学、《楚辞》。在东北大学期间校《楚辞》,每日入西安图书馆辑《近代碑传集》。

1936 年 9 月至是年 8 月，陶秋英任杭州弘道女中文史教员。此后至 1941 年，因病家居。

民国二十七年（公元 1938 年）　三十七岁

2 月底，将入川。得陶秋英弟信件，知其全家脱离日军危险到达上海，心绪稍宁。

3 月，日军入侵潼关，迫使东北大学移至四川三台，又南下经汉中、绵阳，最终至成都，与众师友相聚。

按：《回忆录》之《三台岁月——国难中的东北大学杂记》：

> 我在三台的前三年，主要精力就是整理敦煌卷子，成了《瀛涯敦煌韵辑》这部书，第四年整理《敦煌志》，把我的敦煌材料全部收入我的《敦煌志》里，除此之外，我也写一些短文章。所以我在三台这五年里，除两部书外，一共写了十多篇文章，这些文章后来都渐渐地发表了。

4 月为《瀛外访古劫余录》，在徐仁甫的帮助下，刊印百册，分送国内友人。

5 月，在四川三台上课。端午节前三日，仍遥奠王国维先生，为梁启超、王国维、章太炎、廖平四人撰制合谱的愿望更加迫切。

7 月，由昆明取道香港，化名至上海，见陶秋英。

8 月，与陶秋英在上海威海卫路中社成婚。姜亮夫先生《自撰年谱》称："十年梦劳之燕，今遂比翼之思。余平生无有乐于此者。"

9 月与陶秋英并行至香港，游北海、河内，后至成都，返三台。

11 月，《瀛涯敦煌韵辑》一稿开始撰写。精读《汉书》，日为札记。着手《广韵声谱》、《说文五音韵辑》二稿的撰写。

按：《学林留声录：姜亮夫画传》：《瀛涯敦煌韵辑》经夫妇二人共同摹录、研究、撰写、编排，历时三年多，终于完成这堪称"近代中古音韵研究的一大巨著"。全书共四大册，24 卷。该书是我国第一部关于敦煌发现的唐代韵书的汇编，基本恢复了在我国已经湮没千余年的隋代音韵学家陆法言的《切韵》系统。直到 1955 年，上海出版公司终于将其影印出版。

民国二十八年（公元 1939 年）　三十八岁

7 月应聘四川中等教员暑假讲习会，主讲语言文字。

8 月游峨眉山及成都名胜。9 月复归三台。

10 月为《金文图像考》及《纹饰研究》二文，未成而废。

12 月校补陶秋英所作《陆机年谱》，至次年 2 月粗成。（后改为《陆平原年谱》，1957 年上海古典文学出版社印行。）

《王静安先生所录伦敦〈切韵〉录本校勘记》一文，载于是年东北大学《学林》杂志。

民国二十九年（公元 1940 年）　三十九岁

5 月，熊庆来（字迪之）函聘云南大学文史系，应允。

按：据《回忆录》之《悲鸿先生二三事》所示，姜亮夫先生在云南期间，与徐悲鸿先生交往日深，两人经常谈论中国许多艺术品在法国博物馆的痛心事。姜先生不仅欣赏悲鸿先生艺术，更叹服其品德，称赞悲鸿先生为高风亮节之士。悲鸿先生赠予姜先生《双骏图》一幅，《雄鸡图》一幅，行书联一对。相告："此余心情之所寄也。"姜先生甚能体会。雄鸡图者，风雨如晦，鸡鸣不已也。骏马者，吾人当如骏马，为人民驰骋。凡姜先生所见悲鸿先生千百幅皆无游戏佚乐之作，《傒我后》、《田横五百壮士图》不论，即一草一木、一禽一兽，莫不表其思亲爱民、惜往抚今之作。悲鸿先生数入欧洲开画展,国内润格亦至高,宜拥巨万,制苑囿,构美室,此沪宁京津画家所必然。甚且制营别墅,求古董器用玩好,若筑室,则巴黎、德国技师为之构图。然其一生所得不过古董书卷,一无玩好,不作求田问舍之事,衣履平常,服用单简,绝不似一代大师,拥百十万金,彼则租车代步,麦面作食,人多讽其不润屋润身,皆笑而不答。盖其不以财帛计值,鄙其人虽千金不著一笔。其得意之作,多以赠好友、学者、门人、故下。

2月,陶秋英开始撰写《隋唐韵书异文表》,后共五卷。

9月,陶秋英应聘华西大学副教授之职至成都。

10月,东北大学聘陶秋英为讲师。

民国三十年(公元 1941 年)　四十岁

1月,考订《瀛涯敦煌韵辑》。

6月,熊庆来使徐某三来函聘,未允。

7月,作《外家纪闻》。

10月《瀛涯敦煌韵辑》二十四卷告成。(1956年上海出版公司精印。)12月油印《自序》百份,分赠知友。编辑历年所为文章,为《成均楼文集》。

7月,陶秋英读《词话丛编》,摘录词调名义,作《词调起源考》初稿。

民国三十一年(公元 1942 年)　四十一岁

1月,父亲病逝,归家,留家奉母。

2月,接受龙云任命任云南大学文法学院院长。

4月,草拟云南大学文法学院发展计划 130 页。

6月,拟聘请萧公权主讲政治课,金礼彰主讲经济课,陈寅恪、徐中舒、陈守实主讲历史课,然而至8月仍未见云南当局颁发聘书。

7月,与陶秋英归家省亲。

8月,于昆明修订、编次《昭通方言考》。

本年写成《护国军志》,曾选载于各报章杂志。此后撰写多篇关于时政、文化、教育、社会、经济等问题的短篇评论文章,后集为《挥戈集》,今已佚。

1941 年 8 月至是年 6 月,陶秋英任东北大学中文系讲师。

民国三十二年(公元 1943 年)　四十二岁

2月撰《张华年谱》,至 5 月,粗就。(1957年上海古典文学出版社印行。)

按:录《张华年谱·序》如下:

> 张茂先一代达人,及其见收,乃无言足以自辩。悲夫,良士之不可辨朝也!虽然,茂先实亦司马氏之功臣:谏伐吴与羊祜同意,而又辅杜预以尽其功,司马氏得以一天下者,华之议为多,此其一;当时在朝,实多彬彬有文法之士,诸如陆机兄弟、顾荣、束暂、贺循、褚寿、范乔、刘颂、阎缵、挚虞、左思之俦,皆华为之左右,史称其好人物,诱进不倦,晋初文物,尚有可采,亦华之力为多,此其二;景、武之间,多更礼乐县令学校之制,而华议实为最多,此其三;议废杨太后事,以全景帝母子之谊,此其四;以先帝大臣之重,当闻主虐后之朝,而海内晏然,朝廷又安者且十年,此其五;其为都督幽州,抚纳新旧,戎夏怀之,东夷诸国,遣使朝献,定边祸之源,廷西晋之统,此其六。有一于此,足称重臣,况华以功见绌而不怨,三秉要政而不骄,盖有得于《易》

之谦谦者与？虽然，晋承汉、魏之弊，民不聊生，胤胄朝纲废于牝鸡，朝士大夫得保首领者不一二人，则华之死，亦时也。使华遭盛世，则雍容于礼乐制度之间，虽叔孙通不过是也，岂特以博物洽闻为后世称！

6月，欲辞去云南大学职位，未果。

8月，改订多年讲授的文字学讲义。被云南大学聘为教授兼文法学院院长。

10月撰《护国军纪实》成。

民国三十三年（公元1944年）　四十三岁

3月，录《敦煌经籍校录》，并重加校正。又录《敦煌杂录》，一月内完成。

8月，被云南大学聘为龙氏讲座教授兼文法学院院长。

敦煌研究所所长常书鸿先生聘请姜先生为国立敦煌艺术研究所设计委员会委员。

是年5月8日，女儿姜昆武出生于昆明。

1944年8月至1946年7月，陶秋英任云南大学文史系讲师。

民国三十五年（公元1945年）　四十四年

8月15日，日本宣布投降。9月2日，日本正式在无条件投降书上签字，抗日战争胜利结束。

6月，《职司考》、《古史官录》诸文写成。写成《汉书札记》，约400多篇，曾部分刊载《文史》周刊。

7月，被云南大学聘为教授兼文法学院院长。

是年，云南省政府主席龙云聘姜亮夫先生为云南省通志续编委员会委员与通志审定委员会委员。

民国三十六年（公元1946年）　四十五岁

7月，为声讨国民党而与闻一多先生参加演讲会，险些与闻一多先生一起遇害。

按：据《回忆录》之《忆闻一多》所示，姜先生与闻一多先生在云南期间密切交往。虽然二人的历史见解与学术研究观念时有不同，常常吃"奖茶"，但二人的私人感情极好。其时，姜先生与闻一多、李公朴等诸先生常在一起聊天开会，然而虽有研究委员会名义作掩护，终为国民党特务所发现。李公朴先生被害，群情激奋。闻一多大骂国民党，大骂蒋介石，他说要骂就骂得痛快，要死就死得痛快。为声讨国民党杀害李公朴罪行，姜先生们决定开一个演讲会，主讲有闻一多、姜亮夫及另一位先生。演讲会开始前一小时，姜先生因女儿高烧病重，不得不离开演讲会场。然而当先生从医院回家时，却听到了闻一多先生被暗杀的噩耗。姜先生十分愤怒，想去现场看一看，却被学生们拦住。迫于国民党特务的威胁，先生在云南省主席卢汉的帮助下立即带着妻子女儿乘飞机离开云南。

民国三十六年（公元1947年）　四十六岁

3月作《古史图谱》。始作《楚辞书目五种》。

8月，任昆明师范学校教授。

民国三十八年（公元1949年）　四十八岁

10月1日，中华人民共和国成立。12月9日，卢汉发动云南起义。

继任昆明师范学校教授。

3月，卢汉突然派令姜亮夫先生为云南省立志舟图书馆代理馆长。

4月应当时云南省主席卢汉邀请，任云南省教育厅厅长，后任云南军政委员会文教处处长。

按：据《回忆录》之《给卢汉主席的辞职报告》所示，任职期间，姜先生以才识不足，心力交瘁，无补教育，加之人事纠纷、政治社会险象环生、自身对教育改进无方、安民恤政维护无方等原因向卢汉提出辞职申请，未得应允。

公元1950年　四十九岁

10月上旬，中共中央根据朝鲜党和政府的请求和祖国安全的需要，作出了抗美援朝、保家卫国的战略决策。中国人民志愿军入朝参战。

3月，接到昆明师院通知为"编外人员"，并通知去昆明西山革命大学"高级研究班"学习。

6月，修订《张华年谱》，一月内完成。

8月，重订补《陆平原年谱》。完成《屈原赋今译》。

11月，进革命大学学习十四个月。在"革大"期间，先生开始读点马列主义的书，也读艾思奇的《中国社会发展史》。

1949年9月至是年8月，陶秋英任云南大学中文系教授。此后，因病辞职。

公元1951年　五十岁

在云南省博物馆工作。重建昆明园通寺，设计、施工均亲任其事。修建工作完成后，轰动昆明，轰动云南！

按：《回忆录》之《昆明教育生活中的风风雨雨——"云大"、教育厅、"革大"、博物馆锁记》：

> 博物馆筹委会交给我的第一件工作任务是修一座庙宇——圆通寺。这庙是元末明初盖的大庙，是供东南亚、南亚民族佛教信徒到云南来朝拜地藏王菩萨的地方，修理费拨了一万元。结果架子搭好后，发现大梁将毁，大梁不修，其他修理无法进行。我自己爬上脚手架，察看断裂情况，再下来和工程师商量，他们说要换大梁，但没有这样大的大材。所以我出主意，打一个大铁匝，包匝起来，用四五个一寸多厚做成二三寸宽的铁圈。把大梁紧固好，并扶正大梁，然后修缮里面。又发现这庙上半截开的是大明窗，成了鸟栖息的地方，先把鸟粪清除，几百年的鸟粪共运了几十车。壁上菩萨塑像上断手断足残破的要补，彩画要补。这些涉及佛教专门艺术，无人懂，我就一人查资料，但颜料买不全，就用德国颜料代用，好处是颜色鲜艳，结果把塑像残缺不全处补好，油漆画师用西洋颜料油漆。工作是在脚手架上进行，结果一位老漆工从架上跌下来，我又受指责。在大庙后还保存一个小庙（比大庙还早一百年），保存元代早期模式。这时候我们博物馆有一位秘书和吴某、李某等一起的，他要怎样做就怎样做，他下令把小庙拆掉，我没法，动公文要经过他，我忽然想到打电话给省教育厅，告知这庙是云南最古老的庙宇建筑，李秘书下令拆毁，应如何解决？教育厅回话："你考虑，能保存多少就保存多少，已经开始拆了要恢复已不可能。"于是我只得把庙拆下来的破旧材料送给仓库保存起来。圆通寺修好后，轰动了昆明，轰动了云南，很多人来看。

是年，因政治环境于姜先生不利，先生遂将《近百年学术史》、《四先生合谱》等著作烧毁，只剩下两三部不涉及"思想问题"的稿子。实为国内学术界的惨痛损失！

公元 1952 年　五十一岁

从西苍坡昆师院宿舍迁沙朗巷严家私宅。11 月下旬妻女从昆明飞南宁转火车到沪，先生独留居昆明。

云南教育厅委派先生养豹子。

按：《回忆录》之《昆明教育生活中的风风雨雨——"云大"、教育厅、"革大"、博物馆锁记》：

> 圆通寺的修复在任务完成后，我要求去上海，但云南教育厅不答应，并分配我养豹子。豹子要吃人的，我从未养过，不要说豹子，连猪、鸡我都未养过。豹子不是关在笼里，而是用铁链锁住养。每次喂食时，豹子的凶残相吓得我手脚发软。有一次豹子挣脱链条直扑向我，幸好门房里有三四个人，一看不行，拿起棍棒就打，正巧串到厕所里，大家马上把厕所门关好，人爬到屋顶上，掀开瓦片，看豹子动静，然后用粗绳做一个活扣，从屋顶放下去，一直弄到天快黑，使豹子的一条腿被套住，然后人从门口冲进去，用棉被扑盖上去，把豹子制服，上好铁链。但我的腿上被豹子咬了一口，到医院上药，这疤痕到浙江八年后才消失。养豹的日子真是度日如年，每天在胆战心惊中度过，到晚上我又记挂起昭通的老母亲，一方面又想着妻子、女儿在上海到底怎样生活？我终于因体力和精神的折磨而病倒了。在家睡了五天无人知道，直到我的老朋友刘绍光到我住的地方看我，发现病情严重，因为他是医生，他立刻要我进医院检查治疗。我不知进哪个医院，他替我联系，结果昆明最大的昆华医院同意我住院，这是靠医生关系入院的，在昆华医院住了八个月。我体重原有一百四十二斤，经过那场大病，离开云南时体重只有九十四斤，减少近五十斤，从此我的身体垮下去了！这十几个月的教育厅长经历对我的教训是深的，我一辈子都不能忘记。

公元 1953 年　五十二岁

与妻陶秋英沪昆间通讯频繁。先生因病住昆华医院半年之久，虽渐愈而羸弱。因请调江浙与家人团聚，初欲受王亚男聘去厦大，以岳母坚阻未成行。旋接浙江师范学院聘，遂于下半年先至杭报到后去沪小住岳父家。

公元 1954 年　五十三岁

年初开学赴杭就职住六和塔秦望山之江旧址。华东各高校院系调整已基本完成。

春节后开学到校上课，但病后虚弱。虽五十余岁已依杖而行，人多以"老先生"称之。

修订《陆平原年谱》、《张华年谱》，接洽《瀛涯敦煌韵辑》出版事。

先生因多种疾患，常为求医往返城郊间，甚觉辛苦。

上海出版公司印行《敦煌——伟大的文化宝藏》，原为作者《敦煌志》中总论部分。

按：敦煌学于先生之时代在国际上已享有盛名。但多年来，由于敦煌宝藏大量流失于国外，敦煌研究又落后于他国，先生每思此便叹息痛恨。但随着时代之发展，我国敦煌学研究情形大变，国人奋起直追，大有超过国外研究之势。先生遂作《敦煌——伟大的文化宝藏》。该书在论说敦煌地理、解读敦煌图录的基础上分四部分展开。首述敦煌历史；次说敦煌石室，包括石室形制与石室建筑史；再详论敦煌学，包括莫高窟经卷专题与敦煌汉简的发现；最后论说敦煌学在中国学术上的价值，主要是造型艺术与古写本卷子在中国学术上的价值。同时，先生放入大量从欧洲拍到的有关敦煌如塑像、壁画、绢幡等照片，使该书更具有可读性和趣味性。

妻陶秋英以先生病体弱故辞浙师院工作，先以请假为名，后完全脱离而成专职太太相夫教子，助先生上课纂稿以至终生。

按：《学林留声录·姜亮夫画传》：

由于姜亮夫先生体质日益下降，备课、讲课、板书的辛劳使他体力不支。夫人陶秋英决定向学校请假一年，帮助备课，讲课还是姜先生讲，板书、列提纲工作均由夫人书写。夫妻配合默契，先生负担却是大为减轻，健康慢慢地恢复，一年下来，效果很好。第二年，夫人再向学校请假一年。经批准继续夫妇合作上课。后来夫人干脆辞职专心照顾姜先生身体，同时帮助他整理旧稿，《陈本礼离骚精义原稿留真》一书是最好的见证。

陶秋英自从离开浙师院讲台后，一心一意照顾姜先生的身体，帮助整理先生的旧稿但同时她在编选《历代文论选》，前后花了七八年时间，文稿才基本完成。由于"文革"时期的干扰，此书直到1984年才由人民文学出版社出版，《宋金元文论选》1999年重印。《宋金元文论选》是由陶秋英广泛涉猎并搜检了宋、金、元三代作家的群籍，从中辑录出大量有关文学理论资料，然后加以遴选、平衡、淘汰辑成的。它在一定程度上反映这一时期文论发展的主要轮廓，是文艺理论批评研究者重要的参考资料。

9月女儿昆武始入校就读于六和塔小学。

公元1955年　五十四岁

夏自六和塔迁体育场浙师分部筒子楼宿舍（仅文科各系），与沈炼之、胡士莹、士煊兄弟、叶作舟、王驾吾诸先生为邻，每户二室。

受教育部委托招古汉语研究生，共八人。

《瀛涯敦煌韵辑》由上海出版公司精印，正式出版。数十年心血定于一时。

按：姜先生远渡重洋，求学于巴黎之时，频频遭见故国宝物佚于海外。如上迄于仰韶、殷周、战国之陶土玉石之美；摩诘辋川之图，松雪金蕉之卷，非中土所能粹集之唐宋壁画等书画之美以及殷墟甲骨，汉陵石兽，西陲竹简，塞上雕塑，闽侯漆器，百粤牙刻等杂艺之美。先生于此痛心不已，遂起抢救国宝之念。《瀛涯敦煌韵辑》便是其中之一。在该书中，先生讨论诸卷子时，有意以原照片影印，而附以叙论录，以王国维先生切韵三种与原片细校，以王先生之精审达于音理而误者，且三百五十余事。该书以"敦煌"命名，却有吐鲁番所得而卷者，以其与切韵系统攸关，故亦附录论之。

先生认为，书式装样可为讨论之资，而残纹断迹之证明一书，内容之真相者尤不可计度，凡此种种，皆不能自照片中详之。固不妨有照片一本以供清玩，而精加摹录，校对无伪，虽蠹迹鱼痕，必有原卷依其品式大小，无稍差殊，其对学术研讨之用，必远胜照片无疑，故姜先生以二年之力，亲为描摹，务求精当，有无伪误，虽不敢必，而甘苦备尝，心力交瘁。

女昆武考入杭女中。

公元1956年　五十五岁

与妻陶秋英整理《陈本礼楚辞精义留真》并影印出版。

按：《学林留声录·姜亮夫画传》：

此书是陈氏花了40年时间研究楚辞的名著之一。原稿经过三次以上大的修改，再加上岁月悠远，原稿破损程度较深。为了弥补原稿缺憾，夫妇二人共同探讨，仔细辨认，写成"综合校记"、"原本第三稿绎续"及"长跋"附印书后，还原该书真面目。

重印《甲骨学通论》。

按：根据《甲骨学通论·自序》所示，该书比之于原书，从四方面进行修补增订。其一，甲骨发现益多,亦益有科学根据;其二,印出的甲骨拓片或摹本益多,尤以近数年来科学院的努力为最多,私人则以胡厚宣氏为最努力;其三,研究的工作范围益大,文字的解释益精;其四,以研究者来说,以郭沫若、陈梦家、胡厚宣诸氏为最有贡献。此皆先生该书应大加补充之处。另外,先生还准备在将来的出版中一并补入自身在文字结构方面的成果。

《古汉语语音学》定稿。

按:据《古汉语语音学绪论》所示,该门功课包括文字、声韵、词汇、文法、修辞五个部分。从历史上看,三百年来五个部分都是各搞各的,不相连属,更说不上从总体来看。精《说文》者往往不通声韵,乃至精《说文》者反对甲骨金文,精等韵者谗讽古韵。因此,并无一个整体"语言概念"。于是许多问题,都只个别乃至片面得些结果。基于这一问题,姜先生编写了这本教材,以扭转观念,从整体的语言来分析语言中的个别问题。由此,在教与学的方法上,先生亦是提出建议。首先,他建议授课者需细细地、缓缓地尤其要一点一滴地循序渐进,所教的只要尚未消化,不再教新的。学习者需要一点一滴地掌握有关知识,基本的有系统的工具材料一定要"死记",譬如国际音标、注音字母,三十六字母、二零六韵目等。那些原则性的规律也要熟练地掌握。这等基础,务必熟烂。其次,一定要结合实际材料具体联系,先生认为中学的文学教材书上的古典作品是首选,每讲一个单元或一个问题时,都分别在这些作品里去寻求,去发现并解决问题。或以一部书为中心——譬如《孟子》、《左传》、《诗经》等——让学生一面一篇篇去精读,一面结合所讲的问题作具体分析,如此,必定大有裨益。

始问医问学于阆声(张宗祥)先生,有合作整理《两载记》之议,以目疾未果。

按:《回忆录》之《阆声(张宗祥)先生门下问学散记》中,特地记载了他与张先生的交往,以下摘取其中的一小部分:

> 我读他的第二部大书是陶宗仪的《说郛》,《说郛》本来是明代的刻本。但是明以前也有刻本,明代的刻本也不只一个,因此这部书的错误很多,这个错误不仅是自己的错误,还有许多地方是篇章节次的错误。而张先生用若干版本合校,校时先定一种作底本,这篇中这个字应该用哪个版本子的,用哪几个本子合校,全篇文章都要反复研究哪些该动?怎样动?这要靠深厚的根底,广博的知识,严谨的学风,科学的论证,最后才能得出结论,这在我们讲校勘学的人里边是一个比较可靠的方法。这部书,是我们所有读书人必须要读的,因为它里边所保存的明以前的故事很多。

公元 1957 年　五十六岁

反右斗争始。

因多病与外界交往活动甚少。

招收古汉语研究生。

任中文系主任后,工作渐上轨道。

自来杭后暑寒假中常去上海小住,与蒋天枢、张世禄、吴文祺、吕贞伯、罗玉君夫妇、王淑英等时有过从。

《陆平原年谱》、《张华年谱》由上海古典文学出版社印行出版。

因怀念恩师王国维先生而写的专著《屈原赋校注》由人民文学出版社出版。

按:姜先生在《屈原赋校注·序》中讨论了历来有关屈原与屈原赋研究的诸多问题。重点有五,即屈原的身世问题、版本问题、章句大义问题、历史问题、文法训诂问题。姜先生认为,历代对屈原与屈原赋的研究,易犯纯主观之病,将楚文化与鲁三晋文化混为一谈,将屈原儒化,将屈原赋儒化,将历史儒化,而失去了其本来面目。姜先生在该书中,便是力求纠正这一弊端,根据以上五点,利用"个别分析、综合理解"之法,即根据自身研究,如《楚辞》释例(分字、句、章、篇等篇)、楚辞韵例、楚语言与歌诗、楚方言考等文,然后综合应用到注释中去,力图还原一个"近真"的屈原、屈原赋、屈原作品解读。在《屈原列传疏证》中提出了"史记"关于屈原列传的错简可能。在随后的文本疏证中,更是逐字逐句,倾心尽力。此书对现今的屈原与屈原赋研究亦很有启发性。

公元 1958 年　五十七岁

浙师院与杭州大学合并改名为杭州大学。所授研究生除论文外,皆有作业数次详为批阅,目力日衰。《历代人物年里碑传综表》稿修订完成。

教育部委托编写的《古汉语》大学教材次年完稿。名为大学教材,实仅用于研究生。

按:《学林留声录·姜亮夫画传》:

> 大学教科书《古汉语》初稿十大册,一气呵成,反复修改后总觉不满,迟迟未交稿。遗稿第一页,姜先生批语:"此稿惟文字之部可存,当以油印本为主,约加修改可也。语音部分无所发明,但如为初学作引导,但不可印行,应作油印本为主。词汇部分写时太匆促,未尽所怀,将来拟重修。语法部分毫无用处,当废弃!亮夫。五九年五月。"同时,夫人陶秋英也编写《古汉语讲授提纲》二册,此书亦未印行,姜先生在此稿前批示:"此稿因系秋英为预备稿,故暂存,以报其苦心。六六年五月。"今存遗稿,可知先生夫妇两人为了我国的教育事业尽责尽力,精神可嘉。

公元 1959 年　五十八岁

中文系教师资料室不可或缺。力主办好资料室,争取经费,选聘专人工作均始于此。

按:据《回忆录》之《从浙江师范学院到杭州大学》所示:姜先生提出构建中文系资料室的建议:一、把常用的基础书、工具书备起来,便于教师查阅;二、做资料收集整理工作,即按内容、按体系剪报,并按一定规格、尺寸做资料柜,把有用的资料分门别类剪下来收藏好,便于有关教师系统查阅。三、姜先生为学生和青年教师开设一门课:工具书使用法。把工具书集中起来,开了一个展览会,并告诉学生字典、辞典的区别及什么内容的问题查什么样的书和资料,使学生自己进入知识的海洋中自由选择、自由深造,不要事事依赖教师。

公元 1960 年　五十九岁

夏,先生岳母陈引去世。

公元 1961 年　六十岁

学校为配助手二人,招研究生多名。

时在《中国语文》、《文史哲》等刊物发文,并将《光明日报》及文科各杂志中有关学科重要文章剪贴汇成专册,自费雇请书吏一人,专抄所需资料,多为楚辞、语言历史类。至是年已有数箱之巨,薪酬除奉养老母、岳父母及一家三人生活外,多购买图书杂志。来杭八年,书籍已达五千余册矣。

《楚辞书目五种》由中华书局出版。

按:《楚辞书目五种》包括:(一)楚辞书目提要(辑注类 124 种、音义类 37 种、评论类 41 种、考证了 26 种),(二)楚辞图谱提要,(三)绍骚隅录(辞赋 11 种、戏曲 8 种),(四)楚辞札记目录,(五)楚辞论文目录。该书在初稿基础上修订。比对初稿,根据《楚辞书目五种·序》,概录该书特点如下:

第一,该书初成时,只分两部分:第一部分楚辞学,下分六类:辑录、校录、音义、评论、考证和札记,内容比今本的第一部分书目提要为广泛,兼包今本的第三、第四两部分在内;第二部分图籍提要只有地图一类,画像类有些还只有个名和一些零星序跋,未及连续成篇。现将原楚辞学的辑录、校注两类,合为一类;又将辑录类中的续楚辞、楚辞学、楚辞后语等书籍,篇章分出,独立成为今稿第三部分之绍骚隅录。

第二,原楚辞学评论类中的短论和札记一类,已全照原文录出,别成《楚辞杂志汇录》一书。今稿只保留短论与札记的重要篇名,以符合于"书目"的性质。

第三,初稿并不载版本叙录,而序跋也仅只迻录原书所载。抗战时期,由于搜集的五六十种楚辞的专著已全毁,顿觉版本叙录重要性,因而在经义考、小学考得原体例之外,补作版本叙录一项。

第四,依据工具参考书的体例,将初稿舍弃的"黄茅白苇"之章,尽而录之,加以改订。以目录学的著作方式为主,并将一己之见大家删削,以求减少一偏之见。

女昆武入杭大中文系读书。

公元 1962 年　六十一岁

《楚辞辞典》定名《楚辞通故》。因资料积累丰富,写稿顺利,全部书稿已完成过半。

招收古汉语研究生。每周为研究生、助手上课不下三次。

公元 1963 年　六十二岁

健康稍好转,系务工作及与外界交往渐多,日、苏学者均有来访。

编定《古汉语论文集》。是年完成《重订天问校注》。

按:姜先生于《古汉语论文集·序》中自述:"卅以前,治声韵为勤,有志于综考古声,集稿盈尺。后来自觉其钉饾无盖,遂毅然废弃,一篑之功未修,仅得两《声变表》。卅以后专为古史与文字之学,繁苦不似声韵,欲以余杭音理之论,合之海宁字变之说为《文字补识》十四卷。"故该书乃以声韵、文字两部分为主线,贯穿着先生的古史观,内容丰富。先生首先厘清汉语音韵学中的几个基本问题,即字音、声、字调、韵、反切、通转,配以图释,为初学者扫除基本障碍。同时,撰写音学书目提要,为学人系统性地列出参考书,以增长见识,进一步深入研究。紧接其后,便将历年来所编写的书、教程与文章择精华而录入,包括因战火零落,仅存二卷的《文字补识》,字里行间,浸透着先生对音韵学、文字学、古史学的良苦用心,同时集理性与趣味于一体,值得一读。

公元 1964 年　六十三岁

"四清"运动开始。

招收楚辞研究生

编定《楚辞学论文集》。

按:《楚辞学论文集》凡二十五篇(附件二篇),皆写于《屈原赋校注》之后,历五十余年。原有《鄂君启节》、《屈子游踪考》两文已遗佚,原有《楚辞楚言考》与《二招校注》两稿因皆溢于六七万言,与先生成均楼文辑每集三十五万言为度不相称,且两文皆可单行,故别出另印小册。该书不少文章对学人颇有启发意义。如《三楚所传古史与齐鲁三晋异同辨》、《楚文化与文明点滴钩沉》所指出,楚文化不同于齐鲁三晋宗法制文化,南楚虽受西周宗法社会的教化,但仍然保有氏族组织之基调,以氏族利益为基础,不涉宗法家族之范围。故贤能之士可以择地择人而仕,而不必即责以乡邦之忠诚,伍子胥鞭尸而屈原仍惜其才便是此理。且楚国记载历史传说与齐鲁三晋不同,如"鲧"在楚文化中是"婞直",在齐鲁三晋文化中却是"四凶"之一。姜先生的种种辨析,对于拨开屈原与楚文化身上的种种误解,还原一个"近真"的屈原与楚文化,是非常有借鉴意义的。

先生母何淑璧去世。

先生岳父陶神州先生去世。

公元 1965 年　六十四岁

与夏承焘、胡士莹、王驾吾诸公赴萧山参加"四清"运动。

《楚辞通故》稿基本完成。

《历代人物年里碑传综表》中华书局再版。

按:《历代人物年里碑传综表》分人物综表、帝王表、高僧表三部分。人物综表中,每一人物的体例分姓名、字号、籍贯、岁数、生年、卒年、备考七部分展开。生年与卒年皆包括帝号、年号、年数、干支、公元五部分。人物综表以孔子及其三十二弟子为首,上至春秋战国、下至清末民初,不问贵贱出生,不问是非成败,凡可能收集者皆收录之。帝王表中的体例分帝号、姓名、建都、在位、岁数、生年、卒年七部分。其中,生年与卒年皆包括国号、帝号、年号、年数、干支、公元六部分。自汉高祖始,至溥仪结束。高僧表的体例与人物综表同,但生卒年的格式与帝王表同,高僧表所录,上至魏明帝时竺佛图澄,下至清仁宗时真然。该书的图表模式,简洁、清晰,方便读者对历代人物年里信息的查找,可以说是工具书中的精品。

妻陶秋英做甲状腺切除手术。

公元 1966 年　六十五岁

"文革"始。

冒险将《孙诒让学术检论》藏在衣箱的夹板层中。

被批判、抄家。《楚辞通故》稿散落约四分之一,书籍衣物多被封存。

按:珍贵文物资料与书信的散失,不仅是"文革"给予姜先生最大的痛,亦是其给予学术研究的重大遗憾。《学林留声录:姜亮夫画传》如是记载:

寻觅珍贵文物资料是"老红卫兵"的目标。20世纪50年代前著名的国学大师和名家与姜亮夫先生的论学函件,如章太炎、陈寅恪、林山腴、金松岑、陈石遗、胡适、徐悲鸿、陈望道、闻一多、钱钟书等人的重要信函都放在一起被"红卫兵"抄家带走了。其中,章太炎先生的来信尤其宝贵,此信是姜亮夫请教太炎先生关于《尚书》中难题的答复,最长一信达十多页信纸。还有陈寅恪、金松岑等先生的二三十封信都具有很高的学术价值。

"文革"结束后,这些珍贵信件下落不明,姜亮夫先生专题报告给校领导,要求落实政策,追还这些信件,但结果是石沉大海,在遗稿中留存的《"文革"中未归还的信函目录》,姜亮夫先生写道:"一九八三年九月十六日,杭大中文系要我呈报'文革'中未归还物品目录。"这些信件是姜先生"文革"中最惨重的损失。

公元 1967 年　六十六岁

仍时有批斗,并参加劳动,写大字报。

公元 1968 年　六十七岁

10月昆武工作分配去仙居。先生曾隔离审查数月。

按:《学林留声录·姜亮夫画传》:

　　1968 年,姜亮夫先生与陶秋英先生结婚 30 年,他们同甘共苦,互相关怀,互相支持。姜先生感激之情油然而生,作诗云:"雅量清才集一身,三分明月两分清。莫使来朋轻菽水,晚晴风景亦可珍。"陶秋英随即和原韵作诗云:"逝去情怀病缠身,药炉茶罐奈何亲。三十如梦今偕老,回首青春与共珍。"同年中秋,在暴风最激烈的时刻夫人陶秋英在精神上不忘对姜先生的安慰,她写下《戊申中秋月蚀私祝亮君》诗:见说人间浪不平,韬光应是葆精英。三更斗转嚣尘息,照世清辉分外明。

公元 1969 年　六十八岁

公元 1970 年　六十九岁

10 月昆武调至富阳。

公元 1971 年　七十岁

因血小板大减,出血住院月余。

居室一半被人分住。是年始补写《楚辞通故》,日撰 500 字,前后凡三年而成。

公元 1972 年　七十一岁

索居枯室,唯以书自娱,惜目力大损,遂每日散步至黄龙洞。

公元 1973 年　七十二岁

1973 年后上海古籍出版社先后出版《姜亮夫论文集》三种:《楚辞学论文集》、《敦煌学论文集》、《史学论文集》。

按:后有《成均楼论文辑》,在上述三种论文集上,又加入《古汉语论文集》。兹录《成均楼论文辑序》如下:

　　成均楼论文辑四种:一、楚辞学论文集;二、敦煌学论文集;三、古史学论文集;四、古汉语论文集——依学术文化生发之叙论之,适与此相反,此就余交稿先后定之。其撰写年时,起一九二七,至一九五零大病,遂废不能为。东来后病稍瘥,时时以新得资料与新知补苴之,故一文恒三四篇,因以差池不一,矛盾详略然疑之辨至繁。一九七七年,略为编次,与旧所编目相出入,而失于"文革"中者,十余事;有友辈索观而未归还其人惨遭浩劫而死者,遂无由求索,又损五六事;其平日所录记小牍,几无存者,虽欲重写,亦不可得。余一生治学,贪多务得,年七十七后,发愤束束为此四科,其余皆废不复为。然此四事亦多钩擘颠乱,殊少恰心当意。今年八十一,壮不如人今已老,则遭人揶揄,亦不敢自恕。然内府尚无恙,尚可役使,而目力仅存千分之一,不容读书作文。游手无聊,虽久自甘寂寞,更不能免于自废矣。惜哉!四集之成,吾妻秋英多参与其役,而敦煌集为最多,其所撰略六七事,他集亦时时为余搜讨不倦,理应志之云。

陶秋英始重操绘事。

公元 1974 年　七十三岁

昆武年三十,先生有一联用甲骨文写成赠爱女:"中郎有女粗解传奇字,自传成家应不作路人。"

公元 1975 年　七十四岁

昆武调回杭州,始为校《楚辞通故》初稿。以后数年中,凡四校而仍不免遗误。

公元 1976 年　七十五岁

"文革"结束,各项待遇逐渐恢复。

公元 1977 年　七十六岁

至 1977 年,《楚辞通故》正式全部完稿抄定,编索引附后。

公元 1978 年　七十七岁

家中住房恢复。

公元 1979 年　七十八岁

教育部为了抢救中华民族文化遗产,决定从古籍整理和人才培养方面着手,而人才培养更是当务之急,为此要求杭州大学为全国十余所重点大学培训楚辞学专业研究人员,使楚辞学研究后继有人。年近 80 的古稀老人姜亮夫先生毅然接受了这项任务,受教育部委托招楚辞讲习班,授课笔记整理成《楚辞今绎讲录》后由北京出版社出版,为"楚辞学五书"之一。

公元 1980 年　七十九岁

王元化先生来,共拟《中国大百科全书》中《先秦文学》分卷编纂各项事宜,并始组织纂写。

《中国社会科学》创刊并发表姜亮夫先生《智骞〈楚辞音〉跋》。该文考智骞楚辞音残卷,首次提出楚辞学史上存在朴学派的论断,高屋建瓴,震动了楚辞学界。

11 月,姜亮夫先生被选举为"浙江省语言学会"会长。

按:《学林留声录:姜亮夫画传》:"为了更好地推进浙江省社会科学各领域的学科建设,省委宣传部要求各学科领域成立'学会'。为此,全省语言科学研究人员于 1980 年 11 月 20 日成立'浙江省语言学会',并选举姜亮夫先生任会长。全国语言学界权威专家云集一堂,真是罕见的历史盛会。"

孙女姜祖韵 6 月生,昆武调浙江省社会科学院文学所工作。

公元 1981 年　八十岁

中国语言文学研究室招研究生,每周亲为上课。

中文系为先生祝八十大寿。

4 月,妻陶秋英于浙江展览馆开个人国画展。

按:《学林留声录:姜亮夫画传》:钱君匋先生题写"女画家秋英国画展",这次画展共展出作品一百余幅,在社会上引起轰动。

10 月,《楚辞今译讲录》由北京出版社印行出版。

按:该书为姜先生有关楚辞学的总结之书之一。据《楚辞今译讲录》所示,该讲录是在《楚辞通故》及《楚辞学论文集》成书之后,故许多论点与例证,都取于此两书,因此三书间可互参,该书又可作另两书的概括。姜先生分该书为十二讲。前四讲偏向方法论层面。首述研究楚辞方法，包括综合研究，尤其要注重音韵学方面的知识，将音韵学、文字学、汉语语法学结合起来；从历史方面进行研究；了解各种社会科学知识。再说读书与写作方法。而后才是概录楚辞源流、系统。复次又以《离骚》前八句为例，具体说明如何研究，即要将楚国的环境、风俗、国与国之间的关系联系起来。后八讲，以屈原事迹为开篇，讨论对《离骚》、《远游》、《九章》、《天问》、《九歌》的理解，不乏精辟见解。最后总述屈原思想与楚辞作品的艺术特色。该书不仅授人以鱼，更授人以渔，值得一读。

公元 1982 年　　八十一岁

为杭州大学中文系 1978 级毕业生题写赠言"修辞立诚、天下文明"。

是年，日本学术界有"敦煌在中国，敦煌学在日本"的谬论。新华社浙江分社王建人先生特地登门拜访姜亮夫先生。

按：据《学林留声录·姜亮夫画传》所示：姜先生回忆 1935 年在巴黎图书馆查阅上千卷敦煌资料，并又赴伦敦、罗马、柏林的情景，那时候王重民、向达等学者都在研究敦煌文物，仅姜先生一人就先后出版了《瀛洲敦煌韵辑》、《敦煌——伟大的文化宝藏》等专著，后来又陆续出版了《敦煌学概论》、《敦煌碎金》、《敦煌学论文集》、《瀛涯敦煌韵书卷子考释》，其他的学者也有很多敦煌专著问世。那后教育部还专门请姜先生举办敦煌学培训班，培养接班人。姜先生用事实驳斥日本学者的污蔑。这次中华人民共和国国际广播电台的广播在海内外引起很大反响。

《二招校注》定稿。

按：据《二招校注》所示，姜先生以《二招》为文，体性不类，故欲为之疏证，作为古史资料。先生认为，《天问》、《二招》中古史踪影最多最珍贵，故该书与《屈原赋校注》最大不同，在于加入大量古史之考证。《招魂》之作，姜先生以古招魂之制及其招魂等级制度确认所招之人无一而非帝王将相之尊，再加以乱辞"汩吾南征"为怀王入秦不反，顷襄再放之时的辅证，确认《招魂》乃屈原作以哀怀王入秦不返，终客死于秦，原哀而招之之作。《大招》之作，姜先生以文本判定招魂之礼制，威仪比《招魂》稍逊，因是公卿大臣之制，又以文中王伯之道，慰贤者之心，判定所招者乃屈原之魂。又因屈原之思想情怀，非宗子之亲、师友之情与血肉关系者不能得，故而论证此作乃景差所制。详读该书，可学考证功夫。

公元 1983 年　　八十二岁

《楚辞通故》接洽齐鲁书社影印事成，雇员全部墨笔手抄稿备用。

4 月 18 日杭州大学古籍研究所成立，先生任所长。

按：据《学林留声录·姜亮夫画传》所示，在姜先生遗稿中留存的一册 64 开的小记事本，展现了姜亮夫为创办古籍所亲笔记录详细、完整的规划，内容涉及人事编制、课程设置、研究方法、授课教师名单、图书资料、招生办法、经费预算等各个方面，见证了他为筹建古籍所付出的心血与努力。第一届和第二届硕士研究生班完全按照上述规划培养。这时他已是年逾八十的老人了，为了使学生拓宽知识面，从校外请来很多著名学者讲课，使学生既"博"又"专"。这不仅体现了他老人家对提高培养研究生教学质量的良苦用心，同时也体现了他想继承清华国学院的教学方法来培养学生的心意。

7 月，中国百科全书特聘请姜先生为"中国文学卷编辑委员会委员"、"先秦分卷主编"。

8 月，王元化先生来杭，共议先秦文学卷的框架、条目、篇目及请有关专家撰写事。事后姜先生亲自拟定先秦卷的总体结构、条目等，工作十分认真，有些篇目亲自撰写。

9月,六名中国古典文献学专业硕士研究生入学。

9月19日先生受教育部委办敦煌学讲习班。

按:据《学林留声录·姜亮夫画传》所示:讲课结束之后,先生说:"我如释重负,我对敦煌研究的期望在这一次讲课中得到充分表现。我希望中青年教师努力,为敦煌研究做出贡献,为中华民族争光。我相信总有一天敦煌在中国,敦煌学也在中国。"

10月,中国敦煌吐鲁番学会语言学分会成立,姜亮夫先生任分会会长。

妻陶秋英因肿瘤手术。

公元1984年　八十三岁

1月,经国务院学位委员会批准先生为中国古典文献学专业博士生导师。始招博士生,每年仅一、二人。同年9月,招收第二届古典文献专业硕士生10名。

王元化、胡厚宣、沙孟海、蒋礼鸿、王运熙诸先生曾分别主持历届博士生论文答辩。

《古文字学》由浙江人民出版社出版。该书根据《古汉语》教材文字部分编写。1999年云南人民出版社重印。

按:录《古文字学·自序》如下:

一九五八年,教育部委托我编写供大学用的古汉语教材。我先拟定了一个篇目,请全国各高等学校中文系提意见,不多时一共收到五六十封回信。杭州大学中文系语言组也提了意见。我参照他们的意见进行了修订,并在教学之余,用一年时间将声韵、文字、语法、词汇、修辞五个部分写完。一九五八年教改时,把古汉语教学时间由一百八十小时缩减为十五小时,于是这部稿子只在我招收研究生时用过两次,未正式出版。

但古汉语教材中的声韵部份已用过若干次,全国许多学校也都曾参考或采用。文字部分,因为小篆以后的文字,已为近三四百年来的学者所注意,小篆以前则多半还在研究创制时期,或为人所轻弃,而我在此稿中恰恰有些自己的见解,曾摘录其部分内容发表过,颇引人注目。兹应浙江人民出版社之约,命女儿昆武仔细校读,并对章节做了调整,以成此书。

12月,《楚辞学论文集》由上海古籍出版社出版,是姜先生在楚辞学领域全面、系统、深入和多角度研究的结晶。

中国敦煌吐鲁番学会语言文学分会成立,任会长。

公元1985年　八十四岁

《楚辞通故》正式由齐鲁书社影印出版。该书1997年获教育部首届全国高等学校人文社会科学研究优秀成果一等奖,被海内外专家誉为"当今研究楚辞最详尽、最有影响的巨著"。

按:《楚辞通故》是姜先生楚辞学集大成之作。历时三十年,叙例八十卷、得文百二十万言、图四百四十余幅。全书总为十类,即词、天事、地舆、人事、史、文物、制度、博物、意识、解题与文体。每一条目的撰写,从考证源流到楚文化的历史演变全过程,史料丰富,且很多材料是根据考古发现的甲骨金文、楚字、楚物等分析后得出的结论,因此翔实可信。

先生认为,楚文化是中国文化史总汇中的一大支柱。它不仅影响着古中国的文学、制度、生活方式,更保留了大量与齐鲁三晋中原宗法制文化所不同的史料,这对揭露历史真相,还原"近真"历史,从而探索人类社会发展历程有着非比寻常的重要价值。《楚辞通故》的撰写,姜先生以《楚辞》为中心(洪兴祖《楚辞补注》商务印书馆《四部丛刊》影印明黄省曾刊本是姜先生的主要依据),对出现在《楚辞》中的每一个词尽可能分出条目、归入所属类别、进行解释,必要时再做出考证。同时,插图列表，以佐观省。观《楚辞通故》之撰写，姜先生的学术气魄，由此可见一斑。

又按：姜先生楚辞学专著共十部：《陈本礼楚辞精义留真》、《屈原赋校注》、《楚辞书目五种》、《楚辞书目五种修订本》、《楚辞学论文集》、《楚辞通故》、《屈原赋今译》、《楚辞今译讲录》及其修订本、《重订屈原赋校注》

《莫高窟年表》由上海古籍出版社出版，并获浙江省社会科学优秀成果一等奖。

按：该书初为八卷，后十年之中，六易其稿，于是遂捐弃半数，更名为"资料编年"。上海古籍出版社欲将年表刊行问世，姜先生虽欲将被削各篇一一补入，而经时变，零简碎札，片羽不存。该书中，姜先生在"正表"前又编"表前"，旨在摄照中原之往迹，以明敦煌体性之所至。该表上至汉明帝永平十一年戊子，月氏沙门迦叶摩腾、竺法兰等，与汉史中郎将蔡愔、秦景、博士王遵等，还洛阳，是为西土僧人入中土有文献可确考之始。下至晋武帝太康十年己酉，敦煌卜筮书存世最早之本。又因近世西域考古之风，为欧洲人士劫持盗取。故先生就题识可录者，及洞经既启后，有关诸端列为"表后"。上至宋仁宗庆历六年，或题莫高窟壁。下至民国三十二年癸未，敦煌艺术研究中心成立，发现写本经卷六十九卷。在该书中，姜先生认为，敦煌骨髓筋脉血气之真，由吾中土所孕毓。雕壖之方法、绘事之风格亦然。而非部分论者所说重点在于印度佛教。

《敦煌学概论》由北京中华书局出版（为敦煌讲习班讲话录音整理稿）。

按：《敦煌学概论》一书，姜先生叙说了自己与敦煌学的渊源，介绍敦煌学在中国文化史上的价值、敦煌经卷（包括佛教经典、道教经典、儒家经典、文学作品、语言材料、史地材料、科技材料）与敦煌艺术内容，并探讨敦煌卷子的研究方法，为敦煌学入门者的必读之书。

9月，先生因冠心病住院治疗

下半年夫人陶秋英病复发。

公元 1986 年　八十五岁

中国屈原学会成立，任名誉会长。

8月以肝囊肿手术，住院二月。

6月2日夫人陶秋英病逝于杭大医院。

按：《学林留声录·姜亮夫画传》：先生为挽联："十年知交，五十年夫妻，辅我著书，福泽愧对赵文敏；卅卷诗文，三百卷绘笔，教女成材，哀荣有过谢夫人。"

陶秋英《汉赋研究》由浙江古籍出版社重版。

公元 1987 年　八十六岁

先生肝脏手术后体力大衰，仅可在居室附近作小散步。夫人逝后常枯坐无聊，用录音机记述往事回忆，以便旁人代为整理。

《敦煌学论文集》由上海古籍出版社出版。

按：《学林留声录·姜亮夫画传》：全书74万字，平装分上、下册，精装本一册。该书是先生积近40年敦煌学研究之精品，涉及语言、敦煌艺术、敦煌史料及考释敦煌学的价值及未来建设等多方面专题论文集，涉及面广。

《屈原赋今译》由北京出版社出版。

按：据《屈原赋今译》所示，姜先生译注屈原作品的目的，首先在于如何了解屈原的本意，其次才是欣赏原作品。如若有损原意，宁可译文拙劣一点。该书中，姜先生从"文体"、"语法"、"词汇"、"用韵"四个方面译读屈原作品。从文体上说，姜先生思量再三，以元曲形式翻译作品，并加入"科介"、"序幕"、"写景"等成分。这种方式在解读《九歌》时,更是事半功倍。从语法上说,姜先生将《屈赋》分为三类,即《离骚》、《九章》、《远游》、《卜居》、《渔父》为一类;《九歌》一类;《天问》一类。这三类中,"兮"字在文句中的位置是关键。从词汇上说,先生因追求字字对译而采取元曲"术语",甚至京戏说唱词汇来修正原稿,但使得该书整体翻译色调不统一。于是又把这些成分删去,尽可能使用标准词汇。尽量使译文色调统一。从用韵方面说,先生经过多重考虑,最终在翻译时选用切韵系统,同时效曲韵用平、上、去通押,入声则严格使用之法。姜先生的这种译读方法,别出心裁,让译文读来也是朗朗上口,口齿生香。

《重订屈原赋校注》由天津古籍出版社出版。

按:比之于《屈原赋校注》,姜先生此次的重订,将重点放在"明断是非"与"充实内容"两事上。

据先生所述,凡与宇宙的定则、人世的准则、事事物物的法则有关的各条文,都在重订范围中。而原则性且起着桥梁性的问题是重订的重点。譬如高阳、庚寅二词,高阳是屈子思想的一个根源,为屈子认宗亲的思想之所本,也即是屈子的立场,这个立场,是贯穿着对楚国、楚君、楚人民的忠爱之忧的根本立场,也是贯穿在全部作品里的大动脉,当他愁思不解时,要想到"西方",想到昆仑,昆仑是他的故乡。忽赍临而睋到了这故乡,他大悲而痛哭流涕。离骚、远游皆有此情。哭完后,还是得返故乡。又如庚寅一词,先生充实了他的内容,"庚寅"为楚人吉宜日,也是战国以来民俗所谓男起寅之运用。于是,名也、字也、初度也、修名也,都活了。联系到高阳,"降"字也有根据。又如"耿介"、"纯粹"、"善"、"义"诸词的作用。于是对屈子的政治、伦理、道德的根本,都有了具体的认识。这是形成他对人世爱憎分明的基础,论世、论人、论史的标准,统一了他在人生观与宇宙观的紧密联系。

公元 1988 年　八十七岁

先生手术后健康又稍恢复。

自此至 1992 年间,来访友人、学生甚众,如常书鸿、饶宗颐、庞朴、刘梦溪……常宾朋满座,颇耗心力。来索稿刊物亦多,故时有论著发表于各处杂志。

《昭通方言疏证》由上海古籍出版社出版。

按:先生年少时曾作《昭通方言考》,该书正在此基础上加以疏证勘正。昭通为先生故乡,先生笔每及之,往往追思父祖亲属兄弟姊妹及旧时同门。因此,该书不是单纯意义上的学术之作,它还寄托着姜先生浓浓的乡情。先生本欲以该书为例,以概汉语通论之全。然自觉不能尽之。该书分释词、释天、释地、释人、释衣服、释饮食、释宫室、释器用、释博物九卷,再加附录一卷共十卷。可以说是以点带面,以小见大,层层深入。虽没有达到先生预想的期望,亦是别开生面而对后世学人极具启发性。

马一浮纪念馆开馆,与沙孟海、陈训慈共赴会,遂有新"西湖三老"之称。

按:马一浮先生是近代浙江一位学人,在文、史、哲、艺术研究上均有所建树。抗战期间,马先生在成都以南的嘉定府(今乐山市)办复性书院。他在书院给姜先生的名义是地位相当尊重的校外讲座。"复性"二字对马先生极为重要,对这二字的理解,据《回忆录》之《马一浮先生与复性书院》所示,马先生将"性"提得很高。他总觉得人有人性,要恢复人性,中国才有希望。这也是老辈先生对于国家民族的热爱。马先生要求学生把《易经》和《道德经》两部书合起来读,是谓"和参"。姜先生对这一"合参"如此理解:《易经》主要有两点,其一,它的精神是法天的,法天的刚健,天行健,君子以自强不息。它把人世的一切都用比较的、正反两面来合、来作比较,这种拿哲学上的比较说明学术,除了《易经》外,只有老子。不过《易经》以刚,老子以柔,实际上殊途同归。老子认为一切道法自然。它认为天也是发自自然，并不勉强。《易》里的天行健，君子以自强不息，那个健字下得非常重，而老子以柔道说明天性，天性有正，将来必然有反，有是必然有非，正反、是非相互关联。其与《易经》之积极、违极是一样的意思。中国历史所以不亡，有的时候是因为天行健的关系，有的时候是道法自然的关系。

在助手傅杰和家人的陪同下参观杭州碑林馆内自唐代至清各类碑刻。

按：《学林留声录·姜亮夫画传》：于天文星象馆内看到世界上最早的五代石刻天象星碑图，感慨万千，欣然命笔写下："今日得见故国珍奇，为平生大乐，亦生平感慨至深至切的第一次！"寥寥数语，可见先生对中华民族文化的眷恋之情。

是年，香港中文大学饶宗颐教授来杭，与姜亮夫先生进行学术交流。

孙女姜祖韵已入小学，先生亲授书法，为最大乐事。

公元 1989 年　八十八岁

第二届博士论文答辩会举行。

身体逐渐康复。与友人交往及教学工作均恢复正常。

公元 1990 年　八十九岁

依民俗"做九不做十"，杭州大学为先生做九十大寿及举办学术研讨会。

按：《学林留声录·姜亮夫画传》：

庆贺会上先生风趣地说："我的牙齿未掉，还能啃甘蔗，我的头发大部分是黑的，我的血压不高，我还想参加在座各位的九十寿辰庆祝会。"全场响起热烈的掌声。

《瀛涯敦煌韵书卷子考释》由浙江古籍出版社出版。该书获全国首届古籍整理图书奖三等奖。

是年，国际敦煌学学术讨论会在敦煌举行，先生年迈高龄，未能成行，但心系这次学术讨论会。为此，向大会赠书一幅"敦煌宝藏是全人类的同心结"以表心意。

是年前后，《当代天下名人传略》请姜亮夫先生提供简历、主要作品成就，并填写填"成功的秘诀"。

按：姜先生一生治学，是以民族复兴为核心的多领域研究。先生自称学术研究严格奉行"八不"主义，即不中不西、不古不今、不汉不唐、不心不物。《回忆录》之《谢本师——学术研究方向的自我剖析》详尽介绍了先生的治学方法，兹概录如下，以鉴后之来者：

其一，综合研究。含义有二：一为本身材料的科学综合；二为与其他边缘科学结合研究。先生所从事学术研究便是把人文科学领域里与研究范围相关的内容注意收集、综合、分析，同时也注意自然科学相关资料的收集，以至于宗教方面的材料给予适当运用。

其二，综合治理。遇到问题，定要与问题周围上下四方、正反以及其来龙去脉多角度观察研究。从一方面看不出染处，就从多方面观察、分析，便可发现污染及其形成的根源。

其三，专注一点。先生研究中国文化史问题，考证、论证及解释必以中国文化为基础，绝不轻易泛滥到中国文化以外去。熟通儒、道、墨、法、先秦诸子、两汉经学及更多基本材料，并从中发现其与现代人思想相契合处。

其四，借鉴外国。在形成自己学术研究方法的基础上，有时用国外的方法及他们所得出的结论来解决中国人的问题，而绝非以外国人的资料来解决中国人的问题。

再按：《学林留声录·姜亮夫画传》：先生对此如实说："我是以人类文化学为猎场，以中国历史（社会学）为对象，用十分精力搜集资料，然后以古原始的传说，以语言学为基本武器，再以美国摩尔根《古代社会》和法国毛根《史前人类》的一些可信据的结论为裁揭的基础，又时时与自然科学相协调，这是我做学问的秘诀。而抓住一个问题死咬着不放，是我用力的方法。"

公元 1991 年　九十岁

为杭州灵隐寺再建造五百罗汉石刻碑像殿撰写《五百罗汉碑记》。后被收入杭州出版社《五百罗汉》全彩图丝绸版书中。

按：《学林留声录·姜亮夫画传》：写作斯文时，先生亦不离考据。关于罗汉传入中土事，他发现当今出土文物《罗汉碑记》记载有新的证据，与现佛教界传统观念有些出入。对于以何种观点入文，先生犹豫良久。后，他从"广西宜山罗汉碑记"比"江阴罗汉碑"记载时间早 30 余年事实出发，认为"罗汉"传入中土从南路传入更合情理。他决定按考古发现的材料来写，是否确切，有待将来历史证实。

为杭州灵隐寺药师殿纂行书楹联，以志居杭州四十年缘。楹联："药师如来大愿发十二教循尊礼苦行修善果；琉璃世界尊经诵卅九虔诚念拜誓求得再生。"从此封笔。

10 月，国务院发文批准先生自 1990 年 7 月起享受政府特殊津贴。

公元 1992 年　九十一岁

姜亮夫先生在他的小记事本上亲笔写下他对文献学研究生的最后的文字记录"最后最高要求"。

按：《学林留声录·姜亮夫画传》录全文如下：

要求每个毕业生能普照整个专业与中国全部文化史——至少是学术史的能力，及各个方面（指学术分类）的独立研究古籍的能力，而且有永久坚强的毅力，自强不息的精神，坚（艰）苦卓绝的气概！

《数论篇》被刊登在《中国文化》1992 年 9 月第 6 期上，此文是先生有生之年最后之作。

按：《学林留声录·姜亮夫画传》：在先生当年 90 岁祝寿回府的第二天，就想把胸中酝酿很久的《数篇论》成文。但先生视力太差，无法自书，便借用录音，然后学生、家人记录整理好之后读给他听，如此反复三遍，最后他要求文中提及甲骨、金文写成四平方厘米大的字样让他仔细过目。直到满意为止。该文论奇思精，逻辑严谨，绝看不出这是一位 90 岁老人的思维。

《敦煌碎金》由浙江古籍出版社出版。至此，姜先生关于敦煌学的七部著作全部问世。

按：《敦煌碎金·序》：

右凡敦煌经卷中零杂而精要之资料五种，其《大德录》、《经生录》、《塔录》及正俗或亦《字体录》四种皆合有年时可寻，则依此以定新见经卷。其时代先后皆可较量而知之，此亦可作工具书用，非仅为写官之誊录也。忆余撰敦煌诸作时陶夫人怜其损目弱躯也，愿分为此种业迹，时夫人大病方渐霁，不自惜而惜余，十余年之相知非苟然也。今辑录其辛勤之作，则墓木已拱矣，伤哉！

又按：根据《回忆录》之《自传》所示，这七部著作为：《敦煌——伟大的文化宝藏》、《莫高窟资料编年》、《敦煌学论文集》、《瀛涯敦煌经籍校录四卷》、《敦煌经籍杂录》、《敦煌文录》、《敦煌随笔》。

公元 1993 年　九十二岁

《古史学论文集》由上海古籍出版社出版。

按：据《古史学论文集》所示，先生一生至学虽杂，但"古史"是一个不太明显的中心。先生决定走朴学道路时，与史学正式接触。于廿八岁写成《屈原赋校注》，接触古史更为广泛，遂决定扩大为古史学研究。廿九岁发奋仿裴注《三国志》注《宋史》，然因《宋史》芜杂，将多数精力放在阅读汉魏以来至宋各时期的文集杂记之类，因此积累大量材料。姜先生游学欧洲参观博物馆的经历，为其提供了用科学方法研究古籍的启示。先生认为，古史植基于语言文字，而以为玑衡者，大抵不出穆勒利尔、恩格斯、莫尔干、马林确斯特、罗维诸家之说，近代史则以学术艺术为主。先生自述全部治学枢轴有三，一以《尚书》、《诗经》两《新注》及"三代异同"综古史，二以《文字朴识》综古韵，三以《四先生学谱》综三百年来学术。该书中，先生以先秦古史为主体，上溯羲娲尧舜，下至战国诸子，又杂以汉魏晋南北朝的一些读史札记，也不乏对古史研究乃至学术研究方法的纲领性讨论。如在《学术四箴》中提出的学术四戒，即戒标榜、戒毁谤、戒圆滑、戒妄冀。该书的不少篇章极有新意与可读性，使读者悠然心会。

公元 1994 年　九十三岁

先生以脑萎缩、心脏病，长期住浙江医院，近三年半。金宏义、符蓉、吴亚军等数十医务人员精心护理，诸弟子常在身侧。

公元 1995 年　九十四岁

12 月 4 日，逝世于浙江医院，享年九十四岁。冬至日前与夫人陶秋英合葬杭州第二公墓。

1995 年夏云南人民出版社组稿编《姜亮夫全集》。1996 年，始组织编委十余人分工整理，沈善洪任主编，王元化、季羡林、饶宗颐、李学勤任顾问，全书编纂原则依王元化先生意见定为"求全存真"，启功先生提书签，李学勤先生为序。1997 年签约，1999 年完工，2002 年正式出版。云南省委、昭通地委、杭大校方、省社科院均为此稿有大量人力物力支持。责任编辑为张旭先生。全书二十四册，一千二百五十万字。巨制终得问世，可告慰先生于地下矣。

附注致谢：《姜亮夫先生年谱简编》材料由姜亮夫先生之女浙江省社会科学院研究员、浙江理工大学文化传播学院副院长姜昆武先生提供，文稿曾经姜昆武先生审正，并感谢我的博士生汪妍青协助整理。

（作者单位：浙江大学中文系）

姜亮夫研究文献目录

王军兰　陈东辉

　　说明：姜亮夫(1902—1995)，原名寅清，字亮夫，以字行，乃现代著名学者和教育家，在楚辞学、敦煌学、语言学、历史学等领域成就卓著。为了总结历年来关于姜亮夫研究的成绩，并给相关研究者提供资料检索的便利，特编纂本目录。本目录收录中国内地、香港、台湾以及日本刊布的相关研究文献，时间下限为 2013 年 6 月。本目录包括著作、学位论文、著作和学位论文中的相关部分、报刊和文集文章、网络文章等。各部分分别按论著发表之时间先后为序排列。对于报刊和文集文章，除了专门研究姜亮夫先生及其著述之文章均予收录外，如该文章中有较多内容涉及姜亮夫先生及其著述，也酌情予以收录。网络文章中也不乏富有价值之作，本目录酌情收录尚未正式发表并且基本符合学术规范的文章。著作和学位论文中的相关部分，给本目录的编纂增加了不少工作量，并且增加了难度，但这也是本目录的重要特色，可以给读者提供尽可能多的信息。本目录对于研究文献的界定较为宽泛，一些学术性并不很强的著作和文章(含内部出版物)亦予收录，目的是为了给读者提供更多的信息和线索。

一、著作

浙江大学汉语史研究中心、浙江大学古籍研究所编：《汉语史学报》第 3 辑《姜亮夫、蒋礼鸿、郭在贻先生纪念文集》，上海教育出版社 2003 年版。该书中所收录的相关文章如下：

傅杰：《姜亮夫先生传略》。

许嘉璐、潘云鹤、毛昭晰、蓝蔚青、丁邦新、唐作藩、赵振铎、(日)佐藤晴彦、蒋绍愚、熊国桢、柴剑虹、蒋冀骋：《姜亮夫、蒋礼鸿、郭在贻先生纪念会致辞》。

唐作藩：《重读〈中国声韵学〉——纪念姜亮夫先生百年诞辰》。

陈国灿：《敦煌藏经洞魏晋写经系年订补——纪念姜亮夫先生编撰〈莫高窟年表〉六十年》。

柴剑虹：《普及敦煌文化的开创之作——重新认识〈敦煌——伟大的文化宝藏〉的历史价值》。

赵和平：《试论浙江敦煌学研究的特色》。

姚永铭：《姜亮夫、蒋礼鸿、郭在贻教授纪念会暨汉语史、敦煌学国际学术讨论会综述》。

楼笑笑：《姜亮夫、蒋礼鸿、郭在贻教授纪念会暨汉语史、敦煌学国际学术讨论会论文目录》。

曾令云：《姜亮夫》，作家出版社 2004 年版。

徐汉树：《学林留声录——姜亮夫画传》，浙江大学出版社 2012 年版。

二、硕博士学位论文

王磊：《论姜亮夫在文字学方面的研究》，江西师范大学汉语言文字学专业硕士学位论文，

2012 年。

三、著作和硕博士学位论文中的相关部分

王家歆：《楚辞九章集释》关于姜亮夫部分，台湾东海大学中国文学研究所硕士学位论文，1980 年。

《中国文学家辞典》编委会编：《中国文学家辞典》（现代第二分册）中的《姜亮夫》，香港文化资料供应社 1980 年编印。

蔡义江：《跋姜亮夫先生口述的一种〈红楼梦〉续书》，载巴金等著：《我读〈红楼梦〉》，天津人民出版社 1982 年版。又见蔡义江：《红楼梦佚稿》，浙江古籍出版社 1989 年版。又见蔡义江：《蔡义江论〈红楼梦〉》，宁波出版社 1997 年版。

《中国语言学家》编写组编：《中国现代语言学家》（第二分册）中的《姜亮夫》（施光亨撰），河北人民出版社 1982 年版。

《中国社会科学家辞典》（现代卷）编委会编：《中国社会科学家辞典》（现代卷）中的《姜亮夫》，甘肃人民出版社 1986 年版。

张之：《名人读书百法》中的《姜亮夫熟读基础书》，江苏科学技术出版社 1986 年版。

黄中模：《现代楚辞批评史》第九章第四节《姜亮夫论屈原"是一个朴素的唯物主义者"》、第十章第三节《姜亮夫、汤炳正先生反驳日本学者的"屈原否定论"》，湖北教育出版社 1990 年版。

梅桐生：《楚辞入门》第七章第二节之十三《姜亮夫的〈屈原赋校注〉》，贵州人民出版社 1991 年版。

张放涛主编：《群星灿烂——河南大学名人传》（一）中的《姜亮夫》（王德军撰），河南大学出版社 1992 年版。

屈小强：《屈原悬案揭秘》中的《姜亮夫先生说：屈原不提祖父辈等是合乎楚国习俗的》、《姜亮夫言："正则"、"灵均"是"平"、"原"的同义异称》，四川大学出版社 1996 年版。

云南省昭通地区地方志编纂委员会编：《昭通地区年鉴》中的《姜亮夫》，云南年鉴杂志社 1996 年版。

万栋才主编，昭通诗词学会编：《昭通诗词》第 3 卷中的《悼念国学大师姜亮夫先生》，昭通诗词学会 1996 年编印。

浙江省社会科学界联合会办公室编：《浙江社联年鉴·1995》中的《姜亮夫》，浙江省社会科学界联合会办公室 1996 年编印。

李希泌：《健行斋诗词》中的《昭通姜亮夫先生八秩寿诞，谨赋五律一章，藉伸九如之颂》，北京图书馆出版社 1998 年版。

刘荣生：《东桥说诗》中的《姜亮夫不写诗词》，台湾文史哲出版社 1998 年版。

王余光、徐雁主编：《中国读书大辞典》中的《姜亮夫读书》，南京大学出版社 1999 年版。

邹长铭编著：《新编昭通风物志》中的《国学大师姜亮夫》，云南人民出版社 1999 年版。

曹吟葵著，昭通地区文学艺术界联合会编：《吟葵诗文选集》中的《悼乡贤姜亮夫教授》，昭通地区文学艺术界联合会 1999 年编印。

沈建中摄影、撰文：《世纪肖像》中的《姜亮夫——古文献学家》，天津教育出版社 1999 年版。又见沈建中摄影、撰文：《二十世纪中国文化影像集》，广西民族出版社 2004 年版。

吴新雷、姚柯夫、梁淑安、陈杰编纂：《清晖山馆友声集——陈中凡友朋书札》中的《姜亮夫》，江

苏古籍出版社 2000 年版。

邹长铭：《昭通史话》中的《国学大师姜亮夫和他的母校》，中国人民政治协商会议昭通市委员会 2000 年编印。

傅杰：《聆嘉声而响和》中的《姜亮夫先生》，华东师范大学出版社 2001 年版。

黄秀文主编：《智者阅读——中外名报名刊名家的推荐书目》中的《姜亮夫推荐的书目》，华东师范大学出版社 2002 年版。

陆庆夫、王冀青主编：《中外敦煌学家评传》第一卷中的《姜亮夫》（陆庆夫撰），甘肃教育出版社 2002 年版。

沈雨梧：《浙江师范教育》关于姜亮夫部分，天津古籍出版社 2002 年版。

刘操南：《揖曹轩诗词》中的《寿姜亮夫教授八十》、《辛酉暮秋次韵奉答何泽翰教授，赠姜亮夫教授之作》、《寿姜亮夫教授九秩大庆》、《挽姜亮夫教授》，西泠印社出版社 2002 年版。

张振江主编：《薪火集——河南大学学人传》（上册）中的《姜亮夫》（王学春撰），河南大学出版社 2002 年版。

陈友康、罗家湘：《20 世纪云南人文科学学术史稿》第十六章第三节《国学大师姜亮夫》，云南人民出版社 2003 年版。

何均地：《何均地诗词集》中的《南歌子·拜谒姜亮夫师后作》，河南文艺出版社 2003 年版。

蒋永文、牛军、魏云编：《跋涉者的足迹——张文勋教授从事教学科研五十周年纪念》中的《姜亮夫教授函》，云南人民出版社 2003 年版。

施宣圆编著：《中华学林名家访谈》中的《姜亮夫和楚辞研究》（崔富章撰），文汇出版社 2003 年版。

潘啸龙、毛庆主编：《楚辞著作提要》中的《姜亮夫：屈原赋校注》、《姜亮夫：楚辞通故〔附〕楚辞书目五种》、《姜亮夫：楚辞学论文集〔附〕楚辞今绎讲录》、《姜亮夫 姜昆武：屈原与楚辞》，湖北教育出版社 2003 年版。

陈燮君、盛巽昌主编：《二十世纪图书馆与文化名人》中的《姜亮夫：行万里路，读遍欧洲所藏敦煌文献》（盛巽昌撰），上海社会科学院出版社 2004 年版。

张仲浦：《稊米楼诗稿》中的《寿姜亮夫先生八十》，北方文艺出版社 2004 年版。

中国语言学会《中国现代语言学家传略》编写组：《中国现代语言学家传略》第 2 卷中的《姜亮夫》，河北教育出版社 2004 年版。

赵健雄：《姑妄言之》中的《有感〈姜亮夫全集〉面世》，大众文艺出版社 2004 年版。

程正民、程凯：《中国现代文学理论知识体系的建构——文学理论教材与教学的历史沿革》第一章之四《文学原理与历史研究的合体：姜亮夫的〈文学概论讲述〉》，北京大学出版社 2005 年版。

刘跃进：《走向通融——世纪之交的中国古典文学研究》中的《姜亮夫先生及其〈楚辞〉研究》，知识产权出版社 2005 年版。

孙中运：《论"六书"之假借》第二部分之六《姜亮夫的假借观》，吉林人民出版社 2005 年版。

汤炳正：《渊研楼屈学存稿》中的《姜亮夫氏对"屈原否定论"的论点与态度》、《致姜亮夫》（四通）等，中国社会科学出版社、华龄出版社 2005 年版。

张岂之主编，陈先初卷主编：《民国学案》第 4 卷中的《姜亮夫学案》（田海林、宋淑玉撰），湖南教育出版社 2005 年版，2011 年版。

汤炳正讲述，汤序波整理：《楚辞讲座》中的《记姜亮夫教授》，广西师范大学出版社 2006 年版。

王翼奇：《绿痕庐诗话·绿痕庐吟稿》中的《挽姜亮夫先生》，浙江古籍出版社 2006 年版。

萧涤非著,萧光干整理:《萧涤非杜甫研究全集》(附编)中的《奉赠姜亮夫先生(七绝)》,黑龙江教育出版社 2006 年版。

杨鹏:《望月楼诗词》中的《悼国学大师姜亮夫先生二律》,2006 年编印。

沈文冲:《民国书刊鉴藏录》中的《姜亮夫的〈文学概论讲述〉》,上海远东出版社 2007 年版。

杨达寿等:《浙大的大师们》中的《姜亮夫——我国一代国学大师》(孟华撰),中国经济出版社 2007 年版。

应向伟、郭汾阳编著:《名流浙大》中的《学术重镇的"八不斋"主人——文史大师姜亮夫》,浙江大学出版社 2007 年版。

方继孝:《旧墨三记:世纪学人的墨迹与往事》中的《姜亮夫与〈屈原赋校注〉》,北京图书馆出版社 2007 年版。

林东海:《师友风谊》中的《精神富翁——记姜亮夫先生》,人民文学出版社 2007 年版,2010 年第 2 版。

邹长铭:《百年风流——咱们昭通人》中的《承周情孔思 写屈艳班香——国学大师姜亮夫》,云南人民出版社 2008 年版。

殷光熹:《楚辞论丛》中的附录《姜亮夫精研楚辞 教育世家传书香——学者访谈录》(林清泉撰),巴蜀书社 2008 年版。

丰绍棠:《傻也风雅》上卷中的《姜亮夫说:"我是不够资格的"》,广西师范大学出版社 2009 年版。

吴忠良:《最是人间留不住——王国维和他的弟子》第四章之四《敦煌学界一大家——姜亮夫(附罗福苌)》,广东教育出版社 2009 年版。

云南省档案馆编:《私立五华文理学院档案资料汇编》第一章第八节中的《五华学院今请姜亮夫演讲》、第三章第六节中的《姜亮夫为研究班命题》、第五章第四节中的《姜亮夫请辞院董职函》,云南大学出版社 2009 年版。

杨军主编:《杭州老房子》中的《姜亮夫旧居》,浙江大学出版社 2009 年版。

[日]守屋美都雄著,钱杭、杨晓芬译:《中国古代的家族与国家》附篇第三章第三节《姜亮夫之说》,上海古籍出版社 2010 年版。

汤炳正:《汤炳正书信集》中的《致姜亮夫(四通)一九七九年十月十二日~一九八五年五月六日》,大象出版社 2010 年版。

王海远:《中日〈楚辞〉研究及比较》关于姜亮夫部分,复旦大学中国文学批评史专业博士学位论文,2010 年。

王玉芝主编:《求是之光——浙江大学文化研究》第四章第一节之九《姜亮夫:修辞立诚的辞学大家》,高等教育出版社 2011 年版。

吴清军编著:《清华传奇》第二章中的《王国维:拖着"小辫子"的清华国导》关于姜亮夫部分,新世界出版社 2011 年版。

吴清军编著:《清华传奇》第二章中的《姜亮夫:"一生结了两个大瓜"》,新世界出版社 2011 年版。

盛文林编著:《最经典的国学常识》中的《姜亮夫》,台海出版社 2011 年版。

李显裕:《清华国学研究院与近代中国学术的发展》关于姜亮夫部分,台湾政治大学历史研究所博士学位论文,2012 年。

四、报刊和文集文章

林菁:《姜亮夫先生二三事(语文教育家介绍)》,《语文战线》1981 年第 4—5 期。

施光亨:《中国语言学家评介——姜亮夫(Jiāng Liàngfū)》,《语言教学与研究》1982 年第 1 期。

王建人:《他将一生献给敦煌学——记姜亮夫教授》,《新观察》1983 年第 20 期。

邓长风:《敦煌研究的锁钥——喜读〈莫高窟年表〉》,《杭州大学学报》(哲学社会科学版) 1985 第 2 期。

孟华:《楚辞研究的第一大书——访〈楚辞通故〉作者姜亮夫先生》,载中国书展(1985·香港)筹备委员会编:《书人书事新话》,东方出版社 1985 年版。

崔富章:《姜亮夫和楚辞研究》,《文汇报》(专栏)1986 年第 9 期。

崔富章:《姜亮夫先生楚辞研究概述》,《古籍整理出版情况简报》总第 160 期,1986 年。

贺以明:《著名社会科学家姜亮夫教授》,载中国人民政治协商会议云南省昭通市委员会文史资料编辑室编:《昭通文史资料选辑》第 2 辑,云南省昭通市委员会文史资料编辑室 1986 年编印。

张金泉:《姜亮夫学术研究的新贡献》,《语文导报》1987 年第 2 期。

邓长风:《精详富赡的千年长卷——姜亮夫〈莫高窟年表〉评介》,《辞书研究》1988 年第 1 期。

孟志昊:《姜亮夫撰写张伯英墓志铭经过》,载中国人民政治协商会议河南省委员会文史资料委员会编:《河南文史资料》第 25 辑,河南省委员会文史资料委员会 1988 年编印。又见中国人民政治协商会议河南省新安县委员会文史资料委员会编:《新安文史资料》第 2 辑,河南省新安县委员会文史资料委员会 1989 年编印。

王云路:《姜亮夫先生学术活动漫记》,《古籍整理出版情况简报》总第 209 期,1989 年。又见《浙江大学报》2002 年 5 月 31 日。

江林昌:《个别分析,综合理解——读姜亮夫先生〈重订屈原赋校注〉》,《杭州大学学报》(哲学社会科学版)1990 年第 1 期。

晓舟:《呕心沥血 谱教育宏篇——记著名学者姜亮夫先生教书育人》,《浙江社会科学》1990 年第 1 期。

崔富章:《浙江四十年楚辞研究概况》关于姜亮夫部分,《浙江社会科学》1990 年第 3 期。

寿勤泽:《一部体大思精的楚辞学专著:评姜亮夫教授的〈楚辞通故〉》,《古籍整理出版情况简报》总第 226 期,1990 年。

姜昆武:《成均老人著书要目》,载昭通市政协编:《昭通文史资料选辑》第 5 辑,昭通市政协 1990 年编印。

崔富章、黄征:《浙江敦煌学研究概述》关于姜亮夫部分,《浙江社会科学》1991 年第 1 期。

钟大勇:《九土高台 始于垒土——姜亮夫先生中学学习生活简介》,《昭通师专学报》(社会科学版)1991 年第 2 期。

江林昌:《著名学者姜亮夫先生》,《古籍整理研究学刊》1991 年第 5 期。

江林昌:《〈切韵〉系统诸韵书的复活——读姜亮夫先生〈瀛涯敦煌韵书卷子考释〉》,《古籍整理出版情况简报》总第 261 期,1992 年。又见《中国图书评论》1992 年第 6 期。

傅杰:《浙江训诂学研究概述》关于姜亮夫部分,《浙江社会科学》1993 第 1 期。

傅杰、汉澍:《执教六十五载 著书一千万言——姜亮夫教授传略》,《浙江社会科学》1993 年第 4 期。

寿勤泽：《四十余年楚辞研究综评》关于姜亮夫部分，《社会科学辑刊》1993 年第 5 期。

傅杰：《姜亮夫教授学术传略》，《阴山学刊》（社会科学版）1994 年第 2 期

孙中运：《五谈六书的转注——同姜亮夫先生商榷》，《大连教育学院学报》1994 年第 2 期。

本刊编辑部：《悼姜亮夫先生》，《职大学刊》1996 年第 1 期。

项德颐：《悼念姜亮夫老先生》，《古今谈》1996 年第 1 期。

江林昌：《姜亮夫先生楚辞研究简论》，《云梦学刊》1996 年第 2 期。

关国煊：《姜亮夫（1902—1995）》，台湾《传记文学》第 68 卷第 1 期，1996 年。

任平：《国学大师姜亮夫》，台湾《历史月刊》第 102 期，1996 年。

雷世电：《姜亮夫传》，《云南史志》1997 年第 1 期。

孟志昊：《姜亮夫先生德业长存》，台湾《中原文献》第 29 卷第 2 期，1997 年。

黄灵庚：《〈楚辞〉文献学百年巡视》关于姜亮夫部分，《文献》1998 第 1 期。

李丹禾：《姜亮夫先生与敦煌学》，载季羡林、饶宗颐、周一良主编：《敦煌吐鲁番研究》第 3 卷，北京大学出版社 1998 年版。

贺以明：《国学大师姜亮夫》，载川滇黔十一市地州政协《今古生辉南丝路》编委会编：《今古生辉南丝路》，德宏民族出版社 1998 年版。

刘跃进、江林昌：《姜亮夫先生及其楚辞研究》，《文学遗产》1998 年第 3 期。又见中国社会科学院《文学遗产》编辑部编：《学境——二十世纪学术大家名家研究》，上海古籍出版社 2006 年版。

韦俊世：《从起义人员到国学大师》，《统一论坛》1999 年第 2 期。

韦俊世：《国学一楷模——记国学大师姜亮夫教授》，《名人传记》1999 年第 7 期。

黄震云：《二十世纪楚辞学研究述评》关于姜亮夫部分，《文学评论》2000 年第 2 期。

陈友康：《著作等身 誉满学林——记国学大师姜亮夫》，《云南文史丛刊》2000 年第 3 期。

傅杰：《姜亮夫先生及其著作》，《出版广角》2000 年第 8 期。

马小军：《驻守灰色》，《出版广角》2000 年第 8 期。

檀梅、姚振发：《敦煌学研究在浙江》关于姜亮夫部分，《美术观察》2000 年第 10 期。

跃进：《姜亮夫先生的〈楚辞〉研究：〈楚辞通故〉》，《中华读书报》2000 年第 22 期。

贺以明：《国学大师姜亮夫教授传略》，载杨维武主编，中共昭通地委党史征集研究室编：《璀璨的群星——昭通百年人物集萃》下编，中共党史出版社 2000 年版。

徐二女：《姜亮夫》，载庞学铨主编：《浙大统战五十年》，浙江大学出版社 2001 年版。

谭茂森：《"大学老人"姜亮夫》，载石鹏飞主编：《滇云名士趣谈录》，云南大学出版社 2001 年版。

汤炳正：《剑南忆旧——汤炳正自述》中的《记姜亮夫教授》，山西人民出版社 2001 年版。

陆蔚：《系念故乡的著名学者姜亮夫》，载昆明市政协文史学习委员会编：《抗战时期文化名人在昆明》（二），云南人民出版社 2002 年版。

陈国灿：《姜亮夫〈莫高窟年表〉魏晋写经系年订补》，《魏晋南北朝隋唐史资料》第 19 辑，武汉大学出版社 2002 年版。

李学勤：《〈姜亮夫全集〉序》，《出版者》2002 年第 2 期。又见姜亮夫：《姜亮夫全集》，云南人民出版社 2002 年版。又见李学勤：《清路集：李学勤学术评论跋集》，团结出版社 2004 年版。

陆蔚：《姜亮夫传略》，《云南史志》2002 年第 2 期。

张文勋：《碧鸡梦断 遗憾终身——国学大师姜亮夫先生的一段往事和有关书信》，《思想战线》2002 年第 3 期。

楼笑笑：《姜亮夫、蒋礼鸿、郭在贻三先生纪念会暨汉语史、敦煌学国际会议综述》，《国际学术动态》2003 年第 1 期。

文敬志：《暮年心事与谁说——读姜亮夫致陶亮生信札》，《中国书画》2003 年第 1 期。

张旭：《国学大师 辉煌巨著——姜亮夫先生与〈姜亮夫全集〉》，《信息参考》2003 年第 1 期。

傅杰：《现代学术史上的宝贵文献》关于姜亮夫部分，《浙江大学学报》（人文社会科学版）2003 年第 3 期。

王川：《陈寅恪与蜀中诸儒的交往》关于姜亮夫部分，《文史杂志》2003 年第 3 期。

古讯：《学涯巨著 国学宏篇——〈姜亮夫全集〉出版》，《浙江大学报》2003 年 3 月 21 日。

曹建国：《游国恩与姜亮夫楚辞研究比较》，《古籍研究》2003 年第 4 期。又见蒋凡等：《近现代学术大师治学方法比较》，山东画报出版社 2008 年版。

王子今：《史学的大匠规矩——介绍〈姜亮夫全集〉》，《博览群书》2003 年第 6 期。

吴忠良：《姜亮夫与敦煌学研究》，《文史知识》2003 年第 10 期。

［日］石冢晴通、［日］佐藤彦晴：《姜亮夫·蒋礼鸿·郭在贻纪念 汉语史·敦煌学国际学术研讨会》，日本《东方学》第 106 辑，2003 年。

张玖青、曹建国：《方法与视角：对姜亮夫〈楚辞〉研究的一种审视》，《浙江学刊》2004 年第 2 期。

张道勤：《"高阳"、"昆仑"解说述疑——读〈楚辞今绎讲录〉摘议》，《浙江大学学报》（人文社会科学版）2004 年第 5 期。

陈国灿：《关于敦煌藏经洞所出"魏晋写经"问题——姜亮夫〈莫高窟年表〉魏晋写经系年订补》，台湾《普门学报》第 26 期，2005 年。

王省民：《从〈楚辞今绎讲录〉看姜亮夫的楚辞研究》，《湖北教育学院学报》2006 年第 11 期。

陆蔚：《姜亮夫在云大》，载吴松主编：《感悟云大文化》，云南大学出版社 2006 年版。

陈鸿森：《清代学者疑年考——姜亮夫〈历代人物年里碑传综表〉订讹》，《中华文史论丛》2007 年第 4 期。

潘啸龙：《耸立南天的一代宗师——论姜亮夫先生楚辞学研究的贡献》，《安徽师范大学学报》（人文社会科学版）2007 年第 4 期。

散木：《文史大师姜亮夫》，《书屋》2007 年第 8 期。

贾吉林：《姜亮夫先生楚辞研究方法浅析》，《安康学院学报》2008 年第 6 期。

贾吉林：《从〈屈原赋校注〉看姜亮夫的楚辞研究方法》，《沧桑》2008 年第 6 期。

汤漳平：《姜亮夫先生与楚语研究》，《辽东学院学报》（社会科学版）2008 年第 6 期。又见中国屈原学会编：《中国楚辞学》第 14 辑《2007 年浙江杭州屈原及楚辞学国际学术研讨会论文集》，学苑出版社 2011 年版。

姜昆武：《苦行修善果——忆先父姜亮夫先生》，《文史知识》2008 年第 8 期。

林家骊：《姜亮夫先生年谱》，载姜亮夫著、林家骊选编：《国学丛考》，浙江大学出版社 2008 年版。

高芳：《从〈屈原赋校注〉看姜亮夫的校注方法》，《河池学院学报》2009 年第 3 期。

朱瑜章：《〈离骚〉中的西游之谜与河西故地考——姜亮夫先生"追怀往迹"说发微》，《文史哲》2009 年第 3 期。

吕红光：《评姜亮夫论文精选集〈国学丛考〉》，《书品》2009 年第 6 期。

陈春霞：《学术佳作 大师精品——读姜亮夫先生〈国学丛考〉》，《浙江社会科学》2009 年第 11 期。

定之：《国学守望者——姜亮夫传略》，《传记文学》2010 年第 6 期。

陈友康：《姜亮夫谈为学"四戒"》，《中国社会科学报》2011 年 2 月 17 日。

盛巽昌：《姜亮夫：精通目录学的国学大家》，《出版人（图书馆与阅读）》2011 年第 6 期。

刘森：《谈谈姜亮夫先生〈历代人物年里碑传综表〉中的一处失误——兼论黄宪的生卒年》，《才智》2011 年第 36 期。

缓绪：《访国学大师姜亮夫》，载何志平主编：《国学新视野》2011 年冬季号，漓江出版社 2011 年版。

陆其国：《清华可以这样考》，《新民晚报》2011 年 10 月 22 日。又见《幸福（悦读）》2012 年第 3 期。

林家骊：《姜亮夫先生年谱简编》，《职大学报》2012 年第 4 期。

毛庆：《姜亮夫先生与中国楚辞学》，《职大学报》2012 年第 4 期。

殷光熹：《姜亮夫先生的文化贡献及其它》，《中国文化研究》2012 年第 4 期。

吴雅兰：《国学大师姜亮夫 1300 多件史料捐赠浙大》，《浙江大学报》2012 年 5 月 4 日。

徐海洋、吴雅兰：《修辞立诚　学泽长存——纪念国学大师姜亮夫诞辰 110 周年座谈会侧记》，《浙江大学报》2012 年 5 月 4 日。

何春晖、金灿灿、胡岚：《"照世清辉分外明"——走进国学大师姜亮夫》，《浙江大学报》2012 年 5 月 4 日。

佚名：《姜亮夫先生简谱》，《浙江大学报》2012 年 5 月 4 日。

李富春：《姜亮夫先生海外访书始末》，《山东图书馆学刊》2012 年第 5 期。

何春晖、金灿灿：《"国学大师"名垂青史——浙江大学档案馆名人档案建设工作侧记》，《浙江档案》2012 年第 6 期。

王姝：《文史方家姜亮夫》，《文化交流》2012 年第 7 期。

何春晖、金灿灿：《姜亮夫千余件档案捐赠浙江大学档案馆》，《兰台世界（上旬）》2012 年第 7 期。

姜昆武：《姜亮夫传略》，载潘耀明主编：《国学新视野》第 5 期，广西师范大学出版社 2012 年版。

王云路等：《纪念姜亮夫先生诞辰 110 周年座谈会发言录》，载卢敦基主编：《浙江历史文化研究》第 4 卷，浙江大学出版社 2012 年版。

陈东辉：《浙大汉语史研究中心整理出版本校前辈学者论著述要——兼论学术界的相关研究及评介》，载《汉语史学报》第 12 辑，上海教育出版社 2012 年版。

揭春雁：《那些年，他们读过的研究生》关于姜亮夫部分，《赢未来》2013 年第 1 期。

殷光熹：《"眼瞎心亮""播种得瓜"——忆姜亮夫先生与杭州大学楚辞进修班》，《职大学报》2013 年第 1 期。

张洁：《姜亮夫对汉字基本精神的系统阐释》，《社会主义论坛》2013 年第 2 期。

五、网络文章

国学网：《国学大师——姜亮夫》，http://www.guoxue.com/master/jiangliangfu/jiangliangfu.htm

宝藏网：《姜亮夫个人网站》，http://artist.baozang.com/15485

浙江大学档案馆：《国学大师姜亮夫纪念馆（3D）》，http://www.acv.zju.edu.cn/page/news.

php？action＝wszt&id＝976

凤凰网：《姜亮夫生平简介》，http://book. ifeng. com/special/qinghuaguoxueyuan/list/200911/1122_8665_1446299. shtml

网大网：《清华大学校友姜亮夫介绍》，http://daxue. netbig. com/2/xiaoyou/984/

大河网：《姜亮夫》，http://news. dahe. cn/2012/03－29/101269149. html

江耘、陈默：《中国国学大师姜亮夫1300多件史料赠高校》，http://www. chinanews. com/cul/2012/04－27/3851646. shtml

豆丁网：《敦煌石窟写经生——潘重规教授》关于姜亮夫部分，http://www. docin. com/p－46651356. html

大昭网：《一代国学宗师——姜亮夫》，http://www. dreamzt. com/show－82－226－1. html

昭通市人民政府：《姜亮夫》，http://www. zt. gov. cn/ztgl/readinfo. aspx？B1＝79f216fe7b0b4d66acff87e0eb4b9253

佚名：《国学大师姜亮夫——云南昭通旅游历史文化》http://www. ynjoy. com/html/4066. htm

翁璟：《中国国学大师姜亮夫千余珍贵手稿首次公开亮相》，http://www. zj. xinhuanet. com/newscenter/2012－05/02/content_25166391. htm

潘怡蒙：《昂首高远以天下为己任 抚心求是以上人为勉励——纪念国学大师姜亮夫先生诞辰110周年座谈会纪要》，http://zdgh. zju. edu. cn/redir. php？catalog_id＝22673&object_id＝22731

（作者单位：浙江大学汉语史研究中心）

图书在版编目(CIP)数据

　　中文学术前沿. 第 8 辑 /《中文学术前沿》编辑委员
会编. —杭州：浙江大学出版社,2015.9
　　ISBN 978-7-308-14919-8

　　Ⅰ. ①中… Ⅱ. ①中… Ⅲ. ①社会科学—丛刊 Ⅳ.
①C55

　　中国版本图书馆 CIP 数据核字(2015)第 168631 号

中文学术前沿(第八辑)

《中文学术前沿》编辑委员会　编

责任编辑	宋旭华
出版发行	浙江大学出版社
	（杭州市天目山路 148 号　邮政编码 310007）
	（网址：http://www.zjupress.com）
排　　版	浙江时代出版服务有限公司
印　　刷	杭州杭新印务有限公司
开　　本	889mm×1194mm　1/16
印　　张	13
字　　数	359 千
版 印 次	2015 年 9 月第 1 版　2015 年 9 月第 1 次印刷
书　　号	ISBN 978-7-308-14919-8
定　　价	48.00 元